中国高级工商管理丛书

CEO
内部控制

基业长青的奠基石

陈汉文 池国华 编著

北京大学出版社
PEKING UNIVERSITY PRESS

图书在版编目(CIP)数据

CEO 内部控制：基业长青的奠基石/陈汉文,池国华编著. —北京:北京大学出版社,2015.8
（中国高级工商管理丛书）
ISBN 978-7-301-26153-8

Ⅰ.①C… Ⅱ.①陈…②池… Ⅲ.①企业内部管理 Ⅳ.①F270

中国版本图书馆 CIP 数据核字(2015)第 177818 号

书　　　名	CEO 内部控制：基业长青的奠基石
著作责任者	陈汉文　池国华　编著
策 划 编 辑	叶　楠
责 任 编 辑	黄炜婷
标 准 书 号	ISBN 978-7-301-26153-8
出 版 发 行	北京大学出版社
地　　　址	北京市海淀区成府路 205 号　100871
网　　　址	http://www.pup.cn
电 子 信 箱	em@pup.cn　　QQ:552063295
新 浪 微 博	@北京大学出版社　@北京大学出版社经管图书
电　　　话	邮购部 62752015　发行部 62750672　编辑部 62752926
印 刷 者	大厂回族自治县彩虹印刷有限公司
经 销 者	新华书店
	787 毫米×1092 毫米　16 开本　26.5 印张　596 千字
	2015 年 8 月第 1 版　2020 年 12 月第 4 次印刷
定　　　价	66.00 元

未经许可，不得以任何方式复制或抄袭本书之部分或全部内容。
版权所有，侵权必究
举报电话：010-62752024　电子信箱：fd@pup.pku.edu.cn
图书如有印装质量问题，请与出版部联系，电话：010-62756370

丛书编委会

主 任 委 员　赵纯均　郑绍濂

副主任委员　仝允桓　吴世农　张维迎　席酉民　徐二明

主　　　编　仝允桓　吴世农　陆正飞

编　　　委　(按姓名汉语拼音排序)

陈　收　陈晓红　戴国强　董大海　贾建民
蓝海林　李国津　李维安　李新春　李燕萍
李延喜　李一军　李　垣　刘　星　王重鸣
王方华　王　华　翁君奕　武常岐　杨　丹
伊志宏　尤建新　于　立　曾　勇　张金隆
张　维　张新民　张屹山　赵曙明

丛书序言

在我国高校MBA教育项目成功开办十周年后,国务院学位委员会于2002年7月正式批准我国30所高校开办EMBA教育项目。从此,一批具有高层管理经验的企业家、董事长和总经理等纷纷报考高级工商管理硕士研究生,再次走进高校,开始他们的学习生涯。工作之余,继续学习。他们刻苦钻研,深究理论,联系实际,探讨改革,在课堂上提出许多中国特有的、具有理论挑战性的管理问题。这批具有丰富实践经验、勤于探索的学生与高校的管理学院之间形成了实践和理论的互动,推动了我国高校管理学院在教学和科研方面的改革和创新。

自清华、北大、复旦、上海交大、西安交大、厦大和南京大学等30所高校开办EMBA教育项目以来,EMBA教育特有的学习和培养模式深受国有企业、外资公司和民营企业高级管理人员的欢迎。他们当中不乏硕士、博士,不乏高级工程师、高级经济师等,但他们有着与众不同的学习目标——不为学历为学习,不为文凭为求知,不为自己为企业,不为现状为未来。我国30所高校的管理学院,在国务院学位委员会的领导下,由全国MBA教育指导委员会组织全国著名专家学者,借鉴国际上EMBA教育的经验,结合中国国情,认真设计和制定了EMBA教育项目的培养方案、课程体系和管理办法;密切注意EMBA教育中出现的问题,提出和制定了相应的政策和管理规范;设计和制定了EMBA教育基本教学规范和教学质量评估方案,并对全国30所招收EMBA研究生的高校进行了教学质量评价。这些举措有力地推动了我国EMBA教育的健康发展。

五年多来,在各高校管理学院的努力之下,EMBA教育的总体发展趋势良好,并涌现了一批优秀的EMBA教师。他们按照我国EMBA研究生培养方案中的课程体系和教学要求,借鉴全国重点高等院校和国际一流大学EMBA课程教学的经验,根据EMBA学生的特点,精选教学内容,结合典型案例,善于联系实际,授课生动活泼,深受学生欢迎。他们丰富的教学经验,是我国管理教育的一笔宝贵财富。为此,北京大学出版社在全国MBA教育指导委员会的支持下,邀请国内一流EMBA院校的负责人和活跃在EMBA教学一线的知名学者组成"中国高级工商管理丛书"编委会,遴选国内一流EMBA院校中在EMBA教育领域已积累丰富经验、深受学生欢迎的知名教师为各书作者,组织撰写和出版"中国高级工商管理丛书"。

本系列丛书针对企业高层管理者在现代管理思想、领导能力、综合决策方面的实际需要,强调管理理论的知识整合和决策导向,注重使用通俗易懂的语言和国内外典型案例,讲授涉及企业全局性、战略性、前瞻性等方面的管理问题,使广大企业高层管理人员能尽快掌握系统的工商管理理论要点和分析决策方法,结合企业管理实践进行有效的管理决策。本系列丛书具有如下特点:

1. 实用性。本系列丛书参照 EMBA 培养方案和课程体系,以全国重点高等院校和国际一流大学所开设的 EMBA 主干课程为基础,邀请具有丰富教学经验的知名专家学者,尊重和鼓励他们在教学内容和教学组织等方面有所突破和创新,同时结合国情,根据我国高层管理人员的管理实践需要,精选教学内容和案例,设计和撰写适合我国高层管理人员实际需要的教材。丛书内容充分吸收了中国企业管理的智慧和经验,具有突出的中国特色。

2. 思想性。本系列丛书针对企业高层管理人员在企业实际运作中面临的企业组织、公司治理、竞争力、财务、资本运作、人力资源、营销、生产和运作等战略性问题,在准确、精练地阐述每个领域的基本理论的同时,结合在中国本土的各类企业的实践,深入挖掘管理实践背后的理论观点和思想内涵,注重启发读者的思维,使读者既能掌握先进的现代管理理念,又能增强解决实际问题的能力。

3. 广泛性。本系列丛书坚持"学以致用,学以致道"的原则,旨在为企业高层管理人员提供一整套系统、实用的企业管理理论和分析方法,为其发现、分析和解决企业各类战略决策问题服务。由于语言通俗易懂,理论突出重点而又简练,分析精辟而独到,案例经典且有借鉴价值,因此本系列丛书不仅适合作为 EMBA 研究生主干课程的教材,同时也适合作为国际通行的高级管理人员培训项目 EDP(Executive Development Program)或企业高级管理人员自学的教材。

此外,本系列丛书将在出版基础教材的同时,推出教学课件,包括教学 PPT、思考与练习题参考答案和案例分析示范等配套教辅材料,以尽可能地方便教师使用。

基于此,我代表编委会真诚地向各位读者推荐这套丛书,并希望这套丛书在今后能够持续地吸收来自读者的意见和建议,在可以预见的将来不仅能够充分地满足国内读者学习高层管理知识的需要,同时也因为它日益完善的本土特色而有朝一日成为国外读者了解和学习中国高层管理知识的首选。

赵纯均
全国 MBA 教育指导委员会常务副主任
2008 年 1 月 30 日

前　　言

俄罗斯著名作家列夫·托尔斯泰曾经说过,"幸福的家庭都是相似的,不幸的家庭各有各的不幸"。纵观中国改革开放三十余年的历程,德隆、爱多、三株、华源、三九等一大批企业迅速崛起却又如昙花一现般很快消失;而海尔、华为、万科、娃哈哈、美的等企业虽历经风雨但屹立不倒。什么原因导致这些企业在生死之间存在如此巨大的差别呢?究其根源,成功的企业都是以良好的内部控制与风险管理体系作为奠基石,而失败的企业尽管各有各的失败表象,但最根本的原因可以归为其内部控制与风险管理的失效。可见,企业内部控制及其执行体系,对于身处风险无处不在、无时不在的环境的企业及企业家而言是何等的重要。内部控制薄弱,企业难免坠入失败的深渊;内部控制扎实,企业则有可能"基业长青"。

如何打造高质量的企业内部控制体系呢？这是当代具有风险意识的企业家所热切关注的焦点。在实际中,尽管随着2008年和2010年中国财政部、银监会、证监会、保监会与审计署等中央五部委先后颁布了《企业内部控制基本规范》及其配套指引,一批上市公司和非上市大中型国有企业按照这一规范的要求实施了内部控制,但是无论是从内部控制信息披露的视角,还是从内部控制评价的角度,实施的效果均不尽如人意。仔细分析,这其中既有企业管理层对内部控制的认识存在轻视及其他误区的主观原因,也有企业过于注重形式和琐碎的细节而不能充分结合实际、突出重点的客观原因。

从20世纪90年代开始,我们一直致力于内部控制理论与实务的研究。一方面,密切跟踪内部控制领域的国际进展,深入研究内部控制理论;另一方面,关注中国企业实际,切入企业实际经营管理层面,为多家上市公司和国有及民营企业设计出操作上可行的内部控制体系并应用于实践。在理论研究与实践经验积累的基础上,我们期望在本书中打破传统的桎梏,在内容设计和结构安排上不仅追求"知其所以然"的效果,而且重视如何达到"所以然"的水平。在探寻内部控制本质的基础上,更侧重于内部控制制度的操作实务,既包括实施的整体框架,又关注实施的重点业务;特别是在中国企业具有普适性的投资、筹资、货币资金、采购、销售、资产管理、担保与合同管理等业务内部控制的设计上,详细介绍了每一项业务的流程划分、部门职责分工、关键风险点和基本控制措施,同时辅以实践案例,增强其可操作性。

为了使本书能够成为一本既有理论贡献的著作，又能成为引领中国企业内部控制实践的指南，我们一方面尽可能地在书中反映内部控制理论研究的最新成果，另一方面尽可能地在书中全面展现中国企业内部控制的实践精华，同时在形式上追求活泼清晰，在文字上力争简练流畅。

本书由陈汉文教授与池国华教授合作完成。参加本书初稿写作的有韩洪灵、陈国记、李磊、赖智悦、杨博、邵军鹏、李陈静、李龙、刘鑫、杨金、王玮楠、吴佳维、高强、邹威、董望、程智荣等，同时还要感谢李锋、郭菁晶、李歆宁、赵一霖等研究生参与本书的整合与校对。

本书是国家自然科学基金重点项目"信息生态环境与企业内部控制有效性问题研究"（71332008）、国家自然科学基金面上项目"内部控制、EVA 考核与国有企业非效率投资治理：基于代理理论和信息不对称理论视角的研究"（71372069），以及教育部人文社会科学重点研究基地重大项目"中国上市公司内部控制评价与指数研究"（10JJD630003）的研究成果。在本书的编写过程中，我们参阅了国内外大量的文献和资料，并尽可能地加以注明，如有无意疏漏，敬请谅解。在此，向所有致力于内部控制研究领域的专家和学者致以最诚挚的谢意。

我们的目标是编写一本高质量的适用于企业管理层、MBA 和 EMBA 的内部控制教材，但书中难免会有不妥及疏漏之处，恳请学界同仁、实务界朋友及广大读者不吝赐教，以共同推动中国内部控制理论的完善和实践的提升。

编 者

2015 年 5 月

目 录

第1章 内部控制历史变迁 (1)
【篇首语】 (3)
【引导案例】
　　北大荒出轨式经营,农业第一股衰败 (3)
　1.1 内部控制的历史演进 (4)
　1.2 中国内部控制制度的现实进展 (12)
　1.3 中国企业内部控制规范体系 (17)
【综合案例】
　　南方航空内部控制的发展 (22)

第2章 内部控制基本原理 (25)
【篇首语】 (27)
【引导案例】
　　三九集团是如何走向破产绝地的? (27)
　2.1 内部控制的内涵 (28)
　2.2 内部控制的目标 (35)
　2.3 内部控制的要素 (38)
　2.4 内部控制的局限性 (45)
【综合案例】
　　4.36亿元票据案拷问烟台银行风控 (47)

第3章 内部控制的实施过程 (49)
【篇首语】 (51)
【引导案例】
　　光大证券"乌龙指"的内控之殇 (51)
　3.1 内部控制实施主体 (52)
　3.2 内部控制实施原则 (57)
　3.3 内部控制设计流程 (61)
　3.4 《内部控制手册》的架构设计 (72)
【综合案例】
　　中国石化的内控制度设计 (76)

第4章　对外投资内部控制 ……………………………………………………（79）

【篇首语】 …………………………………………………………………（81）

【引导案例】

由中冶恒通并购巨亏引发的思考 …………………………………………（81）

4.1　流程划分与职责分工 …………………………………………………（82）

4.2　投资计划与立项控制 …………………………………………………（84）

4.3　投资项目监控控制 ……………………………………………………（98）

4.4　投资项目处置控制 ……………………………………………………（103）

【综合案例】

中国中冶的对外投资管理 …………………………………………………（108）

第5章　筹资业务内部控制 …………………………………………………（111）

【篇首语】 …………………………………………………………………（113）

【引导案例】

通宇通讯上市被否 …………………………………………………………（113）

5.1　流程划分与职责分工 …………………………………………………（114）

5.2　筹资决策控制 …………………………………………………………（117）

5.3　筹资执行与偿付控制 …………………………………………………（121）

5.4　筹资记录与监督控制 …………………………………………………（135）

【综合案例】

湖北永祥粮机 IPO 惨遭否决 ……………………………………………（141）

第6章　货币资金内部控制 …………………………………………………（143）

【篇首语】 …………………………………………………………………（145）

【引导案例】

基于出纳两年贪污 230 多万元的思考 ……………………………………（145）

6.1　流程划分与职责分工 …………………………………………………（146）

6.2　现金控制 ………………………………………………………………（156）

6.3　银行存款控制 …………………………………………………………（164）

【综合案例】

小会计的大案件 ……………………………………………………………（169）

第7章　采购业务内部控制 …………………………………………………（171）

【篇首语】 …………………………………………………………………（173）

【引导案例】

由力拓案引发的思考 ………………………………………………………（173）

7.1　流程划分与职责分工 …………………………………………………（174）

7.2　供应商管理 ……………………………………………………………（176）

7.3　采购计划与预算控制 ……………………………………………（184）
　　7.4　采购申请及合同控制 ……………………………………………（188）
　　7.5　采购执行及退货控制 ……………………………………………（194）
　　7.6　结算与付款控制 …………………………………………………（199）
　【综合案例】
　　沃尔玛的全球采购战略 ………………………………………………（201）

第8章　销售业务内部控制 ……………………………………………（205）
　【篇首语】………………………………………………………………（207）
　【引导案例】
　　三精制药年报数据同降98%或暗示营销改革失败 …………………（207）
　　8.1　流程划分与职责分工 ……………………………………………（208）
　　8.2　信用控制 …………………………………………………………（210）
　　8.3　合同控制 …………………………………………………………（218）
　　8.4　发货控制 …………………………………………………………（224）
　　8.5　收款控制 …………………………………………………………（227）
　　8.6　应收账款控制 ……………………………………………………（230）
　　8.7　退货控制 …………………………………………………………（237）
　【综合案例】
　　BS公司销售与收款内部控制案例 ……………………………………（240）

第9章　资产管理内部控制 ……………………………………………（243）
　【篇首语】………………………………………………………………（245）
　【引导案例】
　　中国石油与全生命周期资产管理 ……………………………………（245）
　　9.1　存货控制 …………………………………………………………（246）
　　9.2　固定资产控制 ……………………………………………………（252）
　　9.3　无形资产控制 ……………………………………………………（261）
　【综合案例】
　　华为的高速发展与无形资产管理 ……………………………………（270）

第10章　担保业务内部控制 ……………………………………………（273）
　【篇首语】………………………………………………………………（275）
　【引导案例】
　　谁制造了杭州担保圈危机 ……………………………………………（275）
　　10.1　流程划分与职责分工 ……………………………………………（276）
　　10.2　担保业务立项控制 ………………………………………………（278）
　　10.3　担保业务执行控制 ………………………………………………（287）

10.4　担保业务后评估控制 ································ (296)
　【综合案例】
　　湖南"鸿仪系"连环担保案 ································ (299)

第11章　合同管理内部控制 ································ (301)
　【篇首语】 ································ (303)
　【引导案例】
　　中恒集团与山东步长"分手"的背后 ································ (303)
　　11.1　流程划分与职责分工 ································ (304)
　　11.2　合同准备与订立控制 ································ (309)
　　11.3　合同履行控制 ································ (319)
　　11.4　合同纠纷控制 ································ (326)
　　11.5　合同档案及履行后评估控制 ································ (333)
　【综合案例】
　　达能、娃哈哈之争始末 ································ (333)

第12章　企业集团内部控制 ································ (337)
　【篇首语】 ································ (339)
　【引导案例】
　　反思华源集团危机 ································ (339)
　　12.1　整体框架 ································ (340)
　　12.2　企业集团战略控制 ································ (346)
　　12.3　企业集团管理控制 ································ (352)
　　12.4　企业集团财务控制 ································ (362)
　　12.5　企业集团监督控制 ································ (367)
　【综合案例】
　　华润集团的母子公司管控 ································ (371)

第13章　内部控制评价 ································ (375)
　【篇首语】 ································ (377)
　【引导案例】
　　一份内部控制评价报告引发的思考 ································ (377)
　　13.1　内部控制评价组织体系 ································ (378)
　　13.2　内部控制缺陷认定 ································ (384)
　　13.3　内部控制评价指数 ································ (392)
　　13.4　内部控制评价报告 ································ (403)
　【综合案例】
　　泰达股份的内部控制审计与内部控制评价 ································ (407)

参考书目 ································ (409)

第1章　内部控制历史变迁

【篇首语】

作为一项制度安排,内部控制与其他组织管理制度相同,其产生和发展总是与社会生产力和人类经营管理方式等因素密切相关,它本身是组织运营和管理活动发展到一定程度的产物,是科学管理的必然要求;并且随着这些因素的变化和发展,内部控制的内涵与职能也日臻成熟和完善。

本章首先从全球视野的视角讲述了内部控制理论与实践发展的五个阶段,然后介绍了我国内部控制制度的现实进展,最后阐述了我国企业内部控制规范体系。

【引导案例】

北大荒出轨式经营,农业第一股衰败[①]

"北大荒,天苍苍,地茫茫,一片衰草枯苇塘"。历经五十余年的开垦建设后,昔日诗人聂绀弩笔下衰草遍生的北大荒,如今已是良田无际、稻麦飘香。依托三江平原广袤富饶的黑土地,黑龙江北大荒农垦集团总公司(简称"农垦集团")旗下唯一上市平台——黑龙江北大荒农业股份有限公司(简称"北大荒",股票代码:600598.SH),一度占据天时、地利、人和,成为"中国农业蓝筹第一股"。据记者统计,2008—2012年五年中,北大荒每年土地承包收入分别达12.92亿元、13.61亿元、14.96亿元、17.28亿元和20.07亿元,同期营业成本仅数十万元,几乎可以忽略不计。

但令人惊讶的是,尽管土地承包收入逐年递增,至2012年几乎翻倍,但同期北大荒实现的净利润却呈波段下滑趋势,甚至倒退至10年前上市时的盈利水平。祸不单行的是,2012年10月至今,北大荒频曝房地产拆借丑闻,在未经公司决策层批准,也未履行信息披露义务的情况下,北大荒违规拆借资金近10亿元;截至2012年12月31日,存在逾期3.08亿元。2013年4月25日,北大荒交出上市11年来最糟糕的业绩报表。在实现主营业务收入135.76亿元的情况下,公司净利润亏损1.87亿元,主要原因为计提房地产拆借坏账款和存货跌价准备。

这不禁让人咋舌,手握15.63亿元上市首发募集资金,坐拥三江平原几乎最为优质的60余万亩土地的A股农业上市第一股的北大荒,近年来到底遭遇了何种经营发展梦魇?

在随后公布的2012年内部控制自我评价报告中,北大荒披露了公司存在9项重大缺陷:(1)缺乏发展战略;(2)管理层逾越管理权限,大额资金运作程序执行不充分;(3)违规向公司的控股股东提供借款;(4)总经理办公会会议机制落实不到位;(5)公司对子公司未实施有效管理;(6)公司未及时履行信息披露义务;(7)子公司"三会"运行不规范;(8)关联交易未按制度规定履行审批程序;(9)未有效执行重大信息内部报告制度。

[①] 改编自徐亦姗,"北大荒出轨式经营,农业第一股衰败",《21世纪经济报道》,2013年6月15日。

且存在4项重要缺陷:(1)公司行业管理部门未充分履行职责;(2)《岗位职责说明书》未明确任职资格要求;(3)未实施关键岗位人员的定期轮换;(4)子公司未定期上报预算执行情况说明。鉴于以上缺陷,北大荒董事会将其内部控制评价为无效。值得一提的是,2012年我国境内共有2 223家上市公司披露了内部控制评价报告,其中评价结论为无效的仅有3家,而北大荒就是其中之一。

无独有偶,中瑞岳华会计师事务所对北大荒2012年度财务报告内部控制有效性进行了审计,出具了否定意见的内部控制审计报告。导致出具否定意见的事项主要是北大荒存在着内部控制重大缺陷,其中包括两项财务报告内部控制重大缺陷:(1)贵公司及其子公司管理层逾越管理权限审批使用资金,未能对子公司实施有效控制;(2)贵公司在资产减值测试、定期核对往来款项、依法取得涉税凭证和准确计缴税金等方面存在缺陷。未能有效执行《公司资产减值提取和资产损失处理内部控制制度》和《财务管理制度》等有关规定。

2014年5月20日,瑞华会计师事务所对*ST北大荒2013年度内控审计报告再次出具了否定意见,主要理由:(1)北大荒公司控股子公司黑龙江省北大荒米业集团有限公司未对存货、固定资产等实物资产实施有效控制,如米业公司期末存货中有3.70亿元未见实物,期末固定资产中有账面价值4 844.23万元未见实物;(2)米业公司期末应收账款、预付账款及其他应收款余额中有8 574.88万元,公司未提供与这些往来款相关的对账记录或确认记录,事务所通过实施函证程序也未能取得对方单位的确认。上述事项已经构成公司内部控制重大缺陷。

由此可见,北大荒之所以出现衰败,其深层原因就在于其内部控制体系存在重大和重要缺陷。既然内部控制如此重要,那么什么是内部控制?如何建立和实施内部控制体系?其实这就是本书要回答的核心问题。然而在此之前,我们先从历史的角度了解内部控制的产生与发展。

1.1 内部控制的历史演进

人类自从有了社会分工,就必须有群体活动,有了群体活动,就有了一定意义上的控制。在公元前3000多年以前,内部控制的思想就已经在人们的日常经济生活中得以运用。内部控制的历史可以追溯到远古文明时期对公共资金的管理,从古埃及、古希腊、古罗马的历史沉迹中均可发现,中国《周礼》中也有记述;而早期西方的议会控制,我国的御史制度,亦均属于内控制度的演变。经过人类历史的漫长发展,现代内部控制作为一个完整概念,于20世纪40年代首次被提出。此后,内部控制理论不断完善,逐渐被人们了解和接受。具体来说,内部控制理论和实务经历了大致五个发展阶段。

1.1.1 内部牵制阶段

早在公元前3600年以前的美索不达米亚文明时期,就已经出现了内部控制的初级形式。例如,经手钱财者要为付出款项提供付款清单,并由另一记录员将这些清单汇总报告。

15世纪末,随着资本主义经济的初步发展,内部牵制也发展到了一个新的阶段,以在意大利出现的复式记账方法为标志,内部牵制制度渐趋成熟。18世纪产业革命以后,企业规模逐渐扩大,公司制企业开始出现,特别是公司内部稽核制度因收效显著而为各大企业纷纷效仿。20世纪初期,因激烈的竞争,一些企业逐步摸索出一些组织调节、制约和检查企业生产活动的办法。基本上是以查错防弊为目的,以职务分离和交互核对为方法,以钱、账、物等为主要针对事项,这也是现代内部控制理论中有关组织控制、职务分离控制的雏形。

关于内部牵制的概念,《科勒会计词典》认为,"内部牵制是指以提供有效的组织和经营,并防止错误和其他非法业务发生的业务流程设计。其主要特点是以任何个人或部门不能单独控制任何一项或一部分业务权力的方式进行组织上的责任分工,每项业务通过正常发挥其他个人或部门的功能进行交叉检查或交叉控制"。

内部牵制的最初形式和基本形态是以不相容职务分离为主要内容的流程设计。其目的比较单一,即保证财产物资的安全和完整,防止贪污、舞弊。尽管随着经济社会的发展,内部控制日益超越内部牵制的范畴,但内部牵制的基本理念在内部控制中仍然发挥着重要作用。

这一阶段的不足之处,在于人们还没有意识到内部控制的整体性,只强调内部牵制机能的简单运用,还不够系统和完善。作为一种管理制度,内部牵制基本上不涉及会计信息的真实性和工作效率的提高问题,因此其应用范围和管理作用都比较有限。到20世纪40年代末期,生产的社会化程度空前提高,股份有限公司迅速发展,市场竞争进一步加剧。西方国家纷纷以法律的形式要求企业披露会计信息,这样对会计信息的真实性就提出了更高的要求。因此,传统的内部牵制制度已经无法满足企业管理和会计信息披露的需要,现代意义上的内部控制的产生已经成为一种必然。

1.1.2 内部控制制度阶段

20世纪40年代至70年代初,内部控制制度的概念在内部牵制思想的基础上产生,它是传统的内部牵制思想与古典管理理论相结合的产物,是在社会化大生产、企业规模扩大、新技术的应用,以及股份制公司形式出现等因素的推动下形成的。

1949年,美国注册会计师协会(AICPA)所属的审计程序委员会发表了一份题为《内部控制:系统协调的要素及其对管理部门和独立公共会计师的重要性》的特别报告,首次正式提出了内部控制的权威性定义,即"内部控制包括组织机构的设计和企业内部采取的所有协调方法和措施,旨在保护资产、检查会计信息的准确性和可靠性,提高经营效率,促进既定管理政策的贯彻执行",从而形成了内部控制制度思想。由于审计人员认为该定义的含义过于宽泛,因此 AICPA 于 1953 年在其颁布的《审计程序说明第 19 号》中,对内部控制定义作了正式修正,并将内部控制按照其特点分为会计控制和管理控制两个部分。1958 年,美国审计程序委员会又发布了第 29 号审计程序公报《独立审计人员评价内部控制的范围》,也将内部控制分为内部会计控制和内部管理控制,其中前者涉及与财产安全和会计记录的准确性、可靠性有直接联系的所有方法和程序;后者主要是与贯彻管理方针和提高经营效率有关的所有方法和程序,由此内部控制进入"制度二分法",即"二要素"阶段。

1972 年,美国审计准则委员会(ASB)在《审计准则公告第 1 号》中,重新并且更加明确地阐述了内部会计控制和内部管理控制的定义。内部管理控制包括(但不限于)组织规划及与管理当局进行经济业务授权的决策过程有关的程序和记录;内部会计控制包括(但不限于)组织规划、保护资产安全,以及与财务报表可靠性有关的程序和记录。

这一阶段的内部控制被正式纳入制度体系中,同时管理控制成为内部控制的一个重要组成部分。但在实践中,审计人员发现很难确切区分会计控制和管理控制,而且后者对前者其实有很大影响,无法在审计时完全忽略。

1.1.3　内部控制结构阶段

进入 20 世纪 80 年代,资本主义发展的黄金阶段以及随后到来的滞胀促使西方国家对内部控制的研究进一步深化,人们对内部控制的研究重点逐步从一般含义向具体内容深化。

1988 年,美国 AICPA 发布《审计准则公告第 55 号》,并规定从 1990 年 1 月起取代 1972 年发布的《审计准则公告第 1 号》。这个公告首次以"内部控制结构"的概念代替"内部控制制度",明确"企业内部控制结构包括为提供取得企业特定目标的合理保证而建立的各种政策和程序"。该公告认为,内部控制结构由下列三个要素组成:

(1) 控制环境。控制环境是指对建立、加强或削弱特定政策与程序的效率有重大影响的各种因素。包括管理者的思想和经营作风;组织结构;董事会及其所属委员会,特别是审计委员会的职能;确定职权和责任的方法;管理者监控和检查工作时所使用的控制方法;影响企业业务的各种外部关系;等等。

(2) 会计制度。会计制度是指为确认、归类、分析、登记和编报各项经济业务,明确资产与负债的管理责任而规定的各种方法;对各项经济业务及时和适当的分类,以作为编制财务报表的依据;将各项经济业务按照适当的货币价值计价,以便列入财务报表;确定经济业务发生的日期,以便按照会计期间进行记录;在财务报表中恰当地表述经济业务及对有关的内容进行揭示。

（3）控制程序。控制程序是指企业为保证目标的实现而建立的政策和程序；明确各个人员的职责分工；账簿和凭证的设置、记录与使用，以保证经济业务活动得到正确的记载；资产及记录的限制接触；已经登记的业务及其记录与复核；等等。

此时的内部控制融会计控制和管理控制于一体，从"制度二分法"阶段步入了"结构分析法"阶段，即"三要素阶段"。这是内部控制发展史上的一次重要改变。内部控制结构阶段对于内部控制发展的贡献主要体现在两个方面。其一，首次将控制环境纳入内部控制的范畴。因为人们在管理实践中逐渐认识到，控制环境不应该是内部控制的外部因素，而应该作为内部控制的一个组成部分来考虑，尤其是管理层的风险意识及其对风险控制的态度，是充分有效的内部控制体系得以建立和运行的基础和有力保障。其二，不再区分会计控制和管理控制，而统一以要素来表述。因为人们发现内部会计控制和管理控制在实践中其实是相互联系、难以分割的。

1.1.4 内部控制整合框架阶段

1992年9月，COSO[①]发布了著名的《内部控制——整合框架》(Internal Control-Integrated Framework)，并于1994年进行了修订。这一报告已经成为内部控制领域最为权威的文献之一。该报告系内部控制发展历程中的一座重要里程碑，其对内部控制的发展所作出的贡献可以用三句话十二个字概括："一个定义、三项目标、五个要素"。

"一个定义"是指该报告对内部控制下了一个迄今为止最为权威的定义："内部控制是由企业董事会、经理阶层及其他员工实施的，旨在为营运的效率和效果、财务报告的可靠性、相关法律法规的遵循性等目标的实现提供合理保证的过程。"

"三项目标"是指内部控制具有三项目标，包括经营目标、报告目标和合规目标。由此可见，财务报告的可靠性并不是内部控制唯一的目标。换言之，内部控制不等于会计控制。

"五个要素"是指该报告将内部控制的组成部分分为相互独立而又相互联系的五个要素：控制环境、风险评估、控制活动、信息与沟通、监控，如图1-1所示。

这五个要素的内涵及其在内控整体框架中的作用解释如下：

（1）控制环境。控制环境主要指企业内部的文化、价值观、组织结构、管理理念和风格等。这些因素是企业内部控制的基础，将对企业内部控制的运行及效果产生广泛而深远的影响。

（2）风险评估。风险评估是指识别和分析与实现目标相关的风险，并采取相应的行动措施加以控制。这一过程包括风险识别和风险分析两个部分。

---

① COSO(Committee of Sponsoring Organizations)是Treadway委员会的发起组织委员会的简称。Treadway委员会，即反欺诈财务报告全国委员会(National Commission on Fraudulent Finacial Reporting)，由于其首任主席的姓名而通常被称为Treadway委员会。该委员会由美国注册会计师协会(AICPA)、美国会计协会(AAA)、国际财务经理协会(FEI)、内部审计师协会(IIA)、管理会计师协会(IMA)等五个组织于1985年发起设立。1987年，Treadway委员会发布一份报告，建议其发起组织沟通协作，整合各种内部控制的概念和定义。

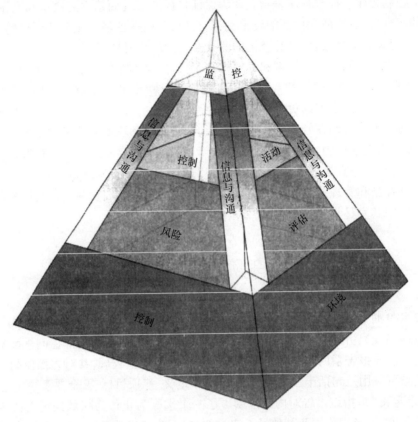

图 1-1 COSO 的企业内部控制整体框架

（3）控制活动。控制活动是指企业对所确认的风险采取必要的措施，以保证企业目标得以实现的政策和程序。一般来说，与内部控制相关的控制活动包括职务分离、实物控制、信息处理控制、业绩评价等。

（4）信息与沟通。信息与沟通是指为了使管理者和员工能够完好地行使职权和完成任务，企业各个部门及员工之间必须沟通与交流相关的信息。这些信息既有外部的信息，也有内部的信息。

（5）监控。监控是指评价内部控制的质量，也就是评价内部控制制度的设计与执行情况，包括日常的监督活动和专项评价等。通过定期或不定期地对内部控制的设计与执行情况进行检查和评估，与有关人员就内部控制有效与否进行交流，并提出整改意见，以保证内部控制随着环境的变化而不断改进。

同以往的内部控制理论及研究成果相比，COSO 的报告提出了许多有价值的新观点：

（1）明确对内部控制的"责任"。该报告认为，不仅仅是管理部门、内部审计委员会或董事会，组织中的每一个人都对内部控制负有责任。

（2）强调内部控制应该与企业的经营管理过程相结合。内部控制是企业经营过程的一部分，与经营过程结合在一起，而不是凌驾于企业的基本活动之上。

（3）强调内部控制是一个"动态过程"。内部控制是一个发现问题、解决问题，发现新问题、解决新问题的循环往复的过程。

（4）强调"人"的重要性。只有人才可能制定企业的目标，并设置内部控制的机制。反过来，内部控制也影响着人的行为。

（5）强调"软控制"的作用。软控制主要是指那些属于精神层面的事物，如高级管理阶层的管理风格、管理哲学、企业文化、内部控制意识等。

（6）强调风险意识。管理阶层必须密切注意各层级的风险，并采取必要的管理措施防范风险。

（7）糅合了管理与控制的界限。在 COSO 的报告中，控制已不再是管理的一部分，管理和控制的职能与界限已经模糊了。

（8）强调内部控制的分类及目标。COSO 的报告将内部控制目标分为三类，即经营效率、效果性目标，会计信息可靠性目标，以及法律法规遵循性目标。

由于 COSO 的报告提出的内部控制理论和体系集内部控制理论和实践发展之大成，因此在业内备受推崇，已经成为世界通行的内部控制权威标准，被国际和各国审计准则制定机构、银行监管机构和其他方面的机构所采纳。

为应对新世纪、新阶段的内部控制建设工作，2013 年 5 月，COSO 发布了修订版的《内部控制——整合框架》，并提议于 2014 年 12 月 15 日以后用该框架取代 1992 年发布的框架。与 1992 年的框架相比，新框架保持不变的主要方面包括：内部控制的核心定义；内部控制仍然包括 3 个目标和 5 个要素；有效的内部控制必须具备全部 5 个要素；在设计、执行内部控制和评价其有效性的过程中，判断仍然起重要作用。新框架发生重大变化的主要方面则包括：关注的商业和经营环境发生了变化；扩充了经营和报告目标；将支撑 5 个要素的基本概念提炼成原则；针对经营、合规和新增加的非财务报告目标提供了补充的方法和实例。

1.1.5 企业风险管理整合框架阶段

2001 年 12 月，美国最大的能源公司之一——安然公司，突然申请破产保护，此后上市公司和证券市场丑闻不断，特别是 2002 年 6 月的世界通信公司会计丑闻事件，"彻底打击了投资者对资本市场的信心"（美国国会报告，2002）。美国国会和政府通过加速制定新的法律加强对金融、会计、审计的监管，并于 2002 年 7 月 30 日由时任美国总统的小布什签署出台了《2002 年公众公司会计改革和投资者保护法案》（简称《萨班斯法案》，也称《SOX 法案》）。《萨班斯法案》强调了公司内部控制的重要性，从管理者、内部审计及外部审计等几个层面对内部控制作了具体规定，并设置了问责机制和相应的惩罚措施，成为继 20 世纪 30 年代美国经济危机以来，政府制定的涉及范围最广、处罚措施最严厉的公司法律。

【案例 1-1】

《萨班斯-奥克斯利法案》大限在即,中国公司冲刺①

2006年,在美国上市的中国企业正为达到当地一项严格的监管要求而冲刺。《萨班斯-奥克斯利法案》(简称《萨班斯法案》),这项被美国总统布什称作"自罗斯福总统以来美国商业界影响最为深远的改革法案"让很多企业大伤脑筋。本来,美国证券交易委员会(SEC)为外国公司设定《萨班斯法案》404条款(简称"404条款")的生效日期是2005年7月15日,后来因为众多公司反映时间过于紧张,而推迟一整年。

2006年7月15日,旨在加强上市公司监管的404条款就要对在美国上市的外国公司生效,这当然包括了在美国上市的70多家中国公司。为遵循404条款:首先,公司应制定内部控制详细目录,确定内部控制是否充分;其次,公司被要求记录控制措施评估方式,以及未来将被用于弥补控制缺陷的政策和流程;再次,公司必须对内控的有效性进行测试,以确保控制措施和补救手段起到预期作用;最后,管理层必须将前述三个阶段的各项活动情况整理成一份正式的报告。

该法案的产生将使得中国在美上市的企业受到以下冲击:

第一,也是最重要的冲击是,中国企业在美上市的维持成本将大幅飙升。根据国际CFO组织对美国321家本土上市企业的调查,这些企业在第一年实施404条款的平均成本超过460万美元,包括35 000小时的内部人工投入,以及130万美元的软件费用、外部顾问费用和额外审计费用。因此相关机构预测,中国在美上市企业仅在第一年内执行《萨班斯法案》的费用就将高达2亿美元。

第二,以《萨班斯法案》为依据,针对中国在美上市公司的集体诉讼案件数量极有可能攀升。迄今为止,已经有中国人寿、中航油、UT斯达康、前程无忧网、空中网、网易、中华网等中国企业被美国投资者提起集体诉讼。这些企业的一些行为被投资者认为违背了证券法或证券交易法。一旦《萨班斯法案》开始实施,投资者除了继续在证券法或证券交易法的框架下对中国企业提起诉讼外,还能同时在《萨班斯法案》的框架下对中国企业提起诉讼。一方面,中国企业被提起诉讼的可能性和败诉的可能性将会增大;另一方面,中国企业一旦被判败诉,相应的赔偿额将会大幅上升。

显然,404条款大大加强了公司治理的结构和运作机制,这对于公司而言是一个很大的转变,包括文化上的转变和公司治理操作上的转变。对于中国公司尤其如此。中国公司的公司治理观念是不强的,比如,它们不习惯被很多的部门来监控着。梁文昭认为,从短期来看,加强公司治理是降低效率的,但是从长远来看,这是确保公司朝着一个更加健康的机制发展的保证,日后,这方面的制度优势将逐渐地显露出来。

---

① 张庆源,"《萨班斯-奥克斯利法案》大限在即,中国公司冲刺",《经济观察报》,2006年7月2日。

其实,自1992年COSO的报告发布以来,理论界和实务界纷纷对该框架提出改进建议,认为其对风险强调不够,使得内部控制无法与企业风险管理相结合。为此在2001年,COSO开展了一个项目,委托普华永道(PricewaterhouseCoopers)开发一个对于管理当局评价和改进他们所在组织的企业风险管理的简便易行的框架。而后来安然、世通会计丑闻所催生的《萨班斯法案》更是凸显了一个更加注重企业风险管理框架的必要性和紧迫性。终于在2004年9月,COSO在借鉴以往有关内部控制研究报告的基本精神的基础上,结合《萨班斯法案》在财务报告方面的具体要求,发表了新的研究报告——《企业风险管理框架》(Enterprise Risk Management Framework,ERM框架)。该框架指出,"全面风险管理是一个过程,它由一个主体的董事会、管理当局和其他人员实施,应用于战略制定并贯穿于企业之中,旨在识别可能会影响主体的潜在事项,管理风险以使其在该主体的风险容量之内,并为主体目标的实现提供合理保证"。这一阶段的显著变化是将内部控制上升至全面风险管理的高度来认识。

基于这一认识,COSO提出了战略目标、经营目标、报告目标和合规目标等四类目标,并指出风险管理包括八个相互关联的构成要素:内部环境、目标设定、事项识别、风险评估、风险应对、控制活动、信息与沟通、监控。根据COSO的这份研究报告,内部控制的目标、要素与组织层级之间形成了一个相互作用、紧密相连的有机统一体系;同时,对内部控制要素的进一步细分和充实,使内部控制与风险管理日益融合,拓展了内部控制。企业风险管理整合框架如图1-2所示。

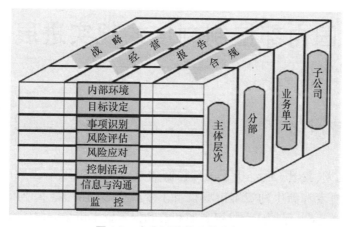

图1-2 企业风险管理整合框架

相对于《内部控制——整合框架》,ERM框架的创新在于:

第一,从目标上看,ERM框架不仅涵盖了内部控制框架中的经营性、财务报告可靠性和合法性三个目标,而且新提出了一个更具管理意义和管理层次的战略管理目标,同时还扩大了报告的范畴。关于战略管理目标,企业风险管理应贯穿于战略目标的制定、分解和执行过程,从而为战略目标的实现提供合理保证。报告范畴的扩大则表现在内部控制框架中的财务报告目标只与公开披露的财务报表的可靠性相关,而ERM框架中的财务报告范围有很大的扩展,覆盖了企业编制的所有报告。

第二,从内容上看,ERM框架除了包括内部控制整体框架中的五个要素外,还增加了目标制定、风险识别和风险应对三个管理要素。目标制定、风险识别、风险评估与风险应对四个要素环环相扣,共同构成了风险管理的完整过程。此外,对原有要素也进行了深化和拓展,如引入了风险偏好和风险文化,将原有的"控制环境"改为"内部环境"。

第三,从概念上看,ERM 框架提出了两个新概念——风险偏好和风险容忍度。风险偏好是指企业在实现其目标的过程中愿意接受的风险的数量。企业的风险偏好与企业的战略目标直接相关,企业在制定战略时,应考虑将该战略的既定收益与企业的管理者风险偏好结合起来。风险容忍度是指在企业目标实现过程中对差异的可接受程度,是企业在风险偏好的基础上设定的,在目标实现过程中对差异的可接受程度和可容忍限度。

第四,从观念上看,ERM 框架提出了一个新的观念——风险组合观。企业风险管理要求企业管理者以风险组合的观念看待风险,对相关的风险进行识别并采取措施使企业所承担的风险在风险偏好的范围内。对企业中的每个单位而言,其风险可能在该单位的风险容忍度范围内,但从企业总体来看,总风险可能超过企业总体的风险偏好范围。因此,应从企业整体的角度评估风险。

需要说明的是,ERM 框架的产生虽然晚于《内部控制——整合框架》,但是它并不是要完全替代《内部控制——整合框架》。在企业管理实践中,内部控制是基础,风险管理只是建立在内部控制基础之上的,具有更高层次和综合意义的控制活动。如果离开良好的内部控制系统,所谓的风险管理只能是一句空话。

1.2 中国内部控制制度的现实进展

1.2.1 起步阶段

改革开放初期,我国一度经历了内部控制的空白期。然而,中国股市的众多财务舞弊案,给广大投资者和新生的资本市场投下了令人痛心的阴霾。如何有效治理公司舞弊,维持企业有效运营,保护广大投资者的利益和保障资本市场的健康发展,已经成为影响中国经济持续发展的问题。西方发达资本市场国家的经济发展也并非一帆风顺,安然、世通会计丑闻就是很好的例证。国外的监管者和理论界将目光投向了内部控制,并取得了一定成效,其理论成果和实践经验都为我国内部控制制度的形成提供了有益借鉴。20 世纪 90 年代以来,在借鉴其他国家和经济组织内部控制规范的基础上,我国内部控制规章制度从无到有,取得了迅猛发展。

1985 年 1 月,我国颁布了《中华人民共和国会计法》(简称《会计法》),要求会计机构内部应当建立稽核制度,并规定出纳人员不得兼管稽核,以及会计档案保管和收入、费用、债权债务账目的登记工作。《会计法》对会计稽核所作出的规定是我国首次在法律文件上对内部牵制提出的明确要求。1999 年颁布的新《会计法》,则是我国第一部体现内部会计控制要求的法律,该法将企业(单位)内部控制制度当作保障会计信息"真实和完整"的基本手段之一。《会计法》将会计监督写入法律当中,在我国内部控制制度建设历程中是一次重大的突破,也是当时我国对内部控制的最高法律规范。但因为是"会计法",规范的内容难免局限于内部会计控制的要求,没有涉及内部控制的全部内容。

关于内部会计控制的法规,除了新《会计法》这样的法律,还包括一些行政部门颁布的规范。例如,财政部于1996年6月颁发了《会计基础工作规范》,对会计基础工作的管理、会计机构和会计人员、会计人员职业道德、会计核算、会计监督、单位内部会计管理制度建设等问题作出了全面规范。其中对会计监督的要求,可以算作我国早期的企业内部控制制度。

1996年12月,中国注册会计师协会发布了第二批《中国注册会计师独立审计准则》,其中《独立审计具体准则第8号——错误与舞弊》要求被审计单位建立内部控制;《独立审计具体准则第9号——内部控制与审计风险》对内部控制的定义和内容都作了具体规定,并要求注册会计师从制度基础审计的角度审查企业的内部控制,进行企业内部控制评价。《独立审计实务公告第2号——管理建议书》中指出,"注册会计师对审计过程中发现的内部控制重大缺陷应当告知被审计单位管理当局,必要时,可出具管理建议书"。《中国注册会计师独立审计准则》中有关内部控制的描述和要求,既是注册会计师执业基准的一部分,又是企业内部控制工作的推动力,这种间接推动力提高了我国企业对内部控制的关注程度,促进了我国企业内部控制制度的初步建设。

1997年5月,我国专门针对内部控制的第一个行政规定出台。中国人民银行颁布了《加强金融机构内部控制的指导原则》[①],要求金融机构建立健全内部控制运行机制。金融机构的内部控制指导原则先于非金融行业的内部控制要求出台,向金融机构发出了这样的信号:中国对金融机构内部控制的要求要高于对非金融企业的要求。该指导原则对金融机构内部控制的建设意义重大,为我国金融机构的内部控制制度的建设和发展奠定了基础。

2000年11月,证监会发布了《公开发行证券公司信息披露编报规则》,其中《公开发行证券公司信息披露编报规则第7号——商业银行年度报告内容与格式特别规定》[②]和《公开发行证券公司信息披露编报规则第8号——证券公司年度报告内容与格式特别规定》,要求公开发行证券的商业银行、保险公司、证券公司建立健全内部控制制度,并在招股说明书正文中说明内部控制制度的完整性、合理性和有效性。

2001年12月,证监会发布了《公开发行证券的公司信息披露内容与格式准则第2号——年度报告的内容与格式(修订稿)》[③],要求监事会对公司(一般上市公司)是否建立了完善的内部控制制度发表独立意见,若监事会认为内部控制制度完善,则可免于披露。自此,内部控制信息成为企业信息披露的一部分。尽管在这一系列规则中,并未强制要求上市公司在所有情况下都披露内部控制信息,但内部控制信息在企业信息披露中

---

① 该法规已被2002年9月18日发布的《商业银行内部控制指引》替代。
② 该特别规定已被《公开发行证券公司信息披露编报规则第26号——商业银行信息披露特别规定》替代。
③ 2002—2005年,该准则均有修订,但关于内部控制信息披露的部分没有变化。

已不再仅是会计监督和会计控制的信息,而是成为与企业风险管理完善程度相关的一个标志。同年1月,证监会发布了《证券公司内部控制指引》,要求所有的证券公司建立和完善内部控制机制和内部控制制度。该指引是对《加强金融机构内部控制的指导原则》的补充,对证券公司建立健全内部控制制度有着重大意义。

2001年1月,替代1996年《中华人民共和国国家审计基本准则》的新审计基本准则发布实施。新审计基本准则从原审计基本准则要求注册会计师从制度基础审计的角度审查企业的内部控制、对企业内部控制进行评价发展到对内部控制制度进行测试,外部审计对企业内部控制制度的测试成为审计的"作业准则"。

2001年6月,财政部发布了《内部会计控制规范——基本规范(试行)》和《内部会计控制规范——货币资金(试行)》,随后又相继发布了《内部会计控制规范——采购与付款(试行)》《内部会计控制规范——销售与收款(试行)》《内部会计控制规范——担保(征求意见稿)》《内部会计控制规范——工程项目(试行)》。这些规范明确了单位建立和完善内部会计控制体系的基本框架和要求,以及货币资金、采购与付款、销售与收款和工程项目等业务层面内部控制的要求。内部会计控制的一系列试行规范虽然以会计控制规范的形式出台,但是其涉及的内容已不仅仅局限在会计领域,而是对采购、生产、销售、投资等诸多方面的内部控制进行了规范,为未来我国内部控制规范体系的形成提供了有益参考。

2002年2月,中国注册会计师协会发布了《内部控制审核指导意见》,该意见对内部控制审核进行了界定,并界定了被审核单位和注册会计师的责任,明确了内部控制审核业务的工作要求。

2002年9月,中国人民银行颁布了多达142条的《商业银行内部控制指引》,对商业银行内部控制的各方面作出了规定,将《加强金融机构内部控制的指导原则》中的内部控制原则加以简化。该指引替代了《加强金融机构内部控制的指导原则》,成为商业银行制定内部控制制度的"基本手册"。

2002年12月,证监会发布了《证券投资基金管理公司内部控制指导意见》,该意见对证券投资基金管理公司建立科学合理、控制严密、运行高效的内部控制体系,制定完善的内部控制制度提供了指导,保证了证券投资基金管理公司诚信、合法、有效地经营,保障了大多数基金持有人的利益。

1.2.2 建设阶段

2002年7月,美国国会出台了《萨班斯法案》。该法案中的404条款明确规定了管理层应承担设立并维持一个专门的内部控制机构的职责,并且要求上市公司必须在年度报告中提供内部控制报告和内部控制评价报告,上市公司管理层和注册会计师都需要评价企业的内部控制系统,注册会计师还要对公司管理层的评估过程及其内部控制系统评估结论进行相应的检查并出具正式意见。《萨班斯法案》不仅加强了对美国资本市场的金融、会计、审计方面的监管,开启了在美上市公司全面建设内部控制的新阶段;同时,它也带动了世界各国的内部控制制度的发展。

我国积极引进和借鉴《萨班斯法案》和1992年COSO发布的《内部控制——整合框架》、2004年COSO发布的《企业风险管理——整合框架》,并在此带动下明显加快了内部控制制度建设的步伐,密集出台了相关的法规和文件,并且逐渐形成了内部控制制度的组织配套和保障机制。

2004年年底和2005年6月,国务院领导就强化我国企业内部控制问题作出重要批示,要求"由财政部牵头,联合有关部委,积极研究制定一套完整公认的企业内部控制指引"。

2005年10月,国务院批转了证监会发布的《关于提高上市公司质量的意见》,要求上市公司对内部控制制度的完整性、合理性及其实施的有效性进行定期检查和评估,同时要通过外部审计对公司的内部控制制度以及公司的自我评估报告进行核实评价,并披露相关信息。

2006年1月,保监会发布了《寿险公司内部控制评价办法(试行)》,并在附件中提供了《寿险公司内部控制评估表——法人机构》和《寿险公司内部控制评估表——分支机构》。此评价办法对寿险公司的内部控制评价作出了详尽的要求,并对内部控制缺陷作出了定义。

2006年2月,财政部发布了《中国注册会计师审计准则第1211号——了解被审计单位及其环境并评估重大错报风险》,对内部控制的内涵和要素作出了详细的说明。

2006年6月,上海证券交易所发布了《上海证券交易所上市公司内部控制指引》;同年9月,深圳证券交易所也发布了《深圳证券交易所上市公司内部控制指引》。两项指引对上市公司内部控制的框架、专项风险内部控制、内部控制工作的检查监督、信息披露等多项内容进行了界定,对上市公司保证企业内部控制制度的完整性、合理性和有效性进行了规定。

2006年6月,国资委发布了《中央企业全面风险管理指引》,对中央企业开展全面风险管理的目标、原则、流程、组织体系、风险评估、风险管理策略、风险管理解决方案、监督与改进,以及风险管理文化和风险管理信息系统等方面进行指导,并就企业对此指引的实施提出了明确要求。

2006年7月,受国务院委托,由财政部牵头,财政部、国资委、证监会、审计署、银监会、保监会联合发起成立了具有广泛代表性的企业内部控制标准委员会,秘书处设在财政部会计司,由时任财政部副部长王军任委员会主席,时任财政部会计司司长刘玉廷任秘书长。该委员会旨在研究制定"具有统一性、公认性和科学性的企业内部控制规范体系"。中国注册会计师协会也发起成立了会计师事务所内部治理指导委员会。在监管部门、大中型企业、行业组织和科研院所等机构领导和专家的积极参与和大力支持下,我国企业内部控制标准体系的机制保障和组织配套业已形成。

1.2.3　完善阶段

2008年,金融危机在全球蔓延,但我国并未因世界经济局势的动荡而放慢完善企业内部控制制度体系的步伐。

2008年5月22日,财政部会同证监会、审计署、银监会、保监会联合发布了《企业内部控制基本规范》(简称"基本规范"),要求自2009年7月1日起在上市公司范围内施行,并且鼓励非上市大中型企业执行基本规范。基本规范要求:执行本规范的上市公司,应当对本公司内部控制的有效性进行自我评价,披露年度自我评价报告,并可聘请具有证券、期货业务资格的会计师事务所对内部控制的有效性进行审计。基本规范既融合了国外相关内部控制制度的经验,又结合了我国的实际,具有我国自身的特色,标志着企业内部控制规范体系建设取得重大突破。

2010年4月15日,财政部会同证监会、审计署、银监会、保监会联合发布了《企业内部控制配套指引》(简称"配套指引"),自2011年1月1日起在境内外同时上市的公司施行,自2012年1月1日起在上海证券交易所、深圳证券交易所的主板上市公司施行;在此基础上,择机在中小板和创业板上市公司施行;鼓励非上市大中型企业提前执行。《企业内部控制配套指引》连同之前发布的《企业内部控制基本规范》共同构成了我国企业内部控制规范体系。

配套指引由《企业内部控制应用指引第1号——组织架构》等18项应用指引、《企业内部控制评价指引》和《企业内部控制审计指引》组成。18项应用指引不仅包括有关业务活动控制的实务指南,而且增加了对内部环境、风险评估、信息与沟通、内部监督等控制要素的操作性指引,涵盖了企业的组织架构、发展战略、人力资源、社会责任、企业文化等方面的内部控制,规范了企业的资金活动、采购业务、资产管理、销售业务、工程项目、担保业务、业务外包、合同管理等具体业务中内部控制的应用,还指导了企业财务报告、内部信息传递和信息系统等方面的内部控制行为。《企业内部控制评价指引》对企业内部控制评价的内容、程序,内部控制缺陷的认定和内部控制评价报告都进行了清晰的阐述,为企业内部控制评价提供了详尽的依据。《企业内部控制审计指引》对注册会计师执行企业内部控制审计业务进行了规范,并给出了内部控制审计报告的参考格式,使我国注册会计师对企业内部控制进行审计时有章可循。

《企业内部控制应用指引》《企业内部控制评价指引》《企业内部控制审计指引》的发布标志着"以规范风险和控制舞弊为中心、以控制标准和评价标准为主体,结构合理、层次分明、衔接有序、方法科学、体系完备"的我国企业内部控制规范体系基本建成。

1.3 中国企业内部控制规范体系

《企业内部控制基本规范》及其配套指引的发布,标志着我国内部控制规范体系的基本形成,是我国内部控制体系建设的里程碑。

我国企业内部控制规范体系的框架主要包括基本规范、配套指引、解释公告与操作指南三个层次(见图1-3)。其中,基本规范是内部控制体系的最高层次,属于总纲,起统驭作用;配套指引是内部控制体系的主要内容,是为促进企业建立、实施和评价内部控制,规范会计师事务所内部控制审计行为所提供的指引,包括应用指引、评价指引和审计指引三个方面;解释公告是就企业内部控制规范体系实施中普遍反映和亟须解决的问题进行的解释说明,是对内部控制规范体系的重要补充。

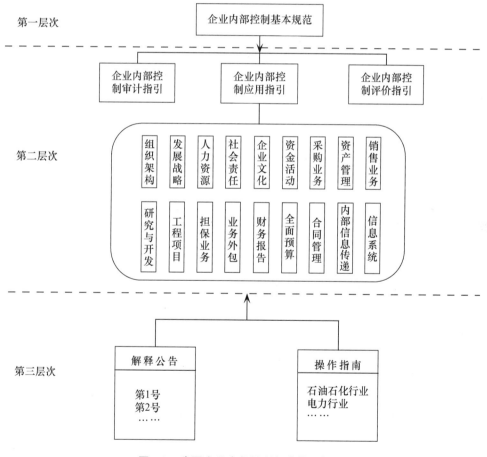

图1-3 我国企业内部控制规范体系框架

1.3.1　企业内部控制基本规范

根据财政部等五部委的文件精神,颁布《企业内部控制基本规范》的目的是为了加强和规范企业内部控制,提高企业经营管理水平和风险防范能力,促进企业可持续发展,维护社会主义市场经济秩序和社会公众利益。基本规范确立了我国企业建立和实施内部控制的基础框架,是我国内部控制建设的纲领性文件,是制定配套指引、解释公告和操作指南的基本依据。

基本规范的特点可以概括出"四个五",即"五个目标""五个原则""五个要素""五十条"。基本规范坚持立足我国国情、借鉴国际惯例,确立了我国企业建立和实施内部控制的基础框架,并在以下方面取得了重大突破:

(1) 科学界定内部控制的内涵。强调内部控制是由企业董事会、监事会、经理层和全体员工实施的、旨在实现控制目标的过程,有利于树立全面、全员、全过程控制的理念。

(2) 准确定位内部控制的目标。要求企业在保证经营管理合法合规、资产安全、财务报告及相关信息真实完整、提高经营效率和效果的基础上,着力促进企业实现发展战略。

(3) 合理确定内部控制的原则。要求企业在建立和实施内部控制全过程中贯彻全面性原则、重要性原则、制衡性原则、适应性原则和成本效益原则。

(4) 统筹构建内部控制的要素。要求企业有机融合世界主要经济体加强内部控制的做法和经验,构建以内部环境为重要基础、以风险评估为重要环节、以控制活动为重要手段、以信息与沟通为重要条件、以内部监督为重要保证,相互联系、相互促进的五要素内部控制框架。

(5) 开创性地建立了以企业为主体、以政府监管为促进、以中介机构审计为重要组成部分的内部控制实施机制。要求企业实行内部控制自我评价制度,并将各责任单位和全体员工实施内部控制的情况纳入绩效考评体系;国务院有关监管部门有权对企业建立并实施内部控制的情况进行监督检查;明确企业可以依法委托会计师事务所对本企业内部控制的有效性进行审计,出具审计报告。

1.3.2　企业内部控制配套指引

《企业内部控制基本规范》为企业内部控制体系建设勾勒了宏观的基本框架,但没有从具体要素内涵和业务层面为企业提供具体指引。《企业内部控制配套指引》颁布的目的就是为了促进企业建立、实施和评价内部控制,规范会计师事务所内部控制审计行为。配套指引在遵循基本规范的定义、目标、原则和要素的基础上为企业提供更清晰的指引和标准,是对基本规范的进一步补充和说明,具有指导性和示范性的作用。

配套指引由21项应用指引(已发布18项,涉及银行、证券和保险等业务的3项指引暂未发布)、《企业内部控制评价指引》和《企业内部控制审计指引》组成。其中,应用指引是对企业按照内部控制原则和内部控制五要素建立健全本企业内部控制所提供的指引,在配套指引乃至整个内部控制规范体系中占据主体地位;评价指引是为企业管理层对本企业内部控制有效性进行自我评价提供的指引;审计指引是注册会计师和会计师事务所执行内部控制审计业务的执业准则。三者之间既相互独立又相互联系,形成一个有机整体。

1. 应用指引

应用指引可以划分为三类,即内部环境类指引、控制活动类指引和控制手段类指引。这三类指引基本涵盖了企业资金流、实物流、人力流和信息流等各项业务和事项。

内部环境是企业实施内部控制的基础,支配着企业全体员工的内控意识,影响着全体员工实施控制活动和履行控制责任的态度、认识和行为。内部环境类指引有5项,包括组织架构、发展战略、人力资源、企业文化和社会责任等指引。

控制活动类指引是对各项具体业务活动实施的控制。此类指引有9项,包括资金活动、采购业务、资产管理、销售业务、研究与开发、工程项目、担保业务、业务外包、财务报告等指引。

控制手段类指引偏重于"工具"性质,往往涉及企业整体业务或管理。此类指引有4项,包括全面预算、合同管理、内部信息传递和信息系统等指引。

2. 评价指引

内部控制评价是指企业董事会或类似决策机构对内部控制有效性进行全面评价、形成评价结论、出具评价报告的过程。在企业内部控制实务中,内部控制评价是极为重要的一环,它与日常监督共同构成了对内部控制制度本身的控制。内部控制评价指引的主要内容包括:实施内部控制评价应遵循的原则、内部控制评价的组织、内部控制评价的内容、内部控制评价的流程与方法、内部控制评价缺陷的认定、内部控制评价报告及其报送与披露。

3. 审计指引

内部控制审计是指会计师事务所接受委托,对特定基准日内部控制设计与运行的有效性进行审计。它是企业内部控制规范体系实施中引入的强制性要求,既有利于促进企业健全内部控制体系,又能增强企业财务报告的可靠性。内部控制审计指引的主要内容包括:审计责任划分、审计范围、整合审计、计划审计工作、实施审计工作、评价控制缺陷、出具审计报告以及记录审计工作。

1.3.3 解释公告

解释公告是财政部会同证监会、审计署、银监会、保监会、国资委针对企业内部控制规范体系实施过程中出现的新情况和新问题的明确和解答,是政府监管机构对企业内部控制规范体系实施过程的监控和反馈。其发布目的是为了具体解释企业内部控制规范体系实施过程中出现的问题,及时对规范体系进行有益补充,形成政策制定者与政策实施者之间的良性互动,完成规范体系试点工作,从而推动其顺利实施。

1.《企业内部控制规范体系实施中相关问题解释第1号》

《企业内部控制基本规范》及其配套指引于2011年1月1日在境内外同时上市的公司和部分在境内主板上市的公司实施和试点。在一年的具体执行过程中,纳入实施范围的企业反映了一些问题。为此,财政部等五部委对这些问题进行了研究,并征求了有关上市公司、咨询公司等单位的意见,在此基础上制定了《企业内部控制规范体系实施中相关问题解释第1号》(简称"解释公告1号"),并于2012年2月印发。

解释公告1号对企业内部控制规范体系的十个重要问题进行了解释,具体如规范体系的强制性与指导性的关系、规范体系的实施范围、规范体系与其他监管部门规定的关系、内部控制与风险管理的关系、规范体系的政策盲区、内部控制的成本与效益、内部控制与其他管理体系的关系、内部控制缺陷的认定标准、内部控制机构设置、内部控制评价报告等。

2.《企业内部控制规范体系实施中相关问题解释第2号》

2012年以后,企业内部控制规范体系在我国境内主板上市公司开始正式实施,在实施过程中出现了一些新情况、新问题,部分企业还存在理解认识上的不到位和实际执行上的偏差。为了稳步推进规范体系的贯彻实施,财政部等六部委对这些新情况、新问题进行了认真研究,并征求了有关上市公司、咨询机构和有关部门的意见,制定了《企业内部控制规范体系实施中相关问题解释第2号》(简称"解释公告2号"),并于2012年9月印发。

解释公告2号对企业内部控制规范体系的十个重要问题进行了解释,具体如内控组织实施、内控实施的进度与重点、内控人才队伍培养、集团企业内部控制评价、中介机构工作、内控评价组织形式、内部控制缺陷处理、会计师事务所工作、内部控制审计、小型企业内控建设等。

1.3.4 操作指南

尽管《企业内部控制基本规范》为我国企业内部控制的建立和实施提供了基本框架,《企业内部控制配套指引》为我国企业内部控制实施过程中的具体业务控制提供了具体指引,但配套指引只是对一般生产型工业企业常见的18项业务的内部控制加以规范,而执行企业内部控制规范体系的企业数量众多,业务类型多样,且分布于各类行业,规范体系在不同行业企业的具体落实仍需要具体操作指南加以规范和引导。因此,为了满足分行业企业的个性化需求,对内部控制规范体系的建设方法、控制程序、实施步骤、考核办法进行行业内的具体规定,财政部启动了分行业的内部控制操作指南的编制工作,以期为各类企业建设实施内部控制规范体系提供经验借鉴和具体实务操作指导。

2013年12月28日,财政部根据《公司法》《会计法》《证券法》《企业内部控制基本规范》《企业内部控制配套指引》等相关规定编制并发布了《石油石化行业内部控制操作指南》。选择石油石化行业作为编制操作指南的起点,基于两点考虑。一方面,石油石化行业关乎国家的能源安全,是国家的经济命脉。中国石油、中国石化、中海油三大石油公司是我国国民经济的战略支撑,承担着保证国家石油能源安全的重任。因此,财政部下一步将研究起草电力、煤炭等其他关乎国家经济命脉的行业内部控制操作指南。另一方面,三大石油石化企业作为较早在境内外同时上市的公司,自21世纪初就按照美国《萨班斯法案》的要求,遵循COSO内控框架,建立了较为完善的内部控制体系,同时也是实施我国企业内部控制规范体系的首批企业,积累了应对境内外资本市场严格监管的丰富经验。

关于《石油石化行业内部控制操作指南》的主要内容,该操作指南依据《企业内部控制基本规范》及其配套指引,借鉴和吸收三大石油石化企业内控管理成果和具体经验做法的基础上,按照内部控制五大要素为主线,以内部环境为基础,以风险评估为关键,以控制活动为重点,以信息与沟通为条件,以检查与评价为保证,以现代信息技术为手段,以内部控制缺陷原因分析及改进作为补充。内容基本涵盖了三大石油石化企业上游、中游、下游的主要业务,分析提出了石油石化行业内部控制的设计原则、基本思路和建设方法,总结归纳了石油石化行业公司层面和一般业务层面存在的具体风险和相应的控制措施,形成了具有石油石化行业特点的内部控制建设与实施的操作指南——《石油石化行业内部控制操作指南》。该操作指南共分为八章,包括总论、内部环境建设、风险评估、主要业务控制活动、信息系统内部控制的应用与保障、信息与沟通、内部控制的检查与评价、常见内部控制缺陷原因分析及改进等。

操作指南属于具有指导性的操作手册,而非强制实施。《石油石化行业内部控制操作指南》可以为石油石化行业各类型企业开展内部控制体系建设与实施工作提供经验借鉴,也可为中介机构开展内部控制咨询、实施内部控制审计提供重要参考,还可为政府监管部门开展内部控制监督提供有益帮助。

【案例1-2】

财政部酝酿制定电力行业内控操作指南[①]

电力行业内控操作指南或将诞生。继不久前发布《石油石化行业内部控制操作指南》之后,财政部近日正在电力行业密集展开调研,酝酿制定针对电力行业的内控操作指南。

"2008年的企业内控基本规范,定义的是内控之魂,其说明了内控的通用性原则,指明了内控的方向;2010年推出的诸多内控指引,定义的是内控之骨,其给出了一些通用的控制措施和建议,适用于所有行业;当前酝酿出台的一系列行业内控操作指南,定义的是内控之肉。内控有了魂、骨和肉,才能饱满起来,真正和企业实际融为一体。"有专家如是评价我国内控框架体系。

---

① 节选自高红海,"财政部酝酿制定电力行业内控操作指南",《中国会计报》,2014年4月25日。

相关专家指出,同行业的企业也没有完全一致的工作链条,电力行业内控操作指南要对电力行业内部进行统筹指导,充分体现统一性和差异性。即便如此,行业内控操作指南也不是电力企业的"万能指引"。电力企业可以以操作指南为指导和基础,迅速确定主要控制活动,进而根据自身的技术特点、管理风格和竞争情况作出个性化微调,建立符合自身的内控体系。

据了解,电力行业内控操作指南在撰写过程中采集了大量电力行业已有的内控成果,这些成果经过提炼和总结,能形成覆盖发电、电网、电力辅业三大类业务的行业指南,对于理论界和实操界都有较大的帮助。而且,指南中会配有案例解析,包含正反两方面案例,这对于处于风险管理第一道防线的员工的借鉴意义很大,将有助于减少风险管理和内控实务过程中出现的"两张皮"现象。

【综合案例】

南方航空内部控制的发展[①]

中国南方航空股份有限公司(简称"南方航空")是中国南方航空集团公司下属航空运输主业公司,总部设在广州,现有13家分公司、5家控股子公司、18个国内营业部和52个国外办事处,总资产947亿元人民币,在香港、纽约和上海三地同时上市。南方航空历届主要领导始终强调,良好的公司治理和内部控制是企业稳健发展的第一支柱。

南方航空于2006年起开始逐步重新构建和完善其内部控制制度体系。这主要基于以下原因:第一,南方航空2004年、2005年连续两年分别出现了委托理财巨亏、管理层舞弊等事件,这说明南方航空的内控制度体系已经存在明显的漏洞,已经不能达到控制风险的作用了;第二,2005年因收购业务控制不到位导致净亏损17.94亿元,这暴露出南方航空内控制度体系存在设计漏洞、执行不到位等问题,以至于妨碍了公司管理水平的提升和经营业绩的改善;第三,2002年,《萨班斯法案》的颁布对在美国上市的所有上市公司提出了加强内部控制的要求,随着执行法案的期限到来,南方航空作为一家在美上市的公司,自然需要将制度体系的完善作为重中之重。综上所述,南方航空要成功实现其战略目标,成为中国运输飞机最多、航线网络最发达、年旅客运输量最大的航空公司,需要对其现有的内控制度体系进行系统整合和持续完善。

自2006年6月开始,南方航空管理层明确了具体的部门负责管控制度体系,明确权责,同时为了满足本公司上市地有关法规监管的要求,成立了《萨班斯法案》内部控制项目小组,评估内部控制运行有效性。2007年,南方航空依据国资委发布的《中央企业全面风险管理指引》制订了全面风险管理工作方案,明确由公司法律部门组织开展全面风险管理,同时在公司上下开展全面预算管理,专门建立了《中国南方航空股份有限公司预算管理制度》,而且在很少有上市公司披露内部控制自我评估报告、内部控制鉴证报告和社

---

① 改编自乔跃峰、徐晶、池国华,"南方航空的内部控制实践及启示",《财务与会计(理财版)》,2010(09)。

会责任报告的情况下,南方航空给予了详细披露。2008年9月,公司风险管理信息系统正式建成并投入使用,标志着公司内控制度体系建立工作初步实现了信息化管理。2009年4月15日,南方航空依据国资委《关于进一步加强中央企业金融工具衍生业务监管的通知》(〔2009〕19号)发布了《中国南方航空股份有限公司套期保值业务管理规定》,严格规定公司的套期保值业务经董事会批准后才能实施。可见,南方航空内控制度体系的建立健全是一个分阶段逐步完成的过程。

综上我们可以看出,南方航空自2006年起才开始逐步完善其管控制度体系,公司对风险和成本的控制能力也随之提高,盈利能力总体在增强。2006年9月15日,国资委网站刊登了《南方航空将控制成本贯穿于各项工作中,效果显著》一文,文中指出,油价高涨的今天,"控制成本"的主线始终贯穿在南方航空各项工作之中。尽管2008年因受国际金融危机的影响,南方航空陷入窘境,但2009年南方航空继续努力完善公司内控制度体系,提升公司风险管理水平,沉着应对、科学决策,成功扭转了不利的经营局面,全年实现南方航空旅客运输量6 628万人次,位列亚洲第一、全球第四,实现归属于上市股东净利润3.58亿元,比2008年同比增长107.41%。这和南方航空健全有效的内部控制是分不开的。

思考题:

1. 促使南方航空重视内部控制制度建设是来自外部压力还是内部动力?
2. 内部控制对南方航空的生存和发展具有什么作用?
3. 请结合其他材料评价南方航空的内部控制制度实施中存在的问题。

第 2 章 内部控制基本原理

第2章 基本原理 内部結構

【篇首语】

经济的健康发展迫切需要加强内部控制。内部控制作为公司治理的关键环节和经营管理的重要举措，在企业发展壮大中具有举足轻重的作用，但从现实情况看，许多企业管理松弛、内控弱化、风险频发、资产流失、营私舞弊、损失浪费等问题还比较突出，内部控制存在缺陷是导致企业经营失败并最终铤而走险、欺骗投资者和社会公众的重要原因。为此，许多国家通过立法强化企业内部控制，内部控制日益成为企业进入资本市场的"入门证"和"通行证"。要发挥内部控制的作用，首先要掌握其基本原理。

本章主要依据《企业内部控制基本规范》介绍了内部控制的内涵、目标、要素等一系列基本理论问题，同时指出内部控制具有局限性。

【引导案例】

三九集团是如何走向破产绝地的？[①]

赵新先的三九集团是中国中药企业中唯一一个把产值做到将近100亿元的企业。它曾经构筑了一个令人生畏的企业集群，它的产品曾经风靡全国，它拥有三家上市公司，它在连锁药店、健康网站、中医医疗设备等领域的扩张业绩无人可及。从1992年开始，三九集团在短短几年的时间里，采取承债方式收购了近60家企业，偏离了经营医药的主业，斥巨资投向房地产、进出口贸易、食品、酒业、金融、汽车等领域，积累了大量的债务风险。涉足过多陌生领域，且规模过大，难以实施有效管理，给集团带来了巨大的财务窟窿。最终，2004年4月14日，三九医药（000999）发出公告：因工商银行要求提前偿还3.74亿元的贷款，目前公司大股东三九药业及三九集团（三九药业是三九集团的全资公司）所持有的公司部分股权已被司法机关冻结。至此，整个三九集团的财务危机全面爆发。2005年4月28日，为缓和财务危机，三九集团不得不将旗下上市公司三九发展卖给浙江民营企业鼎立建设集团，三九生化卖给山西民营企业振兴集团。2006年8月11日，浙江中耀药业集团有限公司以1710万元成功拍得三九集团旗下的三九医药连锁公司股权。

从内部控制的角度分析三九集团出现财务危机的原因：

第一，放弃主业，导致管理失控。三九集团本是以医药为主营业务，但为了扩大企业规模和效益贸然进军与医药毫不相关的房地产、汽车等领域。这些领域与三九集团的主业——医药没有很大的联系，既不能与主业发展有效衔接，还分散了注意力；另外，集团内原有的管理人员很少有涉及其他领域的管理经验，使集团管理出现断档和真空，加大了集团的管理风险。

第二，集团内部管理制度存在缺陷。集团的管理层不重视集团内部控制，没有落实好内部监督控制制度；集团内部出现信息不对称，导致集团无法控制好资金，集团资金使用混乱，形成资金浪费和错误投向等情况。

[①] 根据相关媒体报道整理。

第三,权力过于集中。从形式上看,三九集团确实存在现代企业的治理结构,即设立了董事会、监事会等。但是,三九集团董事长赵新先在集团中占据着绝对的主导地位,集团的所有战略均以赵新先的个人意志来决策。由此可见,三九集团的治理结构实质上是流于形式的。三九集团的这种决策机制是导致企业失败的直接原因。

缺乏或流于形式的内部控制居然会导致一个企业集团的覆灭,那么究竟什么是内部控制?内部控制应具有哪些要素?它们之间又有着怎样的逻辑关系?企业实施内部控制要达到的目标是什么?需要遵循哪些原则?内部控制是否存在局限性?如果存在,体现在哪几个方面?在本章的学习后,你不仅可以对以上问题有清晰的了解,而且能够全面认识内部控制的基本原理。

2.1 内部控制的内涵

2.1.1 内部控制的定义

我国对内部控制的定义几经变迁,经历了从无到有、范围逐渐扩大、科学严谨性不断提升的发展过程。2008 年 6 月,我国财政部等五部委发布的《企业内部控制基本规范》指出,"内部控制是企业董事会、监事会、经理层和全体员工实施的、旨在实现控制目标的过程"。由此可见,我国对于内部控制的定义主要借鉴了 COSO 报告的精神。

为了更好地理解这个定义,我们有必要对这一含义作进一步的说明。

1. 全员控制

内部控制的主体是企业的内部人员,即内部控制来自企业的内部需求。如果控制者来自企业组织外部,那么由其对企业实施的控制就属于外部控制,如税务控制、政府审计控制等。在内部控制过程中,内部控制强调全员参与,其主体涵盖了企业内部各部门、各单位、各岗位。上至最高负责人,下至各部门负责人乃至各岗位员工,都应积极参与到企业的内部控制当中,充分体现"全员控制"的精神,落实"人人有责"的理念,以主人翁的姿态积极参与内部控制的建设与实施,并主动承担相应的责任,而不是被动地遵守内部控制的相关规定。

2. 全面控制

内部控制是一种全面的控制。一方面,它包含企业的所有事务和全部层级、环节,体现着多重控制目标的要求。即确保企业遵循了国家有关法律法规的规定,没有进行违法经营;保护资产的完整、安全,并对资产继续有效使用;保证财务及管理信息的可靠性并能够及时提供;保障企业经营活动的有序进行、做到资源优化配置,使得企业达到更大的获利目标等。另一方面,内部控制不仅是一种防弊纠错的机制,而且是一种经营管理方

【案例 2-1】

谁动了我的存单？
——齐鲁银行高额骗贷案①

齐鲁银行，原名济南市商业银行，总部设在山东省济南市，在济南市原16家城市信用社和1家城信社联社的基础上组建而成，是山东省成立的首家地方性股份制商业银行。

2010年12月6日，山东省某单位发现其在齐鲁银行账户中的3 000万元被转走，查证过程中，齐鲁银行发现其持有的"存款证实书"系伪造，遂报警。齐鲁银行"12·06"特大伪造金融票据案由此拉开帷幕。

公安机关果断采取措施，将主要犯罪嫌疑人上海全福投资管理有限公司董事长、总经理刘济源及其他犯罪嫌疑人抓获归案。经公安机关初步调查，犯罪嫌疑人刘济源通过伪造金融票证多次骗取资金，涉及一些金融机构和多家企业。

起初，刘济源为齐鲁银行高息揽储，将国企资金揽至齐鲁银行作为定期存款，将该存单抵押贷款，即所谓的"第三方存单抵押贷款"，贷款获得的现金再去存款，循环往复。刘济源将贷来的款项拿去投资，涉案企业获得10%—15%的补偿金，企业领导则获得约1%的好处费，同时银行可以做大存贷款规模，三方获利。初始入库的存单可能真实，经出库再入库的存单就有很大水分，他与齐鲁银行业务经理傅人永勾结开具了假存单，以此帮助这位经理实现高业绩。

一开始刘济源的投资得心应手，从银行套取的贷款往往都能如期归还，并且数年没有被发现。但一旦其资金链陷入紧张，在定期存款到期、后续资金未跟上时，刘济源不得不四处协调，勉强维持，成为"拆东墙，补西墙"的资本游戏。最终，这个骗局败露。此案涉案金额超过100亿元。

从全员控制的角度分析，齐鲁银行会变成刘济源骗取巨额贷款的"提款机"的原因在于：齐鲁银行高层出现"内鬼"；齐鲁银行基层员工失职；齐鲁银行的员工面对自存单，缺乏较强的辨别能力；涉案企业内部人员贪图利益为刘济源"护航"。刘济源用来骗取贷款的假存款证实书上竟然存在企业真印鉴。2010年11月12日，刘济源联系正德人寿存入齐鲁银行5亿元。当晚，刘济源将来济南办理存款的正德人寿员工灌醉，窃取了其公司印章，加盖在他事先伪造的单位定期存款开户证实书和定期存款提前支取手续上。齐鲁银行案案发三天后，涉案的中国重汽集团总会计师突然辞职；另一边，涉案的原淄博矿业集团董事长马厚亮也被司法调查。刘济源和涉案企业合谋骗贷的可能性也初露端倪。

因此，内部控制不只是企业管理层的工作，更是企业全体工作人员的责任。即使是

---

① 本案例改编自：(1) 王峰，"齐鲁银行案诈骗手法起底，灌醉他人偷印章开假银行"，《21世纪经济报道》，2012年12月26日；(2) 李攻等，"山东齐鲁银行及数家金融机构遭遇高额骗贷案"，《第一财经日报》，2011年1月4日；(3) 史进峰，"济南惊曝票证伪造案，齐鲁银行董事长否认巨亏传闻"，《21世纪经济报道》，2010年12月31日。

一人的疏忽或蓄意盗取,如果缺乏有效的全员控制,那么再完善的内部控制系统都会失效,给企业带来巨大损失。

法,是一种为多目标的实现而进行的全面控制。内部控制的全面控制是从横向角度为企业实现控制目标搭起了一道无形的网。

但是我们应该清楚地认识到,内部控制只能为上述目标的实现提供"合理保证"而非"绝对保证"。这是因为,首先企业目标的实现不仅取决于企业自身,而且深受外部环境的影响;其次内部控制固有的局限性也决定着它不可能成为"绝对保证"。所谓"合理保证"意味着内部控制制度的设计和执行并不代表可以"包治百病",更不意味着有了内部控制的企业就可以"万事无忧"。但相对于缺乏内部控制制度或内部控制制度实施不利的企业而言,具有内部控制制度或内部控制制度执行良好的企业经营起来会更有效率。

3. 全程控制

内部控制是一个动态的过程,它是企业依据环境的变化,制定相应的控制措施,再通过信息反馈进行纠错的过程。从整体控制看,包括制度设计、制度执行和制度评价(即对制度设计和执行情况的检查)等阶段,它们彼此间相互配合、层层递进,共同构成了一个闭合的良性循环系统;从业务控制看,一般应采取事前控制、事中控制和事后控制等措施,以确保控制的严谨性。

内部控制是一种全程控制,即它是一个完整的内部控制体系。内部控制的全程控制通常以流程为主要手段,包括流程的设计、执行和监督评价,但又不仅仅局限于流程。企业要有效地实现全程控制,必须优化与整合企业内部控制流程。内部控制的全程控制是从纵向角度为企业防范和管理风险竖起了一面牢固的墙。

【案例 2-2】

中国石油抚顺石化三年亏 187 亿元　新总经理炮轰内控黑洞[①]

有八十多年发展历史的中国石油抚顺石化公司,近几年来一直在与亏损做斗争。2011—2013 年,抚顺石化累计亏损额达到 187 亿元,其中 2012 年亏损 60 亿元,成为中石油下属炼化企业中亏损最为严重的企业。

在目前国内炼化产能过剩的形势下,抚顺石化巨亏有外部市场因素,但是更多的原因则来自企业内部管控问题。在这个员工总数三万多人的炼化企业中,仅管理人员就占到员工总数的五分之一,而管理效率却没有体现出来,随处可见的是设备负荷低下、采购煤质不达标、加热炉热效率低、各种"跑冒滴漏"等现象。这引来了抚顺石化新任总经理李天书的追责。消息人士告诉记者,在今年 5 月召开的公司生产视频会上,李天书就煤

---

① 引自赵晓,"中国石油抚顺石化三年亏 187 亿元　新总经理炮轰内控黑洞",《第一财经日报》,2014 年 7 月 21 日。

炭采购方面出现的问题直斥:"相关人员该当何罪?"资料显示,为抚顺石化供应电力、热力的抚顺石化公司热电厂的煤炭多年来一直存在煤质不达标的问题。

另外,2013年6月,国家审计署发布的中国石油2012年年度财务收支审计结果也显示,2010—2012年,中国石油所属抚顺石化分公司投资22.35亿元的热电厂扩建项目未经核准,且使用工艺不成熟,导致8 751万元国有资产面临损失。

虽然中国石油抚顺石化设置了内部控制制度,但是却把它当作摆设,并没有在实际实施中进行动态调整,进行相关的监督评测,使得内部控制制度虚有其表,造成了如今巨额亏损的恶果。

2.1.2 内部控制的本质

企业内部控制的本质与企业组织关系有着密不可分的联系。简单地说,企业内部控制就是为了维护企业组织内部相关各方的利益关系而存在的,它要求相关各方按照预先设定的规则行事:一是规则本身就是控制;二是只有保证规则充分实现,规则的目标才能达成;三是由于规则归根结底是由人执行,为了促进执行者执行规则的主动性和积极性,需要建立激励机制。由于企业的组织关系存在契约关系与科层关系两种形式,因此内部控制的本质也从制衡、监督与激励三个侧面得以体现。①

1. 内部控制的本质之一:制衡

内部控制的发展最先经历的是行为人层面控制的内部牵制阶段,内部牵制是指在处理每项经济业务时,规定由两个或两个以上的工作人员参与,相互制约,以防发生错误或舞弊的措施。企业组织在设立时会形成一种契约关系,此时所形成的企业内部控制的本质是制衡。内部控制应当使企业在治理结构、机制设置及权责分配、业务流程等方面形成相互制约、相互监督,同时兼顾营运效率。

企业在制定内部控制制度时要体现制衡的本质。对此,企业可以从以下几方面入手:

第一,完善企业治理结构是制约企业经营者行为的有效机制。一方面,要严格遵循不相容职务分离的原则,将董事会与经理层、董事长与总经理分开设置;同时要严格甄选监事会中的监事人员并充分发挥监事会的监督职责。另一方面,务必在企业中建立"三重一大"事项实行集体决策的机制,杜绝"一言堂""一支笔""大哥文化"等独断专行的现象。

第二,正确处理企业的机构设置和权责分配,从根本上杜绝舞弊行为的发生。企业应仔细斟酌并谨慎处理企业的机构设置和权责分配问题,从制度上明确不相容岗位,并在实践中务必坚决分开采购与验收、会计与出纳等不相容岗位,使岗位间在日常工作活动中发挥相互制约的作用。

---

① 谢志华,"内部控制:本质与结构",《会计研究》,2009(12)。

第三,重视企业的业务流程划分。不相容职务的分离还体现在具体的业务流程的划分上,例如,在办理资金业务过程中,现金和银行存款管理的有关规定严禁将所有印章、票据集中由同一人保管,也不允许由一人办理货币资金全过程业务。因此,企业应当充分重视业务流程划分,注重实效,采取既定制度与灵活措施相结合的方法,加强业务流程监管,充分发挥制衡性作用。

【案例 2-3】

阿里巴巴与"两千大盗"[①]

2011年2月21日,阿里巴巴的一则公告,同时引出"诈骗事件"与"高管引咎辞职"这两个爆炸性事件。

据了解,阿里巴巴 B2B 公司发现,从 2009 年开始到 2010 年,有关该公司在国际交易市场上欺诈的投诉时有发生。B2B 公司董事会为此委托专门的调查小组进行调查,查实 2009 年与 2010 年两年间分别有 1 219 家(占比 1.1%)和 1 107 家(占比 0.8%)的"中国供应商"客户涉嫌欺诈。

在调查环节中,有迹象表明 B2B 公司直销团队的一些员工为追求高业绩、高收入,故意或疏忽而导致一些涉嫌欺诈的公司加入阿里巴巴平台。先后有近百名销售人员被认为负有直接责任,这些人员将按照公司制度接受包括开除在内的多项处理。

因为这一事件,阿里巴巴 B2B 公司 CEO 兼总裁卫哲和 COO 李旭晖引咎辞职,淘宝网 CEO 陆兆禧接替卫哲的职务,支付宝 CEO 彭蕾将兼任阿里巴巴集团 CPO 职务。

事后,公司拿出 170 万美元对 2 249 名受害者进行赔偿。

公司董事局主席马云表示:"诚信是阿里巴巴最重要的价值观之一,这包括我们员工的诚信,以及我们为小企业客户提供一个诚信和安全的网上交易平台。任何违背我们文化和价值观的行为都不能接受。"

阿里巴巴内部控制管理失效的原因之一在于其违背了制衡性原则。相互制约是建立和实施内控的核心理念,更多地体现为不相容机构、岗位或人员的相互分离和制约。从结果来看,首先,阿里巴巴的内控危机始于董事会。董事会没有采取有效的针对性举措。董事会完全可以责成经营层加强对这类客户的信用审查,以不相容职务分离控制为原则,以预防性控制与发现性控制相结合的方法,指派专人进行抽查,进而防止这类欺诈的发生;同时借助审核委员会定期听取这类客户风险发展的趋势评估报告,并采取针对性举措来进行控制,而不是两年后在"3·15"晚会上展示公关秀。其次,阿里巴巴管理层存在失职。关键管理流程仅是一纸公告,销售人员互相串通,导致有效的认证体系失灵;重大风险没有进行分类管理;投诉问题异常未能引起管理层重视。综上所述,在管理层和企业运行过程中忽视制衡性,导致阿里巴巴本次危机的产生。

---

① 参考叶檀,"阿里巴巴与'两千大盗'",《南方人物周刊》,2011 年第 7 期。

2. 内部控制的本质之二：监督

内部控制的监督是指通过内部审计或内部控制评价来监督内部控制的建立是否合理并完善，执行是否有效。监督可以确保内部控制制度持续有效地运作。

《企业内部控制基本规范》第四十四条指出："企业应当根据本规范及其配套办法，制定内部控制监督制度，明确内部审计机构（或经授权的其他监督机构）和其他内部机构在内部监督中的职责权限，规范内部监督的程序、方法和要求。"

在现代企业制度下，监督是有效治理由委托代理而产生的道德风险与逆向选择问题的有效方式，因此企业在内部控制过程中应积极开展日常监督和专项监督。日常监督是指企业对建立与实施内部控制的情况进行常规、持续的监督检查，它实际上就是持续监控活动。专项监督是指在企业发展战略、组织结构、经营活动、业务流程、关键岗位员工等发生较大调整或变化的情况下，对内部控制的某一方面或者某些方面进行的有针对性的监督检查，与个别评价的概念相当。日常监督与专项监督的相互结合有助于企业正常运作时规避不必要的错误，防止失误积少成多，铸成大错；有助于企业某方面发生重大变化时避免暗箱操作，预防中饱私囊、趋利避害。同时，企业应当定期对内部控制的有效性进行自我评价，出具内部控制自我评价报告。

制衡和监督之间有着天然的关系，表现为没有制衡，监督就难以有效地发挥作用。这主要反映在两个方面：

（1）制衡是解决监督体系中最高权力者无法监督问题的唯一途径，而这一问题不被解决，监督体系有可能完全或部分失灵。监督的特征是必须依靠高层次的权力监督低层次的权力，而最高权力者则无人可能再监督。既然不能用再监督的方式，就只能选择制衡的方式，也就是在最高权力层次实行分权而治，形成分权主体之间的相互制约或相互牵制。只有通过分权而治使最高权力主体的运行合理有效，依科层体系而形成的监督体系才能合理、有效。

（2）监督的效率往往也受制于制衡的有效性。在公司制企业中，一方面，各投入要素的主体之间相互制衡，可以减少各要素主体侵蚀其他要素主体的行为，从而可以减少监督的必要；另一方面，不同要素投入主体内部的相互制衡，也会减少不同要素投入主体内部各成员侵蚀其他成员的行为，从而降低监督成本，提高监督效率。

【案例 2-4】

邯郸农行金库被盗案回放[①]

2007 年 4 月 14 日 14 时许，河北省邯郸市农业银行金库发现一起特大盗窃案，被盗现金人民币近 5 100 万元。5 100 万元巨款，堆在一起是什么感觉？就算都是百元大钞，叠在一起也有 50 米高，总重量将近两吨，可是，这笔谁都没办法一下搬动的巨款，居然从

---

① 节选自周人杰、李杰、郎丽娜，"邯郸农行金库被盗案回放"，中央电视台《经济半小时》，2007 年 4 月 26 日。

河北省邯郸市农业银行的金库里消失得无影无踪。这起银行盗窃大案，震惊全国，当中的种种细节波云诡谲、迷雾重重，如此离奇的案件究竟是怎么发生的？银行严密的保卫措施怎么会如此不堪一击呢？

根据公开信息，任晓峰和马向景两名犯罪嫌疑人，分别掌握着两把金库的钥匙，他们不断地打开金库的大门，偷走巨额现金，但让人疑惑的是，从2006年11月到2007年4月，在长达5个月的时间里，金库的现金被偷走了近5 100万元，可农业银行邯郸分行竟然没有检查出来。

那么，按照规定，银行的金库应该多长时间检查一次呢？记者首先找到了《全国银行出纳基本制度》，这一制度虽然明确规定"各行必须建立查库制度"，但它没有标明具体的查库时间，那么农业银行的金库究竟应该多长时间检查一次呢？记者又找到了《中国农业银行出纳柜员制管理办法》，记者看到，这一办法明确规定"营业单位坐班主任每月至少不定期查库三次；主管行行长每半年至少进行一次全面查库"。根据这条规定，记者发现，在任晓峰不断偷盗的5个月里，本应进行的15次查库形同虚设，但是面对这样明显的金库监管漏洞，农业银行邯郸分行提都不愿意提。

在农业银行邯郸分行，不仅每10天进行一次的查库形同虚设，而且金库的监控系统更像是没用的摆设。邯郸农行工作人员说："一个是监视库房的监控录像未录下来，再一个是我们内部的监控系统坏了。"

从案发前后的众多迹象不难发现，这家银行金库的防护简直形同虚设，金库几乎就变成了两个盗贼自家的保险柜。有专家认为，此次邯郸农行巨款失窃案的发生与过往的类似惊天大案一样，一个共同的原因就在于，银行内部的资金管理部门之间缺乏制约和监督，存在明显的盲区。

---

3. 内部控制的本质之三：激励

激励是指组织通过设计适当的外部奖酬形式和工作环境，以一定的行为规范和惩罚性措施，借助信息沟通，来激发、引导、保持和规划组织成员的行为，以有效地实现组织及其成员个人目标的系统活动。

内部控制的产生源于要解决委托代理问题带来的弊端，其中要解决的核心问题就是信息不对称。除了通过监督的方式，我们还可以采取激励机制解决决策人与执行人之间的信息不对称问题，如对经营者实行股票期权或年薪制等，使执行人能够主动有效地执行决策。因此可以说，激励也是内部控制的本质之一。

企业可以运用物质激励、精神激励、荣誉激励和工作激励等方式进行员工激励，激发员工发挥主观能动性，积极防范和控制其身边所存在的风险。实际上，《企业内部控制基本规范》第八条也作出规定，企业应当建立对内部控制实施的激励约束机制，将各责任单位和全体员工实施内部控制的情况纳入绩效考评体系，促进内部控制的有效实施。同时，可以运用公司独有的企业文化，使员工对公司怀有强烈的成就感和归属感，激励他们为企业的风险管理作出更大的贡献。

【案例 2-5】

沃尔玛独特的员工激励文化[①]

世界零售巨头沃尔玛公司创始人山姆·沃尔顿,早在创业之初就为公司制定了三条座右铭:"顾客是上帝""尊重每一个员工""每天追求卓越"。

山姆·沃尔顿总结了"事业成功的十大法则",并常常与经理们和同仁共勉。这十大法则分别是:忠诚你的事业;与同仁建立合伙关系;激励你的同仁;凡事与同仁沟通;感激同仁对公司的贡献;成功要大力庆祝,失败亦保持乐观;倾听同仁的意见;超越顾客的期望;控制成本低于竞争对手;逆流而上,放弃传统观念。

上述十大法则中有七条是关于员工关系的,可见沃尔玛把员工关系放到何等重要的地位。沃尔玛较少有等级森严的气氛,从创始人山姆·沃尔顿起,他就乐意和员工在一起,谈论一些问题或发表演讲,把自己所倡导的价值观念传输给员工。到今天,沃尔玛的各级管理人员依然贯彻着企业传统文化,经理人员被认为是"公仆领导"。沃尔玛公司规定对下属一律称"同仁"而不称"雇员",沃尔玛所做的一切也充分体现了对人的尊重。尊重个人,是沃尔玛的企业文化。在沃尔玛,"我们的员工与众不同"不仅是一句口号,更是沃尔玛成功的原因。它真正的含义是,每位员工都很重要,无论他在什么岗位都能表现出众。"我们的员工与众不同"这句话就印在沃尔玛每位员工的工牌上,每时都在提升员工的自豪感,激励员工做好自己的工作。

沃尔玛员工从进入公司的第一天起就受到"爱公司如家"的思想熏陶。沃尔玛制定了与员工分享经营成果、分担经营责任的政策,使员工产生责任感和参与感,通过利润分享、员工购股、低耗奖励等措施来调动员工的积极性。为激发员工的活力与激情,每周六举行一次别开生面的例会,在活泼、愉快的气氛中表扬先进、发现问题、讨论解决问题的方案。公司还经常邀请社会名人、当红演员、NBA 球星等来参加晨会,激发与会者的兴趣。另外,沃尔玛还非常重视对员工的培养与教育,利用业余时间在总部和各级商店开设各类培训班,并专门设有沃尔顿学院,为沃尔玛培养高级管理人员。

沃尔玛在员工关系与员工激励方面的举措,应当是其最具远见的举措,也是沃尔玛成为世界第一零售巨头的关键。

2.2 内部控制的目标

目标是特定主体在一定时期内期望实现的成果,为主体行为提供指导。任何事情都有其预期达到的目标,内部控制也不例外。没有目标的内部控制就如同无水之源、无本

[①] 引自百度文库。

之木,确立并分解目标是控制的开始,内部控制的所有方法、程序和措施也都以内部控制目标为基础。我国《企业内部控制基本规范》规定,内部控制的目标是合理保证企业经营管理合法合规、资产安全、财务报告及相关信息真实完整、提高经营效率和效果、促进企业实现发展战略。上述目标是一个完整的内部控制目标体系的不可或缺的组成部分。然而,由于所处的控制层级的不同,各个目标在整个目标体系中的地位和作用也存在着差异。

2.2.1 合法合规目标

经营管理合法合规目标,是指内部控制要合理保证企业在国家法律和法规允许的范围内开展经营活动,严禁违法经营。合法合规目标是实现经营目标的有效保证,也是内部控制目标中最基本的目标。企业的目标是尽可能地创造价值,实现企业价值最大化。但是,如果企业盲目追求利润、无视国家法律法规,必将为其违法行为付出巨大的代价。一旦被罚以重金或者被吊销营业执照,那么其失去的不仅仅是利润,而是持续经营的基础。一个违反相关的法律法规、丧失道德底线的企业,必然会将自身置于高风险的环境中,从而对自身的生存和发展造成巨大的威胁,最终必将被环境摒弃。因此,遵守法规、制度是企业一切活动的前提,也是首先要完成的目标。确保经营管理合法合规是一个企业生存和发展的基本条件。

内部控制作为企业内部的一种制度体系,可以有效地将法律法规的内在要求融入控制活动与业务流程之中,从根本上将业务活动中违法违规的可能性风险降到最低,进而合理保证经营中各项活动的合法性与合规性。《企业内部控制基本规范》第十九条明确规定:"企业应当加强法制教育,增强董事、监事、经理及其他高级管理人员和员工的法制观念,严格依法决策、依法办事、依法监督,建立健全法律顾问制度和重大法律纠纷案件备案制度。"虽然内部控制有助于将业务活动控制在合法范围内,但是企业各阶层人员的法律意识也很重要。

2.2.2 资产安全目标

内部控制的资产安全目标有两层含义:一是确保资产在使用价值上的完整性,这不仅要防止有形资产被挪用、侵占或盗窃等,还要防止无形资产控制权的旁落;二是确保资产在价值上的完整性,这不仅要防止资产被低价处置,损害企业利益,而且要充分提高资产使用效率,提升资产管理水平。资产安全目标是企业实现经营目标的物质前提。

内部控制中所强调的制衡与监督能够增强对企业资产的保护。因为有了制衡,两个人同时犯罪或犯同一错误的概率大大降低;因为有了监督,每个人犯错误或错误的严重性降低。所以,制衡与监督加大了不法分子实施犯罪计划、进行贪污舞弊的难度,从而保护企业资产不被非法侵蚀或占用,确保企业经营活动顺利开展。

2.2.3 报告目标

报告目标,是指内部控制要合理保证企业提供的财务信息和其他信息是真实可靠的。内部控制的重要控制活动之一是对信息系统的控制,尤其是对财务报告的控制。财务报告及其相关信息反映了企业的经营业绩,以及企业的价值增值过程。报告目标是经营目标的成果体现与反映。

保证企业的财务报告和相关信息的真实完整是相当重要的。如果离开企业提供的这些信息,就会影响资本市场的正常运转。资本市场中,所有的参与者都是依赖这些信息进行交易的,这些信息是资本市场中各方建立互信关系的桥梁。如果缺少这些信息,或者这些信息是虚假的,就会导致相关各方缺失互信基础,资本市场会出现不可控的局面。

通过内部控制制度的设计(如不相容职务分离、授权审批制度、日常信息核对制度和奖惩制度等),可以防止提供虚假的会计信息,抑制虚假交易的发生,可以规范会计人员的职业道德、专业水平,更可以全面展示企业经营的目标和成果。

2.2.4 经营目标

经营目标是内部控制要达到的最直接和核心的目标。企业存在的根本目的在于获利,而企业能否获利往往直接取决于经营的效率和效果。企业所有的管理理念、制度和方法都应该围绕提高经营的效率和效果来设计、运行并进行适时的调整,内部控制制度也不例外。内部控制是科学化的管理方法和业务流程,其本质是对于风险的管理和控制,它可以将风险的防范落实到每个细节和环节当中,真正地做到防微杜渐,使企业可以在低风险的环境中稳健经营。

如果企业忽视内部控制的经营管理,不重视企业权责的划分、部门间的协调、流程的设计、良好的信息沟通体系等,即使企业表面貌似效率很高,实则可能处于高风险的经营环境,一旦不利事项发生,轻则对企业产生重创,重则导致企业灭亡。

2.2.5 战略目标

战略目标是最高目标,是与企业使命相联系的终极目标。战略是管理者为实现企业价值最大化的根本目标而针对环境作出的一种反应和选择。如果说提高经营的效率和效果是从短期利益的角度定位的内部控制目标,那么促进企业实现发展战略则是从长远利益出发的内部控制目标。因此,战略目标是总括性的长远目标,而经营目标则是战略目标的短期化与具体化,内部控制要促进企业实现发展战略,必须立足于经营目标,着力于经营效率和效果的提高。只有这样,才能提高企业核心竞争力,促进发展战略的实现。

如果企业没有长远的发展目标和战略规划或者企业发展战略实施不到位,势必会导致企业的盲目发展,企业难以在行业中形成竞争优势,丧失企业的发展机遇和动力;甚至会出现企业偏离主业、资源浪费严重、经营失控,最终危及企业的生存和可持续发展。

内部控制的五个目标不是彼此孤立的,而是相互联系在一起构成内部控制目标体系,其关系如图2-1所示。

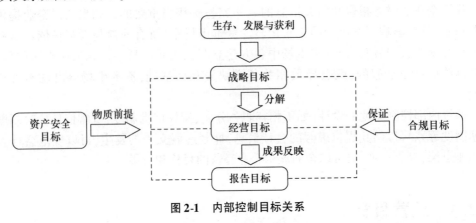

图 2-1 内部控制目标关系

2.3 内部控制的要素

内部控制的内容,归根结底是由基本要素组成的。这些要素及其构成方式,决定着内部控制的内容与形式。《企业内部控制基本规范》第五条规定了内部控制的五要素,即内部环境、风险评估、控制活动、信息与沟通和内部监督。

2.3.1 内部环境

内部环境是企业实施内部控制的基础,对其他要素产生影响。内部环境一般包括治理结构、机构设置及权责分配、内部审计、人力资源政策、企业文化等。内部环境的好坏决定着内部控制其他要素能否有效运行。其中,治理结构是重中之重,企业实施内部控制应先从治理结构入手。内部环境是内部控制其他四个构成要素的基础,在企业内部控制的建立与实施中发挥着基础性作用。

如果企业不具备良好的内部环境,在治理结构层面,就可能面临治理结构形同虚设,缺乏科学的决策、良性的运行机制与执行力而导致经营失败,面临难以实现其发展战略目标等方面的风险;在机构设置与权责分配方面,就可能面临因权责分配不合理而导致的机构重置、职能交叉或缺失、相互扯皮、运营效率低等方面的风险;在人力资源政策方面,就可能引起人力资源的缺乏或过剩、人才流失、人力资源激励机制和退出机制不当等风险;在企业文化方面,因员工缺乏积极性、缺乏诚实守信的经营理念等问题,就可能导致企业信誉下降,影响企业的持续经营。同时,企业在缺失良好的内部环境的经营状态下,就可能影响内部审计的有效性。

【案例2-6】

由三鹿事件引发的企业内部环境思考[①]

三鹿事件在2008年中国十大违法事件中位列首位,美国《时代周刊》将"毒奶粉"事件列入2008年全球十大新闻。2008年12月25日,石家庄市委、市政府发布三鹿破产消息,破产裁定书已送达石家庄三鹿集团有限公司,一个曾经作为奶业龙头的企业一夜之间消失。究其根源,企业内部环境不佳是主要原因之一。

(1) "内部人控制"现象严重。三鹿集团的大股东是三鹿乳业公司,持有三鹿集团56%的股权;第二大股东是新西兰恒天然集团,持有43%的股权;其余1%的零散股份由小股东持有。从表面上看,三鹿集团具有形成良好治理的所有权结构。但大股东三鹿乳业公司推行的是员工持股,并且由经营者持大股,96%左右的股份由900多名老职工拥有,其余股份由石家庄国资委持有。因此,三鹿集团的实际控制人或者说股权相当分散。董事长兼总经理田文华1987—2008年任职长达21年。可见,该公司不仅股权相当分散,董事长与总经理之间的制衡关系也无从谈起,"内部人控制"现象不言而喻,治理机构的制衡机制失效,这种不良的内部环境成了管理层道德缺失的温床,也为"毒奶粉"事件埋下了治理隐患。

(2) 管理者不正确的经营理念。三鹿事件中,企业管理层在利润的诱导下,以工业用原料三聚氰胺加入奶粉中,置消费者的健康于不顾,完全突破道德底线。这种为了追求经济利益,不惜违背经营目标所采取的短期行为,使制度的执行因为人的主观意志而存在不应有的弹性,导致内部控制的功能大大削弱,引起整个企业的"群体越轨"现象,致使控制环境恶化,造成严重的后果。

(3) 企业文化与"责任作秀"。三鹿集团曾宣称其企业文化的灵魂是为提高大众的营养健康水平而不懈地进取。其宣传资料显示,三鹿集团多年来以履行社会责任为己任,扶持农民养牛、抗洪救灾、抗击"非典"、老区扶贫、扶残助教、为多胞胎家庭等捐资捐物,赢得了社会各界的广泛赞誉;企业先后荣获全国"五一"劳动奖状、全国轻工业十佳企业、全国质量管理先进企业等省级以上荣誉称号200余项。三鹿集团所履行的社会责任和取得的各种荣誉无可厚非,但是,企业社会责任主要是通过为社会提供优质的产品来

---

① 王芳,"基于三鹿事件的企业内部控制环境研究",《会计之友》,2009(18)。

实现。三鹿集团产品中含有大量三聚氰胺,已给婴幼儿及食用者造成身心伤害,给中国奶业造成了巨大损失,尤其是发现问题后的处理方式造成了非常恶劣的社会影响。

(4) 组织结构与盲目扩张。由于三鹿集团有品牌而缺乏奶源,一些地方小乳品厂有奶源而缺品牌,因此集团在内部开创"品牌和奶源"结合的发展模式。沿着这种模式,三鹿集团以产权为纽带,以品牌为旗帜,相继兼并了山东、河北、陕西、河南、甘肃等省濒临破产的30多家中小企业,使得三鹿的组织结构发生了很大变化。例如,行唐三鹿乳业有限公司由三鹿集团控股51%,另外49%的股权由行唐县政府控制。本质上,这种兼并在一定程度上壮大了企业规模,扩大了市场份额,有利于三鹿集团的发展。然而,在被三鹿集团兼并之后,行唐三鹿乳业未增添任何新设备和资金,开动老机器就开始生产奶粉,厂区内景象破旧不堪。三鹿集团旗下类似这样的分公司或子公司比比皆是。这种扩张导致了资金投入跟不上、机器设备及内部管理跟不上等问题,埋下了诸多安全隐患。

三鹿集团为我国企业敲响了警钟:创建和谐的企业内部环境,关乎企业的盛衰荣辱和生死存亡。企业的内部环境是内部控制的关键,确定了一个企业的基调,它影响着整个企业内部所有人员的控制意识。因此,控制环境是一种氛围,能够影响企业内部控制制度的贯彻执行以及企业经营目标及整体战略目标的实现,如果没有有效的控制环境,其他控制要素无论质量如何,都不可能形成有效的内部控制。在三鹿集团的案例中,如果该企业具有良好的内部环境,就有可能降低"毒奶粉"事件发生的可能性。

2.3.2 风险评估

风险评估是企业及时识别、系统分析经营活动中与实现内部控制目标相关的风险,合理确定风险应对策略的过程。它是实施内部控制的重要环节,是采取控制活动的根据。风险评估主要包括目标设定、风险识别、风险分析和风险应对等环节。控制主体必须制定与生产、销售、财务等业务相关的目标,设立可辨认、分析和管理相关风险的机制,以了解本单位所面临的来自内部和外部的各种不同风险。在充分识别各种潜在风险因素后,要对固有风险(即不采取任何防范措施可能造成的损失程度)进行评估,同时,重点评估剩余风险(即采取了应对措施之后仍可能造成的损失程度)。单位管理层在评估了相关风险的可能性和后果及成本效益之后,要选择一系列策略使剩余风险处于期望的风险承受度之内。

在当今信息时代的大背景下,企业所面临的风险瞬息万变,如果企业对风险的评估不及时或是出现错误,就会直接影响企业的控制活动,容易导致内部控制滞后,甚至使得企业经营失败。

【案例 2-7】

中信泰富投资巨亏[①]

2008年10月20日,中信泰富(00267.HK)发布公告称,公司为减低西澳洲铁矿项目面对的货币风险,签订若干杠杆式外汇买卖合约而引致亏损,实际已亏损8.07亿港元。至10月17日,仍在生效的杠杆式外汇合约按公平价定值的亏损为147亿港元。换言之,相关外汇合约导致已变现及未变现亏损总额为155.07亿港元。从表面来看,导致中信泰富巨额损失是由于澳元对美元汇率发生异常波动而导致的市场风险,但事实上,乃是由于该公司内部控制失控而产生的操作风险。在现实中,操作风险往往是衍生工具的核心风险。

具体而言,中信泰富在衍生工具内部控制方面缺乏有效的风险识别与评估机制,不仅在交易之前缺乏风险识别与评估,而且在合约持续期间,企业也没有持续关注风险因素并对其发生的概率和损失的金额进行评估,其结果是导致所签订的投资合约存在两个问题:其一,交易金额远远超过套期保值需要,投机成分重过套期保值;其二,没有制定严格的限额控制。在签订的合约中,只规定盈利上限,没有规定止损点;没有对衍生工具头寸及其风险限额进行严格的限制,从而为巨额损失埋下了隐患。

2.3.3 控制活动

根据明确的风险应对策略,企业需要及时采取控制措施,有效控制风险,尽量避免风险的发生,尽量降低企业的损失,这就是控制活动要素。控制活动是指结合具体业务和事项,运用相应的控制政策和程序或者控制手段去实施控制。也就是在风险评估之后,控制主体应采取相应的控制措施将风险控制在可承受范围之内。常见的控制措施有不相容职务分离控制、授权审批控制、会计系统控制、财产保护控制、预算控制、运营分析控制、绩效考评控制等。

企业缺乏控制活动或者控制活动失效,则无法应对企业中存在的风险。例如,企业在经营活动中会出现错误或舞弊行为,未能保证资金资产安全,预算管理缺乏刚性使其管理流于形式等情况。这些状况会影响企业的正常运行,严重时会导致企业经营失败。此外,企业采取手工控制和自动控制以及预防性控制和发现性控制相结合的方法实施控制可能会达到更好的效果。

---

① 根据相关媒体报道整理。

2.3.4 信息与沟通

信息与沟通是企业及时、准确地收集、传递与内部控制相关信息的过程，其确保信息在企业内部、企业与外部之间进行有效传递与理解。它是实施内部控制的重要条件，控制环境与其他组成因素之间的相互作用需要通过信息与沟通这一桥梁才能发挥作用。信息与沟通的主要环节有：确认、计量、记录有效的经济业务；在财务报告中恰当揭示财务状况、经营成果和现金流量；保证管理层与单位内部、外部的顺畅沟通，包括与股东、债权人、监管部门、注册会计师、供应商等的沟通。信息与沟通的方式是灵活多样的，但无论哪种方式，都应当保证信息的相关性、真实性和及时性。缺少了信息传递与内外沟通，内部控制其他因素就可能无法保持紧密的联系，整合框架也就不再是一个有机的整体。

如果企业信息流转不当，会导致决策失误或相关决策难以落实；如果企业信息资源管理不当，会使得信息收集不规范或失真，严重时导致信息无法共享；如果企业内外部信息资料保管不当，会造成重要资料丢失或泄密，令企业蒙受经济及信誉损失等；如果企业的信息与沟通处理不当，会直接影响企业的运作效率，有时甚至会影响企业声誉，从而阻碍企业经营目标的实现。

【案例 2-8】

华夏证券破产风云①

华夏证券股份有限公司成立于 1992 年 10 月，由中国工行、农行、中行、建行、人保五家金融机构作为主要发起人，联合其他 41 家大型企业共同组建，是我国较早成立的全国性证券公司。在当时，华夏证券与南方证券、国泰证券并称中国最早的三大全国性证券公司。

华夏证券公司成立后迅猛发展，曾一度拥有 91 家营业部和 24 家证券服务部，并成为第一家全国交易联网券商。与此同时，公司尚未健全的内部控制制度却屡遭人破坏。这一方面导致了挪用客户保证金、违规回购国债、账外经营和投资、违规自营和坐庄、账目作假和不清等内部风险的频繁发生；另一方面使公司丧失了应对银行提前收贷、融资成本高涨、实业投资损失、证券市场低迷等外部风险的抵御能力。而主管部门在对其拯救中未能对症施治，内乱外患之下，公司逐渐走向衰亡。

资料显示，2005 年 12 月，华夏证券公司总资产为 81.76 亿元，负债为 133.09 亿元，所有者权益为 −51.33 亿元，被中国证监会和北京市政府责令停止证券业务活动，撤销证

---

① 根据相关媒体报道整理。

券业务许可证;2007年10月,公司总资产为38.18亿元,负债为89.86亿元,所有者权益为-51.68亿元,失去持续经营能力,无法清偿到期债务,公司申请破产;2008年4月,破产申请获证监会批准,公司正式宣告破产。

华夏证券破产的原因之一在于企业信息不实,沟通不畅。具体表现如下:刻意封锁经营信息,如封锁负责自营业务的"四人领导小组"成员林某的电脑信息,封闭正常交易数据和情况;编制假账,如2002年公司通过将21家上市公司法人股转让给下属公司,虚增利润5.15亿元,2003年通过计提应收债权项目的利息和罚息,虚增利润4.5亿元;证券资料缺失,如有8只三板上市法人股投资和2笔长期投资项目既无权属资料,也无账户信息或其他证明文件;违规修改电脑数据,如下属3家营业部违规以经纪人提成为名,异户返佣2 214.7万元,少交大量营业税;巨额资产变动成谜,如公司2007年财务报告中的总资产比2005年减少40多亿元,却没有披露变动原因;大量债权记录不准,如截至2007年11月,超过一半的债权人对于自己和他人债权的核定存在异议;交易信息披露不完整,如对证券资产转让过程是否通过公开拍卖等程序以及应收账款等相关信息,未作任何披露。

信息的闭塞与不实,成为华夏证券财务舞弊产生、饱受争议直至破产的根源。即使其他内部控制要素再完善与合理,缺少信息与沟通就会造成整个内部控制系统的失效。为此,如何建立有效的沟通渠道,完善信息传递途径,也是企业内部控制中必不可少的环节。

2.3.5 内部监督

内部监督是针对于内部控制其他要素的,是自上而下的单向检查,是对内部控制的质量进行评价的过程。它是单位对内部控制建立与实施情况的监督检查,评价内部控制的有效性,发现内部控制缺陷,及时加以改进,是实施内部控制的重要保证,是对内部控制的控制。内部监督包括日常监督和专项监督。监督情况应当形成书面报告,并在报告中揭示内部控制的重要缺陷。内部监督形成的报告应当有畅通的报告渠道,确保发现的重要问题能及时送达治理层和管理层;同时,应当建立内部控制缺陷纠正、改进机制,充分发挥内部监督效力。

在实践中,有识之士都十分重视内部监督,有人甚至将其看作内部控制的本质之一。就连"萨班斯法案"也一再强调监督的重要性,如其中302条款中要求首席执行官(CEO)、首席财务官(CFO)负责建立和维持公司的内部控制机制,保证CEO、CFO能够全面了解上市公司及其子公司的所有重大信息,并评估内控体系是否有效可行,以监督其运行情况。良好的内部控制制度只是开展内部控制的第一步,要想它高效运行,必然离不开内部监督,许多企业管理者就是在缺乏内部监督的情况下,走上了触犯法律的不归路。

【案例2-9】

紫鑫疑云[①]

吉林紫鑫药业股份有限公司(简称"紫鑫药业")前身系通化紫金药业有限责任公司,于1998年5月25日成立,是一家集科研、开发、生产、销售、药用动植物种养殖为一体的高科技股份制企业。

2010—2012年,紫鑫药业股价一路飙升,从2010年下半年开始,一年多时间暴涨了300%,上演了一轮波澜壮阔的大牛行情。期间,公司成功高价增发,再融资10亿元。紫鑫药业由此引起了市场强烈关注,其中不乏大批专业投资者。从2010年年底开始,包括长江证券、国海证券在内的多家券商连续发出十多篇关于紫鑫药业的研究报告,且无一不是围绕紫鑫药业人参业务展开。

2012年7月8日,某网友在中国会计视野论坛的"CPA之声"版面发布了《紫鑫药业空卖空买人参》一文,并附上了举报材料。2012年8月17日,中国证券网多名记者刊发了《自导自演上下游客户,紫鑫药业炮制惊天骗局》一文,由此揭开紫鑫药业造假的经过。紫鑫药业5家主要大客户(四川平大生物、千草药业、吉林正德药业、通化立发人参贸易有限公司、通化文博人参贸易有限公司)2010年为公司带来2.3亿元收入,占比达到36%。《上海证券报》记者调查大量信息后发现,这几大客户背后与紫鑫药业之间存在着诸多牵连。多家公司最终均直接指向紫鑫药业实际控制人郭春生或其家族,这些公司的注册、变更、高管、股东等信息中无不存在紫鑫药业及其关联方的影子。2014年2月13日,中国证监会对紫鑫药业股份有限公司、郭春生、曹恩辉等9名责任人进行行政处罚。

"紫鑫事件"凸显出我国家族企业存在的内部监督问题。其内部控制的漏洞在于:紫鑫药业的违法事实为与延边耀宇人参贸易有限责任公司等的关联关系和关联交易,违反了《证券法》关于上市公司依法披露信息的规定。从表面上看,隐瞒关联方及关联交易是其违法的主要原因,但从内部控制的角度来看,还有着更为深刻的原因。

(1) 不合理的股权结构导致公司治理结构不完善。紫鑫药业的股权结构为一股独大,前两大股东分别是拥有49.02%股权的敦化市康平投资有限公司和拥有6.04%股权的自然人股东仲维光。

(2) 内部人控制明显。紫鑫药业的董事长郭春生不仅是紫鑫的实际控制人,而且兼任总经理一职,集控制权、执行权及监督权于一身,这使得公司对高层管理人员的管理和控制无从谈起,甚至为其与管理层共同进行财务舞弊创造了方便条件。

(3) 公司内部审计部门形同虚设。

[①] 根据相关媒体报道整理。

2.3.6 内部控制五要素之间的关系

内部控制五要素之间紧密联系,相互支持,形成统一的逻辑整体,如图2-2所示。

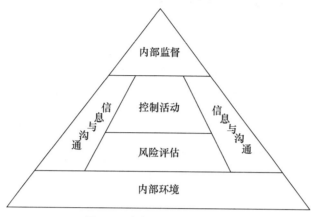

图 2-2 内部控制五要素框架

内部环境作为内部控制的基础,位于图形的最底部,影响着其他要素,所以说内部环境的好坏决定着内部控制其他要素能否有效运行。内部监督位于最顶部,说明它是针对其他要素而存在的,是一种自上而下的检查,是对内部控制质量进行评价的过程。由于企业在实施战略的过程中会受到内外部环境的影响,因此企业需要识别哪些影响战略目标实现的有利和不利因素,并对存在的隐患进行定量和定性分析,进而制定应对策略,这就是我们之前所说的风险评估,它是控制活动的依据。根据明确的风险应对策略,企业要及时采取控制措施,有效控制风险,尽量避免风险的发生,尽量降低企业的损失,这就是控制活动要素。由图2-2可知,信息与沟通在这五个要素中处于一个承上启下、沟通内外的关键地位。控制环境与其他组成因素之间的相互作用,需要通过信息与沟通这一桥梁才能发挥作用;风险评估、控制活动和内部监督的实施需要以信息与沟通的结果为依据,同时,它们的结果也要通过信息与沟通来传递。因此,任何将这五个要素割裂的内部控制系统,都不会是有效的,甚至会无形中增加企业的成本,降低经营效率。

2.4 内部控制的局限性

内部控制制度在保证企业经营管理合法合规、资产安全、财务报告及相关信息真实完整、提高经营效率和效果、促进企业实现发展战略方面具有一定的作用,但内部控制仅仅为以上目标的实现提供合理保证,而不是绝对保证,原因就在于内部控制本身具有一定的局限性。正是因为内部控制固有的局限性,所以设计再完美的内部控制制度也不能完全保证企业不出任何问题。内部控制的局限性可以从内部控制的制度设计和内部控制的制度执行两个方面观察。

2.4.1 内部控制的制度设计局限性

1. 成本限制

根据成本效益原则,内部控制的设计和运行是要花费代价的,企业应当充分权衡实施内部控制带来的潜在收益与成本,运用科学、合理的方法,有目的、有重点地选择控制点,实现有效控制。也就是说,内部控制的实施受制于成本与效益的权衡。内部控制的根本目标在于服务于企业价值创造,如果设计和执行一项控制带来的收益不能弥补其所耗费的成本,就应该放弃该项控制。成本效益原则的存在,使内部控制始终围绕着控制目标展开,但同时也制约了内部控制制度达到尽善尽美。因此,企业实施内部控制应当量力而行,突出重点,兼顾一般,在符合成本效益的范围内开展并改进。

2. 例外事件

内部控制主要是围绕着企业正常的生产经营活动,针对经常性的业务和事项进行的控制。但在现实企业中,由于复杂多变的外部环境使得企业常常会面对一些意外和偶发事件,而这些业务或事项由于其特殊性和非经常性,没有现成的规章制度可循,造成了内部控制的盲点。也就是说,内部控制的一个重大缺陷在于它不能应对例外事件。企业在处理这些事项时,往往更多地凭借管理层的知识和经验,以及对环境变化的感知度,这就是所谓的"例外管理原则"。

2.4.2 内部控制的制度执行局限性

1. 越权操作

内部控制制度的重要实施手段之一是授权批准控制,授权批准控制使处于不同组织层级的人员和部门拥有大小不等的业务处理和决定权限,但是当内部人控制的威力超过内部控制制度本身的力量时,越权操作就成为了可能。一旦发生越权操作,内部控制分工制衡的基本思想将不再发挥作用,内部控制制度也就形同虚设了。

越权操作的危害极大,不仅打乱了正常的工作秩序和工作流程,而且会为徇私舞弊、违法违规创造一定的条件。如果越权操作行为发生在基层,往往会引发资产流失、挪用公款等案件;如果发生在高层,则往往形成"内部人控制",筹资权、投资权、人事权等重大事项的决策权都掌握在公司的经营者手中,股东很难对其行为进行有效的监督。由于权力过分集中,经理人发生逆向选择和道德风险的可能性就较高,这就导致了国有资产流失严重、会计信息严重失真、短视行为泛滥等问题,不利于企业的长远发展。

2. 串通舞弊

内部控制制度设立的理论基础是：两个或两个以上的人或部门犯同样错误的机会可能性很小；两个或两个以上的人或部门有意识地合伙舞弊的可能性也远远低于单独一个人或一个部门舞弊的可能性。正是基于这样的思想，才有了不相容职务分离制度、轮岗制度和强制休假制度等。但是，这样并不能完全防止两个或两个以上的人员和部门共同舞弊行为的发生。例如，会计和出纳共同舞弊，采购部门和会计部门联合舞弊等。而串通的结果则完全破坏了内部牵制的设想，削弱了制度的约束力，使内部控制制度无效。可见，再严密、再完备的内部控制措施也有不能发挥其应有作用的时候。

3. 人为错误

内部控制制度是由人设计和执行的，在这个过程中难免会出现人为失误和人为失误而导致的内部控制失效。内部控制的设计会受到设计人员经验和知识水平的限制，因而可能存在缺陷。同时，内部控制制度的执行人员因粗心、精力不集中、身体欠佳、判断失误或误解上级发出的指令等，也会使内部控制制度失效。因此，任何内部控制系统，都会因设计人经验和知识水平的限制而带有缺陷。

【综合案例】

4.36亿元票据案拷问烟台银行风控[①]

2012年2月7日，浙江金华警方在金华火车西站附近成功抓获了公安部A级逃犯刘维宁。刘维宁是烟台银行胜利路支行行长，从2011年4月起，他分多次将该行库存的银行承兑汇票取走，涉案金额高达4.36亿元。

某银行人士向记者介绍，一张承兑汇票的开出，需要走多个流程，并且需要前后台4个操办人员的密押和印章，刘维宁取走的是银行承兑汇票，独自变现是不可能的。长期以来，业界普遍认为票据等业务是"低风险"业务，未将其作为风险管理的重点。"但'低风险'仅仅是指其信用风险低，其操作风险却并不必然低。操作风险往往可以转换为信用风险，对于银行来说，操作风险管理非常重要"。银行承兑汇票造假有两种情况：

第一种情况，在开具空白的银行承兑汇票时，银行一般要经过审核系统、柜面操作系统两个系统。而如果两个系统不联动或者未建立审核系统，审批不走系统流程，只要相关人员有权限，就可以从柜面操作系统中生成空白银行承兑汇票。"就算是没有独立的两个系统，在银行承兑汇票开具过程中，也不能存在'一手清'。主要还是银行管理不到位，导致钻了空子。因为即使是柜面单独可以开具银行承兑汇票的时代，也还是有风险防范制度的。"该银行人士说。

第二种情况，利用收款人的信任。"一般来说，收到承兑汇票后，银行就应该马上背书，但是也有可能收款人比较信任银行工作人员，把其他要素齐全、盖好印章，只有背书

[①] 改编自张亮、邓娴，"4.36亿元票据案拷问烟台银行风控"，《中国经营报》，2012年2月11日。

人一栏空白的银行承兑汇票给经手人,而犯罪嫌疑人就可能在此处填上自己想转入的账户。""有些银行重要岗位的轮岗制度并未落实,大额交易长期一人说了算;基层重要负责人权力过大又缺乏有效监督制约,可以随意要求各条线业务人员突破制度规定,违规操作,领导指令高于制度约束。"一位银行人士告诉记者。银行业务流程或者岗位设置缺乏应有的互相制约和牵制,业务处理"一手清";或者是制定了相应制度,但是管理、执行不到位,导致犯罪嫌疑人有机可乘,是上述案件频发的重要原因。

烟台银行是在原烟台市商业银行的基础上,于 2009 年 3 月 25 日正式开业的一家股份制商业银行。2007 年,烟台银行就迈出了引进境外战略投资者的步伐。2008 年 12 月 5 日,烟台银行引入恒生银行和永隆银行两家外资银行股东,寄希望于"实现更高层次上的发展",二者持股比例分别达到 20% 和 4.99%。

此前接受本报记者采访时,烟台银行监事长刘杰敏曾表示,从 2009 年开始,烟台银行开始逐步引进恒生银行的风险管理理念,尤其是对贷款风险的管理上,审批把关更加严格。其中就包括积极压缩贴现贷款,致使当年贴现贷款利息收入同比减少 2.17 亿元,导致一部分原有客户流失。恒生银行先后向烟台银行派驻了首席信贷官和首席风险官,以强化授信风险的管控。

然而,在引入外资银行以后,双方的"对抗"却从未停止:注重风险管理的外资银行宁愿牺牲短期账面利润,为防范风险而提高拨备贷款覆盖率,以致外资入股后第一年烟台银行净利润大幅缩水,但账面"不好看"却让烟台银行一时难以接受。双方的分歧使恒生银行高管在烟台银行难施拳脚,无法服众,外资银行所推行的风控管理成效也大打折扣。一位参与引资的烟台银行高管评价,"名不正则言不顺,照搬恒生银行那套行不通"。"这一切都反映出烟台银行在治理结构上存在问题。"上述业内人士如是评价,"从股东结构上看,恒生银行以 20% 成为相对控股股东,但却很难拥有绝对话语权,中资与外资相互制衡,导致烟台银行在决策时很可能模糊不清。"

思考题:

1. 请分析烟台银行票据案的深层次原因。
2. 请评价本案例中恒生银行与烟台银行管理层在经营理念上的分歧。
3. 我国商业银行应该如何建立有效的内部控制体系?

第 3 章　内部控制的实施过程

【篇首语】

从宏观角度来看,内部控制的实施过程包括内部控制制度的设计、执行与评价。本章侧重介绍内部控制制度的设计,内部控制制度的执行与评价将会在其他章节予以阐述。良好的内部控制制度设计是企业成功实施内部控制的基本前提。企业在设计内部控制制度时,首要任务是明确内部控制实施的主体,确立内部控制建立和实施的原则;在具体的设计过程中,企业应确保内控制度的完整性和完善性,即保证为实现控制目标所必需的内部控制程序都存在并且设计恰当,从而为控制目标的最终实现提供合理保证。

中国石油天然气股份有限公司(简称"中国石油")作为最早在美上市的中国大型企业之一,在执行《萨班斯法案》404条款第一年即以零缺陷通过内控审计。鉴于中国石油所构建的内控制度已经十分成熟并得到实践检验,本章在介绍内控制度设计的案例安排中,主要参考中国石油的成功经验,以期为处于内控制度建设初级阶段的广大企业提供有益借鉴。

【引导案例】

光大证券"乌龙指"的内控之殇[①]

2013年8月16日11点05分,多只权重股瞬间出现巨额买单。大批权重股瞬间被一两个大单拉升之后,又跟着涌现出大批巨额买单,带动了整个股指和其他股票的上涨,以致多达59只权重股瞬间封涨停。指数的第一波拉升主要发生在11点05分和11点08分之间,然后出现阶段性的回落。11点15分起,上证指数开始第二波拉升,这一次最高达到2198点,在11点30分收盘时收于2149点。11点29分,有媒体发布消息:"今天上午的A股暴涨,源于光大证券自营盘70亿元的乌龙指"。这就是著名的光大证券"乌龙指"事件。光大证券8月18日发布公告称,当日盯市损失约为1.94亿元人民币。之后在9月2日的公告中披露受到证监会的相应处罚:没收公司ETF相关内幕交易违法所得13 070 806.63元,并处以违法所得5倍的罚款;没收公司股指期货内幕交易违法所得74 143 471.45元,并处以违法所得5倍的罚款。上述两项罚没款共计523 285 668.48元。光大证券"乌龙指"事件看似一个偶然事件,其实存在必然性。事件所折射出的光大证券内部控制制度缺陷是主要原因。

一方面,光大证券的内控体系没有嵌入业务系统。从表面上看,错单爆发点属于几个简单的程序错误;但实际上,这暴露出的问题是,光大证券的内控部门与业务部门的匹

---

① 本案例改编自:(1)"光大乌龙指事件也是'内控之殇'",《中国会计报》,2014年4月18日;(2)孔敏,"从'乌龙指'事件看光大证券内部控制缺陷",《科技和产业》,2013(12)。

配度过低,业务与内控各成独立系统,内控制度缺乏与业务系统的"嵌入性",没有真正实现内控系统对业务的实时控制,使得内控体系不能完全发挥抵御风险的作用。

另一方面,光大证券的交易系统存在重大缺陷。券商的具体业务涉及资金量大,对操作水平、操作精确度、信息系统安全等方面的要求较高,但在券商的实际管理工作中,相对于投资决策的高技术含量和对业务人才高素质水平的要求,其实际业务执行与操作人员的水平较低。

另外,实际业务的操作时点强,基本都要求立刻执行,容易产生操作风险。因此,操作风险本身就应该作为光大证券的关键风险管控,其实际控制水平显然存在缺陷,无论是交易审核还是IT系统,都存在不足。

以上问题主要反映出光大证券在业务流程梳理和风险控制设计等方面的不足,甚至缺失,而它们恰恰就是内部控制制度设计中的重要步骤。那么内控制度的设计都包括哪几个阶段和环节?如何确保设计出的内控制度能够涵盖所有关键风险控制点?内控制度设计的最终载体和直观表现是什么?本章将在明晰内控实施主体和确立内控实施原则的基础上,为读者解答这些问题。

3.1　内部控制实施主体

落实内部控制体系构建工作的第一要义是明确内部控制的实施主体。如果不能清晰地确定内控实施的主体及其在内控建立与实施工作中所扮演的角色,那么很容易造成管理缺位或管理混乱。《企业内部控制基本规范》对内控实施的主体作出了基本规定:"董事会负责内部控制的建立健全和有效实施。监事会对董事会建立与实施内部控制进行监督。经理层负责组织领导企业内部控制的日常运行。企业应当成立专门机构或者指定适当的机构具体负责组织协调内部控制的建立实施及日常工作。"

3.1.1　股东(大)会

《企业内部控制应用指引第1号——组织架构》规定,股东(大)会在企业内部控制的建立与实施中享有表决权,董事会和监事会都要对其负责。由此可以看出,股东(大)会对企业内部控制的有效实施具有重大影响,具体表现为股东(大)会的结构,即股权集中程度。为此,企业应合理安排产权制度,设置合理的股权结构和股权集中度,有效发挥股东(大)会在内控实施中的重要作用。

【案例 3-1】

IT 之星的陨落[①]

2007 年 5 月 14 日有关媒体报道,实达电脑自 2007 年 5 月 18 日起暂停上市。这是一家地处东南地区、蜚声海内外的中国 IT 企业,由于演绎了"从 16 个人到 16 亿元"的传奇,在股权结构、应用模式、管理体制等方面为国内同行提供了可资借鉴的经验,曾被《计算机世界》评为"20 世纪最有影响的中国十大 IT 企业之一"。这颗 IT 之星的陨落之谜又是什么呢?故事的谜底在于实达电脑缺乏良好的内部环境,尤其是在公司治理结构方面。完善的公司治理结构是建立内部控制制度的基础。假设公司治理结构不规范,就会直接导致内部环境出现问题,从而很可能导致公司内部控制失效。实达电脑的董事会基本上是形同虚设,并没有真正行使过职责。

从实达电脑十大股东结构表(见表 3-1)中可以看到,实达电脑的前三大股东各占了 15% 左右的股份,都无法得到绝对的控股权。这种绝对分散的股权结构一方面保证了公司不被某一个股东操纵,有利于维护投资者的利益;另一方面也导致其决策主要依赖于经营者,从而架空了董事会。自创立以来,实达电脑高层管理者频频更换,没有一个出色的管理领袖。其结果是造成所有者监督的缺位,导致决策过程的不规范、决策效率的低下,以及决策结果的不合理。

表 3-1 实达电脑十大股东结构表

股东名称	持股数(万股)	持股比例(%)
福建计算机外部设备厂	5 877.1125	16.72
中国富莱德实业公司	5 151.7818	14.65
北京盛邦投资有限公司	5 000.0000	14.22
中国华润总公司	1 320.0000	3.75
福州开发区科技园建设发展总公司	1 125.0000	3.20
福建奔达投资有限公司	985.5000	2.80
福建国际信托投资有限公司	752.1925	2.14
福建实达电脑集团股份有限公司	462.0125	1.31
福州闽融科技有限公司	415.6007	1.18
景博基金	201.0204	0.51

---

① 根据相关媒体报道整理。

3.1.2 董事会

董事会负责内部控制的建立健全和有效实施,对股东(大)会负责,依法行使企业的经营决策权。作为公司治理的核心,董事会是联系企业所有者与经营者的纽带,也是内部控制中控制环境的重要因素,无论对公司治理结构还是对内部控制而言都是至关重要的。董事会的职责是将日常的生产经营、销售管理等控制权授予公司各个高级经理层,仅保留聘用和解雇 CEO 和 CFO、重大投资、兼并和收购等战略性的决策控制权。从内部控制而言,董事会的职责是对责任进行委托,对整个公司的内部控制的有效性负有最终责任,包括对各个委员会负责的内部控制进行监督报告与审阅评价、对风险管理进行督导与调整。

董事会应下设战略、审计、提名、薪酬与考核等专门委员会,明确各专门委员会的职责权限、任职资格、议事规则和工作程序,为董事会的科学决策提供支持。其中,审计委员会负责审查企业内部控制,监督内部控制的有效实施和内部控制自我评价情况,协调内部控制审计及其他相关事宜等。审计委员会成员全部由董事组成,其中独立董事应占多数并担任召集人,并至少应有一名独立董事是会计专业人士。

【案例 3-2】

"用人不疑、疑人不用"怎能成为公司治理的信条[①]

2008 年 6 月 19 日,四川蓝光集团以 3.2 亿元拍下迪康药业 29.9%的股权,成为迪康药业的实际控制人。迪康集团董事长曾雁鸣 15 年的心血化为泡影,迪康产业控股集团改嫁他人。迪康集团管理决策真正的转折点发生在 2001 年。就在 2001 年年底,曾雁鸣决定引入职业经理人以促进企业的发展,希望实现控制权与经营权相对分离。2001 年 12 月,曾永江等高级管理人员加入迪康集团,分别任迪康集团总裁与副总裁及收购企业的董事长等要职。曾雁鸣放权后,曾永江和他的管理团队主导了后面两年的集团发展大计,正是这两年大大小小的资本运作,给迪康带来灭顶之灾。

曾雁鸣是个"好人",一直秉承"用人不疑、疑人不用"的公司治理理念。迪康集团在 2002—2004 年的一系列资本运作和扩张基本都是管理团队提倡和决策的,而迪康集团缺乏有效的公司治理机制防止这一系列错误的决策。这也是大部分民营企业中存在的普遍问题,主要体现在三个方面:

第一,有效的董事会决策管理机构缺位。不像国企和传统的民营企业,企业完全有条件建立一个以外部董事为主的董事会,特别是董事会战略管理委员会。如果迪康集团

---

① 徐永华,"公司治理顽疾葬送迪康",《经理人》,2009(11)。

有这样一个完善的战略管理委员会,就很有可能防止一个制造企业盲目进入药品分销、多业态零售(成商集团)、金融信托和物流业,这些领域迪康并不擅长,而且迪康还为此背上了沉重的债务负担,资金链面临断裂。

第二,缺失规范化的公司决策管理流程。公司重大投资管理应该基于董事会确定的战略方向,而投资管理决策也应该按照严格规范的流程进行。在更大范围、更大规模的跨行业收购投资前,迪康集团并没有规范化的决策管理流程支撑。据知情人士介绍,收购成商集团签约前,曾雁鸣所信任的迪康管理层只拜访过被收购公司一次,而且仅仅是为了拿财务报表。由此我们很难相信,迪康的决策层有严格而全面的投资评估和投资决策流程。

第三,忠诚、信任不可代替科学决策。谁来决定派驻控股子公司董事和高管代表的人选?这应该是关乎公司而不是个人的利益和决策。控股子公司的决策必须符合公司的战略意图,集团公司需要一套好的支持体系帮助派驻董事和高管作出正确的决策。曾雁鸣贸然将曾永江和他的管理团队"空降"到控股子公司,并放手管理,其把"用人不疑、疑人不用"的思路用到公司治理方面是非常幼稚的,而在现实中,不少民营企业都用"忠诚""信任"来代替科学决策。

3.1.3 监事会

监事会是公司内部的专职监督机构,负责监督企业董事、经理和其他高级管理人员依法履行职责。监事会对股东(大)会负责,向股东(大)会报告监督情况,为股东(大)会行使重大决策权提供必要的信息。在监督过程中,可随时要求董事会和经理人员纠正违反公司章程的越权行为。为了完成其监督职能,监事会成员必须列席董事会会议,以便了解决策情况,同时对业务活动进行全面监督。

3.1.4 管理层

管理层主持企业的生产经营管理工作,负责领导企业内部控制的日常运行。管理层主体内不同层级的管理者有着不同的内部控制责任。根据主体的特点,这些责任各不相同,需要企业根据自身组织机构设置的特点科学安排。

管理层中的核心是CEO。作为企业的领导人,CEO是负责企业内部控制的最高领导者。国际上成功的内部控制实施经验证明,一家企业想要成功实施内部控制,必须得到企业最高领导者的支持,同时更需要CEO直接负责、参与到内部控制体系的构建工作中。可以说,内部控制有效性与否很大程度上依赖于CEO的表现。CEO需要熟悉内部控制规范体系框架,与董事会及各个委员会一起工作的同时,确保他们所采用的监督方式适用于特定的环境,并且对内部控制委员会提出合理的建议。正如COSO框架文件中提到的"顶端的声音",CEO是整个公司的代表。从内部控制角度来看,CEO负责对公司的高级管理人员进行组织计划、指导监督,对内部控制的要素进行运营与实现,从而实现公司内部控制目标。

管理层主体中的CFO和会计主管对内部控制的实施亦非常重要,他们的活动遍及和贯穿于企业的经营和其他业务单元。CFO通常参与主体层次的预算和计划,他们通常从经营和合规及财务的角度跟踪与分析业绩。

其他各业务单元的高级管理人员,对与其业务单元目标有关的内部控制负有责任。他们负责指导其所负责的业务单元目标的内部控制政策和程序的制定和实施,并确保它们与主体层次的目标相一致。

另外,关于主体中的中低层管理人员,高级管理人员应将具体的内部控制程序的责任分配给负责该业务单元的中低层管理人员。相应地,这些子单元的管理人员在设计和实施特定内部控制程序的过程中发挥着更加直接的作用。这些管理人员通常直接负责确定针对业务单元目标的内部控制程序。例如,制定采购原材料或接纳新客户的授权程序,或审核生产报告以监控产品产出。

3.1.5 一般员工(以会计人员为主)

员工,是公司最重要的资源,是人力资产的所有者。无论是COSO内部控制框架还是我国企业内部控制规范体系都强调内部控制是全员控制。企业想要保证内部控制达到提升企业营运的效率效果、财务报告的可靠性、相关法令的遵循性的目标,一般员工的重要性不言而喻。在所有员工中,会计工作的特殊性决定了会计人员在内部控制实施中所扮演的重要角色。

从会计本身的职能来看,会计的两大职能是反映和监督。其中,监督职能反映了会计参与企业管理进行内部控制的作用。从会计人员在企业中的地位来看,会计人员也是最适合的内部控制执行者。在企业内部,会计工作是企业管理的中心环节,企业的供、产、销、人、财、物等几乎全部经济业务都要经过会计环节转换为会计信息,会计人员能够全面地掌握企业的各种经济活动和企业的财务状况。COSO内部控制框架指出,内部控制的构成要素之一是信息和沟通,围绕在控制活动周围的是信息与沟通系统。这个系统使企业内部的员工能取得他们在执行、管理和控制企业经营过程中所需的信息,并交换这些信息。而会计无疑是企业管理的信息中心,由会计人员进行内部控制,可以避免注册会计师审计常常会遇到的审计范围受限等情况。因此,通过会计这个环节来建立企业权力约束制度,是由会计工作本身的地位所决定的。

3.2 内部控制实施原则

凡事皆须遵循一定的原则。内部控制的建立与实施是一项系统性的工程,企业在建立和实施内部控制的过程中更有必要遵循一定的原则,从而把控好内控体系构建的底线和准绳,实现内部控制的既定目标。《企业内部控制基本规范》第一章第四条规定,企业建立与实施内部控制,应当遵循全面性原则、重要性原则、制衡性原则、适应性原则和成本效益原则。

3.2.1 全面性原则

全面性原则,即内部控制应当贯穿决策、执行和监督全过程,覆盖企业及其所属单位的各种业务和事项。内部控制涉及的范围,包括企业的长期部署战略、中长期目标、决策的制定、执行与监督,从而强调全面控制;包括生产、采购、销售、财务等各环节,从而强调全程控制;包括上到董事长,下到每位员工的全员参与,从而强调全员控制。

3.2.2 重要性原则

内部控制的重要性原则,即内部控制应当在兼顾全面的基础上突出重点,针对重要业务和事项、高风险领域和环节采取更为严格的控制措施,确保不存在重大缺陷。基于企业的资源有限的客观事实,企业在设计内部控制制度时不应平均分配资源,而应寻找关键控制点,并对关键控制点投入更多的人力、物力和财力。这就要求企业在内控制度设计的时候要考虑到企业所处行业的特殊性,分析企业内部控制的重点在什么地方,不能"眉毛胡子一把抓",要分清内控实施工作中的主次及其在具体业务中的轻重缓急。

重要性原则在内部控制中的运用需要一定的职业判断,企业应当根据所处行业环境和经营特点,从企业层面和业务层面实行重点控制。

【案例 3-3】

从重要性原则看上汽集团的内控制度[①]

上海汽车集团股份有限公司(简称"上汽集团")是国内 A 股市场最大的汽车上市公

---

① 本案例改编自:(1) 上海市内部审计师协会课题组、施涛、李子雄、季家友、马莉黛、尤家荣,"企业内部控制自我评估研究——基于上汽集团借助 IT 系统平台的 CSA 实践",《审计研究》,2009(06);(2) 王真真,"上汽集团强化内部控制体系建设之实践与思考",《新会计》,2012(01);(3) 上汽集团 2013 年度内部控制评价报告。

司。2013年,上汽集团整车销量达到510.6万辆,同比增长13.7%,继续保持国内汽车市场领先优势,并以2013年度920亿美元的合并销售收入,第十次入选《财富》杂志评选的"世界500强"企业,排名第85位。

2007年改制重组后,上汽集团在完善公司法人治理结构的前提下,坚持不断完善自身的内控制度建设。集团董事会在内控制度建设的过程中十分重视贯彻重要性原则。以其2008年版的内控手册为例,新内控手册在形式上打破原有部门管理的框架和局限,坚持以业务流程为主线,梳理整合集团各职能部门的管理制度和要求,形成了一套完整的程序性文件;内容上突破了原有以财务控制为主要内容,进而转向以业务循环控制及优化集团资源配置为重点。新内控手册涉及战略规划编制、预算管理、投资管理、质量经济运行管理、人事薪酬管理等15个主要业务管理流程、75个子流程、448个关键控制点。为使关键控制点更为直观,上汽集团建立了关键控制点的矩阵模型(见表3-2),并根据风险大小对关键控制点进行风险评估。

表3-2 上汽集团关键控制点(节选)

控制目标	控制活动编号	关键控制活动	控制风险高低
投资项目根据权限的设置需经管理层审批	IM001-CA09-4.2.6.3	除集团授权直接管理企业及其所属企业可自行审批的投资项目以外的所有投资行为均须报集团总裁办公会议审批	高
所有验收事项均已完成并通过审核	IM001-CA03-4.5.4	投资项目验收报告须经上汽集团规划与对外合作部门初审(确认文本完整性及原批准内容描述的准确性)并经上汽集团审计室组织项目竣工财务决算审核	中
	IM001-CA05-4.5.7	企业必须将上汽集团审计室出具的竣工财务决算审核报告书面审核意见汇编到项目竣工验收报告中,最终将项目竣工验收报告报集团规划与对外合作部门备案	低

此外,从内控制度自我评估的角度看,上汽集团严格按照重要性原则确定纳入评价范围的主要单位、业务、事项以及高风险领域(见表3-3)。

表3-3 上汽集团内部控制评价范围

主要单位	整车业务板块、零部件业务板块、服务贸易业务板块以及汽车金融业务板块
主要业务和事项	资金管理、采购管理、销售管理、资产管理、担保管理、预算管理、财务报告管理、研发管理以及信息系统管理
高风险领域	长期股权投资、金融资产投资(包括股票、债券、委托理财及金融衍生产品等)、委托贷款、对外担保

3.2.3 制衡性原则

制衡性原则,即内部控制应当在治理结构、机构设置及权责分配、业务流程等方面形成相互制约、相互监督,同时兼顾运营效率。制衡是内部控制的核心理念,不相容职务分离控制就是制衡性原则的重要体现。企业应在所有公司层面和业务层面的控制活动中都做到不相容机构、岗位和人员的相互分离和制约。

制衡性原则在内部控制的建立和实施中具有重大的应用意义,如果企业不能确保适当的互相制衡,将会造成合谋造假或渎职舞弊,导致内部控制形同虚设。

3.2.4 适应性原则

适应性原则,即内部控制应当与企业经营规模、业务范围、竞争状况和风险水平等相适应,并随着情况的变化及时加以调整。当企业的外部环境发生变化、经营业务的范围重新调整、管理水平需要提高时,就需要对内部控制进行相应调整。企业的内部控制制度并不是一个固定不变的模式,而是应该"与时俱进"。

企业在发展,市场在变化,如果一套内控制度制定之后便一劳永逸、永不求变,这样的内控制度就会像一个紧箍咒一样束缚在企业头上,阻碍企业的发展。因此,随着企业的发展,市场环境、业务范围等的变化,内部控制也应随着企业的变化,在一定程度上适时、适当地进行修改,紧跟周围环境发展的脚步。

【案例3-4】

法国兴业银行内部控制失效[①]

法国兴业银行创建于1864年5月,1997年总资产达到4 411亿美元,跃居法国银行业第一,全球银行业排名第七,并进入世界最大的100家公司之列。它提供从传统商业银行到投资银行的全面、专业的金融服务,被视为世界最大的衍生交易领导者,也一度被人们认为是世界上风险控制最出色的银行之一。但2008年1月,因期货交易员杰罗姆·凯维艾尔在未经授权的情况下大量购买欧洲股指期货,形成49亿欧元的巨额亏空,创下世界银行业迄今为止因员工违规操作而蒙受的单笔金额损失纪录,触发了法国乃至整个欧洲的金融动荡,并引发全球股市暴跌。无论从性质还是从规模来说,法国兴业银行的交易欺诈案都堪称史上最大的金融悲剧。

---

① 刘华,"法国兴业银行内部控制案例分析",《财政监督》,2008(07)。

法国兴业银行的内部控制之所以不能防止令人触目惊心的交易欺诈发生,主要缘于设计上的严重缺陷。在技术发展迅速、交易系统日益复杂的趋势下,只依据过往的经验来拟定风险控制方法,不能适时地、前瞻性地表现出环境适应性和契合性,是法国兴业银行难以有效地觉察出欺诈行为的重要原因。法国兴业银行的内部控制系统在对交易员盘面资金的监督、资金流动的跟踪、后台与前台完全隔离规则的遵守、信息系统的安全及密码保护等多个环节存在漏洞。法国兴业银行关注的是欧洲交易所提供的汇总后的数据,而没有细分到每一个交易员的交易头寸数据。此外,它把监控点放在交易员的净头寸和特定时间段的交易风险上,并没有对套利"单边"交易的总头寸进行限制,忽视了全部交易的总规模;而让长期从事交易监督的中台员工直接参与交易,更是违背了最基本的不相容职务分离原则。

3.2.5 成本效益原则

成本效益原则,即内部控制应当权衡实施成本与预期效益,以适当的成本实现有效控制。成本效益原则要求企业建立和实施内部控制时,应当权衡实施成本与预期效益,以适当的成本实现有效控制。成本与效益如同天平的两端,而中间的刻度就是企业对成本效益原则的把控尺度。就成本而言,内部控制的成本首先表现为内部控制自身的成本,内部控制不是存在于企业的天然制度,它的建立和实施需要耗费一定的人力、物力、财力才能完成,如企业聘请会计师事务所制定内部控制制度而支付的咨询费,信息系统的更新与优化而支付的费用等就是建立内部控制的成本;其次,内部控制的成本还包括人员在实施内部控制过程中的机会成本,制度的存在一方面能够使目标活动按照规则有条不紊的进行,另一方面也往往由于限制与约束过多而造成对创新意识和能力的抑制。

企业要实现成本与效益的平衡,需要注意两点。一方面要抓大放小,权衡轻重。部分企业为了完成机关机构下达的内控要求,不惜一切代价,为规范一个对企业不值一提的小事情而花费大量的成本,这是不值的。另一方面要在长远利益和短期利益之间设定适当的均衡点。"牢骚太盛防肠断,风物长宜放眼量",立足长远地界定效益,杜绝短视行为,实现未来收益与成本的合理配比。

【案例3-5】

从"砸冰箱"看海尔的成本效益观[1]

海尔是全球大型家电第一品牌。海尔集团创立于1984年,从开始单一生产冰箱起步,拓展到家电、通信、IT数码产品、家居、物流、金融、房地产、生物制药等多个领域,成为

---

[1] 李兴付、皋玲,"如何理解内部控制的成本效益原则",《商场现代化》,2011(20)。

全球领先的美好生活解决方案提供商。2013年,海尔全球营业额1 803亿元,利润总额108亿元,继续保持利润增长2倍于收入增长。海尔在全球有24个工业园、5大研发中心、66个贸易公司,用户遍布100多个国家和地区。

海尔集团在激烈的市场竞争中能够脱颖而出,成为世界级家电企业,公司建立的一整套内部控制管理体系无疑起到了关键作用。海尔集团的内控体系强调坚持高质量、高效率、高标准和管理控制的精细化、系统化。越是科学、严谨的内部控制,其推行的难度越大,实施过程中的控制成本越大。如质量控制方面,张瑞敏砸冰箱砸出世界500强的故事可谓家喻户晓。1985年的一天,张瑞敏的一位朋友要买一台冰箱,结果挑了很多台都有毛病,最后勉强拉走一台。朋友走后,张瑞敏派人把库房里的400多台冰箱全部检查了一遍,发现共有76台存在各种各样的缺陷。张瑞敏把职工们叫到车间,问大家怎么办,多数人提出,这些冰箱并不影响使用,便宜点儿处理给职工算了。当时一台冰箱的价格800多元,相当于一名职工两年的收入。张瑞敏说:"我要是允许把这76台冰箱卖了,就等于允许你们明天再生产760台这样的冰箱。"他宣布,要全部砸掉这些冰箱,谁干的谁来砸,并抡起大锤亲手砸了第一锤!很多职工砸冰箱时心疼得流下了眼泪。三年以后,海尔人捧回了我国冰箱行业的第一个国家质量金奖,从此,海尔集团依靠科学的管理、严格的质量控制逐渐发展成为今天的家电业巨头。

结合内部控制中的成本效益原则考虑,建立和实施产品质量内部控制付出的成本是巨大的,包括人员、设备、软件,以及因不符合质量要求而报废的产品,但这些付出和由此给海尔集团带来的经济效益相比,却是微不足道的。可以说,没有科学、系统的内部控制,就没有海尔集团的今天。

3.3 内部控制设计流程

内部控制实施包括内部控制的设计、运行、评价三个部分,其中内部控制设计是前提、运行是关键、评价是保证。

2012年9月,财政部等五部委印发的《企业内部控制规范体系实施中相关问题解释第2号》中指出,《企业内部控制配套指引》针对工业企业一般性的业务和重点环节制定了原则性的要求,未涵盖行业特点突出的具体业务。在实施过程中,企业应当全面执行基本规范,以配套指引为参考,结合行业管理要求,从自身经营管理的实际出发,识别和评估相关风险,加强对关键和重点业务的控制,保持信息沟通的顺畅,对实施效果做好监督评价,努力构建一套符合实际、业务规范、控制合理、管理有效的内部控制体系。为此,企业应以相关法律规范为依据,结合自身实际设计一套完整、有效的内部控制制度。

关于内部控制制度的设计,国际上普遍达成的共识是完善的内部控制设计流程应包括六个阶段,每个阶段又包括若干主要环节。

3.3.1 管理架构建设与前期培训阶段

1. 管理架构建设

一个良好的内部控制制度的首要前提是,有一个强有力的指挥机构和一套科学的组织管理体系。内控体系建设是一项非常庞大的工程,工作内容十分繁重,需要结合内控规范框架对现行管理架构进行重新定位和设计,对现行制度进行梳理,或立或废,描述业务流程和进行风险分析,提供全员培训和组织内控体系测试等。国外的内控体系建设经验表明,公司高级管理层的参与和支持是内控体系建设项目成功的关键。因此,从顶层机构设计的角度讲,一个以企业最高领导者(CEO)和财务总负责人(CFO 或总会计师)为领导核心的内部控制建设委员会是极其重要的。只有企业的最高领导者和最终负责人亲自领导的管理机构才能够协调全公司范围的内控建设事宜,平衡和充分利用企业内外部的所有资源。其中,企业的 CEO 应亲自动员公司各级组织和全体员工要重视内控建设、支持内控建设和参与内控建设;企业的 CEO 和 CFO 应定期听取内控体系建设汇报和测试情况汇报,协调解决跨部门、跨组织的问题,主持制定内控体系建设考核管理办法;企业的 CEO 和 CFO 应与外部审计师、项目咨询机构、准则制定机构建立沟通机制,听取有关的建议和意见。总之,企业管理层应将内控体系建设真正作为"一把手"工程来抓,避免出现"说起来重要、做起来次要、忙起来不要"的局面。

内控体系建设是一项系统的综合工程,除了企业最高管理层的高度重视外,还需要各单位各管理部门之间的共同协作和统一管理。为此,企业应在内部控制建设委员会下设各级内控项目建设委员会、项目组和专门的内部控制管理部门,这些下级组织机构在企业内控建设委员会的领导下统一行动,从而实现全过程的统一领导策划、统一政策制定、统一实施安排、统一检查标准、统一奖惩,将少数部门的行为变为单位管理部门的一致行为,将临时行为变为持之以恒的长期行为,将管理者行为变为全员参与行为。

在企业内部控制管理机构的基础上,组建由外部内控专家组成的项目建设咨询团队也是十分必要的,有条件的企业可以聘请专门的内部控制咨询机构或有关专家作为内控项目建设顾问。国外有益的经验是,成立由公司高级管理层和外部内控专家组成的项目建设指导委员会,以及由相关部门共同参与的项目工作组,以此为架构开展内控项目建设。

2. 前期培训

无论从 COSO 框架关注的要点,还是我国企业内控规范体系强调的内部环境建设角度来看,使员工真正理解控制内涵,并掌握与本岗位相关的控制活动是前期工作启动阶段的重要内容。另外,根据内部控制的定义,内控体系建设是一项全员参与的建设项目,建设过程"实质重于形式",要求员工必须真正理解内控建设内容,并有效执行。因此,企业应在前期启动阶段对全体员工进行深度培训,深化其对内部控制的理解。

一方面,企业应注重全员培训和动态培训。企业要营造一个学习内控知识的良好氛围,在此基础上,培训对象要实现对企业所有员工的全覆盖,尤其要重视对一线员工的培训。此外,企业要注重培训工作的动态发展,现有在岗人员全部参加培训,新进员工在岗前培训中接受内控知识培训。另一方面,企业应注重培训手段的多样化。针对不同文化水平、不同学习能力的管理人员和员工,企业应注意因材施教。如企业可以通过发行随身携带的内控知识单行本、组织内控知识讨论和演讲比赛、互相测试等方法激发员工的学习兴趣,提升学习效果。

3.3.2 业务流程的确认和绘制阶段

业务流程,是指企业所进行的一系列逻辑相关的、跨越时间和空间的、有序的活动。对业务流程的描述应该体现该项业务活动如何发生、处理、记录、报告的全过程,体现出审批、授权、复核、资产保全、职责分离等控制活动。内控体系建设的重要内容之一就是描述企业的业务流程和内部控制现状。只有把业务流程和内部控制现状描述出来,才能以此为基础,分析流程中的风险,与企业现有的控制相对照,从而寻找不足,不断进行改进。没有业务流程和内部控制现状的描述,内控体系建设的后续工作将无法开展。因此,业务流程和内部控制现状描述是企业内控体系建设的核心工作和关键工作。业务流程确认阶段的主要环节包括:

1. 确认重要会计科目和披露事项

企业应根据前几年的业务发生情况、最新的业务变化和经营环境的变化,将财务报表与会计科目配对,按照定性和定量的分析方法,确定与财务报告相关的重要会计科目和披露事项。关于重要会计科目的确认,应强调定量标准与定性标准相结合。先按定量标准进行确认,凡是会计科目的当期余额或发生额大于或等于定量标准(如税前利润的一定百分比)的,直接确认为重要的会计科目;对于其他的会计科目,还需要从定性标准的角度,确认是否属于重要会计科目。

关于重要披露事项的确认,财务报告中的每项附注都是报告使用者关心的事项。因此,企业可以考虑将财务报告的会计报表附注全部确认为重要的披露事项,同时应注意将每项附注作为一个整体确认为重要披露事项,而不是针对附注中的个别披露事项。重要会计科目和披露事项的确认是开展内部控制体系建设和内部控制体系评价的基础,确认结果将直接影响到能否合理科学地确定重要业务流程和关键控制点。

2. 确认重要业务流程

在确认重要会计科目和披露事项的基础上,再将其与经营业务配对,确认重要业务流程。企业的内控管理部门或专设的内控项目组应以财务报告为切入点,进行业务配对、财务报告与业务流程配对,分析并确定对财务报表产生重大影响的重要业务流程。重要业务流程的确定必须克服"越多越全面越好"的错误思想,必须考虑成本效益、制度可行性和实践可操作性。控制程序太复杂会导致整个组织运行的低效率,甚至带来严重的后果。

绘制业务流程要求设置流程目录。企业在设置流程目录时,应以企业统一的内控体系为出发点,既要考虑总体业务经营管理共性方面的需要,又要考虑各专业部门(板块)、地区分部个性方面的需要,并遵循重要性原则,对公司总体经营管理影响不大的环节,应果断放弃并入流程目录。

绘制业务流程要求绘制流程图。业务流程表明一项业务自始至终是怎样操作的、怎样管理的、怎样审批的,以及形成什么样的成果等。每个业务流程直接地或间接地完成公司的某个经营目标,涉及多个工作步骤,涉及多个部门或职能岗位。业务流程的直观表现方式是流程图,且流程图必须配以文字说明,使一个不熟悉业务的人也能明白业务是怎样操作的。

【案例 3-6】

中国石油的业务流程确认与绘制[①]

中国石油经过多次反复的访谈、编制、试验和修改,将公司整体业务流程从最初设计的 22 项整合为 17 项,具体流程名称如表 3-4 所示。

表 3-4　中国石油整体业务流程名称表

序号	业务流程名称	序号	业务流程名称
1	规划计划	10	信息
2	建设过程	11	技术发展
3	生产过程	12	健康、安全、环保
4	物资采购	13	财务资产
5	服务采购	14	内部审计
6	产品销售	15	合同与纠纷
7	存货管理	16	信息披露
8	投资管理	17	内部控制管理
9	人力资源与业绩考核		

中国石油的业务流程目录设置如表 3-5 所示。

表 3-5　中国石油整体业务流程目录表

流程编号	一级流程	二级流程	三级流程	四级流程	五级流程	流程之间接口
RM01	规划计划	年度投资计划				
RM02	建设过程	土地使用管理				
		拆迁管理				
		在建工程成本				
		在建工程减值准备				

---

① 根据企业内部资料整理。

(续表)

流程编号	一级流程	二级流程	三级流程	四级流程	五级流程	流程之间接口
RM03	生产过程	油气生产成本核算				
		炼化生产成本核算				
RM04	物资采购					
……	……	……				

中国石油使用 VISIO 作为绘制流程图的工具。图 3-1 为其流程图示例,列示一项业务从发生到结束的每一个步骤及进行操作的具体岗位。纵向的框叫做职能带,表示框内的工作是由一个部门或部门范围内的某一岗位来完成的。

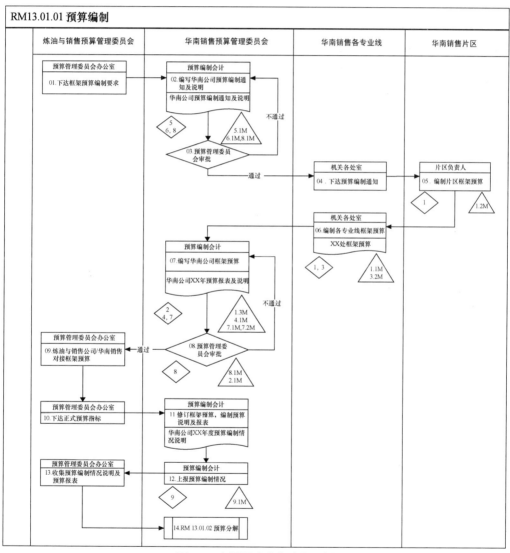

图 3-1 中国石油业务流程示例

3.3.3 风险控制分析和控制文档确立阶段

根据财政部等五部委印发的《企业内部控制规范体系实施中相关问题解释第1号》，内部控制的目标就是防范和控制风险，促进企业实现发展战略，风险管理的目标也是促进企业实现发展战略，二者都要求将风险控制在可承受范围之内。因此，内部控制与风险管理是协调统一的整体。在建立业务流程后，必须进行风险控制分析并评估：现有业务流程中的内控措施是否全面地涵盖了所有风险，并能够有效地防范并发现风险；现有控制措施设计是否充分，是否形成充分的实施证据；现有规章制度文件是否完善。风险控制分析也是完善下一阶段控制的前提，并为测试工作提供依据。为此，本阶段在前一个阶段确立业务流程的基础上，通过目标设定、风险识别和风险分析来确定业务流程的关键风险控制点，实现风险控制分析和评估，建立风险数据库和风险控制文档，最终实现业务流程图、风险控制文档和风险数据库之间的匹配。

1. 风险目标设定

《企业内部控制基本规范》第三章第二十条规定，企业应当根据设定的控制目标，全面、系统、持续地收集相关信息，结合实际情况，及时进行风险评估。控制目标，既是管理经济活动的基本要求，又是实施内部控制的最终目的，也是评价内部控制的最高标准。《企业内部控制基本规范》将企业内部控制目标分为五个方面，而在业务操作和信息处理过程中，一些企业又将内部控制目标细分为完整性控制、准确性控制、有效性控制、接触性控制四种类型。

2. 控制活动设计

控制活动，指保证管理层的指令得到有效执行的政策和程序。控制活动存在于组织所有职能的各个层面，它们包括一系列的活动，主要有：（1）不相容职务分离控制；（2）授权批准控制；（3）会计系统控制；（4）财产保护控制；（5）预算控制；（6）运营分析控制；（7）绩效考评控制；（8）合同控制；等等。

3. 风险控制分析

按照通行惯例，风险可分为经营决策风险、违反法律法规风险、财务报告失真风险、资产安全受到威胁风险、营私舞弊风险。后三类风险统称为与财务报告相关的风险，是内控体系建设必须关注的重点。企业也可以结合自身实际进行分类，如分为战略风险、经营风险、财务风险、人员风险、法律风险、市场风险等。通过头脑风暴、参考专业机构的风险数据库、问卷调查法、流程图分析法、财务报表分析法、相关规律和经验及专业判断等方法，企业应对自身风险进行识别，确立关键风险控制点，形成风险数据库。

【案例 3-7】

中国石油的风险数据库①

中国石油按照以下思路形成风险数据库:以总部确定的地区公司标准业务流程为基础,参照国际同类企业的相关资料,从五类风险入手,考虑影响完整性(Completeness)、准确性(Accuracy)、有效性(Validity)、接触性(Restricted Access)等目标的具体问题,讨论存在的风险,结合试点单位工作情况,补充完善风险因素,形成风险数据库。地区公司结合业务流程,补充完善风险数据库。

中国石油风险数据库示例如表 3-6 所示。

表 3-6 中国石油内部控制风险数据库(试行)

一级流程	二级流程	三级流程	四级流程	相关风险	控制目标类型			
					C:完整性	A:准确性	V:有效性	R:接触性
财务资产	资金管理	银行存款及账户管理		未经授权的人员处理银行存款业务及账户管理(如未经授权的修改、银行存款收支及核对等)				
				未得到适当授权的人员进行网上银行交易,未按规定的网上银行交易范围进行交易				
				开户、销户未经过适当审批				
				银行印鉴和票据未妥善保管造成资金损失				
				银行存款的原始交易记录不完整、不准确(如银行对账单记录丢失、银行存款收支的原始单据丢失、肆意篡改原始记录等)				
				会计记录不正确(如科目、金额、记账期间等不正确)				
				银行存款余额账实不符(如私设小金库、虚列存款、资金被盗用和挪用等)				

4. 风险控制文档

风险控制文档(RCD)记载并体现了风险控制分析所发现的控制缺陷和不足,是后续进行控制完善、差异分析及控制测试的重要基础和依据。风险控制文档也是自行测试、外部审计的重要依据。风险控制文档要求准确、全面地记录企业的相关控制,特别是对于防范风险的关键控制措施的描述一定要准确、具体、充分。控制描述要反映四个要素,即负责执行控制的岗位、控制的具体内容、控制的频率、控制实施的证据。

---

① 根据企业内部资料整理。

3.3.4 差异分析和制度完善阶段

在初步完成流程描述和风险控制设计后,必须将内控体系建设情况与控制标准进行比照,进行控制差异分析和制度缺口分析,及时完善制度,整改存在的差异,最终建立一套满足内控体系建设要求、符合公司实际情况的业务流程。差异分析是在第二、第三阶段的基础上进行的,通过对比的方法,对业务流程和风险控制设计进行检查和补充,是一个推进业务流程完整化和完善化的过程。具体包括以下环节:

1. 差异分析

一是分析控制记录中的差异(属于制度缺口分析),由内控管理部门提供控制记录,企业各单位将现有的控制措施与现有的规章制度进行对比,发现控制记录的差异。各单位通过以上分析,确定内部控制记录上的缺陷,将差异分析的资料整理上报内控管理部门。二是分析控制设计中的差异(属于控制差异分析),由内控管理部门提供统一确定的风险标准,企业各单位结合本单位的具体业务,确定各业务流程中存在的风险。将本单位现有的控制和已经确定的风险相对照,分析内部控制设计中的差异,确定现有的控制环节与方法是否可以规避存在的各种风险,如果现有的控制不能规避风险,就需要增加新的控制,各单位将差异分析的结果上报内控管理部门。

在差异分析阶段,企业各单位要正确认识、积极配合。企业内控体系建设是为了规避生产经营中的各种风险而设计的,是在对已经形成的管理制度、规范进行补充完善的基础上完成的。由于内控体系与传统的企业管理在体制和出发点上存在差异,因此在进行对比分析时,会反映出现有制度、规范在设计、操作和实施等方面的缺口。这些差异是体系和出发点不同而产生的,并不说明以前的管理工作做得不好。各单位应当结合本单位具体情况,全面透彻分析制度缺口,为制度的补充完善提供依据。

2. 制度完善

在进行控制差异分析后,必须进行必要的完善补充工作。首先,内控管理部门通过对前面提到的各单位上报的控制差异分析资料,并结合检查的结果,统一制定针对各单位内控体系的改进意见并下发各单位;其次,各单位根据内控管理部门下发的改进意见,采取具体措施进行改进,组织规章制度的修订、补充和完善。

在制度完善阶段,各单位应该在缺口分析的基础上查缺补漏,注重操作性和可复核性。不仅要规定做什么,还要明确怎么做、如何复核等。要把长期工作中形成的行之有效的管理经验和约定俗成的做法,以文档形式记录下来,形成书面化的制度,继承发扬。

3.3.5 内控体系测试阶段

在公司完成流程图绘制、管理现状描述、风险分析和控制活动设计后,内控体系测试将逐步展开,并与问题整改交互进行,从而推动内控体系的建设。内控体系测试是针对内控体系建设单位内部控制设计和运行的有效性所进行的测试评估。内控体系测试的内容是独立评估内控体系,其目标是查找内部控制设计和执行有效性方面的不足,为梳理、规范内部控制,满足内控规范体系的要求提供合理的保证;同时,内控体系测试也为企业不断强化内控管理、进一步提升管理水平,提供持续改进的依据和建议。

根据测试目标及测试内容不同,内控体系测试分为四种形式:跟单作业、关键控制测试、信息系统控制测试、公司层面控制测试。其中,跟单作业和关键控制测试属于对业务活动层面的检查;信息系统控制测试属于对信息技术管理和运行的检查;公司层面控制测试属于对业务活动层面控制和信息系统控制以外的控制的检查,是对确保管理层在公司内部各个领域都有适当的控制机制在发挥作用的重要机制的控制检查。

1. 跟单作业

跟单作业是选取两笔或两笔以上业务,从业务发生开始,一直追踪到该笔业务反映到公司财务报告的测试过程,以核实实际执行情况与流程图和风险控制文档的描述是否一致。其测试范围要覆盖风险控制文档所描述的流程和子流程。

跟单作业的目的,主要考虑三个层面:一是查找文本规范性问题,即评估流程图、风险控制文档和程序文件的规范性,找出流程描述及风险控制文档和程序文件的内容与实际执行情况不符等问题;二是查找内控设计方面的不足,即缺少控制或现有控制不足,以防范风险;三是在设计满足的情况下,查找执行方面存在的不足,即对在实际中没有执行或者没有完全执行所设计的控制。

跟单作业主要是采用访谈、观察和检查等方法,经过准备、现场实施、总结等三个阶段和若干步骤对业务活动层面所有重要流程设计和执行的有效性进行检查。

【案例3-8】

中国石油跟单作业准备阶段的测试活动介绍[①]

中国石油在其下属单位所进行的跟单作业测试的准备阶段活动,主要包括以下具体步骤:

(1) 取得管理文档。取得被测试单位的流程图、风险控制文档、程序文件、业务流程目录等相关文件。

(2) 审阅管理文档。审阅风险控制文档、流程图等相关资料,初步了解业务活动及重要流程控制措施。

(3) 编制跟单作业计划。通过阅读流程图、风险控制文档,以及相关的程序文件和规章制度,初步了解被测试单位的流程,编制跟单作业计划表(见表3-7)。

---

① 根据企业内部资料整理。

表 3-7　中国石油跟单作业计划表

业务流程名称	测试的相关部门及岗位	涉及的相关制度及政策文件	相关工作记录及凭证	项目组预计所需时间	被测试单位时间安排
银行存款及账户管理	第三采油厂财务资产部门出纳岗、会计岗、财务资产部门主任、总会计师	《第三采油厂内部牵制制度》《第三采油厂会计稽核制度》《会计基础工作规范》《财务信息系统操作手册》	开户申请、销户申请、账户开立证明、印鉴的刻制和销毁申请、票据传递登记备查簿、内部结算对账单	60 分钟	
	财务结算中心三厂分理处			30 分钟	

（4）填写跟单作业测试表部分内容。结合以上对被测试单位的业务流程图和控制措施的了解，填写测试表的相关内容（见表 3-8）。

表 3-8　中国石油跟单作业测试表

单位名称：　　　　　　　　　　　　　单位编码：
业务流程名称：　　　　　　　　　　　业务流程编码：
测试人：　　　　　　　　　　　　　　复核人：　　　　　　　测试时间：

序号	业务活动或控制程序（流程描述）	测试步骤	取得的证据	测试发现问题类型及原因							备注
				设计层面						执行层面	
				应有的控制不存在或不完善	不相容岗位未进行分离	已有的控制没有要求必要的实施证据	已有的控制缺乏必要的规章制度或制度不完善	已有的控制没有在流程图或RCD中进行描述	RCD描述不符合四要素要求	其他（如流程描述中格式欠缺、风险点及控制点标注不准确等）	已有的控制在实际中没有执行	其他	
1												
2												
合计												

2. 关键控制测试

关键控制测试是以企业领导层或集团总部下发的关键控制管理文件为标准,采用抽样测试的方法,对业务活动层面关键控制执行有效性的检查。其测试范围包括重要单位和特殊重要风险单位。

关键控制测试的目的,主要是为了进一步规范企业及其各单位的重要流程及关键控制活动,查找内控执行方面的不足,确保设计有效的内部控制在企业得到全面贯彻落实。为此,关键控制测试的内容主要包括:一是检查关键控制管理文件是否在各单位的程序文件中得到充分反映;二是采用抽样测试方法对关键控制业务执行的有效性进行检查;三是对检查结果进行分析,如存在缺陷,还要进一步评估控制缺陷的重要程度。

关键控制测试主要是采用询问、观察、抽样检查和再执行等方法,经过准备、测试实施、测试结果汇总分析等三个阶段和若干步骤对业务活动层面的关键控制执行的有效性进行检查。

3. 信息系统控制测试

信息系统控制测试的内容包括信息系统总体控制(GCC)测试和信息系统应用控制(AC)测试。GCC测试的目的是检查信息技术管理和运行的有效性;AC测试的目的是检查业务层面的关键信息系统应用控制设计和执行的有效性。

GCC测试的检查内容主要是控制环境、信息安全、项目建设管理、系统变更、信息系统日常运行、最终用户操作。AC测试的检查内容主要是财务资产系统、产品销售系统、物资采购系统、存货管理系统、人力资源与业绩考核系统,以及最终用户操作系统。

信息系统控制测试基本采用询问、观察、检查和再执行等方法,步骤则与业务层面的控制测试步骤基本相同。

4. 公司层面控制测试

公司层面控制是确保管理层获得在公司内部各个领域都有适当的控制机制在发挥作用的重要机制。公司层面控制涵盖COSO框架的五个要素及反舞弊六个方面,包括职业道德、高管管理理念与经营风险、信访举报和违规处理、组织结构、权利和责任分配、培训、业绩考核、人力资源政策、岗位职责描述、董事会、审计委员会、风险评估过程、经营活动分析、信息与沟通、信息披露、内部审计和反舞弊程序与控制共十七个主题。

公司层面控制测试主要是采用访谈、观察和抽样检查等方法,经过准备、实施、总结等三个阶段和若干步骤,查找内控执行方面的不足,确保设计有效的内部控制在企业得到全面贯彻落实。

以上是内控体系测试的四类测试活动,在具体执行的过程中,企业的各级内控管理部门应注意处理好三个问题。一是要正确对待测试中发现的问题。在开展内控体系建设的初级阶段,测试中发现问题是很正常的。企业高级管理层必须表达认同体系运行可能存在的问题,只要不是违规违纪问题,高级管理层将留给被测试单位足够的整改时间,并在整改中提供指导、支持和帮助。二是要注重测试经验的总结与运用。在内控体系测试过程中,内控管理部门对于测试过程中出现的问题,要不断进行汇总分析,以便发现问题;明确测试的重要流程和测试中需要重点关注的问题,并组织测试组人员学习、交流,不断提高测试水平,保证测试工作顺利进行。三是要重视测试结果。测试发现问题不可怕,可怕的是不整改。在测试过程中,内控管理部门要对测试过程实行全过程跟踪、全过程改进,对测试发现的问题及时评估、及时改进;对测试过程中发现的重大问题,适时进行披露,有效控制可能产生的影响及市场预期。

3.3.6 维护更新阶段

为保证建立的内控体系长期有效运行,企业需要根据外部环境和内部管理状况的不断变化,持续建设公司内控体系,不断改进完善。因此,内控体系维护更新是企业的一项日常工作,将贯穿企业日后的发展历程。

内控体系需要维护更新,主要缘于内控体系建设的动态性和企业周遭环境的变动性。内控体系建设是一个动态过程,并不是一劳永逸的。在突击建设完善之后,只能说针对当前的情况所建立的内控体系是有效的。但社会经济环境和企业自身的情况是不断变化的,业务流程与风险也是在不断变化的,这就需要企业随时关注内控体系建设,不断维护更新,以适应具体情况的变化。企业管理层有责任每年发表声明,报告公司内部控制运行的有效性。因此,内控体系建设将是企业一项长期的工作,伴随企业的发展而不断深化。

3.4 《内部控制手册》的架构设计

《企业内部控制基本规范》第二章第十四条提出了"内部控制手册"(简称"内控手册")这一概念,即"企业应当通过编制内部管理手册,使全体员工掌握内部机构设置、岗位职责、业务流程等情况,明确权责分配,正确行使职权"。因此内控手册是内部控制制度设计成果的最终载体,是企业内部控制制度实施工作的重要组成部分。

3.4.1 《内部控制手册》的目标及质量要求

根据《企业内部控制基本规范》对内控手册的要求不难发现:首先,内控手册是在企业内部控制的范畴内提出的,其自身应该成为企业内部控制制度设计及实践的组成部分;其次,内控手册的内容集中于机构设置、岗位职责、流程、权责分配等内容,一方面与经营操作相关,另一方面与企业内控所关注的经营层面的主要风险相关;再次,内控手册的使用对象是企业的全体员工,因而可操作性应是需要考虑的重要因素;最后,内控手册还应对公司的内部审计部门起到工作指导的作用,以便于企业了解自身的整体经营风险,并方便审计部门对业务环节的具体操作进行审计。据此,本节提出了内控手册的编制目标及质量要求,具体如表3-9所示。

表 3-9 《内部控制手册》的目标与质量要求

目标	具体质量要求	说明
突出内控需要	（1）能促进整体控制环境的提升； （2）有助于企业对经营风险的整体认识； （3）围绕风险安排整体的控制内容。	在企业制度框架中，内控手册应突出内部控制要求，即应该明确流程中的关键控制点和主要业务风险，一般操作步骤要求可省略。
可操作	（1）参照该手册可以明确各类控制相关活动的细节，并易于理解； （2）易于检索。	内控手册面向企业的全体员工，应该具备较强的可操作性；内控手册的使用主体较多，需求具有多元性，应易于检索。
可审计	（1）预留审计接口； （2）结合内控痕迹，给出可供参考的审计方法。	随着对企业内部控制内部审计与外部审核要求的逐步强化，内控手册应在很大程度上为内控相关审计（审核）提供参考。
与企业其他制度相互匹配	（1）内控手册中需要对采用的相关制度进行清晰索引； （2）内控手册中提出的改进建议应最终对应现有的管理制度。	内控手册作为企业制度框架的有机组成部分，应保持与其他制度相互匹配，同时各有重点、各司其职。

3.4.2 《内部控制手册》的内容

根据内部控制目标与质量要求，内控手册的主要内容应包括以下几个方面：一是梳理业务流程，找出业务循环的主要风险点和控制目标，并明确相对应的关键控制活动和基本的不相容职务分离的要求；二是通过对特定业务循环的流程分析，将关键控制活动对应到具体的岗位和管理制度；三是为内部审计提供必要的工作指引。基于此，本节提出了内控手册的具体内容，如表 3-10 所示。

表 3-10 《内部控制手册》的内容

内控手册构成	主要内容	说明
流程综述及控制目标	（1）提出流程整体描述； （2）提出流程的控制目标（经营效率、合规、财务报表真实等）。	明确流程对象、提出流程控制目标，后续流程分析及控制分析应围绕控制目标的实现而进行。
明确控制要求的流程图	（1）梳理流程图； （2）标出关键控制环节。	进一步明确流程，围绕控制目标标明关键控制点。
流程主要职责及对应岗位	明确职责与岗位。	明确控制活动实施的主体及控制责任承担主体。
不相容职责分离要求	明确职责分离要求。	针对本流程内的关键职务岗位，明确职责分离要求。

(续表)

内控手册构成	主要内容	说明
关键控制活动分析及说明	针对各个关键控制活动,进行分解和说明。	细化控制要求,明确控制要点(包括明确控制痕迹),增强控制要求的可理解性和可操作性。
内控测试矩阵	针对各个关键控制活动,提出内控测试方案。	结合控制活动分析与一般审计技巧,提出可供参考的测试及结果分析方案。

【案例 3-9】

中国石油《内部控制管理手册》内容的分析[①]

中国石油于 2005 年 12 月 27 日发布《内部控制管理手册》(以下简称《手册》)。《手册》共七册,包括《内部控制体系框架》《控制环境》《风险评估》《控制活动》《信息与沟通》《监督》等由股份公司内控部门统一编制的六个分册,以及一个由地区公司自行编制的地区公司分册。中国石油希望《手册》能成为公司内部控制法典,为公司内控体系建设、运行和维护提供指引,并作为建立、运行及评价内控体系的依据,从而确保公司上下从思想上、认识上对内控体系保持高度统一,以进一步实现行为上的统一。各分册的主要内容如下:

《内部控制体系框架》分册是内控体系建设的纲领性文件。该分册描述了内控体系的组织结构与职责,较为全面地阐述了内控体系的建设目标,并以 COSO 内控框架为指引,从控制环境、风险评估、控制活动、信息与沟通和监督等五个方面全面、系统地阐述了内控体系建设的方法和规范,以全面、有效地指导公司内控体系建设工作。

《控制环境》分册简单介绍了职业道德、员工的胜任能力、管理理念和经营风格、组织结构、人力资源政策与措施、权利和责任分配、董事会与审计委员会,以及反舞弊等八个分要素的概念,详细描述了每个分要素的内控关注要点和应对措施,列示了该要素的文档记录。

《风险评估》分册描述了风险类别和风险评估概念,并以风险评估程序为主线,从确立公司发展目标和建立风险评估机制两个方面对风险评估的内控关注要点、相关措施进行了描述,制定、完善了相应的文件、制度和规范。

《控制活动》分册概要介绍了控制活动的概念、分类及控制活动包含的主要内容,分别从公司层面和业务活动层面两个层次描述了如何建立控制措施,重点描述了与重要业务流程相关的业务流程图、关键控制文档和程序文件。

《信息与沟通》分册介绍了信息、沟通、信息系统总体控制、信息系统应用控制和信息披露等分要素的内控关注要点、措施和文档记录,描述了公司总部各部门内控相关信息流汇总表及编制说明;明确了信息与沟通要素所涉及的内控体系执行文件和规范。

---

① 根据企业内部资料整理。

《监督》分册描述了持续监督、独立评估和缺陷报告等分要素的内控关注要点、措施和文档记录。

3.4.3 《内部控制手册》的框架与编制

1. 《内部控制手册》的框架

根据前文对内控手册质量要求以及具体内容的分析,结合我们为企业提供内控咨询服务的相关经验,本节提出了内控手册的制定框架(见图3-2)。

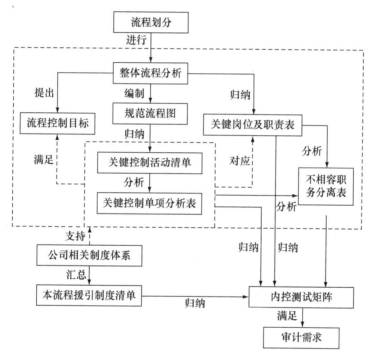

图3-2 《内部控制手册》框架设计

注:实线表示实际编制流程;虚线表示内在逻辑关系;虚线框表示逻辑范围。

2. 《内部控制手册》的编制

本书认为,在大多数情况下,内控手册的编制可以分为四个步骤来进行:

第一步,业务循环划分。企业应根据各自行业及所涉及业务的具体特点,将自身的运营活动划分为若干个主要业务循环。通常情况下,主要业务循环包括以下内容:(1)销货及收款环节;(2)采购及付款环节;(3)生产环节;(4)固定资产管理环节;(5)货币资金管理环节;(6)关联交易环节;(7)担保与融资环节;(8)投资环节;(9)研发环节;(10)人事管理环节;(11)信息管理环节。

第二步,流程风险分析。在明确了企业的具体业务循环后,针对每个具体业务循环,画出详细的业务流程图,并结合企业的现有制度分析该流程存在的主要风险点及相应的控制措施。该阶段的内容主要包括流程的控制目标、关键控制活动、主要涉及的岗位职责、相关的表单流转等。

第三步,不相容职务分析。一般而言,企业各主要业务循环的各类活动可以划分为批准、执行、记录和控制四大类别,从岗位设置的要求来看,应该保证同一人员不同时从事以上四类中的任何两类及以上的工作。基于该原则,企业需要找出企业每个具体循环中存在的不相容职务并将其分离。

第四步,内控测试矩阵。内控测试矩阵是指导企业内部审计部门开展工作的重要指引。它基于内控实施的可复核性和可审计性的要求,明确了内控活动中所有关键控制点的主要痕迹和后果,并分别从过程和结果两个角度来检视内控实施的有效性。因而企业应该在第二步流程风险分析的基础上引申出企业内控的主要痕迹,并提出内审的主要检查对象和检查方法。

【综合案例】

中国石化的内控制度设计[①]

中国石油化工集团公司(简称"中国石化")高度重视完善内部控制体系建设。自2003年年初开始,中国石化以美国《萨班斯法案》的颁布实施为契机,开展了一系列内部控制的制度设计和体系建设,对内促进完善公司治理、规范企业管理、防范市场风险,对外加强外部监管、树立企业形象、提振市场信心,推动公司持续、稳定、健康发展,在不到10年的时间内迅速发展成为全球第五大公司。现将中国石化的内部控制制度设计的主要经验介绍如下:

1. 建立一体化组织管理体系。为建设以风险为导向的全方位内部控制体系,中国石化建立了公司总部上市和非上市部分、公司总部和所属企业内部控制一体化管理模式。2003年年初,中国石化股份公司成立了内部控制领导小组,设立内控办公室和内控管理处,配备专职管理人员,具体负责内部控制管理工作。2005年,非上市部分结合自身业务特点,启动了内控制度建设工作。2010年3月,将内部控制、风险管理职能调整到企业改革管理部门,内控专职管理人员从集团公司财务部门、股份公司财务部门整体划转,实现了上市、非上市部分的内部控制一体化管理。在所属企业层面,相应成立内部控制领导小组,整合上市、非上市部分的内控管理职能,实现内控一体化管理,部分企业还独立设置内控管理部门,为实施内控制度提供了有力的组织保障。

2. 制度建设注重操作性和协调性。中国石化根据内部管理和外部监管的新要求、新情况,针对内部控制实际运行和监督检查中发现的各类问题,对内控手册进行动态更新。所属企业也结合实际,制定相应的实施细则,构建了中国石化及其所属企业两级内部控

[①] 删改自慕戈飞,"内控建设'保驾'中国石化快速发展",《中国石化》,2012(03)。

制制度体系。在总部层面,先后对内控手册进行了7次的年度集中修订和补充完善,于2011年1月1日发布实施《中国石化内部控制手册(2011年版)》。修订后的内控手册,全面覆盖了基本规范及配套指引的要求,初步实现了全方位的内部控制。为与内控手册保持一致,对截至2010年年底总部印发的1 500多个制度进行集中梳理,废止230多个,合并、存档备查300多个。经过梳理,公司制度从横向上分为主营业务制度和管理与支持服务制度共30大类,内含157个种类。这些制度与内部控制相关的制度和内控手册,共同构成完整的公司制度化管理体系。

3. 内部控制与业务流程相结合。在全面梳理各项业务和重大事项,认真分析关键环节存在的各种内外风险的基础上,结合石化生产经营的特点,采用编制业务流程及控制矩阵的方式进行系统控制。中国石化统一制定《权限指引》,合理分配权限和责任,对授权进行系统管理,强调全员、全过程控制,打破公司内部条条块块的管理界限,有效整合各种资源,提高公司整体控制和决策能力。

4. 内部控制与风险管理相结合。内部控制的宗旨是防范和控制风险。中国石化收集整理公司内外部各类风险信息,借鉴国内外石化行业的最佳实践,汇总形成了风险清单。对已识别风险通过调查问卷、访谈、专项会议等形式进行科学的风险评估,确定了各类风险差异化的容忍程度,设计了中国石化风险库模板和风险评估标准,自觉地将风险控制在可承受范围之内。

5. 内部控制与信息系统相结合。按照《信息系统应用指引》的要求,结合国际上公认的信息系统控制标准,进一步梳理和优化了公司信息系统的整体控制、一般控制和应用控制。在加强应用控制方面,针对ERP系统、资金集中管理系统、会计集中核算系统、加油卡系统等应用系统,从系统业务流程出发,对其控制功能在实际应用中的风险重新梳理,并加以识别、分析和记录。根据系统控制的特点,从系统权限、职责分离、配置、业务操作等方面,完善系统状态下的控制要求,建立控制措施与系统业务流程的映射关系,使之更加明确、具体,容易为系统的操作和管理人员所遵循。

6. 内部控制与企业实际相结合。自主设计符合中国石化生产经营特点的内部控制制度。以公司章程和现行的各项规章制度为基础,追根溯源、抽丝剥茧,全面总结提炼石化系统的管理经验,使内部控制制度尽可能地包容现行的各项规章制度,实现传统优秀管理方法与国际先进管理方法的融合。

思考题:

1. 中国石化的内控制度设计体现了哪些设计原则?
2. 中国石化是如何构建内部控制体系的?
3. 结合本案例及中国石油案例说明企业内部控制手册应如何设计更有效。

第 4 章 对外投资内部控制

【篇首语】

企业对外投资,是指企业对境内外的其他企业单位进行投资,以期获得未来投资收益的经济行为。对外投资对企业具有重要意义,通过对外投资业务,企业可以提高资金的利用效率、开拓市场和业务、获取企业缺乏的资源等。本章将在介绍投资业务流程划分与职责分工的基础上,详细阐述对外投资的内部控制,包括投资计划与立项控制、投资项目日常监控控制、投资项目处置控制。

【引导案例】

由中冶恒通并购巨亏引发的思考[①]

中冶恒通冷轧技术有限公司(简称"中冶恒通")是中国冶金科工集团有限公司(简称"中冶集团")于2007年9月并购重组民营钢企唐山恒通精密薄板有限公司(简称"唐山恒通")而成立的。中冶恒通前身唐山恒通于1995年创办,经过多年经营成长为国内钢铁深加工行业重要的民企集团,但2006年公司经营出现困难,并出现严重亏损,负债过亿元。当时,唐山恒通向地方法院申请破产,但由于地方政府考虑到公司破产对就业等方面冲击太大,破产申请未获批准,于是,其控制人梁士臣转而通过转让的方式脱手唐山恒通。2007年9月,经与唐山恒通多次洽谈后,中冶集团正式接手唐山恒通,设立中冶恒通,注册资本16亿元,中冶集团现金出资10.72亿元,占股67%;唐山恒通实物出资5.12亿元,占股32%;自然人梁士臣现金出资0.16亿元,占股1%。

然而中冶集团收购唐山恒通后,并没有改变其亏损的命运,反而使其陷入了更深的亏损泥潭。2011年7月23日,中冶集团在《中冶恒通的有关情况》中称:由于资产瑕疵,中冶集团在2009年将中国中冶上市时未能将中冶恒通纳入上市公司,并在招股书中承诺,上市后的24个月内,即在2011年9月24日之前,拟通过转让所持中冶恒通股权等方式予以处置。之后,中冶集团即着手处理中冶恒通的股权事宜。为了推进与港中旅集团的合作,经过协商,其他两个股东退出,2010年8月11日,中冶恒通成为中冶集团的全资子公司;同月,中冶集团与港中旅集团达成托管协议,约定由港中旅集团对中冶恒通进行托管;12月,港中旅集团提出不再对中冶恒通进行托管并退回中冶集团,中冶恒通随即停产至今。据2011年7月19日《21世纪经济报道》披露,经开元信德会计师事务所审计,中冶恒通自2007年9月成立至2009年年末亏损达46亿元,其2009年的净利润约为-10亿元。然而,中冶恒通的亏损并未止步于46亿元,其2010年度亏损额再度超过10亿元。其中,净资产占总资产的比重不到5%,总负债超过120亿元。企业成立不到4年就亏损了56亿元,很多业内人士都无法理解,一家只从事金属板材加工的企业怎么会在短时间内发生如此巨亏?

[①] 姜金赤、高广慧、池国华,"由中冶集团并购巨亏引发的思考",《财务与会计》,2012(05)。

中冶恒通并购的失败,导致了中冶集团巨额的亏损,这对中冶集团是巨大的打击,对国有资产是严重的损失。中冶恒通并购失败很大程度上是中冶集团投资业务内部控制乏力造成的。那么,究竟什么是投资业务的有效内部控制?对企业的发展和生存具有什么重大意义?在介绍投资业务内部控制具体内容的同时,我们首先需要了解投资业务的流程划分和职责分工的相关内容。

4.1 流程划分与职责分工

根据不同的分类方法,投资业务可以分为长期投资与短期投资、实物投资与证券投资、直接投资与间接投资、对内投资与对外投资等。不同类型的投资业务所涉及的风险差别较大,相应的内部控制设计也不相同,为了能够深入的分析风险、保证内部控制实务设计的指导意义,本章只选取企业对外投资(简称"对外投资")进行分析,对内投资业务在第9章资产管理内部控制中阐述。

4.1.1 对外投资业务的流程划分

企业对外投资业务,根据企业类型和业务环节的不同,有着不同的风险。正确划分对外投资业务环节,确定各个环节的风险,可以在对外投资业务的不同阶段、针对不同的风险点设计相应的内部控制,以更有效率地防范风险。

根据财政部等五部委联合颁布的《企业内部控制应用指引第6号——资金活动》第十二条,企业应当根据投资目标和规划,合理安排资金投放结构,科学确定投资项目,拟订投资方案,重点关注投资项目的收益和风险。对外投资业务按照业务流程可分为五个主要环节,即投资立项、投资计划编制、投资计划执行、投资项目监控和投资资产处置。对外投资业务环节划分如图4-1所示。

4.1.2 对外投资业务的职责分工

在划分对外投资业务的主要环节后,应该明确划分对外投资业务相关部门的职责。在管理完善的情况下,对外投资业务应该涉及投资管理部门、财务部门、法律事务部门、审计部门、资产管理部门等,此外对外投资业务还涉及总经理、董事长、战略与投资委员会、董事会等,各部门应认真履行各自职责、相互牵制、相互监督,共同防范对外投资业务风险。对外投资业务各部门职责分工如表4-1所示。

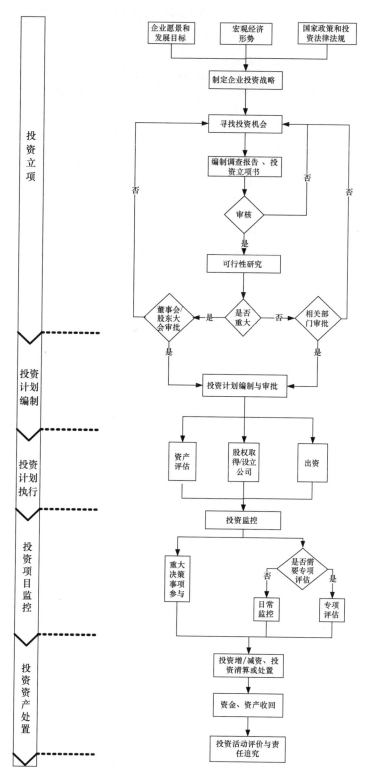

图 4-1 对外投资业务环节划分

表 4-1　对外投资业务部门的职责分工

部门	职责
战略与投资委员会	(1) 评估公司战略； (2) 提出编制或修改战略的建议； (3) 对须经董事会批准的重大方案进行研究并提出建议； (4) 对以上事项的实施进行评估检查等。
投资管理部门	(1) 负责公司制定或修改战略的具体事务； (2) 调查与收集投资方面的相关信息； (3) 负责投资立项、编制投资计划、投资执行、投资监督和处置中的具体事务； (4) 负责投资项目资料的整理、保管和使用等。
财务部门	(1) 拟定本单位财务管理相关制度，并组织贯彻实施； (2) 负责本单位会计核算和会计信息工作； (3) 负责本单位财务预算管理、税务管理、资金管理的工作； (4) 负责对本单位的经济活动实施会计监督； (5) 负责本单位财务报告、内控评价报告及其延伸审计； (6) 负责进行企业财务监控，定期提供财务分析报告等工作。
法律事务部门	(1) 收集法律资料，对公司的经营管理决策提供法律支持； (2) 负责审核公司各项规章制度、合同、协议的合法性； (3) 负责公司的法律诉讼工作； (4) 负责对公司有关企业开业注册、合并、分立、解散、清算、注销等事务提供相关的配套法律文书； (5) 参与公司重大经济活动谈判，提供法律专业意见； (6) 对合作单位客户进行资信调查； (7) 协助处理公司重大或复杂债权债务的清理和追收工作等。
审计部门	(1) 拟定公司内部审计工作制度，编制公司年度内部审计工作计划； (2) 负责对公司、投资企业及监管企业的经济活动进行必要的内部审计监督，出具审计报告，提出改进意见和建议； (3) 对公司、投资企业建立与实施内部控制的情况进行监督检查； (4) 配合中介机构、政府相关部门对公司、投资企业及监管企业的审计工作，并对专题审计报告、资产评估报告进行审核等。
资产管理部门	(1) 负责固定资产的管理工作； (2) 建立资产管理制度，检查制度的实施情况； (3) 建立和维护公司固定资产管理台账； (4) 配合公司其他部门的物资、机械、房地产年终清产核资工作； (5) 对企业的资产进行核算、清查、转让及处理等工作。

4.2　投资计划与立项控制

公司对外投资控制一般要经历投资立项、投资计划编制、投资计划执行、投资项目监控和投资项目处置五大部分，每一部分又包含多个小的环节。

投资项目实施前，应对投资进行立项控制，并编制科学的投资计划。如果在制订计划时,计划中所需的条件超出事物发展进程,或者届时所需条件仍不成熟,就会在项目执行时影响项目进展,甚至导致项目失败。在制订投资计划时,必须合理估计到事物的发展进程,并做好不利情况下的风险应对。具体而言,投资计划与立项控制主要包括投资立项控制、投资决策控制、投资计划控制和投资计划执行控制。

4.2.1 投资立项控制

投资立项包括众多环节,其中最容易出现控制失败的环节依次是投资战略制定、投资方案可行性分析。可见,风险控制主要集中在对外投资业务的前期。

1. 投资战略的制定

投资战略明确了企业投资的方向和目标,指导企业投资资源的布局和投放。企业只有制定科学的投资战略,才能保证资源的有效利用及企业的持续发展。

(1) 投资战略制定风险

公司战略的负责主体是高级管理层。高管层在投资战略层面所做的工作应包括:一是制定适合公司环境和能力的战略,并将其转化为资源分配形式的投资计划;二是建立合适的机制,确保公司战略在投资决策和执行过程中转化为各级管理员工的管理活动。

投资战略制定环节的主要风险包括:

① 缺乏明确的投资战略。公司投资决策须在战略的指引下进行,当公司缺乏明确的投资战略时,极易在投资管理过程中出现失误。缺乏战略会使公司缺乏明确的投资目标,一方面企业不知将资金投往何处,造成企业大量资金闲置;另一方面可能造成企业盲目投资,在投资项目的选择中使公司进入业务不相关领域,或者过于激进,风险超出企业自身可承担水平。

【案例 4-1】

如何投资?——看"海普瑞"[①]

深圳市海普瑞药业股份有限公司(简称"海普瑞"),主营高品质的肝素钠原料药,其产品全部出口。2010 年,海普瑞以 148 元/股的价格在中小板市场募集资金总额达到 59.35 亿元,净额 57.17 亿元,超募 50.70 亿元,成为"中国股王"。然而,截至 2012 年,海普瑞所募集的资金的使用额仅有 12.44 亿元,包括投资肝素钠原料药生产建设项目 1.58 亿元,收购成都市海通药业有限公司等股权投资 0.94 亿元,归还银行贷款 0.8 亿元,补充流动资产 8.89 亿元,购买土地 0.22 亿元。2012 年年末,海普瑞募集的 57.17 亿元资金

---

① 节选自《关于深圳市海普瑞药业股份有限公司募集资金年度存放与实际使用情况的鉴证报告》,2013 年 4 月 12 日。巨潮网站 www.cninfo.com.cn

中仍有 44.73 亿元存在银行,其现金共计 65.88 亿元。海普瑞对剩余资金的使用并没有明确的规划,企业一直在找寻可投资的项目,但并没有进行具体投资。

如果除去用于归还贷款和补充流动资产的资金,海普瑞募集资金的使用额仅有 2.74 亿元,使用率仅为 4.79%,大量资金被闲置。原因主要有两方面:一是超募,海普瑞 IPO 计划募集资金 8.65 亿元,但实际募集总额达到 59.35 亿元,是计划募集的 6.86 倍;二是面对大量的可用资金,海普瑞缺乏相应的投资战略,不知该将资金投向何处。

该案例体现了投资战略缺失造成的资金闲置风险。由于海普瑞缺乏投资战略,无法充分利用现有资金资源,创造收益,而仅将大额资金存在银行,造成了资金的闲置,降低了企业的收益。

② 投资战略目标设定不科学,影响企业的生存和发展。
③ 企业制定的投资战略在全局性、长期性和可行性方面存在问题。

【案例 4-2】

大富科技业绩变脸为大亏 激进并购路成败因[①]

深圳市大富科技股份有限公司(简称"大富科技")是全球领先的移动通信基站射频器件、结构件生产服务商。2010 年 10 月 26 日,完成股改仅 8 个月的大富科技在深圳市证券交易所创业板挂牌上市(股票代码 300134),成为创业板最快上市的公司。而大富科技的净利润却由 2010 年的 2.51 亿元、2011 年的 1.87 亿元,变为 2012 年的 -19.12 亿元。大富科技业绩下滑的一个主要原因是并购过于激进。由于通信行业不景气,大富科技的主要客户华为和爱立信减少订单,大富科技为了摆脱对移动通信设备单一领域的依赖,进行了包括以 1 211 万元收购深圳市华阳微电子 52% 的股权,以 1.59 亿元收购弗雷通信技术 100% 的股权和以 9 900 万元收购并增资取得成都意得电子 51% 的股权在内的多项并购。2012 年的公司营业收入较 2011 年增加了 51.99%,而营业成本增加了 115.41%,销售费用增加了 160.65%,管理费用增加了 101.69%,利润总额却减少了 -202.12%。

大富科技并购过激,并未在投资的全局性、长期性和可行性方面考虑过多。其在并购后又没有进行有效整合,一方面是并购企业产品利润率下降,如弗雷通信在并入大富科技之前,产品尚有 10% 以上的利润,但并入之后,由于价格下降,造成价格基本与成本持平,无利可图;另一方面是成本费用增加,在并购后应收账款增加导致坏账准备增加 4 820 万元,并购后商誉减值增加 3 019 万元,此外还有销售费用、管理费用的增加,这些都影响了大富科技的经营业绩,使大富科技陷入亏损。

---

① 改编自罗碧,"大富科技业绩变脸为大亏 激进并购路成败因",《投资者报》,2013 年 2 月 3 日。

（2）投资战略制定内控设计

投资战略是公司发展战略的重要组成部分，只有制定正确的投资战略，企业才能实现可持续发展。企业应当根据客观环境和自身实际制定适当的投资战略，并根据投资战略制定流程分析企业投资战略制定环节的关键控制点，从而对投资战略的制定进行有效的内部控制。

投资战略制定环节需关注四个关键控制点：

① 机构设置上的保证。企业应当设立战略委员会，战略委员会对董事会负责，其成员应当包括董事长；企业应设置专门的投资管理部门，承担战略委员会的具体工作，保证投资战略落到实处。

② 企业在制定投资战略时应综合分析评价影响投资战略的内外部因素。企业面临的内外部环境在一定程度上决定了企业的投资战略。经济环境决定了企业投资是采取扩张战略还是收缩战略；政治环境、税收因素影响投资的地点；行业环境影响企业投资的重点，即设备、技术还是渠道；企业本身资源不足，可以采取纵向投资战略，获取上下游资源，或者与合作方联营、合营；企业自身资源充足，则应避免投资战略过于保守；企业应避免盲目的多元化，避免投资高风险领域。

③ 投资战略是企业总体战略的一部分，在制定投资战略时，应确保各经营单位、各部门投资战略与公司总体战略目标一致。此外，投资战略规划必须每年滚动修订，以对市场、竞争情况的严谨分析为基础，并充分考虑外部因素对公司的威胁及机会的变化，修订相应的战略。

④ 对投资战略进行严格而有效的审核。审核投资战略方案是董事会的职责，董事会应确保投资发展战略符合国家政策和经济战略方向；确保投资战略突出主业；确保企业有足够的人财物资源和相应的管理能力及风险管理水平；确保投资战略具有可操作性。

2. 投资方案的提出

在制定投资战略之后，企业需要提出符合公司投资战略的投资方案。在投资方案提出过程中，需要评估投资项目是否具有可行性。公司投资战略与投资可行性研究的关系是双向的。公司投资战略决定了公司未来投资的重点和方向，可行性分析针对的具体投资方案必须在投资战略的指引下进行，否则公司容易落入可行性研究形式化的陷阱或公司投资战略僵死的迷局。

（1）投资方案提出的风险

投资方案提出中的重要环节是可行性研究，可行性研究是公司投资方案能否被接受的关键环节，可行性研究的结论对投资决策结果有着直接影响。

投资方案提出环节的主要风险包括：

① 投资项目未经可行性研究，或者可行性研究流于形式。投资项目未经科学、严密的可行性研究，或者可行性研究流于形式，使得企业不能对项目、宏观环境、自身资源和能力等作出正确评价，从而导致投资决策失误，引起重大损失。

② 可行性研究不全面，导致未能发现投资项目中的潜在风险：第一，投资活动与企业战略不符；第二，缺乏技术、市场或财务方面的可行性分析；第三，投资规模、方向、时机和风险不适当。

【案例 4-3】

华视传媒收购 DMG 恩怨两年[①]

华视传媒是中国唯一一家在纳斯达克上市的户外数字电视领域企业,它拥有中国最大的户外数字电视广告联播网。2009 年 10 月 15 日,华视传媒以 1.6 亿美元收购 DMG,并获得 DMG 所属 7 个主要城市共计 26 条线路的地铁移动电视广告代理权。由于地铁的份额在移动电视细分市场所占规模比例持续上升的趋势,华视传媒计划通过并购 DMG,进一步整合地铁媒体资源,占据更大的市场份额,在未来发展过程中获得更好的表现。然而,收购 DMG 之后,华视传媒的整体财务状况反而持续下降。其 2009 年各个季度的利润都在 1 000 万美元左右,但 2010 年第一季度亏损 1 161 万美元,第二季度的亏损额则高达 9 327 万美元。

这宗两年前被看好的国内最大的地铁移动电视广告代理权的收购案,正在让并购双方进入矛盾的白热化阶段。这段两年的并购恩怨,祸起一份未经审计的财务报告。

华视传媒在收购 DMG 之前,并未进行有效的可行性分析,特别是在财务方面。由于收购时,DMG 声称财务报告来不及审计,因而华视传媒收购 DMG 依据的是 DMG 提交的未经审计的 2009 年 1—8 月的财务报告。这份报告显示,DMG 前 8 个月净收入为 1.04 亿元,净利润为 −5 010 万元;而在 2009 年 11 月 24 日,经过安永审计的财务报告显示,DMG 前 8 个月的净收入只有 6 680 万元,净利润为 −1.8 亿元。

并购是一项严谨的系统工程,前期的尽职调查非常重要。"事前尽可能地进行尽职调查,掌握尽可能多的细节"把对方的问题挖出来,如虚增收入做低运营专用隐匿的负债等,可以避免并购中可能存在的"陷阱"。

(2) 投资方案提出的内控设计

当公司发现投资项目后,由企业投资管理部门安排项目调查、制订调查方案、开展项目初步调查、形成调查报告,并编写项目投资立项书。

在投资方案提出环节中,应认真做好可行性研究,这是投资成败的关键。可行性研究步骤如下:① 讨论并确定研究范围和目标;② 进行市场调研和内外部信息搜集;③ 根据调研信息提出项目投资方案;④ 对投资方案进行初步可行性分析;⑤ 提出可行性报告草案;⑥ 内部讨论可行性报告草案并提出修改意见;⑦ 形成可行性报告;⑧ 制订项目实施计划并形成投资项目实施计划文档;⑨ 对项目的真实情况进行尽职调查,形成尽职调查报告。

在投资方案提出与决策流程中,不相容岗位有:投资立项书的编写与审核/审批;投资项目可行性研究的编制与审核/审批。

---

① 李保华,"华视传媒收购 DMG 恩怨两年",《经济观察报》,2012 年 6 月 21 日。

投资方案提出环节需关注三个关键控制点:

① 项目前期进行调查并撰写调查报告。在项目前期必须详细调查与项目相关的事项,对宏观经济、行业情形、公司状况,以及影响项目实施的关键细节问题,都需要详细的调查与分析,并撰写调查报告,初步了解、评估项目,也为以后项目投资立项书和可行性分析报告的编写、投资决策提供最详尽的信息。

② 根据可行性报告的客观研究结果来确定是否投资一项项目。企业应当编制可行性分析报告,评估项目的可行性,注意可行性报告必须有效,切忌可行性报告流于形式,当可行性报告显示项目不可行时,须果断放弃该项目。

③ 可行性报告必须对项目进行全面分析。企业应当加强对投资方案的可行性研究,重点对投资目标、规模、方式、资金来源、风险与收益等作出客观评价。具体而言,可行性分析报告应主要分析投资项目是否符合公司投资战略,投资的规模、方向和时机是否适当,分析投资项目在技术、市场、财务方面的可行性,预估项目的现金流量、风险与报酬。有不同项目可供选择时,可以比较或评价不同项目的可行性,择优投资。同时,企业根据实际需要,可以委托具备相应资质的专业机构进行可行性研究,提供独立的可行性研究报告。

4.2.2 投资决策控制

投资决策体现为公司发展战略落实为资源分配的行动,投资决策不仅决定了资源分配的方向,还决定了资源分配的数量。更重要的是,这一决策行为直接决定了企业未来的经营范围及商业运作的模式,间接体现了公司在市场上的竞争能力。因此,公司投资决策的质量至关重要。

1. 投资决策风险

投资决策环节的主要风险包括:

(1) 可能出现投资金额超出授权范围,或者越权审批现象。企业决策都应设定相应权限,各决策者或者决策单位应根据自身的授权审批权限决策,重点审查投资方案是否可行,投资项目是否符合国家产业政策及相关法律法规的规定,是否符合企业投资战略目标和规划,是否具有相应的资金能力,投入资金能否按时收回,预期收益能否实现,以及投资和并购风险是否可控等。若超出自身权限,决策者应拒绝授权开始该项目并提交有相关权限的决策者或者决策单位进行决策。重大投资项目,应当按照规定的权限和程序实行集体决策或者联签制度。投资方案需经有关管理部门批准的,应当履行相应的报批程序。

(2) 高层集权决策或决策流于形式,或者审批未能有效识别相关风险。投资决策机制是投资业务内部控制的有机组成部分。投资决策高度集权化时,决策者就难以听到不同的意见,支持决策的基础工作也会失去相应的意义,结果是可行性研究和决策流于形式。

(3) 合同风险。在签订的合同中,如果合同文本格式不正确、合同条款不清晰、合同中投资双方的权利义务约定不明确，或者合同中存在不利于自己的条款或者模糊条款，都可能引致法律纠纷。

（4）进行异地特别是海外投资的风险。海外投资的主要风险包括政治风险、法律风险、文化风险等。其中，政治上的变动、战争、内乱等，会造成项目终止或毁约，使投资无法收回，或者暂时停工，增加成本支出。不同国家的法律可能对外资进入设置限制，或者以国家安全为由阻止投资。文化不同，造成合作、管理上的困难；文化不同，造成产品不受青睐；等等。

【案例4-4】

在海外，企业如何生存？[①]

2011年，中铁建、中国石油、中国中冶等一大批中国企业受利比亚政局的影响，不得不将项目人员全部撤回，工程陷入瘫痪；到2011年2月，就有27个中国项目工地、营业地被抢。受抢劫、撤回人员的影响，相关企业蒙受巨大损失，如中国中冶撤离的直接损失达到800万元。这些企业在利比亚的总投资达到700亿元，但因政局动乱不得不中止，未来面临很大的不确定性。中国企业在利比亚的遭遇，体现了海外投资中的政治风险。

2012年3月，三一重工子公司罗尔斯公司收购了位于美国俄勒冈州的一个美军军事基地附近的4个风电项目。收购后，"外国在美投资委员会"（CFIUS）对该项目进行审查，并向奥巴马提供评估报告。9月28日，奥巴马以罗尔斯公司的收购行为威胁美国国家安全为由，发布行政命令阻止罗尔斯的收购；并且直到所有设备移除完毕前禁止三一重工转让该项目，使得三一重工形成2000多万美元的直接经济损失。

在三一重工的收购中，除了美国存在贸易歧视外，主要是在收购风电项目之前，罗尔斯公司并没有提前通知CFIUS对收购行为是否威胁美国国家安全进行评估。如果在收购之前罗尔斯公司就通知CFIUS对收购进行审查，就不会有之后的收购被否决，也不会有投资损失。海外投资中的法律风险，要求海外投资必须按照投资地法律规定的程序进行，并且企业要评估投资中的法律风险。

2．投资决策内控设计

投资方案必须经总经理、投资战略委员会、董事会的审批通过，然后才可执行。在投资方案提出后，由投资部门组建项目评审小组进行评价。项目评审小组应初步判断该投资项目是否符合公司投资的战略和规划，并判断投资资金是否在预算之内，是否要追加预算。项目评审小组审议后，提交总经理进行相应审批，总经理按照审批规定判断是否需要提交战略与投资委员会、董事会。提交项目评审小组、战略与投资委员会、董事会审议的材料包括项目投资立项书、可行性研究报告及其他所需材料。投资方案经董事会审

---

① 根据相关媒体报道整理。

批后,投资部门与有关被投资方应签订正式的投资协议。

投资决策环节需关注五个关键控制点:

(1) 企业需设立授权审批制度,明确规定各部门、各层级的权限。各决策者或者决策单位应根据自身授权审批权限决策,若超出自身权限,应拒绝授权启动该项目并提交有相关权限的决策者或者决策单位进行决策。

(2) 审批应重点审议投资项目的预期收益、风险和发展前景;审议投资项目是否与企业投资发展战略相符;审议投资项目在技术、财务、市场方面的可行性;审议投资资金的投入规模、时间和时机是否恰当,是否与筹资在金额、时间上相匹配;审议投资支出是否超出预算水平;等等。

(3) 投资项目支出是否超出预算。实行预算管理的企业,对投资项目的资金、人员投入有限制,投资项目的决策应根据预算,在预算许可的范围内作出。否则,投资项目支出超出预算,可能打乱公司整体的资金安排;或者因后期资金补充不及时而使项目夭折,造成投资失败;或者公司资金链断裂,使得公司陷入财务困境。

(4) 在签订合同时,应该严格控制合同方面的风险。合同在签订前,必须经过法律事务部门的审核和决策层的审批。对投资合同或协议进行审批时,应重点关注投资双方的权利和义务是否对等,双方的收益分配与风险分担是否合理,是否存在容易产生争议或对企业利益有潜在损害的条款。

(5) 海外投资时,还应评估投资地政治、法律、文化的影响。针对政治风险,可以在投资时购买保险,这样可以弥补投资中出现的损失;针对法律风险,应当聘请专业人员或机构进行评估,对可能涉及的法律、程序、合同内容等进行把关;针对文化风险,企业在海外投资中应重视文化因素的影响,进行文化整合。

4.2.3 投资计划控制

在对外投资项目立项以后,企业应当编制投资项目计划,合理安排投资投放进度,及时筹措资金,保障对外投资有条不紊的实施。

1. 投资计划编制风险

企业应按照投资协议,综合企业客观情况来编制投资项目计划。企业可能有多个投资项目,因而企业应该编制整体投资计划,以合理安排资金投放和筹资,控制成本支出。投资计划可分为长期投资计划和短期投资计划,长短期计划应协调一致。

投资计划编制环节的主要风险包括:

(1) 投资计划超出公司承受能力。投资计划应根据客观条件编制,充分考虑公司是否具备相应人力、资金与相应的设备、技术;核查企业当前资金额、未来资金需求的时间和需求额,积极筹措资金,保证资金的供应。

(2) 对事物发展进程判断错误,造成投资项目实际执行偏离投资计划,投资进展缓慢,成本增加。如果在制订计划时,计划中所需的条件超出事物发展进程,或者很有可能届时所需条件仍不成熟,就会在项目执行时影响项目进展,甚至导致失败。

【案例 4-5】

佛山照明 LED 公司成立一年解散，千万元投资打水漂[①]

2011年4月28日，佛山照明和丽嘉科创有限公司(香港)合资成立佛山新光源，佛山照明出资1.22亿元现金，占合资公司股份的55%；丽嘉科创以专利技术出资，作价1亿元，占合资公司股份的45%。佛山照明是传统照明企业，未来行业的发展趋势和国家的法律规定都使佛山照明急切想发展LED项目。通过合资使用丽嘉科创的专利技术，佛山照明可以打破国外企业在LED光源上的专利封锁，顺利进入LED行业。然而，在合资后的一年多时间里，佛山照明实际上只完成了1000万元的出资，与合资公司成立时佛山照明宣布的1.22亿元出资额相去甚远。截止到2011年年底，佛山新光源净资产只剩下883.88万元，累计亏损116.12万元。

2012年6月28日，佛山照明称受市场与技术环境变化的影响，公司原定发展项目存在较大市场风险，成立以来一直未进行实际经营，因而宣布注销佛山新光源公司。新光源公司的两项专利技术转移回丽嘉科创，清算过程中产生的费用均由佛山照明承担。

佛山照明在丽嘉科创的LED专利技术刚刚申报成功后半个月就投入资金设立佛照新光源。由于LED技术的更新速度太快，丽嘉科创的技术在市场上并无明显优势，造成合资公司利润率低，无法盈利。

2. 投资计划编制内控设计

企业应制订切实可行的投资计划。在制订投资计划时，总经理应组织相关部门依据经审批的投资方案、投资合同或协议的内容，核查企业当前资金存量，编制现金预算表，根据所需资金差额及时间，安排筹措投资项目所需资金。如果涉及建设项目，企业应根据合同的要求，详细地计划项目应达到的质量标准、项目建设时间和进度。在此基础上，总经理及相关部门制订出详细的投资计划，提交战略与投资委员会审查。战略与投资委员会组织相关专业人员对总经理提交的投资计划进行初步审查。投资计划通过初步审查后，提交董事会审核。如果投资计划未通过战略与投资委员会的审核，则应退回总经理继续修改。投资计划通过董事会审核批准并经董事长签字确认后，由总经理负责组织实施。投资计划的具体编制工作，可以交由投资管理部门实施。

在投资计划编制环节的不相容岗位是：投资计划的编制与审核/审批。

投资计划编制环节需关注三个关键控制点：

(1) 投资计划应根据客观条件编制。投资计划应符合企业本身的人力、资金与相应的设备、技术，投资计划应与企业的筹资能力相匹配。在制订投资计划时，必须合理估计事物发展进程，并做好不利情况下的风险应对方案。

[①] 引自于南，"佛山照明LED公司成立一年解散，千万元投资打水漂"，《证券日报》，2012年7月3日。

（2）短期计划与长期计划相一致。企业可能有多个投资项目,因而企业应该编制整体投资计划。企业整体投资计划应分长期计划与短期计划,长期计划应符合企业战略规划,而短期计划是长期计划的分解和具体。短期投资计划应与长期投资计划一致,以保证长期计划的实施。

（3）投资计划也并非是固定不变的,在投资过程中,应根据主客观情况的变化,不断修订投资计划。

4.2.4　投资计划执行控制

投资计划执行是企业可行性分析报告与投资计划通过审批后,投资企业实施项目的过程。

1. 对外投资实施控制

（1）对外投资实施风险

对外投资实施流程是投资项目立项后,公司相关部门草拟合作协议书(公司章程),经过相应的审核与审批程序,在付款验资后办理工商和税务登记的过程。

对外投资实施环节的主要风险包括：

① 法律风险。企业拟定的合作协议书可能出现部分投资业务相关法律文件不完整,权利义务界定不清,协议条款规定模糊,合同条款过于简单,程序不规范的情况;或者可能出现违法违规行为造成罚款或投资损失,损害公司形象。

② 对投资公司管理混乱、监管不当的风险。企业未有效控制投资公司的组织架构、人员选任;未建立管理制度,造成投资公司无章可循、运营混乱;未对投资公司建立授权审批制度和责任追究制度,造成投资公司权限过大,存在过度投资、激进投资而引发的资产损失风险等。

③ 合营、联营的风险。与其他企业进行联营或合营时,容易出现纠纷。在合营、联营中可能出现合作企业权利、任务和利益分配不均,合作企业之间产生矛盾致使联营失败,协调成本过高,联营企业被合作企业并购,核心技术外泄等风险。

（2）对外投资实施内控设计

在对外投资中,长期股权投资的取得方式主要有投资于已存在公司和设立新公司。在对外投资环节,企业可以建立项目筹建小组。项目筹建小组应判断该投资项目是否涉及资产评估事项,若涉及资产评估事项,则进行资产评估作价。

① 如果是投资已存在公司,就不涉及成立新公司。项目筹建小组草拟合作协议书或股权转让书。合作协议书、股权转让书完成后,法律事务部门和投资管理部门应审核相关文件的合法合规性,防止出现部分投资业务相关法律文件不完整,合同条款过于简单,程序不规范的情况。如有需要,应聘专业法律机构进行审核。

合作协议书、股权转让书等相关文件经审核后,应提交总经理审批,总经理应检查相关文件是否与之前的投资计划相符,识别相关文件中不利于公司的条款。总经理应依据制度规定判断是否需要提交战略与投资委员会或者董事会。战略与投资委员会或者董事会根据权限进行审批,董事会相关决议须报备监事会。合作协议书、股权转让书经过审批后,企业与股权转让方、投资企业签订投资协议和股权转让协议。若投资项目涉及法律或者公司制度规定的信息披露事项,企业应及时对该事项进行披露。投资项目进入出资环节,付款应履行规定的审批程序,否则可能导致公司资金流失的风险。财务部门根据资金使用计划安排投入资金,委托会计师事务所验资并出具验资报告。财务部门协助办理验资等事项;投资管理部门应核实验资报告,并到工商行政管理局登记备案。

该环节的不相容岗位包括相关文件的编制和审核/审批。

② 投资设立新公司。项目筹建小组草拟合作协议书、公司章程。合作协议书、公司章程完成后,法律事务部门和投资管理部门应审核相关文件的合法合规性,防止出现部分投资业务相关法律文件不完整、合同条款过于简单、程序不规范的情况。如有需要,应聘请专业法律机构进行审核。

合作协议书、公司章程等相关文件经审核后,应提交总经理审批,总经理应检查相关文件是否与之前的投资计划相符,识别相关文件中不利于公司的条款。总经理应依据制度规定判断是否需要提交战略与投资委员会或董事会。战略委员会或者董事会根据权限进行审批,董事会相关决议须报备监事会。合作协议书、公司章程经过审批后,企业与合作方签订投资协议。如果是成立股份有限公司,则应召集召开创立大会,确定公司章程、选举董事会和监事会成员。若投资项目涉及法律或者公司制度规定的信息披露事项,企业应及时对该事项进行披露。创立大会召开后,投资项目进入出资环节,付款应履行规定的审批程序,否则可能导致公司资金流失的风险。财务部门根据资金使用计划安排投入资金,委托会计师事务所验资并出具验资报告。财务部门协助办理验资等事项;投资管理部门应核实验资报告,并到工商行政管理局、税务局登记备案。

该环节的不相容岗位包括相关文件的编制和审核/审批。

对外投资实施环节需关注三个关键控制点:

① 应特别注意法律风险。在签订股权转让协议、投资协议时必须与有权限部门签署,防止对方合同签订人越权签署,使得投资无效。验资、注册、登记等各项事务必须妥善办理;各项法律文书、资料等也必须妥善保管。

② 成立联营、合营公司时一定要注意风险的防范。慎重选择联营、合营方案,确保合作方有良好资信。在经营中,注意履行管理监督权,注意自身核心技术的保密性。

③ 企业应完善投资公司的组织和治理结构,制定公司管理制度,委任合适人选担任管理角色。在管理制度中,完善授权审批和责任追究制度,严格控制投资公司越权决策,对于不遵守制度的人员给予责任追究。此外,企业应遵守信息披露方面的规定,对重大事项及时披露。

2. 资产评估控制

企业在投资业务中可能投出或接收实物资产,这时就需要对资产进行评估作价。

(1) 资产评估风险

资产评估环节的主要风险是资产评估有失公允。在与其他投资方合资时,对合作方的实物资产或者无形资产估价过高,或者对自身实物资产估价过低;在取得投资公司原股东股权时,存在高估对方资产价值的风险;在转让股权或资产时,存在对自身资产估价过低的风险。

【案例 4-6】

评估江湖：同一标的不同评估 价格相差近 4 倍[①]

2011 年 11 月，广州市越秀区法院开庭审理中联资产评估公司在广州评估一块地少算 2.3 亿元一案。

据悉，中国石化胜利油田旗下的东营大明置业发展有限责任公司是一家国有公司，这家公司在广东全资控股了广东美洲原野山庄开发有限公司。东营大明公司决定，美洲原野公司拟由注册资本 1 000 万元增资到 5 000 万元，由深圳光大嘉华投资有限公司注资人民币 3 600 万元，持有美洲原野公司 72%的股权。

为此，东营大明公司委托了中联资产评估有限公司南方分公司对美洲原野公司进行资产评估。中联公司出具的中联评报字〔2007〕第 746 号文《美洲原野公司拟增资扩股项目资产评估报告书》，将美洲原野公司的 1 000 亩土地使用权放入"存货"一项，评估报告给出的 1 000 亩土地评估价为 6 891 万元。这 1 000 亩土地在 2007 年 8 月的价格是人民币 3 亿元，中联公司的资产评估报告使得土地价格被人为降低，降低份额超过 2.3 亿元。

无独有偶，2011 年年底，深鸿基也陷入评估带来的纷争。

2011 年 4 月，深鸿基以 1.58 亿元的价格将新鸿业 66.5%的股权转让给赛德隆。赛德隆当时并没有付款，而是承诺以其持有的西安深鸿基 40%的股权应分得的利润和收益偿付股权转让款。

6 月，深鸿基以 2.06 亿元的价格购买赛德隆所持有的西安深鸿基 40%的股权，与卖出新鸿业 40%应收款 1.58 亿元相抵消后，赛德隆不仅不需要向深鸿基支付新鸿业的转让款，深鸿基反而应向赛德隆支付 4 831 万元的差额补偿金。

据悉，深鸿基卖出新鸿业的溢价率为 78.24%，而买入西安深鸿基时溢价率却高达 354.08%，两相对比，差距明显。

对此，有业内人士表示，评估方法是影响评估结果的一个关键因素。虽然不同的评估方法具有不同的评估思路、评估前提和运用条件，但其本质功能是用来揭示资产公允价值的技术手段；然而现在评估机构为满足相关者的需要，人为选用不适当评估方法的动机较强。

（2）资产评估内控设计

当投资项目经办部门发现需对资产评估作价时，应提出申请并推荐评估机构。投资管理部门审阅资产评估申请并提出意见，与经办部门沟通选择评估机构，并提交总经理等有权限人员进行审批。评估机构应具备相应专业资质，并具备独立性。评估机构组建资产评估小组，公司投资管理部门及相关人员也应作为资产评估小组成员参与资产评

[①] 引自陆晓辉，"评估江湖：同一标的不同评估 价格相差近 4 倍"，21 世纪网（www.21cbh.com），2012 年 2 月 25 日。

估。公司应保证评估机构和资产评估小组的专业性和独立性,防止评估被人操纵,造成资产评估有失公允,引发公司资产受损风险。资产评估小组进行评估并形成资产评估报告。评估报告首先交财务部门和投资管理部门进行审核,检查评估方法、评估过程是否存在重大异常,或者与资产的价值相差较大。若评估报告通过审核,则应提交总经理审批,并判断是否需要提交战略与投资委员会、董事会。审批应在权限内进行,审批通过后,形成评估报告。

资产评估流程中的不相容岗位是:资产评估作价申请与审核/审批;资产评估作价执行与审核/审批。

资产评估环节需关注三个关键控制点:

① 资产评估具有很强的专业性,有众多的假设,过程复杂。如果仅在评估后复核评估结果,可能很难发现资产评估中的问题。再者,资产评估机构属于企业外部人员,可能并不了解公司情况,在评估过程中由于不熟悉等,可能在一些方面(如数据引用、情况假设等)出现偏差,因而评估机构组建资产评估小组时,公司投资管理部门及相关人员也应作为资产评估小组成员参与资产评估。

② 对资产评估申请和资产评估报告进行审核、审批。经办部门提出聘请资产评估机构的申请后,投资管理部门、财务部门需进行审核,检查评估机构的专业资质、中立性、独立性、有无违法行为等方面。

③ 对于法律要求披露的资产评估报告,企业应在法律规定的报纸或网站披露资产评估结果。法律规定董事会、独立董事需要对选聘程序,评估机构的独立性、胜任能力,假设的合理性,各种数据的准确性、适当性,评估结论的合理性发表意见时,董事会、独立董事应发表明确意见并进行相应披露。

3. 对外投资出资控制

企业应依据经审批的投资计划,安排现金、资产的投出。企业应确保出资过程中的资产安全,投放现金时,应严格控制资金流量和时间。在出资过程中,企业应该监控投资项目情况的变化,防范风险。

(1) 对外投资出资风险

出资环节的主要风险是投出资产的安全问题。出资须经严格审核和审批,包括投资部门、财务部门、相应领导和权力机构。在资产转移时,也应考虑资产能否收回。投资项目从立项到出资会间隔一段时间,在该时间段内,投资环境、市场、企业情况等都会发生变化,如果客观条件变化使得不宜继续出资,则应及时终止。如果未对出资能否收回作出正确判断,很可能会加大损失额度。

(2) 对外投资出资内控设计

出资环节的内部控制应保证出资经过必要的审批,资金支付及时、准确、安全。出资时,投资经办人准备资产转移申请材料或付款申请材料。投资管理部门审核此次提供的资料是否完整、真实、合法,而财务部门应对付款金额、时间和操作的合理性进行审核。经审核通过的付款申请应提交总经理、董事会等具备相应权限的领导审批。若为资金付款,财务部门须按照经审批的申请付款;若为实物投资,投资项目经办人还需办理资产转移过户手续,避免因权属不明而导致法律纠纷,给公司造成重大经济损失。资金支付或者资产转出后,财务部门应做好账务处理,资产管理部门也应做好相应记录。

出资环节的不相容岗位是:出资的申请、审批与执行(三项互不相容);出资的执行与会计记录。

对外出资环节需关注三个关键控制点:

① 应保证付款申请、付款审批、付款执行和会计记录等不相容岗位的分离。不相容岗位未分离,可能导致审批作用缺失,无法控制资金支付。大额资金必须经过审批通过方可付款,付款方式应使用银行转账方式。

② 出资时,财务部门或资产管理部门应严格审查出资材料是否齐全,是否经过必要审批。财务部门和资产管理部门应严格控制资产的安全。

③ 资金支出、资产转移后,应将相关资料传递到财务部门,及时入账。相关单据、资料未能及时传递到财务部门,可能导致账务处理不及时,财务报告与实际不符,造成财务信息不真实。

【案例 4-7】

庞大承认兵败萨博:4 500 万欧元货款提坏账准备①

多重波折之后,庞大集团(股票代码:601258)联合青年汽车收购萨博汽车股权事宜最终宣告失败。庞大集团公告,鉴于萨博汽车破产已经获批,公司决定停止收购萨博汽车股份,并就此前支付的 4 500 万欧元购车预付款向破产管理人申报债权,提取坏账准备。

走向破产,致使萨博汽车所有利益相关方都遭受损失,包括萨博汽车的核心技术提供商和极力反对本次收购的通用汽车。但庞大集团内部人士表示,通用汽车为确保自己产品在中国市场的竞争力,自始至终坚决反对庞大收购案,并最终导致萨博汽车走上破产之路。

萨博汽车于欧洲中部时间 2011 年 12 月 19 日向瑞典 Vanersborg 地区法院申请破产,地区法院于当日同意萨博汽车的申请,宣布萨博汽车破产,并委任了两名破产管理人。

地区法院已决定于 2012 年 4 月 9 日召开会议,确认萨博汽车的破产财产清单;破产管理人将尽快编制破产财产清单。同时,破产管理人将尽快(不迟于萨博汽车被宣布破产之日起 6 个月内或法院批准的时限内)根据瑞典《破产法》编制相关报告,并在合理的时间内尽快处置萨博汽车的破产财产并清偿债务。

破产是萨博汽车所有利益相关方最不愿意看到的情形。庞大集团、青年汽车多次力图挽救萨博汽车于破产边缘。2011 年 6 月 14 日,庞大集团为了缓解萨博汽车停产的燃眉之急,提前支付 4 500 万欧元的预付款。

随后萨博汽车又几次濒临破产清算边缘,但每次都有惊无险。庞大集团和青年汽车从合作变为完全收购萨博。据路透社报道,青年汽车在 12 月 14 日还向萨博汽车送过一

---

① 引自张怡,"庞大承认兵败萨博:4 500 万欧元货款提坏账准备",《中国证券报》,2011 年 12 月 21 日。

笔 340 万欧元的"救命款"。

但最终的致命一击,来自萨博汽车的主要零部件和技术供应商通用汽车。庞大集团内部人士坦言,如果通用汽车不再向萨博汽车提供关键技术和零部件,那么收购萨博汽车便失去意义,因此该公司一直希望在征得通用汽车同意之后再进行收购。

然而,通用汽车宁愿选择让萨博汽车破产,自己遭受短暂的经济损失,也不愿意在未来的中国市场上与萨博汽车短兵相接。

鉴于萨博汽车被宣布破产,庞大集团决定停止收购萨博汽车股份的交易。而由于公司已向萨博汽车支付了 4 500 万欧元的购车预付款,庞大集团表示将尽快准备相关文件以向破产管理人申报债权,同时将根据萨博汽车的具体情况,按照相关会计准则就前述购车预付款提取坏账准备。

对于最终能够拿回多少,庞大集团内部人士表示,这取决于萨博汽车资产的拍卖情况,现在还不好估计;公司对青年汽车的损失也不甚清楚。

4.3 投资项目监控控制

投资项目的周期往往较长,企业应当指定专门机构或人员对投资项目进行跟踪管理。投资项目监控环节分为投资项目日常监控、投资项目专项评估和重大决策事项参与管理。

4.3.1 投资项目日常监控控制

日常监控是企业对投资项目的常规性监控,包括投资企业向股东企业报送财报、决算报告、决议等。股东企业根据材料收集信息,进行实地考察,检查投资项目的情况是否发生重大变化,是否与投资计划不一致,投资是否存在潜在风险等,并根据问题的重要性决定是否进行专项评估。

1. 投资项目日常监控风险

投资项目日常监控环节的主要风险包括:

(1) 未能及时发现客观条件的变化,或者发现问题后应变不足。投资项目启动后,投资管理部门应密切关注投资项目的市场条件、政策,以及投资企业的情况。当对外投资客观条件发生变化时,应提交决策层,决策层视具体情况判断该项目是否仍具备投资价值。如果项目不再具有投资价值,应及时退出。当投资管理部门发现异常情况,却未及时报告给决策层,可能导致决策层无法及时提出方案应对投资情况的变化,造成投资损失。

【案例 4-8】

中国铝业澳大利亚投资失败[①]

奥鲁昆是位于澳大利亚昆士兰州北部约克角的铝土矿项目,估计资源量约 4.2 亿吨。昆士兰州政府收回该矿的租赁权后,于 2005 年正式启动奥鲁昆资源开发项目的全球招标。2006 年,中国铝业击败 10 家国际竞标者,以 22 亿美元的价格中标奥鲁昆项目。2007 年,中国铝业与昆士兰州政府正式签约,预计 2009 年年底前 70% 左右会投产,预计产能约为 1 000 万吨。由于澳大利亚提高资源税,并以"无法给当地解决更多就业"为由拒绝了中国铝业提出的不再建设氧化铝厂,将铝土运回国内加工的提议。2010 年 6 月 30 日,开发协议限期届满,中国铝业在之后与昆士兰州政府的谈判无果,最后不得不放弃该项目。从签订协议到中国铝业终止该项目,中国铝业不仅浪费了前后近 4 年的时间,而且还因该项目损失 3.4 亿元。

中国铝业在税率、铝价格出现不利变化,政府要求在当地建设冶炼厂等使该项目已不具备开发价值的情况下,应及时退出该项目,而不是继续投入资金,造成更大损失。

(2)与被投资企业投资账目不相符。投资企业应定期或不定期地与被投资企业的账目核对,保证投资的安全、完整,如果投资双方的账目存在偏差,会使投资会计核算不准确,并且极易引起法律风险。

2. 投资项目日常监控内控设计

通过投资项目的日常监控内部控制,可以确保投资项目日常监控的有效性,及时发现投资项目可能存在的重大风险。投资公司应定期编制财务报告等资料,并将相关资料提交投资管理部门。投资管理部门应不定期进行实地考察,了解相关情况,根据获得的信息整理分析项目公司相关情况,编制项目公司分析报告。

投资项目日常监控环节的不相容岗位有投资项目评估报告的编制与审阅/审批。

投资项目日常监控环节需关注两个关键控制点:

(1)企业应指定专门机构或人员对投资项目进行跟踪管理,进行有效管控。企业应定期对项目进展情况进行检查,此外,也可不定期检查。

(2)日常监控中一旦发现问题,应立即上报,将情况反映给决策层,以便及时调整投资计划或终止投资。针对投资项目实施过程中出现的问题,应及时拟定解决方案,并经总经理、战略与投资委员会和董事会审批。

---

① 根据相关媒体报道整理。

4.3.2 投资项目专项评估控制

对投资项目的监控,除日常监控外,还需在特定时期或者特定情况下对投资项目进行专项评估。专项评估一般针对重大、重要事项或者影响力较大的事项,专项评估是对特定问题的评估,它更能全面、详细、深入地分析、评估投资是否运行正常。

1. 投资项目专项评估风险

投资项目专项评估环节的主要风险包括:

(1)不恰当的评估范围和方法,造成未能发现投资的潜在风险。对于投资项目的专项评估,既需要真实、相关、全面的材料和信息,又需要有效的评估范围和适当的评估方法。如果信息资料不真实或不全面,会造成专项评估报告不正确,不能如实反映项目运行情况。评估范围过小,会遗漏重要的、应评估的项目,导致不能发现存在问题的投资项目。评估方法不正确,会造成评估不能有效反映投资项目的运行情况。

(2)会计控制风险。企业应当加强对投资项目的会计系统的控制,根据对被投资方的影响程度,合理确定投资会计政策,建立投资管理台账,详细记录投资对象、金额、持股比例、期限、收益等事项,妥善保管投资合同或协议、出资证明等资料。企业财会部门对于被投资方出现财务状况恶化、当期市价大幅下跌等情形的,应当根据国家统一的会计准则制度规定,合理计提减值准备,确认减值损失。

【案例 4-9】

威达的行政处罚[①]

2010年3月19日,中国证监会对威达医用科技股份有限公司作出行政处罚,原因包括:威达股份对深圳广渊的长期股权投资出现减值,威达股份应按 18.18% 的持股比例计提减值准备;威达股份对金土地的长期股权投资出现减值,威达股份应按 18.8% 的持股比例计提减值准备,但威达股份对这两项长期股权投资都未计提相应的减值准备。威达股份未按照会计准则要求对投资计提减值准备,未按照法律法规进行信息披露,而造成企业受处罚的风险。

2. 投资项目专项评估内控设计

投资项目专项评估流程,是指依据相关规定,选取需进行专项评估的项目,审计部门、财务部门、预算部门提供相应的文件,投资部门进行评估并形成项目评估报告,公司

---

① 《威达医用科技股份有限公司关于收到中国证券监督管理委员会〈行政处罚决定书〉的提示性公告》,巨潮网站,2010 年 3 月 19 日。http://www.cninfo.com.cn/information/companyinfo.html

领导审阅并提出意见,投资部门遵照批示执行方案并监督方案执行的过程。该环节应确保投资项目专项监控的有效性,确保及时发现投资项目可能存在的重大风险。

《深圳证券交易所上市公司内部控制指引》第四十八条规定:"公司应指定专门机构,负责对公司重大投资项目的可行性、投资风险、投资回报等事宜进行专门研究和评估,监督重大投资项目的执行进展,如发现投资项目出现异常情况,应及时向公司董事会报告。"

在该环节的不相容岗位有:投资专项评估的执行与审批。

投资项目专项评估环节需关注四个关键控制点:

(1) 选择适当的专项评估项目和范围,不要遗漏重要项目。必要时,应聘请评估机构进行评估,评估机构应具备专业性和中立性。在评估过程中应选择恰当的评估方法,企业人员应参与到评估过程中。

(2) 充分沟通。投资管理部门或投资项目评估小组在完成投资项目专项评估报告后,应与项目公司或项目负责人进行沟通。项目公司或项目负责人在审阅专项评估报告后,应进行意见反馈,投资管理部门或投资项目评估小组根据反馈意见修改评估报告。

(3) 如果在评估中发现问题,应及时上报决策层,决策层根据情况提出解决方案,方案应经总经理审核并经董事会审批。相关部门应认真贯彻执行经审批的解决方案,企业也应根据评估结果作出恰当的会计处理。

(4) 对于募集资金,上市公司应建立募集资金管理制度,对募集资金进行专户存储管理,并制定严格的使用审批流程,保证募集资金的使用符合《招股说明书》上列示的资金用途。

4.3.3 重大决策事项参与控制

投资项目在日常运行过程中,对于一些投资设立的公司在进行重大交易或事项决策时,股东公司应参与重大事项的决策。重大交易或事项包括但不限于子公司发展计划及预算,重大投资,重大合同协议,重大资产的收购、出售及处置,重大筹资活动,对外担保和互保,对外捐赠,关联交易等。

1. 重大决策事项参与风险

重大决策事项参与环节的主要风险包括:

(1) 未及时将重大决策信息上报股东公司董事会。投资公司的重大事项信息无法及时上报给股东公司,造成股东公司不能参与投资公司的重大事项决策,或者由于获知信息不及时,不能进行充分准备,从而不能正确评估重大事项给股东公司带来的影响,使股东公司利益受损。

(2) 未能发现投资公司重大事项中的潜在问题。投资公司在发生重大事项时,向股东公司提交重大事项处理方案,经股东公司董事会审批后方可实施。审议投资公司重大事项的人员,应对投资公司经营有所了解,并具备相应专业知识和经验,在审批时应重点关注重大事项是否符合国家政策、是否违反法律法规、是否符合公司战略、是否具有可行性等等。

【案例 4-10】

三普的保值巨亏[①]

上市公司三普药业规定,公司全资子公司江苏新远东电缆有限公司和远东复合技术有限公司在期货交易所对铜进行保值业务,保值的持仓量须在三普药业董事会的授权范围内,并且保值计划和操作方案须经采供分管领导审批通过后,报公司保值业务领导小组批准后执行。2012年11月12日,三普药业发布公告称经自查发现,旗下两家子公司在操作套期保值业务中越权卖出了期铜,造成了3.7亿元的损失。

投资公司在经营过程中,如果待决策问题超出股东公司授予权限,则应报告股东公司决策。上述三普药业的案例中,投资公司人员在超权限的情况下操作,而未报告股东公司董事会,以至于造成巨额损失。

(3)投资公司拆分项目绕过投资方审批。投资公司有可能采用分拆项目的方法,使得事项不满足须经投资方审批的条件,从而绕过投资方审批。股东公司应当在投资公司的公司章程中严格界定其业务范围并设置权限体系,可以通过类似项目合并审查、总额控制等措施来防范投资公司采用分拆项目的方式绕过授权。

2. 重大决策事项参与内控设计

股东公司应对投资公司设立重大事项上报制度,并且建立健全委派董事制度。对投资公司设有董事会的,股东公司应当向其派出董事,通过投资公司董事会行使出资者权利。委派董事应当定期向股东公司报告投资公司经营管理有关事项,对于重大风险事项或重大决策信息,委派董事应当及时上报股东公司董事会。

在收到投资公司召开股东大会的书面通知、会议材料后,股东公司应及时委派股东代表。股东公司委派的董事、监事、股东代表在收到投资公司召开董事会、股东大会的书面通知、会议资料后,应及时召集投资管理部门等企业相关职能部门人员进行讨论、研究,提出相关意见。投资管理部门根据讨论意见,形成董事意见书、股东意见书,提交总经理审核,然后提交董事会审批。审批通过后,董事长签署董事意见书、股东意见书。投资公司召开董事会、股东大会,股东公司委派人员应在董事意见书、股东意见书授权范围内提出提案、发表意见或行使表决权,形成会议决议。

重大决策事项参与环节的不相容岗位是董事会(股东大会)意见书的编制与审批。

重大决策事项参与环节需关注两个关键控制点:

(1)股东公司应当对投资公司重大投资项目、重大合同协议,以及重大资产收购、出售与处置事项的进展情况实施监督检查,并会同投资公司有关人员对重大项目进行评估,重点关注投资收益是否合理、是否存在违规操作行为、投资公司是否涉嫌越权申请等事项。

---

① 根据三普药业对外发布的公告整理。

（2）在重大决策事项参与流程中，应注意对投资公司重大事项的监控。股东公司派遣人员参与董事会、股东大会表决时，应严格按照审批通过的董事意见书、股东意见书的意见进行表决。对重大事项表决通过后，应监督表决的执行情况。

4.4 投资项目处置控制

企业应加强投资收回和处置环节的控制，对投资收回、转让、核销等决策和审批程序作出明确规定。企业应当重视投资到期本金的回收。转让投资应当由相关机构或人员合理确定转让价格，报授权批准部门批准，必要时可委托具有相应资质的专门机构进行评估。核销投资应当取得不能收回投资的法律文书和相关证明，妥善处置并实现企业最大的经济收益。对于到期无法收回的投资，企业应当建立责任追究制度。

4.4.1 投资项目增减资管理

1. 投资项目增减资风险

投资项目增减资环节中的主要风险包括：

（1）企业对投资项目前景分析不正确。企业在作出增减资决策时，必须全面分析投资项目的市场前景、宏观环境和微观环境的变化，自身的财务状况，项目的效益等，避免出现追加投资后，投资项目陷入困境；或者投资项目发展良好却减资，给企业带来利益损失。

（2）未履行规定的审批程序。对于增减资申请，必须通过股东公司董事会的审批，涉及金额较大的增减资，或者牵扯到对投资公司的控制发生变化，则应通过股东公司股东大会审批。未履行规定的审批程序，可能导致项目公司增资、减资不规范，引发投资决策失误或公司资产受损的风险。

（3）增减资中的验资风险和法律风险。对投资企业增减资的表决程序必须符合相关法律及投资企业公司章程的规定，防止出现法律风险。在增减资过程中，应注意合同签订中的风险，并注意办理工商变更登记，以避免法律风险。减资时，企业必须通告债权人，减资后剩余资本须符合法定限制。

2. 投资项目增减资内控设计

为确保投资公司增资、减资的程序规范，确保股东公司相关决策的正确性，保证股东公司资产免受损失，股东公司应对投资公司增资、减资流程进行控制。投资公司或投资负责部门根据经营状况提出项目增减资申请，相关单位编制增资、减资建议书，在该过程中，相关单位应各自判断是否涉及资产评估事项，以确定是否进行资产评估作价。增资、减资建议书提交总经理审批，并由总经理提交战略与投资委员会、董事会审批。战略与投资委员会、董事会根据权限审批，董事会相关决议须报备监事会。增减资审批通过后，增减资方案须经投资公司董事会、股东大会讨论是否通过。若为减资方案，则进行投资收款(项目公司减资、投资项目清算、资产转让);若为增资方案,则需进行投资付款。增减资后,应委托会计师事务所进行验资,并取得验资报告。

投资项目增减资环节的不相容岗位是投资项目增减资的申请与审批。

投资项目增减资环节需关注三个关键控制点:

(1)须经过规范的审批流程。增资涉及资金的支出,减资涉及投资的回收,须经过总经理、董事会的审批甚至是股东大会的表决;对投资项目增减资也须经过投资公司董事会的审批通过。以上审批、表决过程都必须符合公司制度和公司章程的规定,并且做到合法合规。

(2)对投资公司增减资时,应通过股东会决议。决议内容包括:增减资后的公司注册资本;增减资后的股东利益;有关修改章程的事项;股东出资及其比例的变化;等等。增减资完成并经验资后,应到工商部门进行变更登记。

(3)注意规避验资风险和法律风险。在增减资时,注意签订合同中存在的风险;增减资后,应聘请专业机构出具验资报告,然后变更工商登记。在此过程中产生的法律文件应妥善保管。

4.4.2 投资项目清算管理

1. 投资项目清算风险

投资项目清算环节的主要风险包括:

(1)未履行规定的审批程序或者存在不符合法律规定的情况。清算流程必须符合相关法律和法规的规定,以免引发公司法律诉讼风险。

(2)投资项目清算。投资项目清算牵涉到投资资产转让、股权转移、投资收回等,在该环节中容易出现贱卖资产,造成公司利益损失的情况。

2. 投资项目清算内控设计

在投资项目清算流程中,首先由投资公司或者股东公司投资部门提出投资项目清算申请并出具清算建议书。清算建议书经总经理审批,然后提交战略与投资委员会或者董事会审批。战略与投资委员会、董事会根据权限审批,相关决议须报备监事会。投资清算建议书通过后,企业成立清算小组。清算小组提出清算方案,经投资公司董事会、股东大会,并经股东公司董事会审批通过。而后清算小组按照《公司法》和公司章程清算,投资公司清算后应到工商税务部门进行注销。

按照《公司法》的规定,公司终止的原因有两种,一种是公司解散,另一种是公司破产,依此可以将公司清算分为破产清算和非破产清算。破产清算时,应编制破产财产变价方案,依照顺序清偿。破产财产不足以清偿同一顺序清偿要求的,按照比例分配。公司无财产可供分配或最后分配完成后,管理人提请人民法院裁定终结破产程序。人民法院裁定终结破产程序的,应当予以公告。最后,破产企业在原登记机关办理注销登记。非破产清算时,企业制订清算方案,了解债权,清偿公司债务。清偿公司债务之后的剩余财产,应按照股东的出资比例或持有的股份比例分配。如果清算组在清理公司财产、编制资产负债表和财产清单时,发现公司财产不足清偿债务的,清算组有责任立即向有管辖权的人民法院申请宣告破产。

投资项目清算环节的不相容岗位是投资清算方案的编制与审批。

投资项目清算环节需关注两个关键控制点:

(1)注意投资清算方案的编制与审批分离,避免舞弊情况。投资清算方案须经过规范的审批流程,重大投资项目清算必须经过总经理、董事会的审批甚至是股东大会的表决,审议须确保清算是符合股东公司利益的。清算方案须经投资项目董事会、股东大会表决通过。以上审批、表决过程都必须符合《公司法》和公司章程的规定,并且做到合法合规。

(2)注意规避法律风险。在项目清算时,应对相关利益方进行利益清偿,如对员工承诺利益已支付,对债权人的债务清偿或已达成协议,对其他股东的利益也已达成协议,税务已清偿。在清算之后,应变更工商和税务登记。在此过程中产生的法律文件应妥善保管。

4.4.3 资产转让控制

1. 资产转让风险

资产转让环节中的主要风险包括:

(1)资产评估报告未能反映项目公司实际情况。企业应进行专项审计与资产评估形成审计报告与资产评估报告,在编制审计报告与资产评估报告时,应注意评估资料真实准确、评估方法适当,以保证资产评估能真实、公允地反映资产的价值。

(2)未履行规定的审批程序。股权或资产的转让需要进行审核与审批,由法律事务部门审核该转让的合法合规性,财务部门核实材料的真实性,然后提交总经理、董事会、股东大会等有权部门审批。

【案例4-11】

外滩地王案一审判复星胜诉[①]

2010年,上海证大以92亿元的价格取得了上海外滩8-1地块,由于资金不足,于是上海证大与其他企业合资成立上海海之门房地产投资管理有限公司。起初该公司有四位股东,其中上海证大占50%的股份,复兴国际占35%的股份,绿城中国占10%的股份,上海磐石占5%的股份。后经多次股权变化后,复兴国际占股50%成为第一大股东,上海证大占股35%,绿城中国占股15%。复兴国际一直想收购上海海之门的其他股权,成为绝对控股股东,然而就在此时,SOHO中国以40亿元的价格,取得了上海证大和绿城中国的股权,占有上海海之门50%的股权,与复兴国际相同。

---

① 根据相关媒体报道整理。

复兴国际以享有"优先认购权"及与上海证大协议中的规定为依据起诉SOHO中国、上海证大、绿城中国，要求判决股权转让协议无效。2013年4月24日，上海市第一中级人民法院一审判决原告复星集团胜诉，被告上海证大、绿城中国与SOHO中国三方的转让协议无效。

(3) 信息披露的风险。股权转让对公司未来经营的影响较大，会引起股价的波动。公司在转让股权时，一定要根据法律、法规的规定，进行信息披露，否则可能受到处罚。

2. 资产转让内控设计

当处置投资项目涉及股权或资产转让时，应首先由项目公司董事会决议通过股权、资产转让相关事宜。企业应进行审计与资产评估，审计与资产评估应公允，防止资产评估报告未能反映项目公司实际情况，引发公司资产受损风险。法律事务专员审核股权或资产转让事项及文件是否合法合规，投资管理部门整理股权或资产转让材料，由财务部门检查核实后，提交分管领导、总经理审批，总经理判断是否需提交战略委员会、董事会审批。审批后进行股权或资产的转让。

资产转让环节的不相容岗位包括：资产转让的审批与执行。

资产转让环节需关注三个关键控制点：

(1) 股权或资产转让的审批与执行职责是否分离。不相容岗位未分离，可能出现股权、资产转让不规范的情况，导致资产流失；而未履行规定的审批程序，可能出现越权审批的情况，导致未能发现不利于公司的事项，引发公司资产流失。

(2) 资产、股权在转让前应经过评估机构的评估，应保证评估机构的中立性，保证评估的公允性。在资产、股权转让过程中，应与交易方签订转让协议。资产转让方案应经过董事会或者股东大会的表决通过。

(3) 在对资产转让方案、资产转让协议审批的过程中，应重点关注资产是否被低价出售，是否存在资产、公司利益流失的情况，保证公司利益不受损害。

4.4.4 投资收款控制

投资收款环节主要指投资资产转让、对投资公司减资后回收资金，但也包括投资公司分红、投资项目清算等环节后回收实物资产的情况。

1. 投资收款风险

投资收款流程的主要风险包括：

(1) 收款数额与合同不符。在收款环节中，应重点关注收回投资的数额是否符合合同或协议的规定，如果投资被核销而不能收回，应检查核销的投资是否取得了不能收回的法律文书和相关证明文件等，以避免资产流失。

(2) 经办人未能及时催收款项。投资资产处置或清算后，应由专门的人员或部门负责款项的催收工作，避免可能导致款项无法及时收回，给公司带来损失。

【案例 4-12】

丰乐种业资产转让的风险控制[①]

2012年12月18日,丰乐种业与合肥北城建投签订《资产转让协议》,将丰乐生态园相关资产协议转让给北城建投。协议约定:自合同生效日起5日内,北城建投支付转让款的30%,即4 215万元,余款在合同生效之日起12个月内付清。协议自2013年1月8日股东大会通过后生效,而北城建投仅在2013年1月11日支付款项300万元。2013年1月15日,丰乐种业收到北城建投《关于延期付款的函》,北城建投预计在2013年7月15日前支付到位。

企业资产转让后,受让方违反合同约定,造成不能按期收款的风险。丰乐种业与北城建投签订合同,经审批生效后,北城建投就没有按照合同约定支付款项,首期付款仅为300万元,是约定额的7%,首批应付款剩余款项尚余3 915万元。幸而丰乐种业尚未移交丰乐生态园资产,避免了资产损失。

(3)未办理过户等后续手续。项目公司减资、资产转让、投资清算后,项目公司经办人应办理转让后续手续,如公司资料交接、资产过户、工商登记等相关变更手续。未办理过户等后续手续,可能导致法律纠纷,给公司造成经济或声誉损失。

2. 投资收款内控设计

项目公司增减资、资产转让、投资项目清算前,应该完成项目公司增减资流程、资产转让流程以及投资项目清算中的审批和规定流程,由投资管理部门组织交易,如谈判、签订协议、签证手续等。项目公司经办责任人负责催收款项、回收非现金资产;项目公司经办人负责办理转让后续手续,如公司资料交接、资产过户、工商登记等相关变更手续;投资管理部门进行资料备案;最后,各部门将材料和相关单据交财务部门,由财务部门入账。

投资收款环节的不相容岗位是收款与会计记录。

投资收款环节需关注两个关键控制点:

(1)资产或资金的回收与会计记录职责应分离。不相容岗位未分离,可能导致出纳通过不适当记录来掩盖挪用、侵占收回的投资款等舞弊行为的发生。财务部门及时进行账务处理,否则可能造成财务信息不实,财务分析与实际不符。

(2)在签订合同时,可以约定先付一部分或全部款项后再办理资产转让手续,以防止受让方无法清偿款项,造成损失。投资收款采用转账方式,将款项转移到企业法定账户,在此过程中避免现资金打入个人账户而被转移的现象。

---

① 根据相关媒体报道整理。

【综合案例】

中国中冶的对外投资管理[①]

中国中冶是中冶集团的全资子公司,其主营业务包括工程承包、资源开发、装备制造及房地产开发。2012年,中国中冶巨亏69.5亿元。如果扣除非经常性损益,中国中冶的亏损为108亿元,超过了2011年中国远洋创造的104亿元的亏损额。中国中冶的亏损主要源于中国中冶对葫芦岛有色金属集团有限公司(简称"葫芦岛有色集团")和兰伯特角铁矿项目计提的资产减值准备,以及中冶西澳SINO铁矿项目的预计合同损失。

1. 葫芦岛有色集团

葫芦岛有色集团是一家主营有色金属冶炼和化工产品的特大型冶炼企业。公司由两个控股子公司和两个全资子公司组成,其中包括一家上市公司——葫芦岛锌业股份有限公司(简称"锌业股份")。2012年11月,中国中冶成为葫芦岛有色集团的母公司。

锌业股份及葫芦岛有色集团其他子公司的糟糕业绩,使得葫芦岛有色集团一直处于亏损状态。根据资产减值测试结果,葫芦岛有色集团共计提资产减值准备约33亿元,主要为固定资产减值准备约14亿元、无形资产减值准备约5亿元、应收款项坏账准备约7亿元。

由于葫芦岛有色集团在短期内难以扭转亏损局面,并且贷款逾期,严重资不抵债,根据资产评估结果,中国中冶对持有的葫芦岛有色集团的应收款项计提了人民币约69亿元的坏账准备。2012年12月31日,中国中冶以1元的价格将持有的葫芦岛有色集团的股权转让给了中国中冶的控股股东中国冶金科工集团有限公司,葫芦岛有色集团已不在中国中冶的合并报表范围内,因此葫芦岛有色集团计提的资产减值准备对中国中冶合并报表归属母公司净利润无影响,并可转回本年度及以前年度超额亏损人民币约30亿元。最终,受上述事项的综合影响,中国中冶2012年度合并报表归属母公司净利润减少约39亿元人民币。

2. SINO铁矿项目

由中信泰富和中冶集团共同投资开发的SINO铁矿项目位于澳大利亚西北部、印度洋东岸,全部由中国投资。SINO铁矿项目是澳大利亚西北部最先进的磁铁矿开发项目,也是中国在澳大利亚最大的投资项目之一,其可开采的铁矿石储量总计约20亿吨。受项目业主的委托,由中国中冶对SINO铁矿项目进行EPC工程总承包,预计工期为3年,2010年第四季度将开始生产首批铁矿。

由于中国中冶缺乏矿产开发经验,中信泰富也多次调整工艺方案,再加上双方对澳大利亚的法律、标准及汇率波动估计不足等,导致工期一再拖延,工程成本剧增。

2013年1月22日,尽管中国中冶与中信集团及中信泰富就项目所需资金及成本增加进行多次商洽,但中信集团认可合同成本仍为43.57亿美元,最终合同额需经第三方审计后认定。因此,中国中冶根据项目工期延迟及后续工程安排,对预计总成本进行了

[①] 改编自:(1) 案例企业官网报道;(2) 案例企业年报;(3) 黄缘缘,"中冶20亿元增资葫芦岛",《21世纪经济报道》,2008年1月23日。

更新,并就预计总成本超过43.57亿美元的部分,根据《企业会计准则》的相关规定,计提了合同预计损失人民币约30.35亿元。

3. 兰伯特角铁矿项目

兰伯特角铁矿是中国中冶在2008年收购的海外资源项目,预计总投资额为37.73亿澳元,约合249亿元人民币。中国中冶最初计划2012年开工,并于2015年建成投产。中国中冶2012年中报称项目前期工作进展顺利,然而,实际情况是兰伯特角铁矿项目仍不具备开采条件。

兰伯特角铁矿项目需要深水港口等配套基础设施,但港口目前只有三家潜在用户,分别为Aquila项目、Fortescue Metals Group Ltd.(简称FMG)旗下的Solomon项目及中冶兰伯特角项目。正是由于港口的基础用户少,投资前景欠佳,Anketell深水港口此前一直无人承建。中国中冶在2012年中报中披露,港口将由中冶、FMG和Australian Premium Iron Joint Venture三家共同建设,但是该项目尚未落实承建商。

除了基础设施问题,兰伯特角铁矿的开采难度也制约着项目的进展。目前,中国中冶在澳大利亚西部有两个磁铁矿项目,一个是兰伯特角铁矿项目,另一个就是上文提及的SINO铁矿项目。中国中冶原本计划将开发SINO铁矿项目的经验移植到兰伯特角铁矿项目上,由于SINO铁矿项目严重超支,工期也一再拖延,因而将SINO铁矿项目经验用于兰伯特角铁矿项目上的意义不大。事实上,兰伯特角铁矿的矿石品质尚不如SINO铁矿项目,兰伯特角铁矿的矿石需要磨得更细,这意味着将进一步增加成本。

中国中冶的子公司中冶澳控于2012年4月完成兰伯特角铁矿项目可行性研究报告的编制。可行性研究报告显示,该项目由于法律、工艺、汇率及环境等发生重大变化,且在未来仍将继续对项目产生较大影响,使项目预计的未来生产成本不断攀升,项目内部收益率远低于预期,公司拟引进战略投资者,兰伯特角铁矿项目资产存在减值迹象,预计可收回金额远低于资产账面值。

2013年,根据兰伯特角铁矿项目资产公允价值的评估结果,"中国中冶2012年度对兰伯特角铁矿项目共计提资产减值准备约23亿元人民币。其中,2012年上半年计提人民币18.1亿元,已在2012年半年报中披露;2012年下半年计提人民币约5亿元。计提本项减值准备将导致中国中冶2012年度合并报表归属母公司净利润减少人民币约23亿元"。

造成中国中冶亏损的另一个原因是投资多晶硅的失败。由于多晶硅市场产能过剩,价格持续低迷,造成中国中冶下属公司洛阳中硅在2012年度大额亏损,影响了中国中冶的业绩。受上述几项投资项目失败的影响,中国中冶2012年度经营业绩出现亏损,实现归属于上市公司股东的净利润为人民币-69.5亿元。

思考题:

1. 应该如何看待"对外投资"问题?
2. 你认为导致中国中冶亏损的主要原因是什么?
3. 中国中冶的投资业务内部控制存在哪些缺陷?应该如何改进?
4. 国内企业普遍存在的对外投资内部控制风险都有哪些?应如何控制?

第 5 章 筹资业务内部控制

【篇首语】

筹资是企业资金活动的起点,是企业整个经营活动的基础。通过筹资活动,企业取得投资和日常生产经营活动所需的资金,从而使企业的投资、生产经营活动能够顺利地进行。企业应当根据经营和发展战略的需要,确定筹资战略,并建立健全筹资业务内部控制制度。本章将在筹资业务流程划分与职责分工的基础上,详细阐述筹资决策控制、筹资执行与偿付控制、筹资记录与监督控制。

【引导案例】

通宇通讯上市被否[①]

2012年4月25日,证监会发审委表决未通过广东通宇通讯股份有限公司(简称"通宇通讯")的中小企业板上市申请。2012年5月28日,证监会发布《关于不予核准广东通宇通讯股份有限公司首次公开发行股票申请的决定》(证监许可[2012]715号,简称《决定》),《决定》指出:"公司的实际控制人在报告期内存在通过11家单位占用公司资金的行为,且实际控制人未向公司支付资金占用费;公司于2010年5月分别补缴2007年度企业所得税20 732 407.42元、2008年度企业所得税5 028 086.99元,并缴纳滞纳金共8 364 314.30元。公司未在申报材料和现场聆讯中对内部控制制度是否健全且被有效执行作出充分合理的说明。"发审委认为,上述情形与《首次公开发行股票并上市管理办法》(证监会令第32号)第二十四条的规定不符,并据此对通宇通讯的首次公开发行股票申请作出不予核准的决定。

通宇通讯上市决策经2010年股东大会审议通过,于2010年10月28日整体变更设立股份有限公司,进入上市筹备阶段,聘请承销商、律师事务所、会计师事务所、资产评估机构等中介机构进行上市辅导和上市材料的准备,到2012年3月22日签署招股说明书申报稿,通宇通讯的上市筹备进行了短短一年半不到的时间,比一般上市筹备时间要短。通宇通讯招股说明书申报稿一经披露,除了证监会发布的实际控制人占用资金、迟滞缴纳企业所得税等内部控制缺陷问题外,通宇通讯在成长性、持续盈利能力、独立性、海外市场经营能力、增资、募集资金投入项目风险等方面也饱受质疑:第一,持续盈利能力和成长性低于行业平均水平;第二,独立性差;第三,海外市场经营能力堪忧;第四,增资疑点多;第五,募集资金投入项目的风险较高。

通宇通讯上市被否一案可以促使我们进一步思考企业上市融资等相关问题,比如通宇通讯为实现上市筹资仓促上阵,引来多方质疑的原因是什么?什么是筹资内部控制?建立筹资业务内部控制要注意哪些问题?

---

① 根据相关媒体报道整理。

5.1　流程划分与职责分工

筹资业务对企业的生存和发展有重要意义,筹资业务内部控制失效带来的风险和损失也是巨大的。因此,加强对筹资业务的内部控制,对降低企业筹资风险、提高经营效率和效果、实现企业战略目标有着极为重要的意义。但在内部控制设计之前,首先需要理清筹资业务包括的环节和具体流程,还应当明确划分企业内各部门在筹资业务中的职责。

5.1.1　筹资业务流程划分

从筹资业务的内在逻辑出发,可以将筹资业务分为筹资决策、筹资执行与偿付、筹资记录与监督三大环节,各环节之间并不是独立的,而是相互联系、相互影响,形成筹资业务的整体流程。

每一个环节下还细分若干重要流程,这些流程是筹资业务内部控制风险分析和内部控制设计的具体对象。筹资业务三大环节流程图如图 5-1 所示。

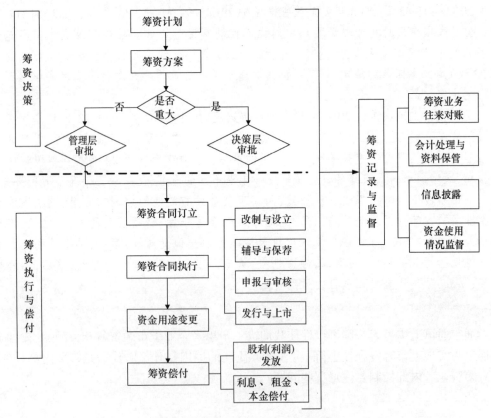

图 5-1　筹资业务三大环节流程图

5.1.2 筹资业务职责分工

在划分筹资业务的主要环节后,应该明确筹资业务相关部门的职责。各部门职责的具体分工如表 5-1 所示。

表 5-1 筹资业务各部门职责分工

部门	职责
业务部门或下属经营单位	(1) 制定本部门或经营单位的收支预测并报财务部门; (2) 执行公司预算,提供分析数据和改进建议; (3) 及时上报可能对公司资金周转产生影响的事项(如贷款逾期、采购和生产成本上升等); (4) 反馈市场趋势、需求变化、竞争对手和客户、供应商等方面的准确信息,为公司制订筹资方案提供决策依据;
财务部门	(1) 组织建立、健全财务内部制度,规范财务行为; (2) 在年度预算的基础上,制订公司筹资计划和方案; (3) 审查公司筹资合同或协议的相关条款,并提出专业财务意见; (4) 对筹资业务各个环节进行会计核算和相关资料的保管; (5) 对筹得资金的使用进行审核和监督; (6) 监控公司的资金流,对公司资金周转和利用提出意见与建议; (7) 全面审核对外提供的会计资料,确保会计资料的真实、完整; (8) 协助董事会办公室做好对外信息披露工作; (9) 协调与税务、财政、承销商、会计师事务所等外部监管部门和中介机构的关系; ……
法律事务部门	(1) 协助内控部门建立公司的内控制度; (2) 对公司筹资业务的开展进行合法性论证并提供法律支持; (3) 对公司筹资合同的重要法律条款进行审查,对重要条文、违约责任等方面提出意见和建议; (4) 更新法律知识,开展法律宣传; ……
董事会办公室	(1) 组织协调对外信息披露工作; (2) 负责拟定需由董事会出具的对外披露文件或报告; (3) 关注筹资业务法律法规的更新,并及时通知相关部门和人员; (4) 对外部投资者关系进行维护和协调,答复投资者的咨询或质询; ……
管理层(如分管领导、总经理、总经理办公会等)	(1) 贯彻执行公司筹资计划和方案; (2) 拟定重大筹资业务的执行人员名单和权责; (3) 讨论公司重大筹资方案,对公司预算和筹资计划的执行负责; (4) 权限内审批筹资业务合同与协议; (5) 跟踪检查筹资业务的执行和偿付,及时反馈和解决该过程中出现的问题; ……

(续表)

部门	职责
监督部门(如内审部门、监事会、独立董事等)	(1) 对重大筹资方案进行跟踪、监督和检查； (2) 检查筹资业务各环节会计核算的准确性、完整性与合法性； (3) 对董事、高级管理人员执行筹资业务的情况进行监督； (4) 当董事、高级管理人员的行为损害公司的利益或违法违规时，及时指出并监督改进； (5) 对筹资业务进行后评估，监督落实责任追究制度； ……
决策层[如董事会、股东(大)会等]	(1) 决定公司的经营计划和筹资方案； (2) 制订公司的年度财务预算方案、决算方案； (3) 制订公司增加或者减少注册资本以及发行公司债券的方案； (4) 决定公司内部机构在筹资业务方面的职责权限； (5) 授权批准重大业务和方案的执行人员和责任人； (6) 制订公司的利润分配方案和弥补亏损方案； ……

在划分各部门及岗位职责时应强调不相容岗位分离。不相容岗位分离是内部控制的基本要求之一，筹资业务流程中的岗位包括制订筹资计划、订立筹资合同或协议、偿还筹资款项、会计记录与监督、审核/审批相关计划或合同等。其中，不相容岗位至少包括筹资方案的拟订与决策，筹资合同或协议的订立与审核，与筹资有关的各种款项偿付的审批与执行，筹资业务的执行与相关会计记录。

不相容岗位未分离，甚至筹资业务全过程由同一部门或人员包办，无法形成牵制和监督，可能导致筹资计划与执行管理混乱，增加筹资风险与成本，审核审批流于形式，不利于筹资业务事前控制，滋生舞弊、欺诈风险。

【案例5-1】

任人唯亲导致内控失效[①]

A公司是一家集餐饮、旅游和度假于一体的集团公司，较快的发展速度使得董事长张英受到当地政府、金融机构的重视。2009年年初，A公司开始实施加速扩张战略，急需资金，为此，张英决定将当地某银行行长的儿子李明聘入公司，担任副总经理，专门负责企业融资事项。

李明因其父亲的关系，为公司成功取得银行贷款，解决了公司发展急需的资金问题，因此董事长张英更加器重李明，赋予其更大的职权，并表示今后李明的融资活动只需直接上报她批准即可。

李明的女友林芳也投身商海并拥有自己的公司，无奈数载经营并未换来可观的回报

---

① 张俊民，《内部控制理论与实务》，大连：东北财经大学出版社，2012年版。

和健康的现金流,林芳认为需扩大经营规模方可解决自己公司的瓶颈,但苦于没有资金。2010年3月,恰逢A公司对外扩张遇到资金问题,张英指示李明为公司向银行申请2亿元贷款。李明考虑到女友公司的资金需求,加上自己的融资事项仅需张英批准,便精心策划出"两全其美"的办法:以A公司的名义编制了两份2亿元的贷款协议,看准张英准备开重要会议的前5分钟,拿出协议让张英签名,谎称按银行的要求,2亿元需签订两份协议分两次贷出。张英听后,连协议都未过目便签上名字开会去了。李明办妥了4亿元贷款后,让银行直接把2亿元打到女友林芳的公司账上。

半年后,由于林芳的公司经营状况依旧未见好转,2亿元的巨额贷款利息无法偿还,贷款被挪用的事情败露,李明被A公司起诉,受到法律制裁。

虽然A公司是法律层面的受害者,但从内部控制的角度分析该案例,由于A公司筹资业务内部控制存在岗位分工和授权批准的严重缺陷,才使得李明有空可钻。岗位分工未明确,不相容岗位实质上由李明一人担任。在筹资方案的拟订与决策、筹资合同或协议的审批与订立的过程中,由于董事长的过分信任,对筹资方案及筹资协议根本未认真查看,也未授权其他相关岗位对李明的工作进行牵制,致使李明在与银行沟通、订立筹资合同时,畅通无阻。

5.2 筹资决策控制

筹资决策是筹资业务的起点。筹资决策失误,将直接导致筹资失败,因此有必要对筹资决策加强管控。

5.2.1 筹资计划制订

筹资计划通常是指建立在企业年度预算的基础上,根据生产经营、对外投资和调整资本结构的需要形成筹措所需资金的财务活动计划。

1. 筹资计划制订风险分析

筹资计划制订的风险包括:

(1) 筹资计划制订前未收集各下属单位或部门的收支预测。筹资计划是企业作为一个整体所编制的计划。筹资计划是否符合企业的需求、是否科学合理,很大程度上取决于编制筹资计划所依赖的原始数据。有些企业的筹资计划流于形式,仅仅由总部财务部门根据往年财务数据或年度预算直接编制。未充分收集下属单位或部门的收支预测资料,将导致筹资计划偏离实际,后续执行时"计划外"状况频发,下属单位或部门需要反复申请筹集或调拨资金,降低经营效率,筹资计划的权威性和可执行性受到质疑。

(2) 各下属单位或部门的收支预测未经下属单位或部门负责人审核、审批。各下属单位和部门的收支预测是筹资计划编制的基础,经办人编制收支预测后,若未经相关负责人审核、审批,一方面可能导致数据出错但未被及时发现,另一方面可能因经办人岗位所限,数据预测的全面性和可执行性得不到保障。

(3) 总部财务部门未协调平衡各下属单位和部门的收支预测。总部财务部门统筹把握公司整体的财务状况,筹资计划的制订要考虑公司战略规划、经营计划、资本结构等全局性因素,若简单汇总各下属单位和部门的收支预测,则可能导致筹资计划与公司整体利益不一致,可能导致公司资金统筹安排和统一调度出现矛盾,不利于筹资计划的可执行性,不利于公司合理调整余缺,进而降低资金的利用率。

【案例 5-2】

筹资重在计划[①]

B 公司是一家老牌水力发电企业,历年来现金流稳定,总部对预算和筹资计划的编制仅仅是汇总下属各水电厂的财务报表。随着公司逐步扩张,B 公司也开始涉足房地产和贸易板块,而公司对下属各单位的预算报表仍然沿用水电厂报表的格式内容,导致下属各单位,尤其是房地产和贸易子公司对预算编制并不重视,总部对预算的编制流于形式,更谈不上对筹资计划的重视。2012 年 4 月,B 公司聘请外部咨询机构对其进行内部控制梳理,才发现,一面是下属房地产子公司售房沉淀了 4 000 万元的银行存款,另一面是总部以基准利率上浮 10% 的水平向银行申请 3 000 万元的流动资金。

从内部控制的角度分析该案例,B 公司在筹资计划制订方面存在重大缺陷。B 公司一直不重视对预算和筹资计划的编制,才导致公司在不知道有 4 000 万元银行存款的情况下向银行申请 3 000 万元的流动资金的情况发生。

2. 筹资计划制订内部控制设计

筹资计划制订的大致流程为:各相关部门或经营单位进行资金收支预测;财务部门资金管理岗汇总收支预测后,形成公司年度资金收支计划,结合企业年度预算、调整资本结构、对外投资等需求,编制年度筹资计划;筹资计划经过财务部门经理、财务总监审核,总经理、董事长在各自权限内审批后,由财务部门保管相关资料。

筹资计划制订需关注三个关键控制点:

(1) 各部门的资金收支预测需经过部门负责人审核。部门资金收支预测经过部门负责人把关,一方面可以降低数据出错的概率,另一方面可以提高预测数据的准确性和可执行性。

---

① 根据企业调研资料整理。

(2) 各部门的资金收支预测需经财务部门汇总平衡后形成公司年度资金计划。财务部门统筹把握公司整体的财务状况，各部门的预测数据经过财务部门的汇总、权衡后，结合公司调整资本结构、年度预算等方面的需求，可以形成更符合公司资金统筹安排、统一调度，更具有可执行性的资金计划，有利于公司合理调整余缺，提高资金利用率。

(3) 筹资计划需经财务部门经理和财务总监审核、总经理和董事长在各自权限内审批。筹资计划经过财务部门经理和财务总监审核，可以有效降低筹资计划脱离实际、不符合公司资本结构、不利于公司降低筹资成本的几率，有利于公司制订合理可行的筹资计划。总经理和董事长对公司的经营管理负责，筹资计划必须经过公司领导审批方可进入下一步的计划执行。总经理和董事长的审批权限设定，一方面有利于提高公司经营管理效率，不具有重大影响的筹资计划无需层层审批；另一方面有利于防止公司经营管理失控，降低舞弊风险。

5.2.2 筹资方案审批

筹资方案是在筹资计划指导下的具体筹资方式决策。企业应当根据筹资目标和规划，结合年度全面预算，拟订筹资方案，明确筹资用途、规模、结构和方式等相关内容，对筹资成本和潜在风险作出充分估计。不同的筹资方式，其相应的筹资方案审批流程也会有所不同，基于本节对IPO筹资方式的侧重，对筹资方案的审批将主要着眼于IPO筹资方式下的风险分析与内部控制实务设计。

1. 筹资方案审批风险分析

筹资方案审批的风险包括：

(1) 经办人资质不足或筹资专项小组成员组成不当。经办人或专项小组成员的资质、能力、自身已有工作负荷对筹资方案的质量影响重大。筹资执行人员组成不当，可能因调研不充分导致筹资方案违反国家法律法规和相关政策，遭到处罚，给企业带来经济和名誉损失；可能导致筹资决策失误，筹资规模、结构和方式不当，造成企业资金不足、冗余或资本结构不合理，企业筹资风险和成本过高；可能导致知识结构单一、缺乏配合、成员组成缺乏权威性和执行力，最终导致提出的筹资方案不科学，无助于企业改善资本结构，降低筹资风险与成本。

(2) 筹资方案不符合企业实际情况。筹资方式选择的多样性给企业筹资带来更广大空间的同时，也对企业筹资计划和决策提出了更高的要求，企业必须根据外部环境和自身实际情况选择出最优的筹资方式。企业应当对筹资方案进行科学论证，不得依据未经论证或论证未获审批的方案开展筹资活动。在对筹资方案进行审核审批时，不能盲目追求市场潮流，应重点关注筹资用途的可行性和公司的偿债能力。重大筹资方案应当形成可行性研究报告，全面反映风险评估情况，同时应当按照规定的权限和程序实行集体决策或者联签制度。筹资方案须经有关部门批准的，应当履行相应的报批程序。筹资方案发生重大变更的，应当重新进行可行性研究并履行相应审批程序。

【案例 5-3】

厦工股份定增遇冷 募资额缩水近九成①

厦门厦工机械股份有限公司(简称"厦工股份")是国家重点生产装载机、挖掘机等工程机械产品的骨干大型一类企业。

在2010年国家4万亿元投资计划的拉动下,厦工股份2010年营业收入比2009年提高近一倍,由53.17亿元增长到103.32亿元。为进一步拓展业务,加速企业发展,2011年3月,厦工股份召开股东大会审议通过了《关于公司2011年非公开发行股票方案的议案》,拟以非公开发行(简称"定增")的方式进行股权再融资,计划募集资金21.65亿元,募资额度达到当年净资产的88%(市场平均比例仅为38%)。定增的发行价格不低于厦工股份董事会第六届十四次会议决议公告日2011年2月22日(即"定价基准日")前二十个交易日公司股票均价的90%,即13.08元/股。2011年9月,厦工股份的定增申请获得证监会核准。需要指出的是,厦工股份于2009年已发行6亿元的可转换债券。

然而厦工股份定增方案出台后,大盘持续下跌,加上市场对厦工股份增发的质疑,厦工股份股价持续低于定增发行价,认购当日收盘价跌至9.59元/股。增发陷入困局,为增强增发的市场吸引力,厦工股份采取大股东和高管增持、调低募集资金额度等一系列措施尽力维护股价,提高增发胜算。然而6个月过去后,厦工股份的定增却仅以控股股东一家参与的清淡局面而收场,预计募资21.65亿元,实际募资仅2.5亿元。

厦工股份之所以定增失利,主要是因为筹资方案不够切合公司实际,即筹资未考虑公司长远战略,筹资规模偏大。厦工股份增发的主要动力是认为公司还能以较快的速度发展,然而此定位显然对市场预期过于乐观。厦工股份2010年的高增长主要源于4万亿元投资计划,投资计划刺激过后,市场对使用期限较长的机械类设备的消化还需要年限,因此2010年之后至少两三年内,市场对机械类设备的需求必然下降,在此时选择大额募资,加上2009年刚发行6亿元可转债,厦工股份此次所投入项目的盈利性必然遭到市场质疑。此外,厦工股份募资额度达到当年净资产的88%,而市场平均比例仅为38%,筹资规模偏大,无怪乎最终募集到的资金仅达到原计划的10%。

---

(3)重大筹资方案未履行信息披露义务。根据《上市公司信息披露管理办法》第十九条和第三十条规定:"凡是对投资者作出投资决策有重大影响的信息,均应当披露……发生可能对上市公司证券及其衍生品种交易价格产生较大影响的重大事件,投资者尚未得知时,上市公司应当立即披露,说明事件的起因、目前的状态和可能产生的影响。"

2. 筹资方案审批内部控制设计

不同的筹资方式在方案审批与执行时差异较大。比如,企业最普遍的融资方式

---

① 引自徐锐,"厦工股份定增遇冷 募资额缩水近九成",《上海证券报》,2012年3月2日。

之一——银行借款,其筹资方案审批过程通常是根据公司筹资计划,或资金使用情况,或相关部门紧急申请,由财务部门资金管理岗与拟借款银行沟通后编写银行借款申请议案,议案经过财务部门经理、财务总监审核,总经理和董事会在各自权限内审批后,由资金管理岗到银行办理借款手续,办理完成后资金管理岗保管相关资料,财务部门经理需对银行借款办理情况进行检查,会计进行账务处理。

本节的筹资方案审批内部控制设计以公司首次公开发行股票(简称IPO)为准,发行债券或者非公开发行股票可参考首次公开发行股票内部控制设计。

首次公开发行股票的审批程序需关注三个关键控制点:

(1)总经理办公会讨论决定专项小组成员组成。公司发行股票的具体发行事宜需更多依赖中介机构,而公司自行组成的专项小组对公司和公司利益相关者的了解比外部中介机构更为广泛和深入,对于选择最优的发行方式、选择合适的中介机构、协调沟通发行事宜、推动股票的顺利发行等有着重要的作用。总经理办公会对公司人力资源情况了解比较全面深入,有利于专项小组成员的优化和合理配置,且由总经理办公会讨论决定专项小组成员组成,而不是由某个个体决定,有助于防止个人决策失误甚至用人唯亲,有效提高专项小组成员组成的权威性和执行力。

(2)慎重选择承销商等中介机构。企业通过发行股票方式筹资的,应当依照《证券法》等有关法律法规和证券监管部门的规定,优化企业组织架构,进行业务整合,并选择具备相应资质的中介机构协助企业做好相关工作,确保符合股票发行条件和要求。IPO对于许多公司而言,有且只有一次经验,选择合适的承销商对于企业成功上市至关重要。

(3)发行股票须经股东大会审批,全体董事、监事、高级管理人员应当在招股说明书上签字。根据《首次公开发行股票并上市管理办法》《上市公司证券发行管理办法》等法律的规定,公司发行股票,必须由股东大会审批,且全体董事、监事、高管都必须对股票发行负责。

5.3 筹资执行与偿付控制

筹资执行是筹资决策得以贯彻的关键,筹资执行出现错误或偏差,会直接影响筹资业务的结果。筹资偿付包括股权筹资方式下的偿付和债权筹资方式下的偿付。

5.3.1 筹资合同订立

筹资合同的订立,是对筹资决策的书面反映,也是筹资执行的基础和指导。订立筹资合同,首先要确保合同条款与筹资决策一致,要保证合同的订立是公司意志的真实表示,只有在这个前提下,筹资合同才能成为后续筹资执行与偿付的依据和指导。

1. 筹资合同订立风险分析

筹资合同订立过程中的风险主要包括：

（1）筹资合同/协议的谈判和订立未经审核审批。合同/协议签订前的谈判过程，需要阶段性地反馈至上级，以便上级及时对谈判内容提出指导和批示的意见。具体签订筹资合同/协议时，企业相关部门或人员应当对其合法性、完整性、成本收益、时间条款等进行审核，审核情况和意见应有完整的书面记录。重大筹资合同/协议的订立，可征询法律顾问或专家的意见，确保具体的筹资合同/协议与筹资方案相符，满足企业实际经营和战略需要。

订立的筹资合同/协议未经审核，可能导致实际签订的筹资合同/协议与筹资方案不符，合理性、可行性和成本效益无法保证，影响企业战略和经营需要，甚至可能滋生舞弊空间。

【案例5-4】

汇源果汁的"技术性"违约案例分析[①]

中国汇源果汁集团有限公司（简称"汇源果汁"）主要从事果汁、果蔬汁及其他饮品的生产与销售，其果汁饮品竞争力强，市场占有率高，取得了骄人的经营业绩。2008年9月3日，汇源果汁官方网站披露了可口可乐公司对汇源果汁的要约收购，然而商务部根据《反垄断法》的相关条例否决了可口可乐要约收购汇源果汁的方案。

汇源果汁原本期望借助可口可乐公司营销网络来增强自身的销售能力，而收购案"流产"后，汇源果汁2009年的战略重点不得不转为投入大量资金建设分销网络和销售渠道。在此战略指导下，2010年4月，汇源果汁向银行贷款2.5亿美元，贷款期限3年。在该贷款协议中，银行对汇源果汁的财务指标提出了要求，包括：任何时间的资产负债比例不得高于65%；任何时间的总借贷对EBITDA不得高于5倍；任何时间的EBITDA对综合利息支出的比例不得低于4.5:1。从后两个指标的构成来看，它们与企业盈利水平密切相关。

2010年8月30日，汇源果汁发布的中期报告显示，公司上半年净亏损7 225万元，部分财务指标未能满足贷款协议规定，汇源果汁不得不将原本的长期借款重新分类为短期银行借款，导致流动负债激增，汇源果汁陷入债务"技术性"违约困境。汇源果汁债务"技术性"违约信息披露之后，引起了媒体和投资者的广泛关注，公司股价大幅下跌，给投资者造成经济损失的同时也损害了汇源果汁的声誉。

汇源果汁在"技术性"违约压力下，于2010年10月13日发布公告，称已与放贷银行协商，以更高的利息率、提前归还部分本金等条件为代价获得豁免，至此，汇源果汁暂时摆脱了违约困境。

---

① 李秉成、李旭峰，"汇源果汁债务'技术性'违约案例分析"，《财务与会计（理财版）》，2011(06)。

从汇源果汁的"技术性"违约案例可以得出两点启示。第一,汇源果汁在贷款合同签订时就缺乏推敲。在加速扩张的战略指导下,销售业绩的提升需要时间,而管理费用、营销费用及存货等的增加却是近在眼前,必然导致企业的相关财务指标表现欠佳,在此背景下,与银行签订附带财务指标要求的合同,违约风险极高。第二,汇源果汁在合同签订时,对于违约责任相关条款的审核不够谨慎。根据汇源果汁与银行协商豁免的公告可以合理推断,汇源果汁在合同签订时,对于违约责任条款并未争取主动权,甚至有可能未明确规定违约责任,才导致出现"技术性"违约后,汇源果汁需要向银行争取豁免,在违约后处于谈判劣势。

---

(2)资料(如审核审批资料、合同正本等)未妥善保管。合同是合同执行的重要依据,连同审核审批资料,很可能涉及公司商业机密,同时还是监管部门和中介机构要求的重要备查资料。

资料未妥善保管的情况包括:① 资料保管不完整,如有合同正本却缺失相关审核审批资料;② 资料保管分散于各部门,查阅困难且容易丢失,造成推诿扯皮;③ 资料保管地点和方式不当,如重要合同存放于不防水、不防虫、不防火的档案室,或者存放于人人可取的柜子内。

重要资料未妥善保管,可能导致合同执行失去重要依据,企业陷于被动;可能导致商业机密泄露,影响企业的经营计划和战略规划;可能导致监管部门或中介机构索要资料时无法提供,增加不必要的解释和工作流程;甚至可能遭受处罚,造成经济和声誉损失。

2. 筹资合同订立内部控制设计

筹资合同的订立是公司经办人根据公司筹资需要与银行、承销商、其他企业等签订相关合同或协议的过程。筹资合同订立流程:经办人根据公司内部讨论审批的结果与合同签订对象沟通、谈判,形成谈判结果,报财务部门经理、法律事务部门经理、财务总监审核,总经理、董事长在各自权限内审批(若为重大的非常规筹资业务,谈判过程需及时反馈到总经理办公会讨论);合同当事人在平等、自愿、公平的基础上,确认合同事项并正式签订合同;合同经财务部门经理、法律事务部门经理、财务总监审核,总经理、董事长、董事会、股东(大)会在各自权限内审批后,由办公室与财务部门保管相关资料。

筹资合同订立需关注三个关键控制点:

(1)合同沟通谈判结果须经财务部门经理、法律事务部门经理、财务总监审核,总经理和董事长在各自权限内审批。财务部门经理重点识别合同中可能存在的损害企业利益或不符合企业筹资需求的条款,对筹资金额、方式、期限、费用、利率等进行审查,提出财务专业意见。法律事务部门经理重点识别筹资合同中可能存在的法律风险,并对法律风险可能给企业带来的损害与后果作出评估,提出法律专业意见。财务总监除了审核合同中的重要条款外,还需站在企业集团的层面对筹资合同的结果进行分析判断,提出意见。总经理和董事长对合同的审批应从企业整体的层面出发,杜绝相关经办人员的权力寻租行为,除了合同的成本效益外,还需考虑企业整体战略需要。

(2)合同签订须经财务部门经理、法律事务部门经理、财务总监审核,总经理和董事长在各自权限内审批。合同正式签订前,还须经过财务部门、法律事务部门的最后审查,确保合同为双方意思的真实表示,维护企业的正当利益。总经理和董事长站在公司整体层面对合同进行最终把关,确保合同的签订符合公司的经营发展需求,满足公司战略发展的需要。

(3)资料(如审核审批资料、合同等)须由办公室妥善保管。合同,尤其是金额重大的筹资合同,是合同执行的重要依据,是监管部门和相关机构要求的重要备查资料,同时很可能涉及公司机密,是极为重要的公司资料,须由办公室资料管理员编目编号,登记台账后妥善保管,保管地点和方式须满足防水、防虫、防火等档案保管的要求。

5.3.2 筹资合同执行

筹资合同执行的主要依据是筹资合同,而筹资业务方式和类型多样,所订立的筹资合同也有较大差异,无法用一节的内容囊括所有筹资合同的执行。因此,本节对于筹资合同执行的风险分析与内部控制实务设计,主要以企业 IPO 筹资方式下所面临的风险与相应的关键控制点为分析对象。

1. 筹资合同执行风险分析

筹资合同订立后,就进入筹资合同的执行环节,对于拟上市公司而言,就进入了上市筹备、申报、发行的过程。这个过程历时长、环节多,有时稍有不慎便功亏一篑。

公司 IPO 过程需要关注的风险至少包括:

(1)企业的主体资格问题。发行上市条件对主体资格的要求主要包括:发行人历史沿革清晰,应当是依法设立且合法存续的股份有限公司,主要资产不存在重大权属纠纷,股权清晰,主营业务和高级管理人员没有发生重大变化,实际控制人没有发生变更等。主体资格的问题主要包括历史出资瑕疵、股权结构转让瑕疵、历史股权转让瑕疵以及委托持股的国有股权转让瑕疵,报告期实际控制人及管理层发生重大变化,报告期主营业务发生重大变化等。

(2)独立性缺失问题。上市公司如果缺乏独立性,会带来许多问题,包括关联交易频繁、经营业绩失真、业务不稳定、大股东侵害上市公司和中小股东利益等,严重危害到证券市场的健康发展。

【案例 5-5】

天珑移动 IPO 被否 存在硬伤[①]

据统计,2012 年 7 月下旬证监会发审委共审核 12 家公司的中小板及创业板 IPO 申

---

① 引自陈永洲,"天珑移动 IPO 被否 存在硬伤",《新快报》,2012 年 7 月 31 日。

请,其中中小板 3 家(泰嘉新材、天珑移动、来伊份)未获通过,创业板 2 家(鲟龙科技、大地水刀)未获通过,过会率骤降至 58.33%,而 7 月初至今的过会率为 73.91%。目前来看,并没有直接的证据证明过会率骤降是因二级市场的极度低迷,事实上,上述被否公司确实都存在硬伤而受到舆论质疑。

主营手机产销的天珑移动此次 IPO 亦存在硬伤,尤其是公司高度依赖出口退税。彼时报道显示,2009—2011 年,天珑移动利润总额分别为 9 328 万元、2.19 亿元及 2.23 亿元,对应当期出口退税额则分别高达 2 亿元、4.42 亿元及 3.95 亿元;换言之,若无出口退税这一红利,公司业绩将出现巨亏。此外,天珑移动的大笔关联交易也为市场所诟病。根据招股书,河源特灵通是天珑移动实际控制人之妹夫梁秉东控制的企业,构成公司的关联方;同时,该关联方是天珑移动"委托加工手机"项目的主要供应商,过去三年,双方的交易金额最高占天珑移动同期同类型业务的比重达 36.04%。其中,2011 年委托其加工手机的价格为 11.24 元/台,高于其他非关联方 10.98 元/台的平均价格。

(3) 持续盈利能力存疑。拟上市公司的盈利能力和成长性一直是证监会关注的重点。结合《首次公开发行股票并上市管理办法》(证监会令第 32 号)第三十七条和《首次公开发行股票并在创业板上市暂行办法》(证监会令第 61 号)第十四条规定,持续盈利能力存疑主要表现为相关指标的异常,如经营模式及品种结构改变、行业地位及经营环境的变化和利润来源三因素对持续盈利能力有较大不利影响。另一个会对持续盈利能力产生不利影响的,就是发行人最近 1 年的净利润主要来自合并财务报表范围以外的投资收益。

(4) 募集资金运用问题。IPO 的目的是筹资,筹资的目的是建设募投项目,因此募投项目是否靠谱,有无"乱圈钱"的嫌疑,也成为发审委的审核重点。在募集资金运用方面,主要可能存在以下问题:① 募投项目可行性不足或尚不具备实施条件;② 募投项目存在较大的其他风险或不确定性;③ 企业的生产经营经验或管理能力与募投项目不匹配;④ 发行人资金充裕,募集资金的必要性论证不足。

(5) 规范运作问题。公司的规范运作问题包括公司治理缺陷、内控机制薄弱、财务核算混乱、资金占用、管理层未尽勤勉尽责义务、违法违规等。

【案例 5-6】

两大主因导致五公司 IPO 被否[①]

证监会近日又通过其官方网站公布了 5 家公司 IPO 被否的原因。尽管 5 家公司 IPO 被否的具体原因各异,但募集资金投向和持续盈利能力依然是审核重点,其中 3 家公司(公元太阳能股份有限公司、上海沃施园艺股份有限公司和深圳市今天国际物流技术股

---

① 引自敖晓波,"两大主因导致五公司 IPO 被否",《京华时报》,2012 年 1 月 13 日。

份有限公司)均因持续盈利能力受质疑而被否。

具体来看,公元太阳能股份有限公司产品主要出口国补贴下降趋势和欧洲债务危机对公司的持续盈利能力构成重大不利影响;上海沃施园艺股份有限公司自产核心产品竞争优势不明显,海外市场通过原始设计制造商(ODM)方式实现的销售收入占比过半且毛利率呈逐年下降趋势,这对公司的持续盈利能力构成重大不利影响;深圳市今天国际物流技术股份有限公司在报告期内核心业务集中于烟草行业物流系统集成领域,中标和签订合同金额存在较大波动,这对公司的持续盈利能力可能构成重大不利影响。

除此之外,北京合纵科技股份有限公司的IPO被否主要是因为2008年度及2010年1—6月原始财务报表存在不符合收入确认原则和关联交易统计不完整,导致合并报表内部交易抵消不彻底的情况,对申报财务报表进行了重大会计差错更正,使申报财务报表与原始财务报表产生重大差异。证监会认为,公司会计核算基础工作不规范,内部控制制度存在缺陷。

相比之下,无锡瑞尔精密机械股份有限公司IPO申请被否原因比较简单,主要是因为难以判断公司拟募集资金数额和投资项目是否与公司现有生产经营规模、财务状况和管理能力等相适应。

(6)未与政府部门保持良好沟通。公司IPO能否核准通过,证监会的审核起了决定性的作用;同时,公司在上市过程中,也需要政府部门的配合,如部分申报材料需要政府相关部门提供,公司所在地的政府对于公司的外部筹资环境有着一定的影响等。因此,与政府保持良好沟通是拟上市公司不可回避的重要工作。如果未与政府部门保持良好沟通,可能导致取得政府部门证明文件的时间过长,影响公司的上市日程,甚至延误了公司的最佳上市时机;也可能导致政府相关文件的内容与公司上市要求不符,影响公司的上市核准过程。

(7)未获取或妥善保管合规性资料及支持性资料。公司IPO过程需要申报的资料非常多,此外,还有一些历史性的文件和能表明公司盈利能力、行业地位等的文件,需要公司妥善保管或及时更新,如增资验资报告、财务报告、专利技术证明、商标权等。

(8)定价不合理。在公司获得证监会核准发行后,就进入了发行与上市阶段,其中询价与定价是关键环节。询价,是指由一组机构投资者对公司股价进行估值,从而确定发行价格。在询价与定价环节,虽然需要依靠中介机构,但是公司自身的推介能力也十分关键。若定价不合理,一方面可能导致发行定价过低,不利于企业募集资金;另一方面可能导致发行定价过高,造成破发。

(9)错用财经公关。随着IPO市场的火热,财经公关公司也逐渐增加。财经公关,是指企业为了寻求和维护其在资本市场投资者和那些对投资者有重要影响的人士心目中的特定形象和价值定位,开展一系列的设计来展示、解释和沟通等公关推广活动,从而增强投资者持股信心,使其股票价格和上市公司真实价值相匹配。由于财经公关在国内起步较晚,行业的政府监管与统一指导空洞无力,财经公关公司也良莠不齐,导致财经公关漏洞百出、黑幕重重。若盲目相信财经公关,反而适得其反。

（10）未妥善处理媒体关系。作为信息传播的平台，多元化的媒体形式为企业上市过程中的信息发布、投资亮点及发展战略的传递提供了便捷通道，并由此影响投资者、消费者和商业伙伴等利益相关方的观点。通过有效的媒体宣传，可以获得各方利益相关者对拟上市公司的支持。

2. 筹资合同执行内部控制设计

对于一家拟上市公司而言，筹资合同的执行就是从改制设立股份公司、辅导与保荐到申报与审核，以及最后发行与上市的整个 IPO 过程。一般 IPO 的过程分为：改制与设立、辅导与保荐、申报与审核、发行与上市四大环节，每一环节还包括许多细分流程和内容。境内上市流程如图 5-2 所示。

图 5-2 境内上市总流程和时间

（1）改制与设立

企业在上市申请前如果是有限责任公司、国有独资公司、国有事业单位或者是非公司制企业，首先应改制设立股份有限公司；若企业在上市申请前已经是股份有限公司，则可以直接进入上市辅导程序。

拟上市公司改制设立股份有限公司是上市过程中最重要的组成部分，同时也是最复杂的部分，因不同类型的企业改制所面临的问题不同，所需的解决方案也有所差异。设立指的是设立股份有限公司，设立方式主要包括整体变更、发起设立、募集设立。不同的企业根据自身实际情况，选择的设立方式也应有所不同。

IPO 改制与设立环节需关注两个关键控制点：

① 改制时，梳理企业现存的问题，实施最合理的解决方案。每一特定类型的企业改制，其面临的问题和解决思路存在共性。比如，国有企业改制上市所面临的常见问题包括：国有产权转让瑕疵；改制期间盈亏归属；国有企业员工持股；等等。又如，股份合作制企业改制上市所面临的常见问题包括：产权明确；国有资产、集体资产的处置；发行人股东为股份合作制企业、业绩连续计算、股东人数超过 200 人；等等。再如，高新技术企业改制所面临的常见问题就是高新技术企业认证瑕疵。可见，不同类型的企业，在改制过程中所面临和待解决的问题不尽相同，拟上市公司需要在尊重既有事实的基础上，在保荐机构、会计师事务所、律师事务所等中介机构的配合下共同开展工作，确保改制顺利。

② 选择最合适的设立方式。比如，对于历史沿革复杂、产权结构不明晰、公司治理及规范成本高的企业，可选用发起设立的方式，以卸下历史包袱重新开始；对于历史简单、产权结构清楚、无重大隐患且业绩能连续计算的企业，可选择整体变更设立或募集设立。此外，如果企业希望有较大的自主空间，还可以选择部分上市。对于民营企业而言，保留部分自主空间，选择部分上市，实行多元化企业经营模式也是一种选择。

(2) 辅导与保荐

上市辅导作为上市流程的重要一环，旨在从企业的微观层面贯彻证监会的监管理念，提高拟上市公司高管人员的素质以及公司的整体规范运作水平。辅导期同时也是申报前的重要筹备期，需要解决企业股改之后的遗留问题，同时完成申报材料的制作。上市辅导的主要流程和主要内容如表 5-2 和表 5-3 所示。

表 5-2 上市辅导的主要流程[①]

顺序	流程	工作内容
1	聘请辅导机构	聘请具有保荐资质的证券公司、会计师事务所、律师事务所、资产评估机构等中介机构
2	辅导机构进场	按规定，上市辅导应在企业改制重组为股份有限公司后正式开始
3	签署辅导协议并备案	在协议签署后 5 个工作日内到企业所在地的证监会派出机构办理辅导备案登记手续
4	报送辅导工作备案报告	依据所在地证监会派出机构的要求，向其报送辅导工作备案报告
5	辅导	随着辅导的进行，辅导机构将针对企业存在的问题，提出整改建议，督促企业完成整改
6	辅导书面考试	辅导期内对接受辅导的人员进行至少一次书面考试，全体应试人员最终考试成绩应合格
7	提交辅导验收申请	辅导协议期满，辅导机构如认为达到计划目标，将向证监会派出机构报送辅导工作总结报告，提交辅导验收申请；如否，则可申请延长辅导时间
8	验收通过，辅导结束	证监会派出机构接到验收申请后，将在 20 个工作日内完成对辅导工作的评估，如合格，则辅导结束；如不合格，则需要酌情延长辅导时间

---

① 徐浩明，《企业上市成功之路：光大证券对 IPO 审核要点的解读与案例分析》，上海：上海人民出版社，2013 年版。

表 5-3　上市辅导的主要内容[①]

顺序	工作内容
1	组织由公司的董事、监事、高级管理人员、持有 5% 及以上股份的股东参加的、有关发行上市法律法规、上市公司规范运作和其他证券基础知识的学习、培训和考试,督促其增强法制观念和诚信意识
2	督促企业按照有关规定初步建立符合现代企业制度要求的公司治理结构、规范运作,包括制定符合上市公司要求的公司章程,规范公司组织结构,完善内部决策和控制制度及激励约束机制,健全公司财务会计制度等
3	核查企业在股份公司设立、改制重组、股权设置和转让、增资扩股、资产评估、资本验证等方面是否合法,产权关系是否明晰,是否妥善处理了商标、专利、土地、房屋等资产的法律权属问题
4	督促企业实现独立运作,做到业务、资产、人员、财务、机构独立完整,主营业务突出,形成核心竞争力
5	督促企业规范与控股股东及其他关联方的关系,妥善处理同业竞争和关联交易问题,建立规范的关联交易制度
6	督促企业形成明确的业务发展目标和未来发展计划,制订可行的募集资金投向及其他投资项目的规划
7	对企业是否达到发行上市条件进行综合评估、诊断并解决问题

(3) 申报与审核

申报与审核环节指的是拟上市公司向证监会递交申请材料,证监会进行审核并作出是否核准的决定。拟上市公司需按照《公司公开发行股票申请文件标准格式》等相关文件,制作上市申请材料,由保荐机构出具保荐文件并向证监会申报。对证监会的审核关注点中,"质优""持续盈利能力"和"合法性"是上市审核的重中之重。通常情况下,申报与审核流程如图 5-3 所示。

申报与审核环节需关注四个关键控制点:

① 与政府部门保持良好沟通。公司 IPO 能否核准通过,证监会的审核起了决定性的作用,但这并不意味着拟上市公司就可以忽略与各政府部门的沟通。从长远来看,拟上市公司所在地的政府部门及主管部门对公司的外部筹资环境有着一定的影响。单从 IPO 的过程来看,拟上市公司仍然需要与各政府部门保持沟通和配合,因为向证监会递交的申请材料中,有一部分申报材料需政府相关部门提供,比如纳税情况证明、募集资金投资项目的审批备案文件等。

② 获取或妥善保管合法合规性资料及支持性资料。这些材料需要拟上市公司投入大量精力获取和保管,以减少材料审查过程中资料的反复补正,提高 IPO 审核环节的效率。

③ 从合规性和实质性审核两个方面详细了解证监会发审委的核准关注点。在现行核准制下,拟上市公司在启动 IPO 之后,应该实时关注证监会的审批关注点和标准。证监会于 2012 年 2 月 1 日发布《中国证监会发行监管部首次公开发行股票审核工作流程》

[①] 徐浩明,《企业上市成功之路:光大证券对 IPO 审核要点的解读与案例分析》,上海:上海人民出版社,2013 年版。

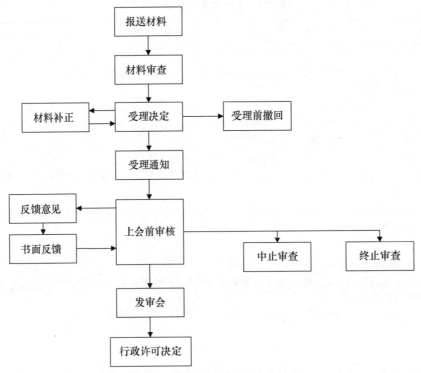

图 5-3 申报与审核流程

和《中国证监会创业板发行监管部首次公开发行股票审核工作流程》。另外,从 2011 年开始,证监会开始在其官方网站披露上市公司 IPO 被否的原因。上述公开资料可以使得拟上市公司有所参照,对自身在规范性审核方面可能面临的诸如主体资格、公司治理、财务会计等问题进行整改完善,对自身在实质性审核方面可能面临的诸如独立性、盈利能力、成长性、募集资金运用等问题进行改进优化。在审批环节有两大"门槛",一个是预审,另一个是发审会。这两次审核的决定人员和侧重点都有所不同,企业应根据审核的侧重点做好 IPO 材料及见面反馈的准备。IPO 两大审核环节如表 5-4 所示。

表 5-4 IPO 两大审核环节

比较项目	预审	发审会
决定权	证监会相关审核人员	证监会发审委委员
通过率	取决于反馈意见及落实情况、在会期间公司经营业绩等	70%—80%
审核侧重点	侧重"规范性"	侧重"实质性"
应关注的方向	改制中的问题、出资与股权情况、财务会计问题、公司治理与规范运作、税务相关问题等	持续盈利能力、独立性(包含资产完整、关联交易、同业竞争)、募集资金运用等

④ 妥善处理媒体关系。作为信息传播的平台,多元化的媒体形式为企业上市过程中的信息发布、投资亮点及发展战略传递提供了便捷通道,并由此影响投资者、消费者和商业伙伴等利益相关方的观点。通过有效的媒体宣传,可以获得各方利益相关者对拟上市

公司的支持。媒体的质疑是影响公司上市的重要因素,不仅仅在申报与审核环节,在整个上市的过程中,企业都应该对媒体,尤其是主流媒体予以足够的重视。

(4) 发行与上市

在取得证监会的发行许可后,公司需在6个月内完成发行工作。发行工作的核心是在尊重市场行情的前提下,向投资者充分揭示公司的投资价值,获取与企业现状和未来发展相匹配的发行市盈率。公司发行与上市的流程如图5-4所示。

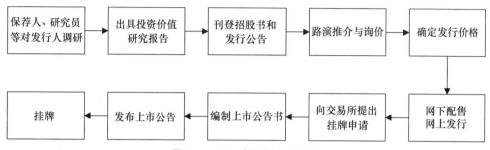

图 5-4 IPO 发行与上市流程

发行与上市的环节需关注两个关键控制点:

① 合理确定发行价格。路演与询价阶段是公司 IPO 定价的关键环节,对最终确定发行价格起关键作用,同时也是非常难得的自我展示机会,面对面沟通不仅更有效率,而且更有感染力。在此过程中,拟上市公司应抓住机会展示自我,充分发挥自身的投资者关系(Investor Relations)实力,加强定价的参与度,充分披露公司相关信息(主要是财务数据信息),与主承销商充分沟通,使潜在投资者更深入地了解企业,吸引潜在投资者。不仅要向投资者解释公司业务,而且最好解释整个行业状况,尤其是地方政府的职能、政策等,方便投资者对企业价值作出更加客观的估计,以提高公司发行价的上限。

② 合理利用财经公关协助推介。公司可以在发行前的推介活动中聘请专业的财经公关公司协助其完成路演和推介。但公司在聘请财经公关公司时,必须调查其资信状况及业内口碑。在与财经公关公司合作的过程中,必须事先签订相关协议和合同,避免全权委托财经公关公司,应在双方有效沟通、合作的前提下发挥双方的优势。

5.3.3 资金用途变更审批

企业应当严格按照筹资方案确定的用途使用资金。筹资用于投资的,应当分别按照相关规定,防范和控制资金使用的风险,严禁擅自改变资金用途。由于市场环境变化等确需改变资金用途的,应当履行相应的审批程序。

1. 资金用途变更审批风险分析

资金用途变更审批的风险包括:

(1) 资金用途变更违反相关合同约定或法律法规。资金提供方对于资金用途有明确约定的,必须根据合约的规定使用资金。若资金用途变更违反合同约定,可能造成企业违约,导致承担违约责任甚至是资金提供方提前收回资金,严重影响企业的资金周转和经营运作。若资金用途变更违反法律法规,可能导致企业受到监管部门的处罚。

(2) 资金用途变更未经审核、审批。资金用途变更未经审核审批,可能导致企业资金用途违反合同或法律规定,产生违约或被处罚的风险;可能导致资金被挪用、滥用、侵占,甚至滋生舞弊风险;可能导致资金被用于追逐短期利益或投入高风险领域,不符合企业的战略定位或者造成巨亏,影响企业长远发展。

(3) 资金用途变更未进行信息披露。向相关监管部门、债权人、投资者等披露资金用途变更情况,不仅仅是符合法定程序和法律义务的要求,以避免出现法律纠纷和诉讼,同时也保护了利益相关者的利益,有利于公司与外部利益相关者的沟通和建立长期的良好关系,维护公司的形象和声誉。资金用途变更未进行信息披露,可能导致企业违反相关法律规定,遭受处罚,造成经济和声誉损失。

2. 资金用途变更审批内部控制设计

根据《企业内部控制应用指引第 6 号——资金活动》第九条的要求:"企业应当严格按照筹资方案确定的用途使用资金……由于市场环境变化等确需改变资金用途的,应当履行相应的审批程序。严禁擅自改变资金用途。"IPO 募集资金投向变更,实质上是一种违约,《招股说明书》中对投资者承诺的募集资金投向发生变更,必须履行一系列审批公告程序。此外,一般筹资合同中,债权人或股东或监管机构也会要求按照筹资方案确定的用途使用资金,不得擅自改变资金用途。公司在资金使用过程中,若出现需全部或部分改变资金用途时,须由相关部门与债权人或监管机构沟通后提出资金用途变更申请,附上对变更资金用途的详细解释说明,经财务部门资金管理岗、财务部门经理、财务总监审核,总经理办公会、董事会、股东(大)会在各自权限内审批后,按照批示意见落实执行资金用途变更,并视情况上报监管部门,通知债权人,向其他利益相关者披露资金用途变更情况。

资金用途变更审批需关注四个关键控制点:

(1) 提出资金用途变更申请需附上详细的解释说明。申请与解释说明内容包括:申请资金用途变更的原因、变更资金用途的影响、变更资金用途可能存在的风险、变更用途的资金占某个或数个筹资合同的比重等。

(2) 利用闲置或超募资金须符合法律法规的要求。根据证监会最新的《上市公司监管指引第 2 号——上市公司募集资金管理和使用的监管要求》第七条至第十条的规定,暂时闲置的募集资金可用于现金管理,但所投资的产品必须符合"安全性高、流动性好,投资产品不得质押"的规定,使用闲置募集资金投资产品的,应当经上市公司董事会审议通过,独立董事、监事会、保荐机构发表明确同意意见。暂时闲置的募集资金可暂时用于补充流动资金,但仅限于与主营业务相关的生产经营使用。闲置募集资金暂时用于补充流动资金的,应当经上市公司董事会审议通过,独立董事、监事会、保荐机构发表明确同意意见并披露。

(3) 资金用途变更申请须经过审核、审批。资金管理岗、财务部门经理、财务总监重点检查资金用途变更是否符合公司利益,从财务方面估计资金用途变更带来的成本效益。总经理办公会、董事会、股东(大)会从公司整体层面出发,还需考虑公司的战略定位和长远利益,考虑债权人、股东、监管机构的利益,从全局出发审批资金用途变更申请。

此外,应视情况分权限审批,一方面避免小额和影响不重大的申请提交最高决策层审批,有利于降低审批成本、提高工作效率;另一方面有利于避免越权审批,降低舞弊和决策失误风险。

(4) 资金用途变更的情况须向利益相关者披露。资金用途变更的信息披露内容应当包括:① 决策层及相关人员的决议或意见,包括董事会决议、股东(大)会决议、独立董事和监事会以及保荐机构发表的意见等;② 资金用途变更的情况说明,包括申请资金用途变更的原因、变更可能存在的风险、变更用途资金占某个或数个筹资合同的比重、变更资金用途的影响等;③ 若对暂时闲置资金进行现金管理,还需披露闲置募集资金投资产品的额度及期限,所投资产品的收益分配方式、投资范围及安全性等。

5.3.4 股利(利润)发放

对于股权类筹资业务而言,筹资偿付体现在发放股利(利润)。虽然股利(利润)发放的多少、时间、类型等在大多时候并未受到法律的严格约束,但这并不意味着企业能在股利(利润)发放环节不受限制,既要确保合理分配利润,还要符合法律法规和监管条例。

1. 股利(利润)发放风险分析

对于股权类筹资业务而言,虽然没有固定的利息费用或还本压力,但不得忽视向投资者发放利润。若长期不发放股利(利润)或支付不足,不仅违反《上市公司证券发行管理办法》第八条第五项"最近三年以现金方式累计分配的利润不少于最近三年实现的年均可分配利润的百分之三十"的规定,而且将导致投资者用脚投票,给企业的股价和声誉带来不利影响。

股利(利润)发放的风险包括:

(1) 股利(利润)发放未经审批。股利(利润)发放未经审批,可能导致利润分配方案不合理。企业应当选择合理的股利分配政策,兼顾投资者近期和长远利益,避免分配过度或不足。分配过少,损害投资者利益和积极性;分配过多,降低企业扩大经营能力,影响企业持续稳健经营;股利分配方案未履行国家法律规定的审批程序,可能导致投资者不满和监管机构的制裁,造成企业经济和声誉损失。股利分配方案应当经过股东(大)会批准,并按规定履行披露义务,避免合规风险。

(2) 股利(利润)发放不符合法律法规的要求。若企业的股利(利润)发放不符合法律法规的要求,可能受到监管部门的谴责和处罚,更重要的是,企业在资本市场的声誉地位将受影响,有损企业的外部筹资环境。

2. 股利(利润)发放内部控制设计

积极的股利政策将有助于企业营造良好的筹资环境,企业应认真制订股利(利润)支付方案,包括股利(利润)金额、支付时间、支付方式等。

股利(利润)发放需关注三个关键控制点:

(1) 公司章程应明确利润分配政策,尤其是现金分红事项的决策程序和机制。《关于进一步落实上市公司现金分红有关事项的通知》(证监发〔2012〕37号)第二条和第三条规定,上市公司章程应当载明以下内容:① 公司董事会、股东大会对利润分配尤其是现金分红事项的决策程序和机制,对既定利润分配政策尤其是现金分红政策作出调整的具体条件、决策程序和机制,以及为充分听取独立董事和中小股东意见所采取的措施。② 公司的利润分配政策尤其是现金分红政策的具体内容,利润分配的形式,利润分配尤其是现金分红的期间间隔,现金分红的具体条件,发放股票股利的条件,各期现金分红最低金额或比例(如有)等。上市公司在制订现金分红具体方案时,董事会应当认真研究和论证公司现金分红的时机、条件和最低比例、调整的条件及其决策程序要求等事宜,独立董事应当发表明确意见。股东大会对现金分红具体方案进行审议时,应当通过多种渠道主动与股东,特别是中小股东进行沟通和交流,充分听取中小股东的意见和诉求,并及时答复中小股东关心的问题。

(2) 股利(利润)的发放应符合法律法规的要求。根据《关于修改上市公司现金分红若干规定的决定》(中国证券监督管理委员会令第 57 号)、《关于进一步落实上市公司现金分红有关事项的通知》(证监发〔2012〕37 号)和《上海证券交易所上市公司现金分红指引》(上证公字〔2013〕1 号)等的规定,公司股利(利润)的发放,应当遵循且严格执行公司章程中关于股利(利润)的规定,对股利(利润)发放的信息披露、股利尤其是现金分红的数额规定等的要求。

(3) 股利(利润)发放前经过有效复核、审核、审批。股利(利润)支付前经过复核,一方面可以有效控制款项支付,避免越权支付,减少错付、少付、多付及违规付款等风险;另一方面可以事先安排资金周转,确保资金满足股利(利润)发放的要求。

5.3.5 利息、租金、本金偿付

对于债权类筹资业务而言,筹资偿付体现在支付利息与本金以及融资租赁产生的租金。与股利(利润)发放不同,利息、租金、本金的偿付是企业的刚性成本。企业必须保证及时、准确地偿付利息、租金、本金,以保持信用记录,避免违约风险。

1. 利息、租金、本金偿付风险分析

(1) 未进行偿付计划安排。企业应当根据每期应偿还或支付的利息、租金、本金等作出计划安排,确保偿付金额及时、准确,保证企业资金周转足以偿付。未对资金偿付作出安排,无法提前做好资金周转准备,可能导致企业未能及时偿还利息、租金,产生高昂的罚息成本;还可能导致企业无法偿还到期债务,额外支付罚息,给企业带来经济损失,甚至引起纠纷,影响企业的正常运营。

(2) 利息、租金的支付缺乏审核、审批。除了与金融机构约定以自动扣缴等非人工方式支付利息、租金外,企业财务部门应当严格按照筹资合同或协议规定的本金、利率、期限及币种计算利息和租金,经有关人员审核批准后方可支付。利息、租金的支付未经审核、审批,可能导致利息、租金计算错误,企业存在潜亏而未被发现;可能导致资金支付未经授权,存在舞弊风险。

利息、租金、本金偿付需关注两个关键控制点：

① 会计核算岗与资金管理岗应当建立企业的债务情况台账，资金管理岗应制订债务偿还资金计划。建立台账有助于企业对债务偿还作出资金上的计划安排，保证按照合同的约定及时、足额支付款项，避免出现违约，影响企业声誉，甚至影响企业的筹资环境，承担不必要的违约责任和罚息。

② 利息、租金、本金偿付前须由资金管理岗与会计核算岗进行核对，核对无误后，交财务部门经理审核，财务总监和总经理在各自权限内审批。在款项偿付前经过资金管理岗与会计核算岗对账，确保所偿付的款项金额正确，避免多付、少付或付款对象错误的情况。财务部门经理重点审核本金、利息、租金的支付是否符合合同约定，计算是否正确。企业应当按照筹资方案或合同约定的本金、利率、期限、汇率及币种，准确计算应付利息，与债权人核对无误后按期支付。财务总监和总经理在各自权限内审批，一方面提高审批效率，避免小额付款提交层层审批；另一方面避免越权支付，降低舞弊和出错风险。

5.4 筹资记录与监督控制

对筹资业务的记录与监督，并不属于筹资业务过程中某一特定环节或流程，而是贯穿从筹资决策到筹资执行再到筹资偿付的筹资业务全过程。为加强对筹资业务各环节与流程的内部控制，企业应当建立、完善相应的记录与跟踪管理和监督制度，只有保证及时、准确、完整地记录筹资业务，才能为筹资业务提供保障与约束；只有保证对筹资业务的持续性监督，才能降低筹资业务各环节的出错与舞弊风险，保证企业筹资业务的顺利进行。

5.4.1 筹资业务往来对账

筹资业务往来对账，一方面是为了保证会计核算的准确性，另一方面是为了保证企业债权债务清晰完整。

1. 筹资业务往来对账风险分析

（1）未进行债权债务往来对账。未进行债权债务往来对账，可能导致企业债权债务关系不清未被及时发现，企业存在潜亏或潜在债务、舞弊行为未被及时发现。不重视对账工作，账面金额不准确等问题也不能被发现并引起重视，导致未能及时了解往来款项中存在的异常情况并采取措施以降低潜在的损失或舞弊风险。

（2）对账工作的执行人与筹资业务执行人不符合不相容岗位分离的要求。若未满足不相容岗位分离的要求，对账工作将流于形式甚至滋生舞弊风险。如公司的资金管理岗负责与银行签订借款合同并负责资金的收取与划拨，则对账工作必须由资金管理岗以外的其他人员完成。

【案例 5-7】

C 公司的对账控制失效[①]

  C 公司成立于 2011 年,是厦门一家知名的商业投资公司,以经营高端百货商场和高端超市为主营业务。C 公司下属的百货和超市业务都有财务部门,总部财务部门设置出纳与会计各一名,主要负责公司资金调度、总部会计核算及合并报表的会计处理。2013 年 4 月,C 公司聘请外部咨询机构对其进行内部控制梳理时发现,总部财务部门每月与银行的对账单,都由出纳负责领取后交由会计进行账账核对;并且由出纳取回的银行对账单是会计进行账账核对的唯一凭据,会计并无权限在网上查询企业在银行的资金收支情况。

  出纳是现金及银行存款收支的执行人,根据不相容岗位分离的原则,对账工作必须由非出纳人员执行,而 C 公司却由出纳领取银行对账单作为会计对账的唯一凭据,这将导致企业对银行借款及日常资金收支的监控存在疏漏(如出纳可伪造银行对账单进行资金挪用),显然存在较大的舞弊风险。

  (3) 未进行书面对账。对账工作应以书面形式进行,才能在法律意义上确保债权债务清晰完整。筹资业务往来对账未留下书面痕迹,不利于企业明晰自身的债权债务,在出现债权债务不符时,也不利于企业进行责任追究或解决纠纷。

  2. 筹资业务往来对账内部控制设计

  财务部门资金管理岗和会计核算岗应当严格按照合同或协议约定的本金、利率、币种、期限等计算利息和租金,会计核算岗按月及时计提相应的费用,定期与债权人进行账账核对,确保本金与应付利息、租金金额正确,如有不符,应及时查明原因并处理,定期与债权人对账,可有效防止错误和舞弊的发生。

  除了与债权人对账,财务部门会计核算岗还须与资金使用单位或部门进行对账,相应要求资金使用单位或部门以及外部往来单位进行书面账账核对,双方加盖有效印鉴确认账务情况,一方面确保账账、账表、账实相符,另一方面也是财务部门对资金使用情况的监督。

  若企业委托代理机构对外支付债券利息、股利(利润),应当清点、核对代理机构的利息、股利(利润)支付清单,并及时取得经代理机构签章确认的有效凭据,确保账账、账实相符。

[①] 根据企业调研资料整理。

5.4.2 会计处理与资料保管

会计处理与资料保管主要是对筹资业务各环节及时、准确、完整地记录。对筹资业务的恰当记录,不仅满足了监督筹资业务的要求,还能为企业分析评价筹资业务提供依据。

1. 会计处理与资料保管风险分析

筹资业务会计处理与资料保管的风险包括:

(1) 未正确建立有关账户账簿进行会计核算。正确设置总账和明细账是最基本的要求,某些筹资业务的会计处理较复杂,如借款费用资本化、融资租赁的处理等,在进行会计处理的过程中,在保证原始单据合规与齐全的基础上,会计处理必须符合《会计法》《企业会计准则》等的要求,否则将受到外部审计、税务机构、监管部门等的质疑或处罚。

(2) 会计核算未经复核。从取得筹资资产的入账价值确定,到筹资费用、利息、股利的支付,会计核算必须经过认真计算和复核。会计核算未经复核,可能导致会计信息失真、入账不及时、会计信息不完整等风险,影响企业财务信息的真实完整,无法保证企业财务报表的真实性、准确性、完整性与合法合规,若报出的财务报表有误或存在虚假情况,将导致企业声誉受损,企业及企业领导可能须承担相应的法律责任。

(3) 会计及其他资料未妥善保管。会计资料包括原始凭证、各类筹资业务台账与明细账、筹资业务往来对账凭据、财务报表等。其他资料包括筹资合同、筹资业务中的审核审批资料、外部机构出具的相关报告等。对这些资料的妥善保管,一方面满足外部监管的需求,另一方面满足内部管理的需要。

2. 会计处理与资料保管内部控制设计

《企业内部控制应用指引第6号——资金活动》第十一条要求:"企业应当加强筹资业务的会计系统控制,建立筹资业务的记录、凭证和账簿,按照国家统一会计准则制度,正确核算和监督资金筹集、本息偿还、股利支付等相关业务,妥善保管筹资合同或协议、收款凭证、入库凭证等资料,定期与资金提供方进行账务核对,确保筹资活动符合筹资方案的要求。"

会计处理首先要求正确设置有关会计账户进行会计核算。除了正确设置总账和明细账外,在筹资活动的会计核算中,重点是加强对有关备查账簿的控制。如发行记名债券,则需要在债券存根簿上详细记载债券持有人的姓名(名称)、住所、持有债券的数额、债券编号、债券总额、取得债券的日期等相关信息;发行无记名债券,则需要在债券存根簿上记载债券总额、利率、偿还期限和方式、发行日期和债券的编号等;发行记名股票,则应当在股票登记簿上记载股东的名称、住所、所持股份、所持股票编号、取得股票的日期等;发行无记名股票,则应在股东登记簿上详细记载股票的数量、编号及发行日期。企业应当定期将股本总账和股东明细账、应付债券总账与应付债券备查账簿进行核对,确保会计记录准确无误。

财务部门应妥善保管收款凭证、筹资业务往来对账凭据、验资入库等相关资料。与筹资活动相关的重要文件,如筹资合同、凭证、验资报告等,财务部门或办公室应当登记造册,妥善保管,以备查用。

5.4.3 信息披露

信息披露是资本市场对投资者利益保护的重要举措,信息披露主要针对涉及较多公众利益的上市公司,信息披露要求企业根据国家法律、行政法规或者监管条例的规定,对应当披露的筹资业务或环节,及时予以公告和披露。

1. 信息披露风险分析

对于上市公司而言,及时、准确、完整的信息披露是企业的责任和义务,同时也是公司对投资者等利益相关群体利益的尊重和保护,信息披露的风险主要体现在合规方面。

公司信息披露不符合法律法规的要求,主要包括:① 上市公司未制定信息披露事务管理制度,违反《上市公司信息披露管理办法》第三十七条的规定;② 信息披露不及时、不完整,无法为利益相关者提供决策有用的信息,可能导致企业受到外部监管机构的处罚,造成经济和声誉损失;③ 信息披露未符合最新的法律法规要求,筹资业务合规性较强,相关的法律法规更新速度快,若公司根据现有的信息披露模式进行信息披露,未及时符合最新监管要求,则等同于信息披露违规。

【案例 5-8】

鲁北化工信息披露违法违规案[①]

山东鲁北化工股份有限公司(简称"鲁北化工",股票代码:600727)于 1996 年在上海证券交易所上市,其大股东是山东鲁北企业集团总公司(简称"鲁北集团")。证监会于 2009 年 6 月根据日常监管发现的线索,对鲁北化工信息披露违法违规行为立案调查,于 2012 年 4 月对鲁北化工作出了行政处罚决议。

证监会认定,鲁北化工连续多年未按规定披露大股东与关联方占款事项及其他事项,涉及金额巨大、性质恶劣,鲁北化工存在的违法事实包括:

第一,大股东资金占用未按规定披露。2007—2008 年,鲁北化工与大股东鲁北集团发生巨额非经营性资金往来,其中鲁北化工累计向鲁北集团划转资金 22 亿余元,鲁北集团累计归还资金 19 亿余元,扣除期初余额,截至 2008 年年底,鲁北集团占用鲁北化工资金余额 2.76 亿元。对于上述往来款项,鲁北化工既未按规定履行临时信息披露义务,也未在其 2007 年中报和 2008 年中报中予以披露。

---

① 北京证监局,"鲁北化工信息披露违法违规案",http://www.csrc.gov.cn/pub/beijing/xxfw/pfxc/201301/t20130121_220663.htm

第二,鲁北化工短期借款余额未如实披露。鲁北化工2007年第一季度报告披露其短期借款余额为23 600万元,经查的实际余额为34 100万元,少披露10 500万元;2007年中期报告披露其短期借款余额为24 500万元,经查的实际余额为35 000万元,少披露10 500万元;2007年度报告披露其短期借款余额为14 900万元,经查的实际余额为18 400万元,少披露3 500万元。

证监会有关部门负责人指出,鲁北化工信息披露违法行为时间较长,违法事项较多,涉及金额特别巨大,公司治理和内部控制存在严重缺陷,严重侵害了投资者合法权益,上市公司及其高管人员应对违法违规行为承担相应的法律责任。因此,作出行政处罚决议如下:责令鲁北化工改正,给予警告,并处以40万元罚款;对时任董事长冯久田给予警告,并处以30万元罚款及10年市场禁入;对时任总经理袁金亮、时任财务总监兼董事吴玉瑞给予警告,并分别处以20万元罚款及5年市场禁入;对时任董事会秘书田玉新给予警告,并处以5万元罚款及3年市场禁入;对时任财务部门负责人刘金亭、时任董事冯怡深、时任副董事长刘希岗、时任副总经理冯立田以及时任副总经理翟洪轩给予警告,并分别处以4万元的罚款;对时任监事吴宗文、佘洪华、时任独立董事李德周、范本强给予警告,并分别处以3万元罚款。

从本案例中可以看出,对银行借款余额的信息披露违规,是导致鲁北化工受处罚的原因之一。企业对于筹资业务的信息披露不可轻视,即便在筹资计划、决策、执行上都履行了合法程序和应尽职责,在信息披露上违规也同样会遭受监管部门的处罚。此外,鲁北化工的大股东鲁北集团滥用控股股东优势地位"超强控制"上市公司,对鲁北化工的资金直接进行调拨,缺乏相应内控制度约束,也是导致鲁北化工信息披露违规的重要原因。

2. 信息披露内部控制设计

信息披露必须及时、真实、完整、准确,披露范围适当,保证利益相关者的知情权。需进行信息披露时,由财务部门、法律事务部门等相关部门递交材料,董事会办公室整理并起草拟披露文件,经董事会秘书审核,董事长和董事会在各自权限内审批后,由董事长签发,董事会秘书监督指导董事会办公室执行具体的披露事宜。

信息披露过程需关注两个关键控制点:

(1) 上市公司应当制定信息披露事务管理制度。根据《上市公司信息披露管理办法》第三十七条规定,信息披露事务管理制度应当包括:① 明确上市公司应当披露的信息,确定披露标准;② 未公开信息的传递、审核、披露流程;③ 信息披露事务管理部门及其负责人在信息披露中的职责;④ 董事和董事会、监事和监事会、高级管理人员等的报告、审议和披露的职责;⑤ 董事、监事、高级管理人员履行职责的记录和保管制度等多项内容。上市公司信息披露事务管理制度应当经公司董事会审议通过,报注册地证监局和证券交易所备案。

(2) 信息披露必须符合最新法律法规的要求。近年来,监管部门对公司尤其是上市公司的信息披露愈发关注,法规条例更新频繁,企业应当关注法律法规的最新动态,及时披露信息。

5.4.4 资金使用情况监督

对企业所募集资金的使用情况进行监督是资金提供方和监管部门的关注重点。企业自身应加强对资金使用情况的监督管理,使得资金使用在监督下持续受控,避免在资金使用违法违规之后才采取措施进行事后补偿控制。

1. 资金使用情况监督风险分析

根据《上市公司监管指引第2号——上市公司募集资金管理和使用的监管要求》第三条和第四条的规定,上市公司应当建立并完善募集资金使用、监督和责任追究的内部控制制度,明确募集资金使用的分级审批权限、决策程序等。募集资金应存放于经董事会批准设立的专项账户集中管理和使用,并在募集资金到位后一个月内与保荐机构、存放募集资金的商业银行签订三方监管协议。

企业资金使用情况监督的风险包括:

(1) 责任追究制度不完善。责任追究制度的建立健全,对于强化企业内部控制理念十分重要。目前许多公司有大量的制度来规范企业运作与员工行为,而对于违反企业相关制度的行为,却缺少制度上的责任追究规定,导致实施惩处时无据可依,某种程度上也弱化了制度对员工行为的约束作用。

(2) 对暂时闲置资金的管理不合规。在企业募集大额资金后,有暂时闲置的时期,企业擅自或变相改变募集资金用途的动机强烈。而根据"适当放宽资金使用用途、最大限度提高现有货币市场产品效益"的最新监管理念,企业可以对暂时闲置的资金进行现金管理,但必须符合安全性高、流动性好的要求。擅自使用闲置资金,可能导致资金挪用、滥用,影响企业正常运营,滋生舞弊风险;将资金投入高风险领域,甚至可能造成巨额亏损。

(3) 未及时发现募集资金使用违规。企业对于募集资金的违规使用是对资金提供方的违约,给投资者等利益相关方造成损害;而企业内部控制不严或管理层凌驾于内部控制之上,则导致无法及时发现并纠正募集资金违规使用,直至被举报或被监管机构发现,给企业造成巨大的负面影响。

2. 资金使用情况监督内部控制设计

对资金使用情况的内部监督主要由内审人员、独立董事、财务部门或专项小组承担,对资金使用情况的外部监督包括银行等金融机构、会计师事务所、保荐机构等。对于日益强化的中介机构监督责任及外部监管的要求,公司应建立完善内部监督机制,一方面是配合外部监管的要求,另一方面也是对企业资金使用情况监督内部控制的强化。

公司财务部门应及时取得银行或金融机构划入的款项,及时收取发行股票和债券所筹集的资金,设置专款专户,严格控制资金的实际投向。《上市公司监管指引第2号——上市公司募集资金管理和使用的监管要求》(中国证券监督管理委员会公告〔2012〕44号)第四条规定:"上市公司应当将募集资金存放于经董事会批准设立的专项账户集中管理和使用,并在募集资金到位后一个月内与保荐机构、存放募集资金的商业银行签订三方监管协议。"

财务部门经办人在办理相关付款申请或偿付的过程中,若发现已审批或拟偿付的款项金额、支付方式、支付对象与有关合同或协议不符的,应当拒绝支付并及时向有关领导和部门报告,相关部门和领导应及时查明原因,作出处理。

内审人员应定期开展内部审计工作,对公司所筹资金的用途进行跟踪检查。若出现变更资金用途的,还需检查是否有依据合同的约定或公司制度的规定,按要求履行相应的审核审批程序;检查是否有及时披露关于资金用途变更的事项。

【综合案例】

湖北永祥粮机 IPO 惨遭否决[①]

创业板发行审核委员会 2014 年第六次会议于 2014 年 5 月 16 日召开,湖北永祥粮食机械股份有限公司(简称"永祥粮机")的首发申请未获通过。该项目由东兴证券保荐,拟登陆深交所创业板,所属行业为农林业机械中的碾米机械制造行业,拟募集资金逾 1.9 亿元。

前瞻投资顾问认为,湖北永祥粮机闯关 IPO 失败,与其高企的存货和应收账款、固定资产多被抵押、业务独立性欠缺、产品质量管控不到位、募投项目产能高估等问题不无关系。

永祥粮机在其招股说明书中毫不避讳地称,存货金额存在较大的风险。数据显示,2011—2013 年年末公司的存货账面价值分别为 6 800.11 万元、9 172.39 万元和 9 399.98 万元。与此同时,公司近三年来,一年内的应收账款占比分别为 92.35%、75.73% 和 71.90%,总体呈现下降趋势。按照坏账计提原则,公司将不得不提高坏账计提比例,从而影响收入。如果这种恶化的趋势无法控制,无疑将加大公司的财务风险。

对于较高的存货和应收账款,永祥粮机认为,这都是机械制造类行业的共性特点。永祥粮机称,大型碾米机械产品,完工前各环节半成品较多,且产品价值相对较高,销售通常无法一次实现全额收款,造成长期存在较高的存货和应收账款。

思考题:

1. 湖北永祥粮机 IPO 被否的根本原因是什么?
2. 湖北永祥粮机的筹资内部控制有哪些缺陷?
3. 面对日趋严格的过会审核标准,有上市意向的企业应该如何完善筹资内部控制机制?

---

① 引自陈少华,"2014 年上半年度中国 IPO 被否原因分析报告",前瞻网(www.qianzhan.com),2014 年 7 月 22 日。

第6章 货币资金内部控制

【篇首语】

货币资金,是指企业在生产经营过程中停留在货币形态的那部分资金,包括库存现金、银行存款及其他货币资金。货币资金是企业流动性最强、控制风险最高的资产,贯穿企业的整个经济活动过程,企业生产经营的各个环节都离不开货币资金的收付。一方面,货币资金的周转出现问题会引发企业全面的危机,而其流动性最强的特点也使得货币资金成为最易发生贪污、挪用和侵吞等舞弊行为的资产;另一方面,企业持有过多的货币资金,可能会影响企业的经营效率和收益。因此,企业必须健全货币资金内部控制制度,加强资金的管理与控制,既要保证货币资金的安全和生产经营所需,也要提高资金使用效率,避免货币资金的闲置。

【引导案例】

基于出纳两年贪污230多万元的思考[①]

"如果公司管理严格,我可能会是个好出纳,不会越陷越深。"

葛晶晶在归案后不时对侦查人员说道。葛晶晶从某学院会计专业毕业,初出象牙塔的他踌躇满志。葛晶晶想自己好歹是个大学生,学了四年会计,盼望着有一天能够得到领导的器重,飞黄腾达。年底,电力公司被合并到煤电股份有限公司,葛晶晶到新的公司上班了。葛晶晶十分高兴,心想在这里肯定有自己的用武之地。不久,一盆冷水把葛晶晶浇了个透心凉:财务部门领导让他继续任出纳员。葛晶晶向领导反映情况,说自己想换个好的工作岗位或有个一官半职,可是未能如愿。2005年11月,葛晶晶和妻子商议按揭买一套房子。小两口用平时积攒的钱加上借的钱,买了一套商品房,可是银行按揭没批下来,装修人员又整天向他们要钱,葛晶晶急得像热锅上的蚂蚁。

"自己手中不是保管着那么多钱,先借来使一下,等有钱了再还。"葛晶晶从其保管的库存现金里拿出4万元,交清了购房尾款。个人的欲望一旦没有了束缚,将变得疯狂。在物欲的驱使下,葛晶晶不断地从库中挪用资金,在两年零两个月的时间里贪污239多万元,相当于平均每天要贪污3 000多元。作案时间长达两年多,涉案数额如此之大,公司为什么一直没有发现?其实,公司曾多次组织人员对葛晶晶的账目进行审核,均被他采取虚开现金支票等方式一次次瞒天过海,蒙混过关。

一个出纳,连续两年疯狂作案,涉案金额巨大,为何竟无一人察觉?该企业的货币资金控制究竟存在着什么问题?企业应该怎样加强对货币资金的控制,从而避免这类贪污挪用资金行为的发生呢?

---

① 引自张东,"基于出纳两年贪污230多万元的思考",《河南法制报》,2009年7月9日。

6.1 流程划分与职责分工

由于资金业务涉及金额大、种类繁多等特点,因此对企业货币资金业务实施内部控制具有一定的难度,这就需要首先对货币资金业务流程进行梳理,对岗位职责进行划分,明确各岗位职责,严格执行不相容职务分离原则和授权审批制度,从而达到对货币资金的控制。

6.1.1 货币资金业务流程划分

根据《企业内部控制应用指引第6号——资金活动》的相关内容,货币资金业务至少涉及两块:支出和收入。

1. 货币资金支出业务流程

货币资金支出业务包括通过银行转账支付和由出纳人员直接支付现金,其特点在于支出用途多样、业务内容繁杂、牵涉范围广、涉及人员多。

无论是银行转账支付还是出纳现金支付,一般都遵循以下流程:

(1) 支付申请。单位有关部门或个人用款时,应当提前向审批人提交货币资金支付申请,注明款项的用途、金额、预算、支付方式等内容,并附有效经济合同或相关证明。

(2) 支付审批。审批人根据其职责、权限和相应程序对支付申请进行审批。对不符合规定的货币资金支付申请,审批人应当拒绝批准。

(3) 支付复核。复核人应当对批准后的货币资金支付申请进行复核,复核货币资金支付申请的批准范围、权限、程序是否正确,手续及相关单证是否齐备,金额计算是否准确,支付方式、支付单位是否妥当等。复核无误后,交由出纳人员办理支付手续。

(4) 办理支付。出纳人员应当根据复核无误的支付申请,按规定办理货币资金支付手续,及时登记现金和银行存款日记账。

单位对于重要货币资金支付业务,应当实行集体决策和审批,并建立责任追究制度,防范贪污、侵占、挪用货币资金等行为。

2. 货币资金收入业务流程

对大多数非金融业企业而言其货币资金收入业务为销售收入,对于销售收入一般由销售人员先提供销货单和发运单据给财务人员,出纳根据银行提供的单据或者收到的现金编制收款原始凭证,交由会计编制收款凭证,再登记相关账簿,做到账账相符;同时,出纳定期将超额的现金,存入银行账户中,保证资金的完整安全。

【案例 6-1】

朗科科技的资金收支管理办法[①]

深圳市朗科科技股份有限公司(简称"朗科科技")有员工300多人,公司研发实力强大,拥有多项知识产权和专利,在移动存储和无线数据领域居于全球领先地位,并在美国硅谷设有分公司。公司推出的优盘(OnlyDisk)是世界上首批创造的基于USB接口、采用闪存(Flash Memory)介质的新一代存储产品。经过几年的快速发展,目前已形成优盘、优卡、优信通三大支柱产品。朗科科技的运营离不开良好的资金收支管理办法。

朗科科技资金收入管理制度规定:公司各有关人员收到现金后,须及时交由出纳员核点、收存;出纳员审核无误后填写银行进账单,并将现金及时存入公司基本户银行或其他指定银行。任何人不得挪用、坐支公款,或将其存入个人账户。严禁接收远期支票。签订有关资金收入的合同协议文件须填列公司银行账户,财务中心负责提供并复核银行账户。公司各有关人员收到支票、汇票后,须及时交由出纳员核验、收存;出纳员审核无误后再交由部门经理办理"背书"。完成"背书"、填写银行进账单等所有手续后,再由出纳员到银行办理托收手续。对公司在各开户单位直接代收的款项,出纳员应及时到开户单位取回单据或要求其客户经理及时送达回单(接受回单须当面办理签收手续)。

朗科科技资金支出管理制度规定:中国人民银行规定的结算起点(现行规定为1 000元)以下的零星支出,确因业务需要必须超"起点"使用现金的,有关部门须提出书面申请,报经部门负责人及公司总经理或其授权的其他人员审批。所有现金支付事项(付款凭据),须由有权签字人批准;批准手续不全的,不予办理。公司员工因公借用现金,须符合借款范围与额度要求,并须填写借款单,经所在部门负责人及公司总经理或其授权的其他人员审批后办理。严禁使用不符合财务制度的凭证顶替库存现金;严禁谎报用途套取现金;严禁利用公司账户替其他单位和个人存、取现金;严禁滞留账外公款(小金库)。资金支出事项,除在公司账户间的转账、提取备用金、外币外汇兑换、变换公司银行存款期限和种类等业务由财务中心负责人审批即可执行外,其他支出事项均须依据经办部门提供的合规发票及完整的付款审批手续资料办理。

公司日常费用支出依据公司预算和相关费用管理办法办理。收到经办部门支票领用单及相关批准资料后,财务中心负责审核该部门有无前期未报账(待结算)款项,本次业务支出是否纳入预算、业务审批、有权签字人及相关资料是否合规、完整。资金支出的账户安排:一般情况下从基本账户支出;特殊情况从其他账户支出须报经公司总经理或其授权的其他人员同意方可。

对于现金支出,财务中心收到借款单或现金报销单后,由负责报销的会计人员审核该项业务支出是否纳入预算、业务审批、有权签字人及相关资料是否合规、完整;对于无异议的支出事项进行制证,经主管会计审核凭证后,交出纳员办理付款手续。出纳员对现

[①] 引自朗科科技公司2011年2月28日公告《深圳市朗科科技股份有限公司资金收支管理办法》。

金收支业务应逐笔记载,做到日清月结,账款相符,原则上不允许发生现金未达业务。财务中心应有专人定期和不定期对账款情况进行核查,发现差异及时处理。

收入和支出对于企业现金流的管理起了巨大的作用,但是这两种业务,我们不可能"一把抓",这样既不利于工作的开展,易造成财务工作的混乱,甚至可能出现以收抵支的现象,同时也不利于监督。

6.1.2 货币资金业务职责分工

企业应当建立货币资金业务的岗位责任制,明确相关部门和岗位的职责权限,对货币资金业务相关人员的责任进行明确划分,确保办理货币资金业务的不相容岗位相互分离、制约和监督。完整的货币资金业务应该涉及出纳、会计、稽核和主管等岗位,表6-1是某企业对这些岗位人员的具体职责分工。

表6-1 货币资金业务相关人员的职责分工

岗位	职责
出纳	(1) 负责公司日常的费用报销。 (2) 负责日常现金、支票的收入与支出,信用卡的核对,及时登记现金及银行存款日记账。 (3) 每日核对、保管收银员交纳的营业收入。 (4) 每日盘点库存现金,做到日清月结,账实相符。库存现金不得超过公司规定的数额。 (5) 负责向银行换取备用的收银零钱,以备收银员找零。 (6) 信用卡的对账及定期核对银行账目,编制银行存款余额调节表。 (7) 月末与会计核对现金/银行存款日记账的发生额与余额。 (8) 每月配合人力资源部门编制好工资表,并协助发放。 (9) 完成领导布置的其他工作。
会计	(1) 审核记账凭证,做到凭证合法、内容真实、数据准确、手续完备。 (2) 账目健全、及时记账算账、按时结账、如期报账、定期对账(包括核对现金实有数)。 (3) 保证所提供的会计信息合法、真实、准确、及时、完整。 (4) 及时清理往来款项,协助资产管理部门定期做好财产清查和核对工作,做到账实相符。
稽核	(1) 负责财务稽核和会计报告工作。 (2) 负责审核原始凭证、记账凭证的签章的完整性;对不合格的记账凭证,责成有关人员查明原因,更正处理。 (3) 负责审核各种明细账、总账和会计报告,并核对相符。 (4) 参加起草、修订有关财务管理、会计核算方面的制度。 (5) 参与有关经济合同、协议的谈判、签订,对经济业务事项进行事前审核。 (6) 配合有关部门对基层单位核算制度执行情况进行指导、检查和监督。 (7) 协助财务部门经理加强会计基础管理工作。 (8) 完成月、季、年度财务报告工作。

(续表)

岗位	职责
稽核	(9) 办理会计证年检工作。 (10) 做好财务软件升级的审查,微机记账单位的定期检查验收工作。 (11) 制定会计核算科目体系。 (12) 完成领导交办的其他工作。
会计主管	(1) 贯彻执行国家财税法规政策,参与制定贯彻公司各项规章。 (2) 组织制订本公司的财务计划、银行借款计划,并组织实施。 (3) 负责组织固定资产和资金的核算工作。 (4) 负责按国家规定严格审查各类有关财务方面的事项,并督促办理解交手续。 (5) 负责审查或参与拟订经济合同、协议及其他经济文件。 (6) 负责向公司领导和董事会报告财务状况和经营成果,审查对外提供的会计资料。 (7) 定期或不定期地向公司领导、董事会报告各项财务收支和盈亏情况,以便领导进行决策。 (8) 负责组织会计人员学习政治理论和业务技术。 (9) 负责会计人员考核,参与会计人员的任用和调配。 (10) 参加生产经营会议,参与经营决策。

6.1.3 不相容职务分离与授权审批制度

根据《企业内部控制应用指引第 6 号——资金活动》的规定,企业办理资金收付业务,应当遵守现金和银行存款管理的有关规定,不得由一人办理货币资金全过程业务,严禁将办理资金支付业务的相关印章和票据集中一人保管。

不相容职务分离的基本要求是实行钱账分管,将负责货币资金收付业务的岗位和人员与记录货币资金收付业务的岗位和人员相分离。出纳人员不得兼任稽核、会计档案保管和收入、支出、费用、债权债务账目的登记工作。具体要点如下:

(1) 货币资金收付及保管只能由经过授权的出纳人员负责办理,严禁未经授权的机构或人员办理资金业务或直接接触货币资金。

(2) 业务规模较大的企业,出纳人员每天应将现金收入、现金支出有序地、逐笔地登记于现金出纳备查簿,而现金日记账和现金总账应由其他人员登记;规模较小的企业,可用现金日记账代替现金出纳备查簿,由出纳人员登记,但现金总账必须由其他人员登记。

(3) 负责应收账款账目的人员不能同时负责现金收入账目的工作,负责应付款项账目的人员不能同时负责现金支出账目的工作。

(4) 保管支票簿的人员不能同时负责现金支出账目和银行存款账目的调节。

(5) 负责银行存款账目调节的人员与负责银行存款账目、现金账目、应收账款账目及应付账款账目登记的人员应当相互分离。

(6) 货币资金支出的审批人员与出纳人员、支票保管人员以及银行存款账目、现金账目的记录人员应当相互分离。

(7) 支票保管职务与支票印章保管职务应当相互分离。

【案例 6-2】

某大型企业一人担任会计出纳 挪用公款 2 000 万元[①]

谭某平是江汉某建设公司施工五处的会计。近年来,该公司业务量猛增,而公司人手特别是财会人员奇缺,为解决这一矛盾,公司外地项目部门的会计、出纳往往由一人担任,谭某平就是其中之一。

刚开始谭某平还很自律,没有私自动用过一笔公款。2006 年,国内股市一片火爆,看见周边的朋友都在炒股,谭某平认为自己是正规本科院校会计系毕业,对经济也有一定研究,想进去大赚一把。但考虑到自己的资金比较少,投进去赚钱比较慢。于是,谭某平想到自己是项目部门的会计兼出纳,负责项目部门工程款的回收和项目部门经费的管理,何不先把项目部门的资金"借"出来投入股市,等项目部门需要用钱的时候再把股市的钱转到项目部门账上?

2007 年 2 月,鲁皖项目部门的业主将 200 万元工程款汇到了谭某平在山东曲阜的银行账户上,谭某平没有将这笔钱汇入公司,而是私自转到了公司在湖南项目部门的账户上,再转到自己的个人银行卡上。随后,他将 200 万元全部投进股市。刚进股市时,行情还比较好,谭某平也小赚了一笔。2007 年 7 月,湖南项目部门的业主又打过来一笔 237 万多元的工程款,谭某平将其中的 100 万元上交公司,将剩下的 137 万多元转进自己的银行卡,并投进股市。此后,股市开始进入熊市,谭某平挪用的公款也有了亏空。处在被套牢边缘的谭某平并没有停止炒股的脚步,而是希望再次"借"用公款投进股市,给自己带来更大收益。自 2007 年 11 月至 2008 年 3 月,谭某平先后 3 次共挪用公司 640 多万元投入股市。2008 年 3 月,股市从 6 000 多点跌到 2 000 多点,谭某平投入股市的近千万元资金,只剩下了近 200 万元。

为方便挪用公款,2009 年 1 月,公司湖南项目部门的临时公款账户到期被撤销后,谭某平还私刻公司印章和法人印章,伪造相关资料,仍以公司的名义在湖南一家银行开设临时公款账户。通过这一非法账户,谭某平又先后多次从多个项目部门挪用工程款 50 万元、挪用项目周转经费 110 万元。他将钱悉数投入澳门赌场豪赌,血本无归。

为弥补亏空,谭某平陷入了"挪用公款—投入赌场—亏空之后再挪用公款"的怪圈。2011 年 6 月 14 日,公司联系谭某平核对账目,心中有鬼的谭某平谎称在外地没有回公司。得知谭某平躲在家中后,公司纪委立即将其带回公司核对账目,发现公司有近 2 000 万元的亏空。

谭某平采取截留公款不入账、虚列支出等手段,挪用公款 2 099 万多元用于炒股、赌博及个人使用,案发时,尚有 1 981 万多元没有归还。法院一审以被告人谭某平犯挪用公款罪,判处其有期徒刑 15 年。此案反映出,一些企业将出纳、会计"一肩挑"做法的漏洞,不仅不符合我国有关企业内部会计监督制度的规定,而且会给企业带来巨大经济损失,得不偿失。

---

① 胡新桥、刘志月、朱尚雄,"某大型企业一人担任会计出纳 挪用公款 2000 万元",《法制日报》,2012 年 9 月 19 日。

企业应当对货币资金业务建立严格的授权审批制度,明确审批人对货币资金业务的授权批准方式、权限、程序、责任和相关控制措施,规定经办人办理货币资金业务职责范围和工作要求。审批人应当根据货币资金授权审批制度的规定,在授权范围内进行审批,不得超越审批权限。经办人应当在职责范围内,按照审批人的批准意见办理货币资金业务,对于审批人超越授权范围审批的货币资金业务,经办人有权拒绝办理,并及时向审批人的上级授权部门报告。

6.1.4 货币资金集中管理

在企业的财务管理过程中,货币资金业务由于金额大、种类多等特点,导致其内部控制具有一定的复杂性,而随着社会的进步和经济发展,企业的规模越来越大,跨国公司、大型企业和企业集团不断出现。这类企业的现金管理组织设立的核心问题就是企业总公司或母公司对其下属的分厂、分公司、子公司如何划分资金管理的权限,以及如何对其货币资金业务实施有效控制(为简便叙述,以下将这两者的关系称为企业总部与分部),而资金集中管理是一种经过实践证明的科学的财务管理制度。目前,很多世界知名的大企业集团都实行资金集中管理。《企业内部控制应用指引第6号——资金活动》也明确指出,"企业有子公司的,应当采取合法有效措施,强化对子公司资金业务的统一监控。有条件的企业集团,应当探索财务公司、资金结算中心等资金集中管控模式"。

1. 货币资金集中管理的基本目标

企业集团的资金集中管理,其基本含义是将整个集团的资金集中到集团总部,由总部统一调度、管理和运用。通过资金的集中管理,企业集团可以实现整个集团内的资金资源整合与宏观调配,提高资金使用效率,降低金融风险。

货币资金集中管理模式的目标有以下几点:

(1)减少资金重复投资,降低融资成本。该目标主要是为了提高资金的投资回报率,降低融资的财务成本。在许多大型企业,如中国石油、武钢、宝钢等,早前普遍存在母子公司、子公司之间的重复投资,这大大降低了资金的利用率,影响了投资的回报率;母子公司采用分别融资的方式给企业集团带来了沉重的财务负担。

(2)平衡资金需求,解决公司内部各个子公司以及母子公司间的资金闲置与缺乏问题。在我国的大型企业中,常常存在母公司或一些子公司盈利较好从而产生了一些未利用的闲置资金,而一些子公司由于暂时缺乏资金而进行外部筹资,这导致了闲置资金时间成本的浪费;同时另一些子公司由于进行外部融资而产生了财务费用,这给集团公司带来了双向浪费。

(3)加大对资金使用的监管力度。在企业集团经营过程中,应对子公司资金的使用实施监督,确保资金的安全和使用效率。

【案例 6-3】

釜山公司 3 亿元离奇失踪 中海集团再现资金门事件①

2008年1月31日,中国海运(集团)总公司爆出一桩中国航运界罕见的财务丑闻。中海集团驻韩国釜山公司的巨额运费收入及部分投资款,在春节前后查出被公司内部人非法截留转移。目前已确认的抽逃资金总额大约4 000万美元(约合人民币3亿元),主要涉案人员中海集团韩国控股公司的财务部门负责人兼审计李克江在逃。

中海集团成立于1997年7月,总部设于上海,釜山公司为中海集团韩国控股公司下属企业,主营集装箱业务。这起案件已是中海集团近年来发生的第二桩"资金门"事件。2006年6月起,中海集团就曾将所获得的银行短期贷款近25亿元人民币违规进行股票投资。在2007年被查出后,受银监会通报批评。再次发生此类案件,足以说明中海集团内部控制的严重缺失。

据知情人透露,此次被挪走的4 000万美元是被分成一百多次逐步挪出公司账户的,且主要是从中海集团驻韩国釜山公司包括运费在内的各种日常经营现金流中非法截留的。

2. 货币资金集中管理的基本职能

在货币资金集中管理下,为了协调总部与分部、分部与分部之间的利益关系,调动各方积极性,确保整体利益最大化,企业资金管理的职能必须既有利于确保企业整体利益最大化,又能充分调动各分部积极性。那么,企业应该如何构建货币资金集中管理体系呢?

【案例 6-4】

中铝的整合之道②

"从今往后,现金由公司统一管理,子公司不再有投融资权。"2001年在中国铝业股份有限公司(简称"中铝")的一次重要会议上,中铝CFO陈基华话音未落,马上就有人质问:"我拿到的贷款能在基准利率基础上下浮五个百分点,你行吗?"

一下子,几十双眼睛都聚焦在陈基华的身上。

"我要是拿的贷款利率比你高,这个位置你来坐!"当然,这个位置还是由陈基华坐了下来。作为CFO,陈基华比谁都清楚,既然代表中铝跟银行总行谈,拿的利率一定比子公

---

① 引自胡怡琳,"釜山公司3亿元离奇失踪 中海集团再现资金门事件",《经济观察报》,2008年4月13日。
② 姚亚平,"整合之道",《首席财务官》,2005(12)。

司拿的低。

2001年，中铝上市在即。为吸引美国投资者，公司必须按国际标准来制定企业的财务战略，首当其冲的就是建立集中化的财务管理体系。

边上市，边集中，经过几年的艰难整合，陈基华可以骄傲地宣称，中铝已经成功建立起收支两条线以及清晰可控的财务集中控制体系。坐在北京总部的办公室里，陈基华可以实时看到公司所有的信息，包括生产经营中心的生产进度、营销中心的销售收入、投资中心的投资项目等等，甚至他还可以清晰地看到企业的血液——现金流是如何流进流出的。

为了确保企业整体利益最大化，企业在构建货币资金集中管理体系时应该强调以下四种基本职能：

(1) 集中筹集资金。企业为了整体利益的最大化，应该用最有效的方法从外部筹集资金，即取得资金成本最低的资金来源。企业总部筹资的目标之一，就是要将企业风险控制在一个适当的范围，使企业整体加权平均资金成本达到最低。企业整体有其综合的经营风险和财务风险，总部必须从综合的角度来分析企业风险，从企业整体利益出发考虑筹资方式，使企业整体资金来源结构最优化。这就要求企业总部控制各分部只从局部利益出发考虑自身最优化的筹资行为，用集中筹资的方式取而代之。另外，总部经营项目比较分散，经营风险较分部低，加之总部资本较分部雄厚，偿债能力强，承担风险的能力大于分部。由总部集中筹资可降低投资人的投资风险，使投资者愿意降低投资收益率。因此，由总部集中筹资更容易获取低资金成本的利益。

(2) 集中使用资金。企业内各分部资金运转的不一致性是企业总部可以从集中使用资金中获利的客观基础。集中使用资金的基本目的有两个：一是加速资金周转，提高资金的使用效率，降低成本，增加收益；二是确保企业战略目标的实施。企业总部可通过设立内部结算中心等组织机构达到集中使用资金的目的。此外，内部结算中心还可以起到调剂内部各分部间余缺的作用，即将一些分部暂时闲置的资金调剂给另一些资金不足的分部，使企业资金发挥更大的效益。集中使用资金的另一个目的是确保企业整体利益最大化的实现。企业总部通过集中使用资金，一方面可控制各分部实施对企业整体不利的投资项目，另一方面可以充足的资金保证有利投资项目的顺利实施。总之，集中使用资金有助于确保企业整体利益最大化目标的实现。

(3) 调剂分部现金流量。企业总部为了整体利益必须人为地控制各分部的现金流入量和流出量。这种控制除前述的资金集中筹集和集中使用外，更常用和有效的方法是制定对总部最佳的转移价格。总部为分部之间的劳务和产品交易制定内部转移价格，可以使各分部现金净流量发生很大变化。集团总部可通过转移价格调节各分部的收益，缩小企业内部的不平衡，确保各分部的生产经营活动能正常进行，消除企业内的诸种矛盾，这样可以有效地刺激低收益分部的积极性，从而保证了企业整体利益的顺利实现。

(4) 强化风险管理。企业采用现金集中管理模式对资金实施集中管理，有利于加强风险管理，在一定程度上可以有效降低企业内部财务舞弊现象的发生。比如中国石油很早就开始实施收支两条线，即实行资金流入和流出分开管理。一方面，一切资金流入必须进入收入专用户,并按日上划股份公司,由股份公司集中、统一支配;另一方面,一切资金流出由股份公司根据资金计划统一调拨到地区公司支出账户,地区公司再对外支付。这样一来,可以大大降低地区公司私设"小金库"、坐支现金等现象发生的可能性。

【案例 6-5】

海尔"落子"财务公司 筑起新的金融运作平台①

"我们的目标是零运营资本。"2002 年 9 月 16 日,海尔集团财务有限公司开业仪式上,海尔集团 CEO 张瑞敏一语概括了海尔财务公司的任务目标。

其实,这还只是注册资本 5 亿元的海尔财务公司的近期目标。更远大的前景是,海尔财务公司的成立意味着海尔筑就了国际化经营的全球金融运作平台。

非银行金融机构

我国从 1987 年开始在企业金融方面进行探索,国内的财务公司是以大型企业集团母子公司为股东出资设立,业务上接受人民银行管理、协调、监督和稽核,独立核算、自负盈亏、自主经营、依法纳税的企业法人。

实践证明,财务公司促进了企业集团的综合管理和金融控制,符合规模经济原则,降低了企业运营风险和成本,并直接或间接地形成了企业集团新的利润增长点。国际经验更表明,产业资本与金融资本的融合是企业集团加快国际化发展的最佳途径,全球 500 强企业中,2/3 以上均有自己的财务公司。GE、通用、福特、摩托罗拉、爱立信、西门子、英特尔等都是通过财务公司实现了产融结合与共同发展,它们设立的财务公司业务广泛,涉及集团内部资金管理、消费信贷、买方信贷、设备融资租赁、保险、证券发行及投资等等,并且盈利能力都很强,成为集团业务的重要组成部分。

为海尔加速

"海尔财务公司要成为海尔的提速机而不是提款机。"张瑞敏这样强调财务公司的职责。

由海尔集团公司、青岛海尔空调器有限总公司、青岛海尔电子有限公司、青岛海尔空调电子有限公司等四家集团成员单位共同出资组建的海尔财务公司,近期定位是成为海尔集团流程整合的资金集约化管理中心;长期定位是成为海尔集团国际化经营的全球金融运作中心。

海尔财务公司是建立在良好的资信基础上的。十几年来,海尔集团在金融界建立了良好的信誉,成立至今,所有发生的贷款本息均能按期、及时、足额偿还,从未发生过逾期及拖欠利息现象。已连续多年被中国银行山东省分行、建设银行青岛市分行、农业银行青岛市分行评为"AAA"信用等级;2002 年 6 月又被工商银行青岛市分行评为"AAA"级企业。

海尔财务公司的建立,无疑为海尔的国际化战略插上了双翼。海尔集团在 17 年的

---

① 改编自胡考绪、刘成,"海尔'落子'财务公司 筑起新的金融运作平台",《经济日报》,2002 年 9 月 18 日。

发展中,在集团资产规模的飞跃发展和众多子公司派生的同时,货币资金的空间差、时间差、行业差和流程环节差,影响了资金有效运作。尤其是海尔集团国际化后,汇率风险的高低成为制约集团国际化速度的瓶颈,因此也需要专门的金融机构来统一管理与运作。而成立财务公司,进一步实现企业的金融创新,培育金融功能,是提高海尔集团核心竞争力,迎接加入世界贸易组织的挑战的必备手段,同时也是海尔集团迈入新经济时代,冲击世界500强的金融加速器,是加速构筑海尔国际化大企业框架的重要一环,对海尔集团有着极为重要的战略意义。

不落地的资金流

海尔一直颇为看好 GE 公司在全球 24 小时不落地的资金流动模式,海尔财务公司的成立为海尔实现这个目标提供了可能。至少目前,海尔已能够实现集团内部资金结算的零在途。

对于海尔来说,财务公司可以帮助海尔实现两个整合,即企业内部资金的整合和企业外部银行资源的整合。它形成了一个金融超市,既有自己的产品(如吸收成员单位3个月以上定期存款;发行财务公司债券;同业拆借;对成员单位办理贷款及融资租赁;办理集团成员单位产品的消费信贷、买方信贷及融资租赁;等等),又可以代理外部银行的金融产品(如同业拆借业务、银团贷款业务等),亦可整合各家之长,共同为客户量身定做金融产品,实现金融同业合作的双赢。

总之,财务公司的成立将使资金"血液"在海尔庞大的身躯中,流动得更加通畅、快捷和安全。

---

3. 货币资金集中管理的组织形式

企业集团要实现货币资金的集中管理,需要设置相应的资金集中管理组织。在实践中,我国企业集团实现现金集中管理主要采用以下几种组织形式:

(1)结算中心。它是设置于母公司内部的职能部门,其业务涵盖资金管理、融资、结算、风险控制、运作和计划等。一般模式是集中统一管理集团成员单位的资金,统一对外融资和纳税,同时集团成员单位有偿使用流动资金,通过结算中心办理内外结算业务。

(2)财务中心。它是对集团所有成员单位的财务和会计业务进行管理的母公司内部职能部门,是实现财务集约化管理的一种形式。财务中心是一种高度集权化的资金管理方式,其重要功能就是强化对成员单位采购、生产、仓储、销售、财务和人力资源管理等业务的控制,优化业务流程。它对企业财务基础的要求较高,需要信息化管理手段的配合。

(3)内部银行。它也叫做模拟银行,是将银行的基本职能与管理方式引入企业内部管理机制而建立起来的一种内部资金管理机构,主要职责是进行企业或集团内部日常的往来结算和资金调拨、运筹,具体包括以下几方面:① 设立内部结算账户;② 发行支票和货币;③ 发放内部贷款;④ 筹措资金;⑤ 制定结算制度;⑥ 建立信息反馈制度;⑦ 银行化管理。

(4)财务公司。它是以加强集团资金集中管理和提高集团资金使用效率为目的,为集团成员单位提供财务管理服务的非银行金融机构。集团财务公司的业务范围和模式与结算中心类似,只不过它是一个独立核算的法人,而非母公司的内部职能部门。它可以把资金运作引发的财务风险外部化并进行有效控制,但由于它要自负盈亏、自主经营,有时候会影响对集团资金运作决策的贯彻力度。财务公司的设立、变更、业务范围、监督管理与风险控制,应当遵守中国银监会 2006 年修订的《企业集团财务公司管理办法》。

6.2 现金控制

本节讨论的主要是库存现金,指存放于企业并由出纳保管的现钞,包括人民币和各种外币。

6.2.1 现金内部控制目标

由于现金是企业流动性最强的资产,企业必须加强对现金的管理控制,明确现金内部控制目标,以确保应收现金均能收回,并做好准确的记录;所有的现金支出都应按照经批准的用途支付,保证支付无误。现金内部控制目标归纳为以下几个方面:

1. 现金核算准确可靠

虽然现金在资产总额中所占比重不大,但在经营活动中起关键作用,任何经营环节都必须有现金作为保证。由于现金资产在会计记录上和业务处理中发生错误和舞弊行为的情况较多,同时,在报表上所反映的现金余额会对企业管理层决策造成极大的影响,因此企业应如实记录现金收支,准确核算,并在会计账簿和报表中准确列示,同时还应当监督和反映坐支和非法占有现金等行为。

2. 现金业务合法合规

现金的内部控制制度是为了保证企业经营中现金的需要,必须对每笔现金支出和收入结合其他业务进行严格的审批。企业应根据《现金管理暂行规定》和相关的财务制度,对现金支出和收入业务严格审核,以保证企业现金收支业务合法合规。

3. 现金结算及时可用

现金使用的频繁性,要求企业随时能够提供一定数额的现金。管理层必须意识到,不是所有的现金都可用于采购和支付日常经营费用。企业应保持相对数额的现金,以应付一些特殊用途的需要。企业应该合理安排现金收支时间,适当选择现金收支方式,提高资金使用效率,便于管理层能够按照经营需要灵活使用资金。

4. 现金资产安全完整

企业应当完善现金存储制度,加强现金的保管力度,安全地放置现金资产,对于超过限额部分,及时送存银行,防止现金遭到盗窃、抢劫、贪污、挪用等,保证现金资产安全完整。

6.2.2 现金内部控制内容

明确了企业现金内部控制的目标之后,接下来就应该开展具体的现金管理活动,但是如果缺乏规范的处理方式,往往将事倍功半。因此,企业为加强现金管理,规范现金结算行为,需要根据国家《现金管理暂行条例》,结合本公司实际情况,明确现金内部控制的内容。

1. 库存现金限额的控制

单位应当加强现金库存限额的管理,超过库存限额的现金应及时存入银行。按规定,企业一般可按三至五天的日常零星开支所需现金核定库存现金的限额。企业不能超出核定的库存现金限额留存现金,超出核定的库存现金限额的现金应及时送存银行。

2. 现金收支的控制

(1) 单位必须根据《现金管理暂行条例》的规定,结合本单位的实际情况,确定本单位现金的开支范围。不属于现金开支范围的业务应当通过银行办理转账结算。

(2) 不准擅自坐支现金。单位现金收入应当及时存入银行,不得用于直接支付单位自身的支出。坐支现金容易打乱现金收支渠道,不利于开户银行对企业的现金进行有效的监督和管理。企业支付现金,可以从本单位库存现金限额中支付或者从开户银行提取;超过一定限额的现金支出,应当使用支票。不得从本单位的现金收入中直接坐支,因特殊情况需要坐支现金的,应当事先报经开户银行审查批准,由开户银行核定坐支范围和限额,坐支单位应定期向开户银行报送坐支金额和使用情况。

(3) 单位借出款项必须执行严格的授权批准程序,严禁擅自挪用、借出货币资金。

(4) 单位取得的货币资金收入必须及时入账,不得私设"小金库",不得账外设账,严禁收款不入账。

(5) 收入现金应及时送存银行,企业的现金收入应于当天送存开户银行,确有困难的,应由开户银行确定送存时间。

(6) 不准编造用途套取现金。企业在国家规定的现金使用范围和限额内需要现金,应从开户银行提取,提取时应写明用途,不得编造用途套取现金。

3. 现金记录的控制

企业应当建立、健全现金账目,经常核对检查库存现金与账簿记录是否相符。现金账目应当逐笔记载现金支付,做到日清月结,账款相符。企业应当定期和不定期地进行现金盘点,确保现金账面余额与实际库存金额相符;发现不符,应及时查明原因,作出处理。

4. 其他方面的控制

(1) 不准用不符合财务会计制度规定的凭证顶替库存现金;

(2) 企业之间不得相互借用现金;

(3) 不准利用存款账户代其他单位和个人存入或者支取现金;

(4) 不得将单位收入的现金以个人名义存入储蓄;

【案例 6-6】

出纳挪 103 万元买彩票全赔光，无力偿还获刑 7 年半[①]

　　李某今年 24 岁，在一家生物公司工作，买"重庆时时彩"，打网游，成了他下班之后的主要娱乐方式。李某的家庭条件并不优越，父母都在工厂打工，而李某每月的工资也只有一两千元。起初，李某买彩票的数额并不大，买了几次之后中过一些奖，尝到甜头之后，李某越陷越深。买彩票的花销越来越大，眼看着自己兜里没有多余的钱了，便打起了公款的主意。李某利用自己出纳的身份，背着经理做了两套账目，其中一个是记录自己从公司转账花销的，另一个则是给经理看的，在这套账目上，公司账目十分清楚，并没有额外花销。做好假账之后，李某还在银行开了个账户，不定期将公款转到该账户上；起初转一两千元，后来则是几万元，数额大时甚至十几万元。钱到账后，李某便取出来购买彩票。

　　据办案法官介绍，李某有一种赌博心理，眼看着从公司账户转出的钱越来越多，总觉得自己会中大奖，这样就可以把挪出来的钱再不知不觉地还回去，不过事实并不像李某想的那样。从 2011 年 3 月至 2012 年 9 月，李某先后 11 次以电汇转账的方式，从公司账户中挪用款项 103 万元。除了购买彩票之外，还有部分钱用于支付网游中的游戏装备花费。2012 年年底，银行到生物公司对账，发现了猫腻，随后经理找到担任出纳的李某，李某全部承认了。起初公司并不想追究，只希望李某将挪用的款项全部归还，但李某称这些钱全都花完了，自己也没有能力偿还。无奈经理只好报警，民警将李某抓获。随后公司希望李某能联系家人把这笔钱还上，但得知李某家庭状况之后，只好作罢，但不放弃追缴的权利。

　　近日李某在即墨法院受审，法院认为李某作为企业工作人员，利用职务上的便利，挪用本单位资金，数额巨大，而且拒不退还，行为已经构成了挪用资金罪。经法院一审判决，李某获刑 7 年零 6 个月。

　　李某利用职权不断挪用企业资金，企业在一年多的时间都没有发现问题。企业在现金的内部控制上存在一定的缺陷，导致李某产生现金违法行为，例如，私自开设账户，不定期将企业公款资金转入自己账户。企业现金记录的控制也存在问题。企业并没有定期和不定期地进行现金盘点，确保现金账面余额与实际库存金额相符，而是直到银行到企业对账，才发现了猫腻。

6.2.3 现金支出业务主要风险及应对措施

　　为了满足日常营运的需要，企业必须在任何时刻都持有适量的现金，同时由于现金

[①] 引自王婷，"出纳挪 103 万元买彩票全赔光，无力偿还获刑 7 年半"，《青岛早报》，2013 年 9 月 29 日。

具有极强的流动性,现金业务的风险要远远高于其他的货币资金。在现金业务风险中,现金支出业务和现金收入业务的风险是最重要的组成部分,现金内部控制应在现金收支的主要业务环节上设置关键控制点进行控制,使现金收支业务始终围绕着企业目标正常、有序、安全地进行。一般而言,企业现金支出业务的流程划分和主要风险如图6-1所示,基本控制措施如表6-2所示。

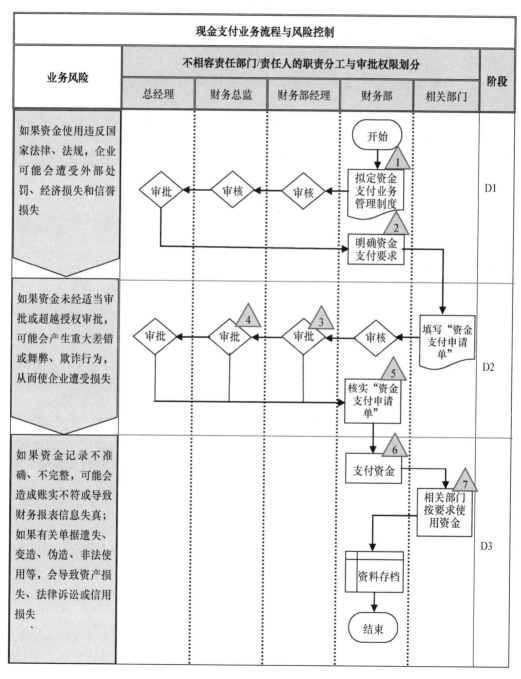

图6-1　现金支付业务流程与风险控制

表 6-2 现金支付业务流程控制

控制事项		详细描述及说明
阶段控制	D1	（1）企业财务部门要根据国家法律、法规并结合自身情况，拟定资金支付业务管理制度； （2）财务部门根据资金支付业务管理制度的相关规定，进一步提出资金支付的相关要求；
	D2	（3）财务部门经理根据自身审批权限审批相应的额度，审批额度超出自身审批权限的，需要由财务总监审批； （4）财务总监根据自身的审批权限审批相应的额度，超出自身审批权限的，需要由总经理审批； （5）审批签署"资金支付申请单"后，资金专员要核实申请单是否符合企业的相关规定；
	D3	（6）通过资金专员审核之后，根据"资金支付申请单"上批准的额度，出纳支付资金给申请部门； （7）资金申请部门按照要求使用资金。
相关规范	应建规范	□ 资金支付业务管理制度
	参数规范	□《企业内部控制应用指引》 □《企业会计准则——基本准则》 □《内部会计控制规范——货币资金（试行）》
	文件资料	□ 资金支付申请单
	责任部门及责任人	□ 财务部门、相关部门 □ 总经理、财务总监、财务部门经理、资金专员

6.2.4 现金收入业务主要风险及应对措施

现金收入业务是企业货币资金的主要来源之一，不存在只有现金支付业务，而无现金收入业务的企业。现金收入业务的好坏，对企业现金流有着极大的作用，是企业利润的来源之一；现金收入业务的好坏，往往能够决定一个企业是否能持续经营和稳健发展。因此对现金收入业务的风险，采取相应的应对措施有着一定的必要性。

1. 现金收入业务的主要风险

（1）少记金额。出纳员或收款员故意将现金收入日记账合计数加错，使现金收入日记账合计数少记，导致企业现金日记账账面余额减少，从而将多余的库存现金据为己有。

（2）涂改凭证金额。会计人员利用原始凭证上的漏洞或业务上的便利条件，乘机更改发票或收据上的金额。现金收入业务中，会计人员通常把凭证金额改小，占有多余的现金。

（3）票据凭证的真实性。撕毁票据或收据，是指会计人员或出纳人员对收入现金的票据或收据，乘机撕毁，再利用工作上的便利条件，占有现金。会计人员或出纳人员利用内部控制上的漏洞和工作上的便利条件，用窃取的收据向客户开票，从而将现金收入私自隐匿并据为己有。

（4）是否频繁大量使用现金。按照规定,对于金额较大的收支业务,应通过银行转账的方式进行结算。但在实际工作中,存在着大量使用高额现金的收支业务,这为会计人员贪污现金收入提供了方便的条件。

（5）职责划分是否明确。是指出纳人员是否插手会计工作,一个人既管钱又管账。

（6）账簿和凭证是否真实完整。出纳员或收款员利用职务上的便利条件或经手现金收入的机会,在收入现金时,既不给收款方开具收据或发票,也不报账或记账,直接将现金据为己有。或者出纳员、收款员在复写纸的下面放置废纸,利用假复写的方法,使现金收据存根联和收款联上的金额小于实际收到的现金金额和付款方记账用的记账联上的金额,从而贪污差额部分。

（7）挪用现金。挪用资金主要有两种方式。第一,利用现金日记账挪用现金。总账登记往往是相隔一段时间登记一次,当登记现金日记账并进行账账和账实核对后,就可利用尚未登记总账之际,采取少加现金日记账收入合计数或多加现金日记账支出合计数的手段,来达到挪用现金的目的。第二,延迟入账,挪用现金。收入的现金应及时入账,并及时送存银行,如果收入的现金未制证或虽已制证但未及时登记入账,就给出纳人员提供了挪用现金的机会。出纳人员利用商业信用的方法,循环入账,挪用现金。出纳人员可在收到一笔应收账款现金后,暂不入账,而将现金挪作他用,待收到下一笔应收账款现金后,用下一笔应收账款收取的现金抵补上一笔应收账款,会计人员继续挪用第二笔应收账款收取的现金,如此循环入账,永无止境。

2. 收入业务的主要风险应对措施

（1）少计金额的应对措施:分工登记现金账簿。出纳员根据现金收付凭证登记现金日记账,分管会计人员根据收付凭证登记与现金对应科目的相关明细账,总账会计登记总分类账。

（2）凭证金额涂改的应对措施:会计主管人员或其指定人员审查现金收入原始凭证。

（3）凭证真实性的应对措施:控制发票或收据的数量及编号,建立收据销号制度,监督收入款项入账。

（4）频繁大量使用现金的应对措施:单位现金收入和超过库存限额的现金应及时送存银行,以保证现金的安全。

（5）职责不分离的应对措施:做好不相容职务分离控制,现金的收支、保管、稽核与会计账簿的登记要严格分离,由两人或两人以上分工掌管。

（6）账簿和凭证完整性的应对措施:填制收款原始凭证(收据或发票)与收款的职责分开,由两个经手人分工办理,其目的是使开票人和收款人之间互相牵制。

（7）挪用现金的应对措施:将现金日记账中收入方记录日期与收款凭证上的制证日期进行核对,以查证出纳是否收到现金后未及时编制收款凭证并登记入账,从而挪用公款。

6.2.5　备用金和"小金库"的管理

备用金指定专人负责管理,按照规定用途使用,不得转借给他人或挪作他用。由于备用金往往是贪污舞弊分子的下手点,因此在现金管理中,备用金的管理是一个重点的内容。而"小金库"是指违反法律法规及其他有关规定,应列入而未列入符合规定的单位账簿的各项资金及其形成的资产,往往以现金或有价证券的形式为主。因为设立"小金库"是一种违反法律法规的行为,所以在现金管理中一定要防止这种行为的产生。

1. 备用金管理

为了防止备用金成为贪污舞弊分子挪用资金的来源,需要对备用金加以控制。而备用金往往是根据业务开展而使用的,所以对备用金的控制应从事前、事中和事后三个方面进行。

(1) 事前控制。首先确定单位应建立哪些定额备用金,再确定每笔备用金的金额。明确备用金的保管人,制定该项备用金的补足和支付记录制度。

(2) 事中控制。备用金的使用必须有发票等原始凭证来证实该笔支出。发票应由备用金使用者的审核人签字,在某些情况下,备用金的支付必须得到事先批准。

(3) 事后控制。内部审计人员或其他独立的职员应不定期地清点备用金。备用金的余额和已支付凭证的合计数应与备用金的固定金额相等。当备用金余额在规定数额以下时,备用金保管人可将已支付凭证交给会计部门,会计部门批准后,由出纳按定额补足该备用金。各备用金的余额应定期与控制该备用金的总账余额相核对。

【案例 6-7】

虚构备用金　会计贪污 454 万元[①]

2007 年 9 月 15 日至 12 月 23 日,被告人黄某利用担任丰城市尚庄街道办事处会计的职务便利,采取欺骗手段取得街道出纳熊某(已判刑)保管的财务专用章,以虚构支取备用金等名义,用银行转账支票,先后 6 次从尚庄街道办事处账上支取公款 20 万元供自己赌博用。同年 12 月 29 日,被告人黄某将挪用的 20 万元公款归还街道办事处账户。

2008 年 1 月 1 日至 2009 年 9 月 17 日,被告人黄某利用担任尚庄街道办事处会计的职务便利,采取欺骗手段取得街道出纳熊某保管的财务专用章,以虚构付工程款、取备用金的名义,用银行转账支票、银行结算业务申请书,先后 15 次从尚庄街道办事处账上支付公款到本人及陈某的银行卡上,支取 313.2 万元供自己赌博用。2012 年 3 月,被告人

---

① 罗素静、余丽萍等,"江西小会计贪污挪用公款 454 万元去赌博获刑 19 年",《江南都市报》,2012 年 6 月 1 日。

黄某退款 9.772 万元到街道办事处。

2008 年 8 月 9 日至 2009 年 6 月 1 日,被告人黄某利用兼任丰城市冈源工业园绿丰开发有限公司会计的职务便利,采取欺骗手段取得该公司出纳夏某保管的财务专用章,以虚构支取备用金的名义,用银行现金支票、银行结算业务申请书,先后 17 次从绿丰开发有限公司账上支付公款到本人及陈某的银行卡上,支取 121 万元供自己赌博用。

一审法院认为,被告人黄某,身为国家工作人员,利用财会人员的职务便利,挪用公款进行赌博活动,情节严重,其行为构成挪用公款罪。被告人黄某多次挪用的公款难以在单位财务账目上反映出来,且未归还,其行为又构成贪污罪。黄某涉案金额 454 万元,法院为此数罪并罚,依法作出判决。判处被告人黄某有期徒刑 19 年,剥夺政治权利 5 年。

2. "小金库"行为的杜绝

"小金库"在某些方面已经成为腐败现象产生的温床,严重扰乱了财经管理秩序。"小金库"是铺张浪费、奢靡享受、违法乱纪的重要资金来源,诱发和滋生了一系列腐败现象。因此,在现金管理之中要杜绝"小金库"行为的发生。

(1) "小金库"的主要表现形式。违规收费、罚款及摊派设立"小金库",用资产处置、出租收入设立"小金库",以会议费、劳务费、培训费和咨询费等名义套取资金设立"小金库",经营收入未纳入规定账簿核算设立"小金库",虚列支出转出资金设立"小金库",以假发票等非法票据骗取资金设立"小金库",上下级单位之间相互转移资金设立"小金库",等等。

(2) 杜绝"小金库"行为的措施。第一,控制银行开户。一些单位经常以各种理由在同一银行的不同营业机构和场所开立账户,或者同时跨行开户、多头开户、随意开户,将单位公款以职工个人名义存入银行,单位这样做的目的经常是在搞"小金库",方便支取。第二,控制各项收入和支出。对各项收入和支出实施有效的监督,加强稽核,通过对会计凭证、账簿的审查,发现蛛丝马迹,防止收入流失,资金转移。第三,建立健全举报有奖机制。分配不均的时候,自然有人不平衡,举报有奖机制使上级单位可以更有效地发现"小金库"的存在。第四,加大惩处力度。发现"小金库"后,对相关单位负责人要严加处置,加大力度,使私设"小金库"的人望而却步。

【案例 6-8】

"小金库"的危害[①]

1. 国航华北空管局内蒙古分局设立"小金库"案

2002—2008 年,内蒙古分局原局长陈某指使该局部分干部采取虚假发票报账等手段,从单位账内套取资金或截留收入私设"小金库",并使用部分"小金库"资金注册成立

---

① 根据新华社相关报道整理。

11 家公司。公司成立后,陈某指派内蒙古分局部分中、基层干部担任公司经理,并指使部分经理采取假发票报账、虚列人员支出、经营收入不入账等手段,在上述公司中设立"小金库"15 个,涉及金额达 1.28 亿元。在检查"小金库"问题期间,陈某向内蒙古呼和浩特市赛罕区人民检察院自首。2010 年 12 月 14 日,呼和浩特市中级人民法院判处陈某有期徒刑 15 年。

2. 山东省青岛市福利彩票发行中心顶风违纪私设"小金库"案

2010 年 6 月 30 日,青岛市福利彩票发行中心将"群英会"彩票游戏保证金 2 070 万元以借款名义转移到该中心主任王某为法人代表的青岛福彩养老集团。同时,该中心还将收取的"中福在线"营业厅押金和宣传费合计 560 万元转移到青岛市市南区湛山农工商公司账户,设立"小金库";对价值 1 600 万元的游艇未入账,形成"小金库"。新闻发布时,青岛市检察机关已对此案进行立案侦查。

3. 凤凰光学集团有限公司违规设立"小金库"案

凤凰光学集团有限公司在 2000 年以前就已设立"小金库",涉及面广,基本上从总部到下属单位都有"小金库",专案组查实集团总部及下属单位"小金库"47 个,"小金库"金额历年滚动累计近 3 亿元,收支相抵后结余资金共计 190 多万元。原凤凰集团涉案的主要领导班子人员凡从"小金库"里拿钱的,全部追回上缴,任某、王某等 6 名涉嫌违法的企业中、高层管理人员已移送司法机关处理。

三起"小金库"案件揭示,"小金库"往往会导致会计信息失真,扰乱经济秩序。"小金库"采取隐匿收入、虚列支出、假发票报账的方式转移资金,应该在单位会计账上反映的收入没有入账,发生的支出业务是虚列开支套取资金,导致会计信息失真,为滥发奖金、招待应酬和职务消费等开辟了通道。同时,"小金库"问题违背了科学发展观的要求,造成国家财政收入和国有资产流失,扭曲了市场对资源的合理配置,削弱了政府宏观调控能力,影响了经济平稳较快发展。

因此,应该加强对企业的现金管理,杜绝"小金库"的出现。

6.3 银行存款控制

银行存款,是指企业存放在银行和其他金融机构的货币资金。企业根据业务需要,在其所在地银行开设账户,运用所开设的账户,进行存款、取款以及各种收支转账业务的结算。银行存款账户分为基本存款账户、一般存款账户、临时存款账户和专用存款账户。银行存款往往占据了企业的大部分资金,银行存款的管理出现了问题,往往会给企业的资金链造成极大的影响。为了保证正确合理地使用银行存款,保证企业银行存款的安全和完整,企业必须对银行存款进行合理的管控。

6.3.1 银行存款内部控制目标

1. 确保银行存款收付的合法、合理和正确

企业应严格执行国家有关货币资金管理的重要法规,按照国家有关货币资金管理和内部控制的有关法规,认真审核银行存款的收入来源和支出用途,确保银行存款收付的合法、合理;有效地组织银行存款的收支,正确计算和准确收付银行存款的金额,避免错收或误付及违法乱纪行为的发生;监督并且揭露坐支、私分、私存和非法占用等违法违纪行为。

2. 确保银行存款收付的适当和及时

合理安排银行存款收支结算的时间,及时办理收付结算;适当选择现金收支的方式和银行结算方式,按各种不同银行结算方式的使用范围、使用条件及结算程序合理安排款项结算;避免提前或逾期付款,避免逾期托收、误期拒付,避免银行结算方式的不当使用;加快资金回笼,提高资金使用效率。

3. 确保银行存款的安全与完整

企业应通过银行存款内部控制,确保银行存款的安全,防止银行存款被盗窃、诈骗和挪用。此外,还应检查企业收入是否全部入账,防止私设"小金库"等侵占企业收入的违法行为发生。

4. 确保银行存款记录的真实可靠

企业应通过银行存款内部控制,确保记录真实可靠,并指定专人定期核对银行账户,每月至少核对一次,编制银行存款余额调节表,调节银行存款账面余额与银行对账单余额相符。如调节不符,应查明原因,及时处理。

6.3.2 银行存款业务主要风险及应对措施

1. 银行存款业务的主要风险

(1)制造余额漏洞。会计人员利用工作上的方便条件和机会及银行结算业务上的漏洞,故意制造银行存款日记账余额上的漏洞,来掩饰利用转账支票套购商品或擅自提现等行为。也有的在月末结算银行存款日记账试算不平时,乘机制造余额漏洞,为今后贪污作准备。

(2)私自提现。会计人员或出纳人员利用工作上的便利条件,私自签发现金支票后,提取现金,不留存根,不记账。

(3)移花接木和公款私存。在会计账务处理上,将银行存款收支业务同现金收支业务混同起来编制记账凭证,采用移花接木的手法,用银行存款的收支代替现金的收支,从而套取现金并据为己有,或者利用经管现金收支业务及银行存款业务的便利条件,将公款转入自己的银行账户,从而达到侵吞利息或长期占用单位资金的目的。

（4）出借转账支票。非法将转账支票借给他人用于私人营利性业务的结算，或将空白转账支票为他人做买卖充当抵押。

（5）转账套现。会计人员或有关人员通过外单位的银行账户为其套取现金。收到外单位的转账支票存入银行时，作分录借记"银行存款"，贷记"应付账款"；提取现金给外单位时，作分录借记"现金"，贷记"银行存款"，同时借记"应付账款"，贷记"现金"。

（6）涂改银行对账单。涂改银行对账单上的发生额，从而掩饰从银行存款日记账套取现金的事实。

（7）支票套物。擅自签发转账支票套购商品或物资，不留存根，不记账，将所购商品或物资据为己有。

（8）入银隐现。以支票提现时，只登记银行存款日记账，不登记现金日记账，从而将提出的现金据为己有。

（9）套取利息。会计人员利用账户余额平衡原理，采取支取存款利息不记账的手法将其占为己有。单位贷款利息，按规定应抵减存款利息后列入财务费用。月终结算利息时，若只记贷款利息而不记存款利息，银行存款日记账余额就会小于实有额，然后再把支出利息部分款项不入日记账，余额就自动平衡，该项利息也就被贪污了。

2. 银行存款业务的风险应对措施

（1）针对余额漏洞的应对措施。月末由稽核员或其他记账人员核对银行存款日记账、与银行存款有关对应科目明细账和总分类账，核对银行存款账簿可及时发现核算错误，保证账账相符和记录正确。

（2）针对私自提现的应对措施。支票应根据编号，按顺序签发，未使用的空白支票应妥善保管；作废支票应加盖"作废"戳记并与存根联一起保存在支票本内，保持号码的连续性和完整性；同时应设置支票登记簿，对已经使用和作废的支票在登记簿上作详细记录。

（3）针对移花接木和公款私存的应对措施。出纳员根据银行存款收付记账凭证登记银行存款日记账；会计人员根据收付凭证登记相关对应账户明细账；总账会计登记银行存款总账；各记账人员在记账凭证上签章，分工登记账簿，可保证银行存款收支业务有据可查，并保证各账之间相互制约，防止舞弊。

（4）针对出借转账支票的应对措施。所有支票必须预先连续编号，空白支票应存放在安全处，严格控制，妥善保管。

（5）针对转账套现的应对措施。负责应付账款的职员不能同时负责货币资金支出的工作；负责应收账款的职员不能同时负责银行存款收入的工作。

（6）针对涂改银行存款账单的应对措施。负责调节银行对账单和银行存款账面余额的职员不能同时负责银行存款收入、支出或编制付款凭证业务。

（7）针对支票套物的应对措施。要建立严格的支票使用制度，每项支票支出，都必须经过指定的支票签署者的审批并签发，都必须有经核准的发票或其他必要的凭证作为书面证据。

（8）针对入银隐现行为的应对措施。对照审核现金日记账和银行存款日记账。

(9) 针对套取利息行为的应对措施。由非出纳人员逐笔核对银行存款日记账和银行对账单，并编制银行存款余额调节表。

【案例6-9】

某商业银行员工挪用资金案件[①]

2010年1月19日，全国人行系统组织开展内控安全检查，人行丽江市中心支行在全辖内控安全管理检查中发现某商业银行存款准备金账户与人行不符。据查，2008年3月20日，云南省丽江市某商业银行票据交换员冯某代同城票据交换系统录入员王某的班，冯某利用其既做同城票据交换系统录入员又做同城票据交换员之机，伪造200万元虚假进账单，将资金划到其弟媳的工行账户。2008年12月2日，冯某冒用同城票据交换系统录入员王某的操作员号和密码，采取同样的手法将200万元划转到其弟媳的工行账户。2008年12月11日，冯某故伎重演，又划100万元到其弟媳的工行账户。月末，他采取压票、推迟入账、涂改对账单等手法使该行存款准备金账户的余额与该行在人行的存款准备金账户的余额保持平衡。冯某累计挪用该行在人行存款准备金账户资金500万元用于炒股，案发后归还了210.55万元。

转账支票与进账单通常是配套使用的，记账员记账后要将提交他行的进账单加盖单位业务公章，票据交换员提出交换时要加盖同城票据交换章，这是重要的内控举措。而在本案中，冯某伪造虚假进账单未加盖单位业务公章，未加盖业务公章的进账单提入工行，工行接受并入账，说明工行柜面审核不严。同时由于该行网点有关人员未将记账凭证与同城清算差额报告表及留存的提出票据清单认真核对；事后监督人员审核时未注意会计事项的相关性，对提出资金未与付款凭证逐笔勾对，导致虚增提出的500万元未被及时发现。

6.3.3 银行存款业务内部控制设计

企业银行存款业务内部控制设计对企业银行存款的安全完整起保障作用。在对银行存款业务进行内部控制时，企业应根据自身特点，设定合理的控制点，制定符合自身情况的、健全的银行存款内部控制制度。

1. 银行存款业务内控设计内容

（1）授权与批准。建立银行存款的内部控制制度，首先就要确立授权与批准的制度，即银行存款收付业务的发生，需要经企业主管人员或财务主管人员或总会计师的审

---

① 朱桔花，"云南省丽江市某商业银行员工挪用资金案件的分析与思考"，《审计与理财》，2010(01)。

批,并授权具体的人员经办。

(2) 内部牵制。即有关不相容职务应由不同的人承担,体现钱账分管的内部牵制等原则。其具体程序包括:银行存款收付业务的授权与经办、审查、记账要相分离;银行存款票据保管与银行存款记账职务要相分离;银行存款收付凭证填制与银行存款日记账的登记职务相分离;银行存款日记账和总账的登记职务相分离;银行存款各种票据的保管与签发职务相分离,其中包括银行单据保管与印章保管职务相分离;银行存款的登账和审核职务相分离。

(3) 记录与审核。企业对其银行存款收付业务通过编制记账凭证、登记账簿进行反映和记录之前都必须经过审核,只有审核无误的凭证单据才可作为会计记录的依据。其具体程序包括:出纳人员要根据审核无误的银行存款收付原始凭证办理结算,办理银行结算后的原始凭证和结算凭证,要加盖"收讫"或"付讫"戳记;会计人员要根据财务主管审核无误的原始凭证或原始凭证汇总表填制记账凭证;原始凭证、收付款凭证须经过财会部门主管或其授权人审签、稽核人稽核签字盖章才能据以登账。

(4) 记录与文件的管理。为了将已发生的经济业务进行完整地反映,有关的文件必须加以适当的整理、管理和保存。其具体内容包括:银行支票、银行汇票、银行本票和商业汇票领用时,须经财会部门主管人或其指定人批准,并经领用人签字;银行支票、银行汇票、银行本票和商业汇票要有专人负责管理;收款、付款凭证要连续编号;须使用事先连续编号的发货单、发票、支票等。

(5) 核对。核对是账账相符、账实相符的保证。对账工作对保证银行存款安全性起着举足轻重的作用。

2. 银行存款业务内控设计要点

(1) 严格按照《支付结算办法》等国家有关规定,加强银行账户的管理,严格按照规定开立账户,办理存款、取款和结算。应当定期检查、清理银行账户的开立及使用情况,发现问题,及时处理。

(2) 出纳员负责办理存款、取款和登记银行存款日记账工作,但不得兼管收入、费用、债权债务等会计账簿的记录工作。

(3) 加强对银行结算凭证的填制、传递及保管等环节的管理和控制。

(4) 应当指定专人定期核对银行账户,每月至少核对一次,编制银行存款余额调节表,调节银行存款余额与银行对账单相符。如调节不符,应查明原因,及时处理。

(5) 应当严格遵守银行结算纪律,不准签发没有资金保证的票据或远期支票,套取银行信用;不准签发、取得和转让没有真实交易和债权债务的票据,套取银行和他人资金;不准无理拒绝付款,任意占用他人资金。

(6) 加强票据的管理,明确各种票据的购买、保管、领用、背书转让、注销等环节的职责权限和程序,并专设登记簿进行记录,防止空白票据的遗失和被盗用。

(7) 严格银行预留印鉴的管理。财务专用章应由专人保管,个人名章必须由本人或其授权人员保管,严禁一人保管支付款项所需的全部印章。按规定需要有关负责人签字或盖章的经济业务,必须严格履行签字或盖章手续。

【综合案例】

小会计的大案件[①]

2003年春节刚过,某国家级事业单位经费管理处刚来的大学生李刚(化名)上班伊始便到定点银行取对账单,以往这一工作由会计边某负责。一笔金额为2 090万元的支出引起了李刚的注意,在其印象里他没有听说此项开支。这个初入社会的大学生找到边某刨根问底。或许是从未被别人突然问起这样的问题,边某慌乱中如实相告,他把这笔钱借给了一位朋友。

当天边某便约李刚私下吃饭,席间拿出8万元现金希望他不要声张,这一举动更是吓坏了这个刚刚参加工作的年轻人。李刚最终选择了向领导举报,2003年2月12日,边某的罪行被发现。

这是一个不断令人惊讶的发现过程。在北京市海淀区检察院的追查下,边某贪污和挪用基金的罪行一笔笔、一桩桩浮出水面。至2003年9月最终结案,边某所在的单位才猛然惊觉:过去的8年里,有高达2亿元的资金被边某闪转腾挪。

边某案震惊了整个单位。在同事们的普遍印象里,其貌不扬的边某实在很不起眼。他常常独来独往,沉默寡言中有点不太合群,在该单位工作的十年间,为人低调,甚至容易被人轻视。"边某做了这么大一件事,大家都觉得不可思议。"一位该单位的工作人员在旁听边某案的间歇时说。另一位工作人员说:"初闻此事感到非常震惊。实际上,我们单位是一个非常清贫和清廉的地方。"

在1992年7月到该单位工作之前,毕业于北京商业学校的边某曾在北京市第一商业局干部学校做了6年会计。边某出身于一个高知家庭,其父母在科学界颇有些名望。边某的犯罪始于1995年,这一年6月,边某在和邻居陶进聊天时提到自己的单位"特有钱,有大量闲置资金可以拆借"。陶进马上说,他朋友翁永曦的公司在湖北蒲圻县搞一个电厂项目正缺钱,不知能否从边某所在单位借点儿。陶进承诺,如能搞到钱,这家公司可出高息。

边某与经费管理处副处长乌某商量后,双方达成一致,但他们向对方提出三个条件:第一,钱不能直接给单位,需找一家银行存入再由银行借出;第二,借期6个月,月利率13.5‰,利息归个人并且现金支付;第三,事成后请两人到美国旅游一次。

乌某事后说,因为国家政策允许该单位可以将部分闲置资金用以储蓄,所以他认为自己当时的行为从表面上看并无破绽。同年8月,乌某和边某采取不记账和偷盖公章的手段,将公款1 000万元挪出,以委托存款的方式存入中国农村发展信托投资公司基金事业部门。后又在该部门以委托贷款的方式将1 000万元贷给翁永曦的公司。

在这次交易中,边某和乌某共获得利息294.5万元,这笔钱被堂而皇之地放在乌某办公室的铁皮柜里。当时两人胆子较小,一直未敢动用。后来,乌某害怕办公室被清查,

---

[①] 根据相关媒体报道整理。

让边某把这笔钱转移至边某家中。

说好的半年借期,但时过三年,那1000万元仍然在外,这很让乌某着急,他多次催边某让对方赶快还钱。在未归账的情况下,乌某担心边某动用294万元利息,便一次一次地跑到边某家中"看钱在不在"。乌某说,"当我看到那些钱还是当年给我们的旧版,知道他没用,心里踏实了。"

1998年4月,1000万元终于打回边某所在单位账上,乌某彻底安心了。"当时我和爱人两地分居的问题已经解决,生活也慢慢好起来。我不想再做这种担惊受怕的事了。"乌某从中仅分得1万元,他一直将这笔钱放在办公室抽屉里。边某案发后,他主动交出。

案发后,边某贪污、挪用的公款绝大部分已经被追回。其中,边某贪污的1 262.37万元公款中已追回赃款人民币999.43万余元,尚有人民币262.93万余元不能追回;边某挪用的19 993.3万元公款中,案发前已归还11 693.6万元,案发后又追缴赃款、赃物共计价值人民币8 139.7万余元,尚有160万元未归还。

思考题:

1. 小小会计为何能够撬动2亿元的资金?
2. 总结本案例对企业加强货币资金内部控制的启示。

第 7 章　采购业务内部控制

【篇首语】

采购业务,是指企业在一定的条件下,从供应市场获取产品或服务作为企业资源,以保证企业生产及经营活动正常开展的一项企业经营活动。它是企业生产经营管理中的一个重要环节,做好采购工作的内部控制,既可以保证采购的及时性与资金的安全性,又可以降低采购成本,对企业顺利运营、实现战略目标有重要意义。本章主要依据采购活动的流程,对各个环节存在的风险进行分析,并提出相应的应对措施,为企业做好采购工作的内部控制提供一个完整的思路。

【引导案例】

由力拓案引发的思考[①]

2009年7月9日,上海市国家安全局和中国外交部均公开证实了澳大利亚力拓公司(简称"力拓")4名中国员工涉嫌"窃密"在沪被拘的消息。中国外交部称,这种行为损害了中国的经济利益和安全。同一天,据宝钢相关人士透露,宝钢已有高管被上海警方"请"去协助调查力拓一案。另据了解,包括济南钢铁、莱钢集团等上市公司均有人卷入了这起案件。

作为世界三大铁矿石供应商之一,力拓是目前与中国钢企进行铁矿石谈判的主要对象。自从2002年中国加入铁矿石谈判机制后,力拓等三大矿山公司就琢磨如何从中国获得更高的价格。

根据铁矿石谈判规则,谈判格局是三对三,即供方(澳大利亚的必和必拓、力拓和巴西淡水河谷)对需方(宝钢集团、新日铁和欧洲钢厂)决定下一财政年度铁矿石价格。在历年的谈判中,中方仿佛总是处于被动地位,不得不一次次接受力拓等三大矿山公司涨价的要求。这其中的原因,业内人士普遍认为是中国钢铁行业存在"内鬼"。

对于钢铁企业来说,原料库存的周转天数、进口矿的平均成本、吨钢单位毛利、生铁的单位消耗,以及钢铁企业的生产安排、炼钢配比、采购计划等数据,属于钢铁企业机密信息,不得随便外传。如果力拓掌握大部分钢企的财务数据和生产安排进度,那么在铁矿石谈判中将很轻易地掌握对方的谈判底线。此外,中国钢铁协会定期将行业统计数据反馈给会员单位,其中,行业平均毛利是非常重要也非常机密的数据,如果矿商掌握了中国钢铁行业的平均毛利,那么,它会对中国钢铁行业的成本承受能力了如指掌。

"感觉每一次谈判对方准备都很周密,先机总是掌握在他们手里。"一家参与中方谈判组的钢企负责人坦承。一位资深业内人士也表示,国际矿商拉拢收买钢铁业内部人员、刺探窃取情报在行业内"已不是一两年的事情了"。

---

① 引自"铁矿石间谍案",《重庆晚报》,2009年7月11日。

采购谈判环节重要信息的泄露是我国铁矿石采购内部控制失效的典型表现。这注定我国铁矿石谈判有败无胜的局面,成为我国铁矿石采购定价权缺失的重要原因。

我们不禁要思考,如何避免此类问题的再次发生?我国企业采购业务是否还存在其他方面的问题?如何加强采购业务层面的内部控制?通过本章的学习,我们将解答以上问题。

7.1 流程划分与职责分工

采购业务是企业经营活动中的重要一环,对企业的持续经营和健康发展有着极为重要的意义。采购业务内部控制做得好,既可以保证采购的及时与资金的安全,又可以降低成本。但是,采购业务同时又具有业务发生频繁、工作量大、运行环节多等特点,这些都对企业采购业务内部控制的建设提出了较高的要求。采购业务流程的划分与职责分工作为采购业务内部控制建设的起点,其重要性和难度都是不言而喻的。

7.1.1 采购业务流程划分

根据《企业内部控制应用指引第7号——采购业务》的相关内容,采购活动至少涉及两方,即采购方与供应商。因此,采购业务循环的起点应该起始于供应商管理,其次是采购计划与预算管理,再次是采购申请及合同管理,然后是采购执行及退货管理,最后是采购结算与付款管理。具体的细分如图7-1所示。

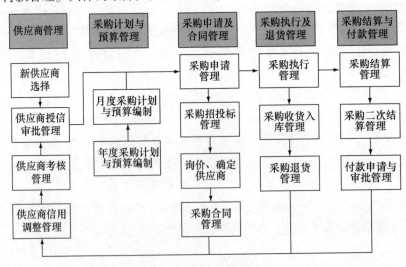

图7-1 采购业务环节划分

7.1.2 采购业务职责分工

在设计采购业务内部控制之前,需先明确划分与采购业务相关部门的职责,一个完整的采购业务应该涉及生产部门、销售部门、采购部门、仓储部门、法律事务部门和财务部门等,这些部门相互牵制、相互监督,为有效防范采购业务风险共同合作。具体职责如表 7-1 所示。

表 7-1 采购业务涉及部门的职责分工

部门	职责
生产部门	(1) 根据销售部门的销售计划和下达的"制造通知单"(订单)及自接生产订单,拟定年度、月度生产计划并依订单情况作出生产作业计划和核定订单交货期,下达生产命令,控制生产进度,保证按时交货; (2) 负责生产流程的管制、工作调度、人员安排,制定、修订各项产品工序工时标准和劳动定额,计件工资标准; (3) 负责生产工人的管理、教育、培训,配合人力资源管理部门进行考核、奖惩; (4) 负责用料管理及异常的追踪、改善; (5) 负责质量管理及异常的预防、纠正、改善; (6) 负责生产物料采购及进仓管理; (7) 负责生产设备、工具仪器的计划、采购、验收、建档、安装、调试、维修、保养,生产设备事故的调查、处理; (8) 负责安全生产,预防各种危险事故的发生; (9) 编制和上报各种生产报表; (10) 负责建立生产系统档案管理体系。
销售部门	(1) 反馈市场信息及客户需求; (2) 开拓新的客户和业务机会; (3) 跟踪客户订单的具体落实(签订合同、交货、货款回收、客户投诉等); (4) 制订客户拜访计划并实施; (5) 收集逾期客户的信用资料; (6) 协助信用管理人员进行客户信用管理; (7) 负责提供市场趋势、需求变化、竞争对手和客户反馈方面的准确信息; (8) 处理协调销售过程中与客户具体事务的关系; (9) 跟踪公司经营目标达成情况,提供分析意见及改进建议; (10) 根据公司的经营战略、年度发展规划,制订相应的发展计划; (11) 执行公司营销策略并开拓市场; (12) 负责大客户项目的日常订货、库存品种监控管理及促销。
采购部门	(1) 遵守公司制度和部门工作守则,服从部门主管的领导,按公司所确定的产品路线和价格定位建立公司的原料信息库; (2) 编制供应商资料,总结供应商的强项产品,生产开发能力,交货周期,主要产品的价格范围,开发配合程度和信用度等内容; (3) 收集市场各原料的最新信息,找出不同区域的主要技术要求; (4) 积极寻找新的供应商,建立指标体系综合考评供应商,选择供应商,与供应商维持良好的合作关系,积极发展战略合作路线;

(续表)

部门	职责
采购部门	(5) 及时执行生产等部门签署的采购任务,跟进供应商的出货期、物料验收入库及付款等程序; (6) 协助原料的验收和调配工作; (7) 与仓储部门、生产部门密切联系,及时解决购物物料的质量问题。
仓储部门	(1) 负责货物的入库、保管、出库; (2) 定期盘点货物,出现盘点差异,及时报告公司领导; (3) 检验退回的货物,出具退货检验报告; (4) 将相关退货单据传递给财务部门。
财务部门	(1) 根据相关法律法规及财务、税务的有关规定,组织建立健全财务内控制度,规范财务行为; (2) 负责公司的财务管理工作,提交各项财务报表和分析报告,分析经营状况、财务状况,为公司经营决策提供依据; (3) 负责指导公司的会计核算工作,保证公司依法稳健经营; (4) 全面审核对外提供的会计资料,确保对外会计资料的真实、完整; (5) 协调财政、税务、会计师事务所等外部部门,理顺对外公共关系; (6) 负责制订本部门工作目标、工作计划、中长期的发展规划,以及部门制度、业务流程和规范; (7) 按照公司付款审批程序的规定,执行货款与费用的审批职责,严格把握每笔付款的风险性与真实性,控制相关财务风险; (8) 审核考核部门的货款与费用支付,跟踪收款及开票情况。
法律事务部门	(1) 协助内控部门建立公司依法经营的内控制度; (2) 对公司各项业务的开展进行合法性论证并提供法律支持; (3) 为集团及子公司各项业务提供法律咨询; (4) 以非诉、诉讼、仲裁形式处理公司的各类纠纷和案件; (5) 开展法律宣传。

7.2 供应商管理

供应商管理,是指对供应商的了解、选择、开发、使用和控制等综合性管理工作的总称。供应商管理的目的就是要建立起一个稳定可靠的供应商队伍,为企业的生产销售提供可靠的物资供应。

7.2.1 供应商管理风险分析

供应商管理是采购管理的重要组成部分,其核心是供应商信息管理。在这个过程中,由于内控不足导致的风险主要有以下几个方面:

1. 新供应商选择风险

(1) 新供应商选择条款未完善。每一个大型、成熟的企业都有自己固定的供应商群体。企业进行采购时,最佳的方法是优先考虑原来已有的供应商群体。但随着市场需求的增加,企业有时需要大量扩产,此时,原有的供应商群体可能无法满足企业对原材料的需求,则企业必须重新寻找供应商。因此,需要在供应商管理制度中完善新供应商选择的条款。若新供应商选择制度条款未完善,可能导致供应商的选择过程管理混乱,审核、审批环节缺失,不相容岗位由一人担任,岗位职责不明确,工作标准、工作流程不清晰,导致不符合公司要求的供应商进入合格供应商名单。

(2) 供应商名单的提出与评审岗位未分离。新供应商选择业务中存在的不相容岗位主要是供应商名单的提出与评审。若此不相容岗位未分离,则供应商名单的确定由采购部门包办,可能导致不合格供应商进入合格供应商名单,导致与资信不良、蓄意诈骗的供应商进行交易的风险得不到事前控制,也滋生潜在的腐败风险。

(3) 缺乏信息收集与初始筛选。新供应商选择业务的工作目标是,选出合格的供应商,而后纳入供应商数据库。在确定合格供应商之前,需要先收集供应商信息与初步筛选。若未对供应商进行初始筛选,可能导致无的放矢,后期调查就会纠缠于不符合公司要求的供应商,影响选择新供应商的效率,甚至可能延误公司订单。

(4) 缺乏审核。采购部门初始筛选供应商名单的结果应先经采购部门经理审核过滤,再进行进一步的考察与评审。考察与评审的方式包括现场评审、样品检验等。未进行现场评审,可能导致对重要供应商的了解不全面,对供应商是否真实存在、规模大小、经营状况如何、地理位置、资产状况、存货情况等方面缺乏准确的认识。未进行样品检验,可能导致对样品规格和品质不了解,使不符合公司要求的供应商进入合格供应商名单。

(5) 缺乏审批。最终合格供应商名单应经总经理审批才可确定。未经总经理审批,则总经理不能及时了解供应商选择的情况,对供应商的选择缺少最终的复核和把关,领导责任难以明确。

需要说明的是,这里的总经理也可以是主管采购业务的副总经理,具体如何设置采购业务中涉及的审批权限,应结合企业的实际情况,但总体来说,应该注意以下三个方面:第一,审批权限应该分级设置,即区分采购主管、采购部门副经理、采购部门经理、主管采购副总经理、总经理等不同层级的管理者,相应设置不同性质、不同金额的审批权,这符合现代企业分权管理的趋势;第二,重大采购应实施集体决策审批机制,如大宗原材料的采购、单一批次采购金额巨大、涉及技术性较强的采购应该避免单一部门或单一管理者说了算,尽可能杜绝舞弊和决策失误现象;第三,审批权限的设置还应考虑效率的提升,避免为强化控制而设置过于繁琐的审批程序,从而妨碍采购业务的有效进行。①

(6) 合格供应商信息未及时录入系统。如前所述,新供应商选择业务的目的是为了扩大供应商数据库,便于采购的执行。若合格供应商信息未及时录入系统,则可能导致已整理的合格供应商信息没有及时被后续的采购业务使用,则新供应商的选择工作失去

---

① 后文中再涉及相关事项的审批,均应按这里的解释理解,不再单独说明。

效果。

2. 供应商授信审批管理风险

(1) 供应商授信审批条款未完善。针对企业现有的供应商名单,企业应对每一家供应商均有授信额度,当然,与销售中的客户授信额度不同,供应商的授信额度更多地体现在企业的采购额度上。为保证所授额度的合理,供应商管理制度中需配套完善的供应商授信审批条款,以便于业务执行。若供应商授信审批条款未完善,可能导致供应商的授信过程管理混乱,审核、审批环节缺失,不相容岗位由一人担任,岗位职责不明确,工作标准、工作流程不清,导致授信不符合供应商的实际情况,从而影响公司的采购质量。

(2) 供应商授信申请与审批岗位未分离。供应商授信审批管理存在的不相容岗位主要是供应商授信申请与审批。一般来说,供应商授信申请报告的编写由采购部门进行,采购部门经理、相关职能部门及公司的领导负责审核审批。若此不相容岗位未分离,由采购部门负责全部的供应商授信工作,可能导致信用额度不符合供应商实际情况,同样也可能滋生腐败风险。

(3) 缺乏审核、审批。采购部门经理、财务部门的审核及公司领导的审批是必需的。未经采购部门经理审核,则少了处于采购第一线的采购经理的意见,而该意见可能更贴合业务的实际情况。未经财务部门审核,则在供应商授信层面,财务部门未参与管控,影响财务部门对后面具体采购业务发生时的管控效果。未经公司领导的审批,可能导致公司相关领导不能及时了解供应商授信情况,对供应商的授信缺少最终的复核和把关。

3. 供应商考核管理风险

(1) 供应商考核管理条款未完善。现代企业处于一种动态的环境之中,必须随时根据内外环境的变化调整其行动方略,供应商管理也是如此。在选择新供应商并对新供应商进行授信审批之后,还需进行供应商的考核管理工作,以及时评价供应商,更好地保障采购的成功。因此,供应商管理制度中,供应商考核的条款是不可或缺的。若供应商考核管理条款未完善,可能导致企业进行供应商考核时无据可依,影响供应商考核业务的执行,导致供应商管理的混乱。

(2) 制订考核计划、指标体系与审核/审批岗位未分离。供应商考核管理中的不相容岗位至少包括:制订供应商考核计划及考核指标体系与审核/审批;拟定供应商考核报告与审核/审批;拟定供应商奖惩方案与审核/审批。若不相容岗位未分离,由采购部门全程负责供应商考核管理工作,可能存在权力过大,导致供应商考核结果不公允,引发渎职风险。

(3) 缺乏仓储、财务等相关部门的参与。供应商的考核管理工作至少须有仓储部门与财务部门的参与。仓储部门负责验货入库的工作,对各个供应商的货物质量情况了解得最为透彻,若缺乏仓储部门的意见,将在很大程度上影响供应商考核报告的公允性。从提出采购申请、选择供应商、签署采购合同到采购执行、退货、结算与付款,都需要财务部门全程参与。因此,财务部门对供应商有着最为全面的认识,若缺乏财务部门的意见,同样对供应商考核报告的公允性产生影响。

4. 供应商信用额度调整管理风险

(1) 供应商信用调整条款未完善。供应商信用额度调整其实是供应商考核的延续,进行完供应商考核之后,不同的供应商可能会有不同的考核结果,企业也了解到各个供应商的最新情况,则可能要重新评估之前授予供应商的额度。因此,供应商管理制度中应该包括供应商信用调整管理条款。若供应商信用调整管理条款未完善,可能导致供应商资信管理混乱,权责不清,影响资信管理的效果。

(2)信用调整申请与审批岗位未分离。供应商信用额度调整管理业务存在的不相容岗位主要为信用额度调整申请与审批。这两个不相容岗位未分离,供应商信用额度调整工作全部由采购部门执行,则可能滋生腐败,任意提高供应商的信用额度,增加公司预付账款风险。

(3)缺乏审核、审批。供应商信用额度调整至少需经过采购部门经理、财务部门的审核及公司领导的审批。未经过必要的审批,可能会导致对供应商信用额度的调整随意性较大,使预付账款和定金金额与供应商资信不匹配,影响经营效率或公司资产安全。

(4)信息传递不及时。信用额度调整申请书审批通过后,财务部门应及时将相关数据录入信息系统,否则可能影响后续采购业务活动的控制效果。

【案例7-1】

麦当劳的进退维谷:供应商危机非一日之寒[①]

2014年7月20日,麦当劳、肯德基、必胜客等知名快餐企业的供应商——上海福喜食品有限公司被曝出存在严重的食品安全隐患。7月25日,麦当劳才在全国的餐厅全面暂停使用福喜中国的食品原料,随后麦当劳的很大一部分餐厅出现部分产品断货的情形。相关媒体报道,麦当劳与大供应商的商务往来从不签订协议,只以双方握手为标志,这种以诚信为理念的商业模式诚然让人感动,但是却忽略了一个重要问题,任何市场主体都有可能为了高额利润铤而走险。

肯德基对该事件的反应更迅速,因为它有更多备选供应商。"肯德基在中国拥有650家供应商,而麦当劳更喜欢使用一批专职的供应商。"《金融时报》援引肯德基大中华区前副总裁刘国栋的话说。肯德基与福喜的合作仅六七年,除了福喜,肯德基还与大成等供应商合作,这增加了管理的灵活性。而麦当劳在中国拥有约2000家餐厅,它直接面对的全球五大一级合作商分别是辛普劳食品加工公司、福喜食品公司、铭基食品公司、百麦食品加工公司和夏晖物流公司,这五大合作商均来自美国,并与麦当劳有着长期、稳定的合作关系。

对严重依赖福喜的麦当劳来说,事情现在有些难办。短期震荡已无可避免,彻底更换供应商,也有些不现实。对于鸡翅、鸡腿重量微差以及每袋薯条长度都有严苛标准的麦当劳,不是随便一家供应商在短期内可以做到的。而双方数十年的合作关系,也并非一个普通的供应商可以取代。

---

① 引自"洋快餐上游供应商面临大洗牌——福喜之后谁能接棒",《羊城晚报》,2014年8月4日。

7.2.2 供应商管理内部控制设计

供应商的管理至少需包括四个方面:新供应商选择、供应商授信审批管理、供应商考核管理与供应商信用调整管理。

1. 新供应商选择

新供应商选择体现的是选择合格的新供应商进入供应商名单的过程。在生产、销售、仓储、财务等相关部门的配合下,采购部门收集供应商信息,而后向供应商发放《供应商信息调查表》;经过初步的分析、评价与筛选,提出《候选供应商名单》,上报采购部门经理审核;采购部门将审核通过的候选供应商加以分类,进行现场评审、样品检验等步骤后,提出《合格供应商名单》,上报采购部门经理审核及总经理审批;采购部门负责将经过审批的合格供应商名单录入信息系统。

其中,收集供应商信息,发放、收回《供应商信息调查表》,初步分析、评价与筛选供应商本质上体现的是初步筛选的过程。在这个过程中,其他部门的辅助是十分重要的。以销售部门为例,其直接与市场打交道,而市场中的信息容量是巨大的,在营销过程中,可能就会搜集到存在更好的原材料供应商的信息。此外,《供应商信息调查表》的设计也能起到事半功倍的作用。《供应商信息调查表》应该包括的内容有供应商的供货状况、产品质量情况、价格水平、生产技术水平、财务状况、信用情况、管理制度等方面。因此,初步分析、评价与筛选供应商十分必要,有了此步骤的过滤,可以提高工作效率,促进供应商管理工作的顺畅进行。

为了更好地了解供应商的情况,如果有可能,企业应进行现场评审,实地考察供应商。现场评审一方面可以防止供应链增加不必要的中间环节,另一方面可以更好地调查供应商的实力。当然,实地考察供应商的成本比较高,一般在进行重大的资本性设备采购或选择战略伙伴型供应商时才会实施。

在有需要的时候,还可以要求供应商提供样品用于检验。若企业自身具备检验条件,可以由自身进行检验;否则,可以交由外部检验机构进行。通过样品检验,可以了解供应商产品的质量等信息,而样品的相关规格、质量等信息可以作为之后采购合同中产品的质量标准。

此外,最终的合格供应商信息应及时输入信息系统,这样有助于后续采购业务的执行。

新供应商选择需关注两个关键控制点:

(1) 采购部门经理审核《候选供应商名单》。采购人员提出《候选供应商名单》,须经采购部门经理审核后才可进入下一个环节。采购部门经理根据其专业经验进行候选供应商的淘汰,可大大缩减后续不必要的工作,提高新供应商选择业务的执行效率。如前所述,可能需要对供应商进行现场评审,采购部门经理的事先过滤可以减少这部分的工作量与成本。

(2) 采购部门经理审核、总经理审批《合格供应商名单》。采购部门经理几乎全程参与新供应商选择的业务执行,其审核具有实际的业务指导意义。总经理作为公司的领导,需要在新供应商选择时就介入供应商的管理,可保证其对供应商管理的事前管控。

2. 供应商授信审批管理

供应商授信审批管理体现的是对进入合格供应商名单的各个供应商授予采购额度的过程。通过新供应商选择业务的执行,可获得新的合格供应商的名单,而后采购部门提出各个合格供应商的授信申请,经过采购部门经理、财务部门经理的审核与总经理的审批后,形成授信额度,由财务部门将相关数据、信息录入信息系统,由采购部门将相关结果通知客户。

如前所述,供应商授信审批业务承接的是新供应商选择业务,而新供应商选择业务主要执行部门为采购部门,合格供应商名单的提出是建立在采购部门充分了解与调查的基础上的,采购部门最了解新的合格供应商。因此,供应商授信审批业务中,提出各个合格供应商授信申请的工作由采购部门负责是合适的。而采购部门在提出授信申请时,要充分利用在新供应商选择业务执行中所获得的信息,并结合各个合格供应商的真实情况与企业自身的实际情况。

在形成正式的授信额度后,财务部门应及时将额度等数据录入信息系统,以便于采购部门后续采购执行作参考。

供应商授信审批需关注的关键控制点:授信申请报告须经采购部门经理、财务部门审核及总经理审批。采购部门经理几乎全程参与了新供应商选择的业务执行,拥有一线的业务经验,在对合格供应商授信申请的审核中,其意见更为贴合业务的实际情况。财务部门进行合格供应商授信申请的审核,更多的是体现了事前管控。通过从财务的角度提出审核意见,在采购执行之前,财务部门已对授予各个供应商的额度情况有了一定的了解。总经理对合格供应商授信申请的审批则主要从战略的角度出发,如某合格供应商为供应链的战略合作伙伴,则授予的采购额度可能更多;此外,还可能从风险的角度出发,如关键原材料的采购不能仅限于一两家合格供应商,而是合理的分配额度,保证关键原材料采购的顺利完成。

3. 供应商考核管理

企业每隔一段时间,可能需要对供应商进行考核,这是供应商管理的一个重要组成部分。采购部门制订供应商考核计划、考核指标体系与考核评分表,上报采购部门经理审核与总经理审批。首先,采购部门将供应商进行分类,而后开始实施考核,由采购部门自身及财务、仓储等相关部门填写评分表;其次,采购部门回收、汇总评分表,而后拟定《供应商考核报告》,上报采购部经理审核、总经理审批;再次,采购部门根据审批后的《供应商考核报告》拟定供应商奖惩方案,上报采购部经理审核、总经理审批;最后,采购部门实施审批后的供应商奖惩方案,将相关情况通知供应商。

供应商考核计划的制订一般按照时间跨度来进行,如每季度、半年度或一个完整年度进行供应商的考核。

供应商考核的指标可以从以下方面加以考虑:是否遵守企业制定的供应商行为准则;是否具备基本的职业道德;是否具有在规定交货期内提供符合采购业务要求货品的能力;是否具备良好的售后服务意识;是否具备良好的质量改进意识和开拓创新意识;是否具备良好的运作流程、规范的企业行为准则和现代化企业管理制度;是否具有良好的企业风险意识和风险管理能力;等等。

供应商考核评分表的设计,本质上是通过对供应商考核指标设置权重,用分数形式表现出来的一个过程。实施考核的方法主要为填写评分表。填写评分表至少需采购部门自身及财务部门与仓储部门的参与。采购部门负责采购执行,是与供应商有最多交集的部门,对供应商的考核最具有发言权。仓储部门负责验货入库的工作,对各个供应商的货物质量情况了解得最为透彻,因此对供应商的考核也离不开它。财务部门是辅助管控的部门,从提出采购申请、选择供应商、签署采购合同到采购执行、退货、结算与付款,财务部门几乎全程参与,因此它对供应商有着最为全面的认识。

供应商考核管理需关注三个关键控制点:

(1) 供应商考核计划、供应商考核指标、供应商考核评分表须经采购部门经理审核及总经理审批。要保证考核报告的公允,需要从源头开始控制。供应商考核业务的源头在于供应商考核指标与供应商考核评分表的设计。无论是采购部门经理的审核还是总经理的审批,目标都是保障考核指标设计详实、切合企业实际,保障分数权重设置不具有倾向性。

(2)《供应商考核报告》须经采购部门经理审核及总经理审批。在已进行源头控制的基础上,采购部门经理与总经理对采购部门拟定的《供应商考核报告》进行审核、审批,更有助于《供应商考核报告》的公允。

(3) 供应商奖惩方案须经采购部门经理审核及总经理审批。企业的奖惩方案不同于法院的判决书,不具备强制性,但奖惩要有效果,才能达到奖惩的目的。采购部门拟定供应商奖惩方案时,应该要特别关注奖惩方案的可执行性及能否达到预期的效果,这也是采购部门经理审核、总经理审批的重点。

4. 供应商信用调整管理

供应商信用调整指的是对给予供应商的采购额度的调整。采购部门根据供应商考核业务执行中获得的信息或其他途径了解的信息,提出信用额度调整申请书,上报采购部门经理审核、财务部门审核及总经理审批,财务部门根据审批后的信用额度调整申请书,将额度等相关数据录入系统,采购部门加以执行。

供应商考核业务执行的一个主要目的就是为供应商信用调整提供依据,因此供应商考核业务是供应商信用调整业务执行的一大信息来源。此外,采购部门还可通过其他渠道了解供应商的信息,如市场调查、日常沟通等。若了解到供应商出现重大变故等情况,则须及时提出信用额度调整申请,以及时调整供应商的额度。而财务部门负责及时将调整的额度等数据录入信息系统,以便于采购部门后续采购执行作参考。

供应商信用调整需关注的关键控制点:信用额度调整申请书须经采购部门经理审核、财务部门审核及总经理审批。供应商信用调整业务的最大目标是在变化的环境中,及时地调整供应商信用,避免供应商管理失败的风险。来自第一线的采购部门经理,既负责初始的新供应商的选择与授信审批,又负责供应商考核工作,其对供应商信用调整申请的审核意见最具有价值。财务部门作为管控部门,且参与了供应商授信审批与供应商考核,就供应商的信用调整提出财务方面的专业意见是合适的。总经理的审批仍然更多的是从战略及企业整体的角度出发。

【案例 7-2】

X 公司建立供应商评估体系的过程[①]

X 公司是一个有着六年历史的生产制造型企业,通过不断的自我完善,它们意识到以往的由采购部门经理进行供应商评估的体制,已经不适应公司的发展需要,并很难公平对待供应商;同时,这也可能带来暗箱操作等腐败现象。X 公司除了采购部门以外,还有储运部门、质量部门、生产部门、财务部门和销售部门等多个业务部门。在工作中,它们逐渐注意到,材料的价格已不再是决定供应商或评估供应商的唯一因素,许多的其他非价格因素都在影响着公司的采购成本和效率。因此,X 公司的管理层决定由多个部门的代表共同组成一个小组,来进行供应商的评估。

首先,由评估小组的几个代表分别列出了各自关心的项目。

(1) 采购部门:价格、交货数量的稳定性、按时交货;

(2) 质量部门:送货规格的准确性、质量的稳定、包装和外观、供应商的质检报告和文件的准确、书面投诉;

(3) 生产部门(工程部门):质量、技术支持、按时交货;

(4) 财务部门:单证的准确性。

之后,经过多次的讨论,评估小组统一了思想,并将所需评估的项目根据其权重赋予了相应的分值(总分 100 分),并给予每个项目具体的评价标准。

(1) 质量 25 分(因质量问题而产生的退货率):退货数量占收货数量的比率;

(2) 价格 25 分:共分为三个方面,价格的表现(10 分)、对新材料或新项目价格的反应(10 分)、供应商价格的开放程度(5 分);

(3) 按时交货 10 分:评估供应商在规定时间范围内的交货比率;

(4) 书面投诉 10 分:评估质量部门记录的一段时间内的书面投诉率;

(5) 技术支持 7 分:评估供应商对 X 公司人员对有关材料的技术询问以及研发中遇到的问题的反馈速度和效率,由生产部门、质量部门和采购部门的三个代表共同给供应商打分;

(6) 包装/外观 7 分:X 公司的质量部门建立了一套对供应商送货的包装/外观的评估体系,据此对供应商送货的包装/外观进行评分;

(7) 送货规格的准确性 6 分:评估供应商每次按订货的规格送货的准确性;

(8) 文件单据的准确性 5 分:根据供应商在每次送货时提供的品质证明、生产合格证等文件,以及增值税发票开具的准确程度进行评分;

(9) 送货数量的稳定性 5 分:评估供应商每次送货数量与订货数量差异的比率。

X 公司的供应商评估小组根据以上各个因素,定期(每季度)对供应商进行考核。

---

① 引自百度文库(http://wenku.baidu.com),"如何对供应商进行评估?",作者不详。

7.3 采购计划与预算控制

采购计划与预算是采购部门为配合年度的销售预测或采货数量,对所需求的原料、物料、零件等的数量及成本作出的详细计划,从而为整个企业目标的达成奠定基础。

7.3.1 采购计划与预算管理风险

1. 年度采购计划与预算编制风险

(1) 年度采购计划与预算编制条款未完善。年度采购计划与预算属于生产(销售)计划的重要组成部分。因此采购制度中应完善年度采购计划与预算编制的条款。若年度采购计划与预算条款未完善,可能导致企业采购业务缺乏规划,导致采购商品、物料储存过多,积压资金,占用堆积空间;或采购商品、物料储存太少,未能满足公司生产需求,影响企业正常的生产经营等。

(2) 采购计划与预算的编制与审核/审批岗位未分离。年度采购计划制订业务存在的不相容岗位主要为年度采购计划的编制与审核/审批。一般而言,年度采购计划由采购部门负责编制,采购部门经理、财务部门负责审核,公司领导负责审批。若此不相容岗位未分离,则年度采购计划完全由采购部门自行编制,采购计划的可执行性将受到很大影响。

(3) 缺乏相关部门的配合。依靠采购部门闭门造车来编制年度采购计划,将导致年度采购计划缺乏实用价值。年度采购计划的编制离不开其他部门的配合,其中,最为主要的配合在于生产部门提出的采购需求。而生产部门又需以企业经营计划、销售计划等信息为基础来提出采购需求。在综合这些信息的基础上,采购部门才可能编制出切实可行的年度采购计划。

2. 月度采购计划与预算编制风险

(1) 月度采购计划与预算编制条款未完善。编制月度采购计划与预算本质上是编制年度采购计划与预算的细化与延伸。月度采购计划与预算和年度采购计划与预算的关系类似于年度预算与滚动预算的关系。为了切实的执行年度采购计划与预算,采购制度中也应完善月度采购计划与预算编制的条款。若月度采购计划与预算编制条款未完善,可能导致年度采购计划与预算无法切实、有效地执行,未能预估商品/物料采购需用的数量与时间,从而导致供应中断,影响企业的产销活动。

(2) 月度采购计划与预算的编制与审核/审批岗位未分离。月度采购计划与预算编制业务的不相容岗位主要为月度采购计划的编制与审核/审批。与年度采购计划与预算编制业务类似,月度采购计划由采购部门负责编制,采购部门经理、财务部门负责审核,公司领导负责审批。若此不相容岗位未分离,则月度采购计划完全由采购部门自行编制,采购计划的可执行性将受到很大影响。

(3) 信息传递不及时。此处的信息传递不及时,主要指采购部门编制月度采购计划时,未及时根据上月采购情况及下月的工作计划作出调整,从而影响月度采购计划的实用价值。

【案例 7-3】

S 公司的发展与采购[①]

　　S 公司是中国一家上市公司,经过近 20 年的发展,S 公司成为中国机床设备制造行业最大的厂商之一,拥有完整的产品研发、制造和销售及采购体系。由于市场变化很快,S 公司每年都要推出若干类的新产品型号来满足市场发展的需求;同时,机床设备的客户化定制要求高,几乎每一个客户订单所需要的产品都和标准型号的产品有所不同,因此研发部门需要对客户订单的特殊需求作技术评估,并开发新的零件或物料。S 公司的销售量 2007 年为 2.2 万台,2008 年为 3 万台,包括出口的 8 千台;销售额 2007 年为 100 亿元,2008 年为 120 亿元;物料和零件种类增长很快,2007 年为 3 万种外购件、7 万种自制件,2008 年为 6 万种外购件、10 万种自制件。

　　S 公司的采购部门在历史上曾隶属于更大的部门——供应部门,供应部门的职责除了供应商寻源和供应商商务管理外,还有日常的供应商物流协调、内部生产配送等。供应部后来分离为两个独立的部门,即采购部门和物流部门。李先生是新上任的采购经理,他原来是生产部门的一个副经理。李先生上任后很快发现,原来采购部门并不十分了解每月的销售情况和未来的销售趋势。由于销售部门的销售预测经常发生大的调整,采购部门会被要求对供应商施加压力,如提供紧急交货或推迟甚至取消已经下达的采购订单。采购的零件和物料总体库存水平很高,由于需求的波动大,很多物料出现了滞存的情况,但是,也有相当多的物料经常出现缺料情况,导致客户订单交付的延迟。这些都给公司的生产经营带来了一定的影响。李先生上任后马上采取相关措施,通过与生产部门和销售部门的沟通与协商、制订采购计划、优化库存管理等措施,大大改善了公司采购存在的问题。

7.3.2　采购计划与预算管理内部控制设计

　　采购计划是为维持正常的产销活动,在某一特定的期间内,进行何时购入何种物料以及订购的数量是多少的估计作业。采购预算则是采购计划以金额来表达的形式,它的

[①] 杨臻,采购管理案例——CSCM 认证课程,http://sns.interscm.com/space.php? uid=1612&do=blog&id=327

编制需以整个企业的预算制度为基础。

1. 年度采购计划与预算编制

年度采购计划与预算编制业务执行时间一般为年度之初,期望对企业整个年度的采购业务有一个宏观的整体把握。生产部门收集信息,以这些信息为基础,提出采购需求;采购部门汇总采购需求,收集与分析上年度经营状况及年度经营目标等信息,确定采购种类、数量、时间、方式等,制订采购计划,上报采购部门经理、财务部门审核,上报总经理审批;财务部门根据审批通过后的采购计划编制资金预算,而后进入月度采购计划与预算编制业务。

生产部门需收集的信息至少包括:总经理下达的企业年度经营计划,销售部门提供的经过审批的销售计划,生产部门自身的生产计划,财务部门提供的资金余额等。在获取上述信息之后,生产部门进行整理与分析,进而提出采购需求。

采购部门将生产部门上报的采购需求汇总整理,而后着手编制年度采购计划。年度采购计划并不是要满足生产部门提出的所有采购需求,年度采购计划的编制需要建立在收集与分析企业上年度经营状况及年度经营目标、销售计划等信息的基础上。在收集与分析上述信息且结合考虑企业自身可以使用的资源之后,采购部门合理确定采购种类、数量、时间、方式、可能的价格等,进而编制年度采购计划。

财务部门依据审批通过后的年度采购计划编制资金预算。在编制资金预算时应考虑可能存在的市场变动,如供需的变动、价格的波动等,以避免变动出现时措手不及。

年度采购计划与预算编制需关注的关键控制点:年度采购计划须经采购部门经理审核、财务部门审核及总经理审批。采购部门编制年度采购计划之后,须上报采购部门经理、财务部门审核,上报总经理审批。采购部门经理作为企业采购业务执行的主要负责人,其审核的主要目的是对企业整个年度的采购计划有一个整体的把控,便于安排后续的采购工作。此外,年度采购计划的可执行性最为主要的体现为是否有足够的资金支持。换句话说,如果缺乏资金的支持,年度采购计划将成为空谈。整个企业并不是只有采购需要资金,市场开拓需要资金,员工工资发放也需要资金。财务部门是整个企业最了解可用于采购的资金金额为多少的部门,其审核将更多地体现在:从可用资金金额的角度对采购计划提出审核意见。总经理的审批也是从整个企业的层面进行,但是站的角度要比财务部门更高,不仅仅从资金的角度,可能还需从战略的角度。例如,某原材料对企业的生产经营至关重要,也许企业资金有些紧张,但为了保证企业的生产经营,维持企业的市场竞争力,即使融资、贷款也要保证能够采购该原材料。而当企业的可用资金确实不足时,采购则须向关键原材料倾斜。

2. 月度采购计划与预算编制

依据年度采购计划与预算编制业务执行所形成的年度采购计划,生产部门根据上月采购情况及下月工作计划,提出采购需求;采购部门分析、汇总采购信息,编制月度采购计划,上报采购部门经理、财务部门审核,上报总经理审批;财务部门根据审批后的月度采购计划编制资金预算,而后采购部门执行月度采购计划。

与年度采购计划与预算编制业务类似,月度采购计划与预算编制业务中的采购需求仍是由生产部门提出的。为了保证采购需求的合理与满足企业生产经营的需要,月度采购需求须依据年度采购计划、上月采购情况及下月工作计划来提出。

采购部门将生产部门上报的月度采购需求汇总整理,而后着手编制月度采购计划。同年度采购计划与预算编制业务类似,月度采购计划也并不是要满足生产部门提出的所有采购需求。月度采购计划的编制需要建立在收集与分析企业上月经营状况及销售计划等信息的基础上。此外,采购种类、数量、时间、方式、可能的价格等信息可参考年度采购计划。

财务部门依据审批通过后的月度采购计划编制资金预算。在编制资金预算时同样应考虑可能存在的市场变动,如供需的变动、价格的波动等,以避免变动出现时措手不及。

月度采购计划与预算编制需关注的关键控制点:月度采购计划须经采购部门经理审核、财务部门审核及总经理审批。采购部门编制月度采购计划之后,须上报采购部门经理、财务部门审核,上报总经理审批。采购部门经理作为企业采购业务执行的主要负责人,其审核的主要目的是对企业的月度采购计划有一个整体的把控,便于安排后续的采购工作。此外,与年度采购计划类似,月度采购计划的可执行性最为主要的体现:是否有足够的资金支持。换句话说,如果缺乏资金的支持,月度采购计划也将成为空谈。财务部门审核同样将更多地体现在:从可用资金金额的角度对月度采购计划提出审核意见。总经理的审批仍是从整个企业的层面,仍需从战略的角度进行。需强调的是,采购部门经理、财务部门在进行审核工作及总经理在进行审批工作时,需注意以年度采购计划为参考。因为,月度采购计划源自于年度采购计划,是年度采购计划具体执行的体现。

【案例7-4】

铝合金轮毂生产企业的油漆采购计划管理[①]

铝合金轮毂属材料密集型产品,在生产过程中所使用的原辅材料多达上万种,采购管理难度比其他物资要大得多,其中难度最大的为原材料油漆的采购管理。因此,在制订管理采购计划之前,应掌握下述五个信息:

(1) 轮毂的销售计划、生产计划。作为油漆管理者,一定要与销售部门、生产部门实时进行沟通,了解轮毂的销售计划、生产计划和新产品的开发进度。

(2) 每种轮型的工艺和油漆的单耗。油漆的单耗取决于轮毂成品率、生产批量、喷涂方式、油漆固含量、黏度和所喷轮毂的漆膜厚度、喷涂面积等因素。

(3) 油漆库存量。每天盘点必然能发现油漆使用的各种规律,及时分析是否订货、何时订货,确定最佳订货时间和最佳订货批量。

(4) 已订货物资在途情况。这需要实时对物资在途情况进行监控,如何时发货、发货数量、何时到货、司机联系方式等信息。

[①] 庞东辉,"浅谈铝轮毂企业的油漆采购计划管理",《科技与企业》,2013(09)。

(5) 油漆采购周期。影响采购周期的因素有油漆厂的成品库存量、原材料库存量、生产状况、订单状况等因素。

拥有了这些信息，就可以得出油漆在未来三个月的大概用量，再根据三个月用量、采购周期来设置油漆的最低、最高安全库存，并建立库存预警机制。同时，还可以采取减少订货数量、增加订货次数的办法，变月采购为半月采购，以减少油漆的积压风险。

7.4 采购申请及合同控制

相关部门以采购部门编制的采购计划为指导，根据自身的实际需求，提出采购申请，依据购置商品或服务的类型，分别进行招投标或询价、确定供应商，而后签订采购合同。

7.4.1 采购申请及合同管理风险

在采购申请及合同管理过程中，如果内控不足，则主要存在以下风险：

1. 采购申请管理风险

（1）采购申请管理条款未完善。从企业自身管理的角度出发，企业应当建立采购申请制度，依据购置商品或服务的类型，确定归口管理部门，授予相应的请购权，并明确相关部门或人员的职责权限及相应的请购程序。因此，采购制度中应包括采购申请管理条款，对上述内容进行规范。若采购申请管理条款未完善，可能导致没有书面的采购政策和程序，企业采购无章可循，采购人员缺乏指导，可能引起采购舞弊或采购损失；还可能发生超出目标预算或未经授权的采购，从而无法有效控制采购成本和质量。

（2）采购申请与审核/审批岗位未分离。采购申请管理业务涉及的不相容岗位主要为：采购申请与审核/审批。一般而言，相关部门提出采购申请，采购部门经理、财务部门负责审核，公司领导负责审批。若采购申请未经采购部门经理审核，会影响采购业务的后续执行。若采购申请未经财务部门审核，可能会影响财务部门的资金调配。若采购申请未经公司领导审批，则等同于企业采购业务失去事前控制，可能给企业经营带来影响。

（3）缺乏库存调查。相关部门提出采购申请后，采购部门应进行库存调查，并形成相关意见，以便于采购部门经理、财务部门、公司领导的审核/审批工作。若采购部门未进行库存调查，可能导致采购商品/物料储存过多，积压资金，占用堆积空间；或者，采购商品/物料储存太少，未能满足公司生产需求，影响企业正常的生产经营。

2. 采购招投标管理风险

（1）采购招投标管理条款未完善。企业应当根据商品或服务等的性质及其供应情况确定采购方式。为控制采购风险，大宗商品或服务等的采购应当采用招投标方式并签订合同协议,因此企业需要在采购制度中完善采购招投标管理条款。若采购招投标管理条款未完善,将导致企业采购招投标管理无章可循,可能导致招投标过程中出现舞弊行为,导致企业资产损失,甚至引发法律风险。

(2)招标书的编写与审核、最终中标者的选取与审批不相容岗位未分离。采购招投标管理业务中的不相容岗位主要为:招标书的编写与审核;最终中标者的选取与审批。一般而言,采购部门人员负责编写招标书,采购部门经理及招投标工作小组负责审核。招投标工作小组选取最终中标者,公司领导负责审批。招标书的编写与审核岗位未分离,由采购部门全部负责招标书的编写工作,可能滋生腐败风险。最终中标者的选取与审批岗位未分离,招标工作小组可直接确定最终中标者,也可能滋生腐败风险。

(3)缺乏审核/审批。如前所述,招标书须经采购部门经理及招投标工作小组审核,若未经审核,可能导致招标书中的倾向性条款未被识别,降低招标书的公允性,甚至可能给公司带来损害。如前所述,最终中标者须经公司领导审批,若未经审批,可能导致对采购招投标的管控不到位,可能导致选中不符合条件的中标者,从而对企业的经营造成损害。

(4)招投标工作小组成员组成单一。招投标工作小组的组成至少需包括采购部门、提出采购申请的部门、财务部门。采购部门负责招投标工作的组织和开展,提出采购申请的部门关注供应商的产品或服务的质量是否符合采购需求,财务部门则从供应商信用、采购预算等角度进行管控。若招投标工作小组成员组成单一,则可能导致最终中标者不能很好地契合企业的要求,从而影响企业的经营。

3. 询价、确定供应商风险

(1)询价、确定供应商条款未完善。如前所述,企业应当根据商品或服务等的性质及其供应情况确定采购方式。对于一般物品或服务等的采购,可以采用询价或定向采购的方式并签订合同协议。因此,企业需要在采购制度中完善询价、确定供应商条款。若询价、确定供应商条款未完善,将导致询价、确定供应商无章可循,导致确定供应商过程混乱,导致营私舞弊。

(2)竞价供应商的提请与审批不相容岗位未分离。询价、确定供应商业务存在的不相容岗位主要为竞价供应商的提请与审批。此不相容岗位未分离,可能导致对供应商的询价和确定由一人完成,很容易造成业务人员与供应商串通舞弊。

(3)缺乏审核/审批。采购人员提出供应商名单后,须经采购部门经理审核。未经采购部门经理确定供应商名单,而仅由采购员确定供应商名单,可能造成没有在合格供应商名单中选取要询价的供应商,可能导致业务员与供应商串通舞弊,选择非最优供应商,给公司造成损失。最终供应商的确定须经采购部门经理、财务部门的审核及公司领导的审批。最终供应商的确定未经审核/审批,可能导致对供应商的确定缺少必要的复核和把关,职能部门起不到对业务部门在供应商选择过程中是否遵循公司规定的监督作用,公司领导不能及时了解业务情况和最终把关,也不利于责任的落实。

4. 采购合同管理风险

(1)采购合同管理条款未完善。若采购合同管理条款未完善,可能导致企业采购合同管理混乱,降低企业的采购质量,可能影响企业正常的生产经营。

(2) 采购合同的创建与审核/审批岗位未分离。采购合同管理业务中的不相容岗位主要为采购合同的创建与审核/审批。若此不相容岗位未分离,采购合同管理全部由采购部门负责,则存在极大的合同管理隐患,可能导致企业资产的重大损失。

(3) 缺乏审核、审批。采购部门创建采购合同后,至少须由采购部门经理、法律事务部门、财务部门进行审核,由公司领导进行审批。若未经采购部门经理审核,则不利于采购合同的后续执行;若未经法律事务部门审核,可能导致未能及时发现合同中的法律风险,可能引发企业的法律诉讼;若未经财务部门审核,可能导致合同中不利于公司的条款未被及时发现,可能导致公司资产损失;若未经公司领导审批,可能导致企业对采购合同的管控失效,可能影响企业的生产经营。

【案例 7-5】

从"毒胶囊"事件看采购业务内部控制[①]

2012 年 4 月 15 日,央视报道了某些企业用重金属铬超标的工业明胶冒充食用明胶生产药用胶囊的事件,引起社会强烈关注。报道的内容主要是河北、江西、浙江等地有多家企业采用"蓝矾皮"为原料生产工业明胶(业内俗称"蓝皮胶");然后胶囊厂买去作为原料,制成药用胶囊;再流入制药厂,制成了各种胶囊药品,并流入市场。

4 月 16 日,国家食品药品监督管理局第一时间发出紧急通知,要求对 13 个药用空心胶囊产品暂停销售和使用。一些制药行业的上市公司如通化金马、复旦复华等相继发布公告,对涉及问题胶囊的生产车间查封或召回问题产品。

从涉案的制药企业自身因素来说,毒胶囊能顺利进入制药企业,说明这些制药企业在采购环节缺乏有效的内部控制。采购管理是被掩盖得最深的管理死角之一,内控失效的采购流程中通常充满各种复杂的利益驱动和人情关系。要构建有效的内控体系,控制采购循环中的风险,需要从组织设计、流程梳理、关键点控制、人员监督等方面入手。

7.4.2 采购申请及合同管理内部控制设计

签订采购合同是企业采购业务内部控制的一个重点关注环节。而在签订采购合同之前,涉及两项业务的执行,即采购申请与供应商确定。其中,采购申请由相关部门根据采购计划或自身需求提出并须经过相应的审批;供应商的确定则随采购方式的不同分为招投标、询价确定及直接采购。

[①] 节选自王君杰、马军生,"从'毒胶囊'事件看采购业务内部控制",《中国会计报》,2012 年 5 月 25 日。

1. 采购申请控制

相关部门提出采购申请,填写采购申请单,依据采购物品或服务的不同进行不同的处理。若为小额零星物品或服务,则由申请部门自行采购;若为一般物品、服务或大宗物品、服务,则需上报采购部门,采购部门调查库存,而后上报采购部门经理、财务部门审核,上报总经理审批,审批通过后,依据采购物品或服务的不同,分别进行采购招投标工作或询价确定供应商工作。

如前所述,采购申请由相关部门提出。这里的相关部门包括生产部门、销售部门、总经理办公室,甚至是采购部门自身等。其中,生产部门主要依据月度采购计划来提出采购申请,而其他部门,如销售部门、总经理办公室、采购部门自身等因其采购的不确定性,不一定需要有采购计划。

采购申请依据不同的物品或服务,将有不同的处理方式。其中,若为小额零星物品或服务,将由申请部门自行直接采购。为保障对采购业务管控到位,避免管控漏洞,企业需对小额零星物品或服务进行定义。如从金额的角度,可定义500元以下为小额零星物品或服务。还可以根据各个部门的特点,进行不同的定义。如就财务部门而言,纸、笔、计算器为小额零星物品。此外,对于一般物品、服务及大宗物品、服务,企业也应有具体的规定或标准。

对于一般物品、服务或大宗物品、服务的采购申请,采购部门需进行调查库存的工作。调查库存工作需在仓储部门的辅助下进行。

采购申请管理需关注的关键控制点:采购申请书须经采购部门经理审核、财务部门审核及总经理审批。相关部门提出采购申请,均须上报采购部门经理、财务部门审核,上报总经理审批。但是,若符合采购计划的,可适当简化程序,简化主要体现于审核/审批的时间缩短。若不符合采购计划或所提采购申请之前未有计划的,则采购部门经理、财务部门、总经理分侧重点进行审核/审批。其中,采购部门经理的审核仍主要侧重于采购的必要性,应以采购人员调查库存的结果为基础,结合自身的工作经验,对采购申请提出审核意见;财务部门的审核则主要侧重于资金的调配;总经理的审批仍是从企业整体的角度出发。可能在一个时间点,不同的部门,甚至是同一部门,会提出不同的采购申请;而企业资源是有限的,面对不同的采购申请,需要对企业的有限资源进行分配,以保证获得最大的效益;同时,可能还需要对不同的采购申请,根据轻重缓急进行取舍,将有限的资源用于最急需的采购,以保证企业日常的生产经营。

2. 采购招投标控制

大宗商品、服务的采购申请经总经理审批通过后,开始执行采购招投标业务。

承接采购申请管理业务,采购部门准备招标文件,编制招标书,上报采购部门经理、招投标工作小组审核,审核通过后,采购部门发布招标公告;各个供应商填报资格审查文件,采购部门进行资格审查,确定合格供应商名单,向合格供应商发售标书;合格供应商购买标书,填报并递交标书;采购部门接收投标书,进行初步评审;采购部门经理组织论证,招投标工作小组选取最终中标者,上报总经理审批;审批通过后,采购部门宣布中标单位,而后开始执行采购合同签订业务。

其中,采购部门负责招标书的编制工作。编制招标书需建立在充分了解采购需求的基础上,要保证招标书中的重要参数条款,如质量、规格等,能够满足采购需求,满足企业生产经营的需要。

采购部门还需进行供应商的资格审查工作。资格审查主要审查供应商所填报的资格审查文件。企业可对资格审查设定数条关键标准,如规模、行业地位、价格、是否符合企业战略需要、供应链位置等。当然,资格审查的关键标准不是一成不变的,可以根据不同的采购需求加以变通。

采购部门还需对合格供应商进行初步评审。初步评审主要评审供应商所填报的标书。与资格审查相比,初步评审工作将更为具体与细致,因为供应商所填报的标书本质上已经是一种邀约,其中的条款可能成为采购合同的重要条款,所以采购部门的初步评审工作应慎之又慎,应在详细比对采购需求与供应商所填报标书,以及详细比对各个供应商所填报标书的基础上提出初步评审意见。

采购部门在进行资格审查、初步评审工作时,可以充分利用之前已经建立的供应商数据库,且及时整理资格审查、初步评审中获取的供应商信息,将信息传递给供应商考核管理、供应商信用调整管理等业务办理人员。

采购招投标管理需关注两个关键控制点:

(1) 采购部门编写的招标书须经采购部门经理、招投标工作小组审核。采购部门经理对招标书的审核主要体现其作为采购部门负责人对采购人员的牵制与监督,以及对采购业务执行的把控。其审核的重点在于:避免招标书中可能存在的倾向性条款,杜绝采购人员的权力寻租行为。招投标工作小组应由多个部门人员组成,组成部门至少需有采购部门、提出采购申请的部门、财务部门。在进行招标书的审核工作时,采购部门负责解读招标书中的重要条款;提出采购申请的部门审核招标书中的重要条款是否满足其采购需求;财务部门则从资金、预算的角度加以审核。

(2) 招投标工作小组选取最终中标者须上报总经理审批通过。如前所述,招投标工作小组在结合采购部门的初步评审意见,综合考虑采购需求、企业的资金情况以及之前编制的预算的基础上选取最终中标者。最终中标者须上报总经理审批。如前所述,大宗物品、服务适用招投标,故招投标工作对企业来说一般都是需重点关注的事件。总经理对招投标工作的最终审批将有助于其更好地进行事前控制,避免潜在的采购风险。

3. 询价、确定供应商

一般物品、服务的采购申请经总经理审批通过后,开始执行询价、确定供应商业务。

承接采购申请管理业务,采购部门收到经批准的采购申请后,应判断是否需询价。若不需询价,则确定供应商并上报采购部门经理审核、财务部门审核、总经理审批。若需询价,则填好询价单,准备询价资料;确定供应商名单,将供应商名单上报采购部门经理审核;审核通过后,采购部门向供应商发放询价资料,供应商配合填写或提供询价资料;采购部门对收到的询价资料进行分析,而后确定供应商并上报采购部门经理、财务部门审核、上报总经理审批;审批通过后,进入采购合同签订业务。

如前所述,采购部门在收到经批准的采购申请后,需先判断是否需询价,若不需询价,则直接确定供应商,而后上报采购部门经理审核、财务部门审核、总经理审批,若需询价则进行后续的询价操作。可以看到,若不需询价,则确定供应商的工作将被大大简化,这也意味着可能存在管控漏洞。因此,企业应对是否需询价建立严格的标准,且该标准不能仅由采购部门制定,至少还需有财务部门、总经理等参与。是否需询价标准的确定可以从多个方面进行,如采购单价、采购数量、采购总金额、采购物品或服务的市场环境、是否为长期稳定供应商、是否有签订长期供货合同等。

采购部门填好询价单,准备好询价资料后,确定供应商名单。供应商名单的确定应结合采购需求,并充分利用企业已建立的供应商数据库。当然,在有需要的情况下,可以在供应商数据库之外选取供应商名单。此时,应进入新供应商选择业务的执行,且确定的新供应商信息应及时录入信息系统。

询价、确定供应商业务需关注两个关键控制点:

(1) 采购部门经理审核供应商名单。采购部门经理应对采购人员提出的供应商名单进行审核,这也是一种事前管控的体现。审核重点包括:准备询价的供应商数量是否符合规定、进入供应商名单的供应商是否符合采购需求等。

(2) 采购人员确定供应商后须上报采购部门经理、财务部门审核,上报总经理审批。采购部门经理、财务部门、总经理进行审核/审批的重点均在于所确定的供应商是否能够满足企业的采购需求,采购人员在确定供应商时是否存在权力寻租行为。

4. 采购合同控制

如前所述,确定中标单位或确定供应商之后,进入采购合同签订业务。

承接询价、确定供应商业务与采购招投标管理业务,采购人员与供应商洽谈合同条款,取得共识后,创建采购合同并判断是否在权限内。若在权限内,则直接签订采购合同。若不在权限内,则上报采购部门经理审核、法律事务部门审核、财务部门审核,上报总经理审批,审批通过后,采购部门经理负责监控合同正本的回收;审批未通过,由采购人员与供应商重新洽谈、协商。若双方均可接受更改的条款,则进行条款修改,重新创建合同并重新进行审核/审批;若双方未能达成共识,则采购业务至此结束。

在确定中标单位或确定供应商之后,由采购人员与其进行合同条款的洽谈工作。采购人员的洽谈至少应遵守以下规则:一是确保合同条款未损害企业利益;二是确保合同条款可以满足采购需求;三是确保自身未存在权力寻租行为。

若在采购部门的权限内,采购人员可以直接签订采购合同并执行。因此,为避免可能出现的管控漏洞与腐败、徇私舞弊风险,企业应对采购部门的权限有明确的定义,如可以从金额的角度加以定义,可以设定每笔不超过2 000元的采购合同不需上报审核/审批,而是由财务部门或内控审计部门定期核查。不过,用金额角度定义可能会出现下述情况:采购人员将一笔合同拆分成多笔合同,从而逃避审核/审批。因此,可以考虑完善金额角度的定义,例如,某段时间内与同一个供应商的采购合同需合并起来计算,看其金额是否超过权限。

由采购人员持审批通过的采购合同前往法律事务部门进行盖章,采购部门经理负责监控采购合同正本的回收,并及时将采购合同正本交由法律事务部门保存。

采购合同审批未通过,采购人员需与供应商重新洽谈、协商。经过重新修改的采购合同,必须重新上报采购部门经理、法律事务部门、财务部门审核,上报总经理审批。因此,总经理办公室在进行合同盖章时,须特别注意此类合同是否确实已经完成审核/审批程序,否则可能出现管控漏洞,给企业带来损失。

采购合同管理需关注的关键控制点:采购合同须经采购部门经理审核、法律事务部门审核、财务部门审核及总经理审批。采购人员与供应商就合同条款协商一致后,创建采购合同,上报采购部门经理、法律事务部门、财务部门审核,上报总经理审批。采购部门经理将重点识别采购合同中可能存在的损害企业利益或不符合企业采购需求的条款,杜绝采购人员的权力寻租行为。法律事务部门将重点识别采购合同中可能存在的法律风险,并对法律风险可能给企业带来的损害与后果作出评估,对条款的修改提出法律专业意见。财务部门将重点识别采购合同中的价格、结算方式等条款,进行必要的成本核算,对采购合同的盈利前景提出财务专业意见。总经理对采购合同的审批仍然要从企业整体的层面出发。除了需杜绝采购人员的权力寻租行为,还需考虑企业整体战略需要,如果该供应商对企业十分重要,则在采购合同中作出适当让步也是必要的。

7.5 采购执行及退货控制

在签订采购合同之后,就进入采购执行及退货管理,开始了货物的流转。在这一过程,采购部门要重点关注采购货物的入库验收,确保入库货物的数量、质量、规格等符合要求,一旦发现有问题的货物,应及时进行退货处理,以免造成额外的损失。

7.5.1 采购执行及退货管理风险

在采购执行及退货管理的过程中,如果内部控制不足,可能引发以下风险:

1. 采购执行管理风险

(1) 采购执行管理条款未完善。采购执行管理是采购验收入库的前一步骤,企业需要在采购制度中明确采购执行管理的条款。若采购执行管理条款未完善,将导致企业采购执行管理无章可循,可能导致无法很好地衔接采购收货管理。

(2) 投保信息不全或有误。投保信息包含被保险人、品名、数量、单位、金额、起运地、目的地、运输方式、保险比率、单独开票、单独保单等。若投保信息不全或有误,可能导致货物发生非正常损失时,无法进行保险索赔,造成企业资产的损失。

(3) 未及时比对发货信息与合同。采购部门通知供应商发货后,供应商会传给企业发货通知书。若采购部门未及时比对发货信息与采购合同,可能导致未能及时发现不相符的地方,未能及早避免纠纷与风险。

(4) 异常履约形成违约。发现发货信息与采购合同不符,应及时与供应商沟通解决。可能的解决方式有撤销合同、变更合同、重新发货等。若未与供应商及时、清晰地沟通,可能出现异常履约形成违约的风险。

2. 采购收货入库管理风险

（1）采购收货入库管理条款未完善。采购验收是企业采购业务中，货物质量把控的最后一道关口，也是最直接、最重要的关口。因此，企业采购制度中的采购收货入库管理条款是不可或缺的。若采购收货入库管理条款未完善，将导致采购收货入库管理无章可循，可能导致采购收货入库管理混乱，可能导致不符合质量要求的货物进入仓库，最终影响产品的生产和产品的质量。

（2）异常履约形成违约。验货时发现货物存在问题，应及时与供应商沟通解决。可能的解决方式有退货、变更合同、重新发货等。若未与供应商及时、清晰地沟通，可能出现异常履约形成违约的风险。

（3）信息传递低效、不及时。对于收货时规格、价格等不同的产品，仓储部门未在入库单上分行、分项目列示，可能不便于财务部门准确地进行收货入库操作。仓储部门未及时将入库单传递给财务部门，可能导致财务部门存货入账不及时，可能影响财务报表数据的真实性。

3. 采购退货管理风险

（1）采购退货管理条款未完善。为及时办理退货事项、收回退货货款，企业应当建立退货管理制度，对退货条件、退货手续、货物出库、退货货款回收等作出明确规定。若采购退货管理条款未完善，将导致采购退货管理无章可循，可能导致采购退货管理混乱，引发企业资产损失。

（2）退货申请的提出与审核、索赔协议的编写与审核不相容岗位未分离。采购退货管理业务中的不相容岗位主要有：退货申请的提出与审核、索赔协议的编写与审核。索赔协议的编写与审核岗位未分离，则索赔协议仅由采购人员编写即可生效，可能滋生潜在的腐败风险，引发企业资产受损。

（3）缺乏审核。采购人员编写退货申请后，须经采购部门经理审核。若未经采购部门经理审核，可能导致不恰当退货或重大合同纠纷未被及时发现。采购人员编写索赔协议后，须经采购部门经理、财务部门审核。若未经采购部门经理审核，可能导致索赔协议不符合实际情况，未完全索赔；若未经财务部门审核，财务部门可能无法及时了解、跟踪索赔款的收回情况，企业利益无法得到保障。

（4）缺乏第三方报告。因退货导致企业损失的，采购人员可凭借第三方（如商检局）的检验报告，向供应商索赔。若无书面凭证，索赔无依据，可能导致催款困难。

【案例7-6】

深粮集团称1.3万吨镉大米已全部退货[①]

2009年，深粮集团从湖北采购了一批上万吨的金属镉含量超标的大米。同年5月，

---

① 引自王日晶、徐超，"深粮集团称1.3万吨镉大米已全部退货"，《南方都市报》，2013年2月28日。

《南方日报》上一篇题为"湖南问题大米流向广东餐桌"的报道披露,这批镉超标大米最终流入广东省口粮市场。报道次日,深粮集团召开新闻发布会,披露此次采购的细节,对报道涉及的相关问题予以说明。

深粮集团证实,该集团于 2009 年 5 月向湖南采购共 15 415 吨早籼米,送检时确实发现样品存在重金属镉残留量均不同程度超标。从 5 月 31 日开始,7 个品种早籼米陆续入库;截至 8 月 13 日,共接收入库的湖南早籼米共 15 415 吨。在入库时,深粮集团根据国家《粮食质量监管实施办法(试行)》,对大米进行质检,结果符合质量要求。

但考虑到当时新闻媒体报道的关于湖南省浏阳地区重金属镉污染的情况,深粮集团决定对此批全部入库的湖南早籼米增加指标检测,于 8 月 10 日从已入库的 7 个品种的湖南早籼米中抽取样品送深圳市计量质量检测研究院进行检测。检测报告显示,全部送检的湖南早籼米样品重金属镉残留量均存在不同程度的超标。

随后深粮集团与湖南方面进行了谈判,双方约定共同委托检验检测机构对粮食进行全面抽样检验,依据检验结果对合格的批次粮食执行原合同,不合格批次的粮食由湖南方面提走并退款。随后,双方签订了《〈粮油采购〉补充协议》。2009 年 10 月 20 日,深粮集团与湖南供应商共同对早籼米进行抽样;10 月 22 日,双方送上海市食品药品检验所进行检验;11 月 5 日,该所出具 105 份检验报告,检验合格的有 14 个,不合格的有 91 个。截至 2010 年 4 月,不合格的 13 584 吨粮食全部由湖南方面提走,并退回深粮集团货款。深粮集团通报称,该过程中"本着对消费者高度负责的态度,没有让一粒不合格粮食流入市场"。

7.5.2 采购执行及退货管理内部控制设计

如前所述,采购执行、收货入库及退货业务是签订采购合同之后的具体执行业务,涉及货权的转移与货物的流转。此环节执行最主要的目标是:保证货物流转的顺畅;确保验收入库货物的数量、质量、规格等符合要求;避免退货可能带来的损失等。

1. 采购执行控制

与供应商签订采购合同之后,进入采购执行管理。承接采购合同管理业务,采购部门在信息系统中明确运输信息和保险信息,而后判断是否存在预付款。若存在预付款,需先进入付款申请与审批管理业务。若不存在预付款,则直接向仓储部门申请仓库;仓储部门确认仓库,而后采购部门通知供应商发货;供应商按合同备货,而后发货,并发出发货通知书与装运通知;采购部门收到发货通知书与装运通知后,将发货信息与采购合同进行比对,判断是否一致(若不一致,则需与供应商协商解决;若一致,则在系统中记录在途信息),还要看是否为进口货物(若为进口货物,还需进行进口货物报关;若非进口货物,则通知仓库收货);最后进入采购收货入库管理业务。

采购部门在合同执行期间需对供应商进行管理,要求供应商在发货时通知采购部门,最好以传真或电子邮件等形式发来发货通知。采购部门在收到供应商的发货通知时,应及时与采购合同进行比对,尽早发现问题。若发货信息与采购合同不一致,应及时与供应商协商解决。解决方式可能有撤销合同、变更合同、重新发货等。若为撤销合同,应关注是否符合撤销合同的法律要件,必要时需就法律方面的相关风险咨询法律事务部门,以避免可能出现的诉讼风险。若为变更合同,需重新进入采购合同管理业务,以减少可能出现的管控漏洞。

发货信息与采购合同比对一致后,采购部门应及时在系统中记录在途信息,以便于货物的管理。此外,采购部门应及时通知仓库收货。

2. 采购收货入库控制

承接采购执行管理业务,仓储部门获取检验单、理货证明、商检报告等,而后进行到货检验;仓储部门将验收结果和相关检验单据送交采购部门,采购部门判断是否发现问题,若没有问题通知仓库收货,若有问题进一步判断是否为运输方责任,若为运输方责任则向运输方索赔,若非运输方责任则与供应商协商解决,解决的方式可能有退货、变更合同、进入采购二次结算等;采购部门通知仓库收货后,仓储部门办理入库,生成入库单,将入库单传真给财务;采购部门在系统中记录入库信息,进入采购结算管理业务,财务部门收到入库单传真件,进入存货入库核算业务。需注意的是,如仓储部门不具备技术力量,应由相关部门(如质检部门)负责检验货物的质量,并出具相关单据。

仓储部门应及时获取检验单、理货证明、商检报告等文件,以便于及时进行到货检验。仓储部门应及时将检验结果和相关检验单据送交采购部门,以便于采购人员及时判断是否存在问题。采购部门及时判断收货实际数量与合同数量差异是否在容差范围之内,超过容差范围,应与相关责任方及时商谈解决。责任方若为运输方,则及时向运输方索赔;责任方若为供应商,则及时与供应商协商解决。解决方式可能为退货、变更合同、进入采购二次结算等。若为变更合同,仍需重新进入采购合同管理业务,以避免可能存在的管控漏洞。

3. 采购退货控制

采购部门提出退货解决方案,填写退货申请,上报采购部门经理审核;审核通过后,财务部门在信息系统中进行退货操作,判断所退货物是否经过发票校验,若未经过发票校验则由采购部门办理退货,若经过发票校验则进一步判断是否同一发票项下全部退货,若为同一发票项下全部退货则冲销发票校验凭证,若同一发票项下部分退货则对红字发票进行二次结算,作为贷项凭证,而后进入采购部门办理退货;采购部门判断是否需要向供应商索赔,若需向供应商索赔,则获取第三方报告,编写索赔协议,上报采购部门经理审核、财务部门审核,而后退货款由供应商当期付款或从下一批货款中抵扣。

财务部门应在信息系统中进行退货操作。未进行采购发票校验的退货,直接执行采购退货处理业务。已进行采购发票校验的退货,如果该发票项下全部退货,冲销之前的发票校验凭证,再执行采购退货处理业务;如果该发票项下部分退货,对红字发票进行二次结算,作为贷项凭证,再执行采购退货处理业务。

因退货导致企业损失的,采购人员可凭借第三方(如商检局)的检验报告,向供应商索赔。采购人员应在退货货物发出后及时向供应商催缴货款,或直接从下一批货款中抵扣。

采购退货控制需关注两个关键控制点：

（1）采购人员提出退货解决方案，填写退货申请，而后须上报采购部门经理审核。采购部门经理不仅需审核已提交的退货申请是否符合实际的退货情况，而且还需关注是否存在应提交而未提交的退货申请。

（2）若需要向供应商索赔，采购人员编写索赔协议，而后须上报采购部门经理、财务部门审核。采购部门经理的审核将重点关注索赔协议中的条款是否符合实际的退货情况，是否存在损害企业利益的条款，杜绝采购人员的权力寻租行为。财务部门的审核将重点关注索赔协议中的金额、结算方式条款等。此外，财务部门的审核有助于其及时跟踪索赔中涉及的款项交付，且能起到对采购部门的监督作用，避免可能存在的管控漏洞。

【案例7-7】

宝山钢铁股份有限公司的验收控制[①]

宝山钢铁股份有限公司（简称"宝钢股份"）采购实行集中一贯制管理，除公司特别授权采购外，各二级厂（部、处）不得自行对外采购。

宝钢股份的实物验收，是根据采购的技术标准和合同约定的验收方式，由制度规定的责任部门进行验收并出具验收单或验收报告：

（1）原燃料的铁矿石、煤炭及副原料进厂数量验收由运输部门负责，铁矿石、煤炭、副原料进厂质量检验取样工作和质量检验由制造管理部门负责。

（2）材料进厂数量由采购部门组织验收，铁合金、有色金属、耐材、涂料等需检化验的重要材料由制造管理部门负责质量验收，其他需检化验的材料由采购部门外委。

（3）备件进厂数量、质量验收由设备部门负责。

（4）零固设备进厂验收由采购部门负责组织专业归口管理部门、项目单位共同开检确认。

（5）为控制国内设备制造质量，宝钢股份还制定了《国内设备赴厂检验管理细则》，以加强国内工程设备的验收管理。

（6）质量异议管理。对不合格或质量存在异议的物资、设备，宝钢股份分别制定了《物资质量异议处理管理制度》《质量异议控制与处理管理办法》，不定期加以审查，将发生质量异议的供应商信息反馈到公司供应商信息系统中。

---

① 谢中新，"采购与付款环节的内部控制"，《冶金财会》，2004（10）。

7.6 结算与付款控制

在货权转移之后,企业进入采购结算与付款的管理。采购结算与付款的管理体现了企业资金流的流转,是企业应该重点控制的方面之一。

7.6.1 结算与付款管理风险

采购结算与付款体现的是企业的资金流,若内控不足,可能引发以下风险:

1. 采购结算管理风险

(1) 采购结算管理条款未完善。若采购结算管理条款未完善,可能导致采购结算管理混乱,如发票缺少、未取得正规发票等。

(2) 采购成本发票校验。采购人员未及时校验采购成本发票,可能无法及时发现发票缺少或有误。若收到的发票与订单或到货情况有差异,采购人员未按照财务部门发布的发票校验差异说明执行校验,可能未及时发现差异超出允许范围。

(3) 采购费用发票校验。采购费用发票未及时对应到具体合同,可能导致不能真实反映合同成本。

(4) 发票复核。财务部门未对发票进行复核,可能导致未取得正规发票。

2. 采购二次结算管理风险

(1) 采购二次结算管理条款未完善。若采购二次结算管理条款未完善,可能导致采购二次结算管理混乱,无法保障企业利益。

(2) 未及时与供应商协商。未及时与供应商协商价格调整等事项,导致未及时确定实际应结算金额,可能导致企业利益受损。

3. 付款申请、审批管理风险

(1) 付款申请、审批管理条款未完善。企业采购部门在办理付款业务时,应当对采购合同协议约定的付款条件以及采购发票、结算凭证、检验报告、计量报告和验收证明等相关凭证的真实性、完整性、合法性及合规性进行严格审核,并提交付款申请;财务部门依据合同协议、发票等对付款申请进行复核后,提交企业相关权限的机构或人员进行审批,办理付款。企业需要在采购制度中就上述内容来完善付款申请、审批管理条款。若付款申请、审批管理条款未完善,将导致付款申请、审批管理无章可循、无据可依,可能导致款项支付的合理性、准确性没有保障,甚至造成公司付款失控。

(2) 付款申请与审批岗位未分离。付款申请、审批管理业务的不相容岗位主要为付款申请与审批。此不相容岗位未分离,很可能导致公司付款缺乏控制,导致公司资产流失。

7.6.2 结算与付款管理内部控制设计

采购结算与付款的管理体现了企业资金流的流转,此环节管控的最为重要的目标是保证付款的安全,即所付有所得。

1. 采购结算控制

采购部门取得采购费用发票,对应到具体合同,将发票录入系统,进行发票校验。采购部门取得采购成本的各项发票,判断发票与到货情况是否存在差异。若存在差异,则按照财务部门发布的发票校验差异说明执行;若不存在差异,则直接将发票录入系统,进行发票校验。财务部门取得发票原件,对采购发票进行复核,解除冻结,而后进入付款申请、审批管理业务。

采购部门取得采购成本各项发票,若发票与到货情况存在差异,则按照财务部门发布的发票校验差异说明执行,最后交由财务部门进行复核。

采购部门取得采购费用发票,应对应到具体合同,而后录入系统,进行发票校验,以便于财务部门进行各个合同成本、费用的核算,从而便于进行各个合同的盈利分析。

财务部门对采购发票进行复核,凭发票正本解除冻结后,方可付款。

2. 采购二次结算控制

若为承接采购收货入库管理业务,采购部门和仓库确认实际验收入库数量,判断是否根据市场价格进行调整。若是根据市场价格进行调整,则确定实际结算金额;若不是根据市场价格进行调整,则需与供应商协商,而后确定实际结算金额。采购部门取得二次结算单,财务部门判断是否已经采购收票。若未采购收票,则按二次结算单开票,并在系统中进行账务处理;若已采购收票,财务部门和采购人员协商结算处理办法,开出借贷通知,判断是否需要付款,若需要付款则进入付款申请、审批管理业务。

若为承接采购收货入库管理业务,采购部门需与仓库确认实际验收入库数量,涉及的单据包括入库单、供应商发货通知、装箱单、质量验收单等。采购部门在确认实际验收入库数量时需做到单单相对、单单相符。

此外,可以不通过审核/审批进行管控,而是采用激励政策。例如,在采购人员的激励政策中规定:若协商后的价格低于原预定价格,则采购人员可以获得一定比例的奖励。

3. 付款申请、审批控制

采购部门填写(预)付款申请书并匹配到供应商合同或全年协议,将(预)付款申请书上报采购部门经理审核、财务部门审核,上报总经理审批。若审批通过,则由财务部门进行支付。具体采用何种付款方式取决于采购部门的申请。

采购部门在填写(预)付款申请书时,须将申请书匹配到供应商合同或全年协议,否则无法通过审核/审批。

采购部门经理的审核体现了对采购业务的最终把控。财务部门审核将主要审核合同、发票、成本核算表是否匹配。总经理的审批则体现了对采购业务的最终把控。

【综合案例】

沃尔玛的全球采购战略[①]

沃尔玛(Wal-Mart)公司是全世界零售业销售收入位居第一的巨头企业,素以精确掌握市场、快速传递商品和最好地满足客户需求而著称,是著名的"世界500强排行榜"的冠军。在采购方面,沃尔玛有自己独特的全球采购战略。

沃尔玛的全球采购网络组织

1. 沃尔玛的全球采购

在沃尔玛,全球采购是指某个国家的沃尔玛店铺通过全球采购网络从其他国家的供应商进口商品,而从该国供应商进货则由该国沃尔玛公司的采购部门负责采购。

(1) 全球采购网络的地理布局。沃尔玛结合零售业务的特点及世界制造业和全球采购的总体变化趋势,在全球采购网络的组织上采取以地理布局为主的形式。

(2) 全球采购总部。全球采购总部是沃尔玛全球采购网络的核心,也是沃尔玛的全球采购最高机构。在这个全球采购总部里,除了四个直接领导采购业务的区域副总裁向总裁汇报以外,总裁还领导着支持性和参谋性的总部职能部门。

2. 沃尔玛全球采购网络的职责

沃尔玛的全球采购网络相当于一个"内部服务公司",为沃尔玛在各个零售市场上的店铺买家服务。

(1) 商品采集和物流。全球采购网络要尽可能地在全球搜索到最好的供应商和最适当的商品——沃尔玛的全球采购网络实际上担当了商品采集和物流的工作,对店铺买家来说,他们只有一个供应商。

(2) 向买家推荐新产品。对于新产品,沃尔玛没有现成的供应商,它通过全球采购网络的业务人员参加展会、介绍等途径找到新的供应商和产品。店铺买家会到全球采购网络推荐的供应商那里和他们直接谈判及购买。

(3) 帮助其他国家的沃尔玛采集货品。沃尔玛的全球采购中心为全世界各个国家的沃尔玛店铺采集货物,而不同国家之间的贸易政策往往不一样,这些差别随时都需要加以跟踪,并在采购政策上作出相应的调整。

(4) 调查、比较厂商和产品。沃尔玛的全球采购中心同时还对供应商的注册资金、生产能力等进行查证,对产品的价格和质量进行比较。对满意的厂商和产品,他们就会安排买家来直接和供应商进行谈判。

沃尔玛的全球采购流程

采购是一个比较复杂的过程,为了提高采购活动的科学性、合理性和有效性,就必须建立和完善系统的采购流程,从而保证采购活动的顺畅进行。

[①] 引自百度文库(http://wenku.baidu.com),"沃尔玛全球采购",作者不详。

1. 宏观方面

全球采购办公室是沃尔玛进行全球采购的负责组织,但是这个全球采购办公室并没有采购任何东西,在沃尔玛的全球采购流程中,其作用就是在沃尔玛的全球店铺买家和全球供应商之间架起买卖的桥梁。因此,沃尔玛的全球采购活动都必须以其采购的政策、网络为基础,并严格遵循其采购程序。

2. 微观方面

沃尔玛的商品采购是为保证销售需要,通过等价交换取得商品资源的一系列活动过程,包括搜索信息、确定计划、选择供应商、谈判等。

(1) 筛选供应商。沃尔玛在采购中对供应商有严格的要求,不仅在提供商品的规格、质量等方面,还对供应商工厂内部的管理有严格要求。

(2) 收集产品信息及报价单。通过电子确认系统(EDI),向全世界4 000多家供应商发送采购订单及收集产品信息和报价单,并向全球2 000多家商场供货。

(3) 决定采购的货品。沃尔玛有一个专门的采办会负责采购。经过简单的分类后,该小组会用邮件方式和沃尔玛全球主要店面的买手们沟通。在世界各大区买手来到中国前(一般一年两到三次),采办会的员工会准备好样品,样品上标明价格和规格,但决不会出现厂家的名字,由买手决定货品的购买。

(4) 与供应商谈判。买手决定了购买的产品后,买手和采办人员对看上的产品进行价格方面的内部讨论,定下大致的采购数量和价格,再由采办人员同厂家进行细节和价格的谈判。谈判采取地点统一化和内容标准化的措施。

(5) 审核并给予答复。沃尔玛要求供应商集齐所有的产品文献,包括产品目录、价格清单等,选择好样品提交,并会在审核后的90天内给予答复。

(6) 跟踪检查。在谈判结束后,沃尔玛会随时检查供应商的状况,如果供应商达不到沃尔玛的要求,则根据合同,沃尔玛有理由解除双方的合作。

沃尔玛的全球采购政策

沃尔玛的全球采购中心总部中有一个部门专门负责检测国际贸易领域和全球供应商的新变化对其全球采购的影响,并据以指定和调整公司的全球采购政策。沃尔玛的采购政策大致可以分为三个方面:

1. 永远不要买得太多

沃尔玛提出,减少单品的采购数量,能够方便管理,更主要的是可以节省营运成本。沃尔玛的通信卫星、GPS以及高效的物流系统使得它可以以最快的速度更新其库存,真正做到零库存管理,也使"永远不要买得太多"的策略得到有力的保证。

2. 价廉物美

在沃尔玛看来,供应商都应该弄清楚自己的产品跟其他同类产品有什么区别,以及自己的产品中究竟哪个是最好的,供应商最好能够生产出一种商品专门提供给沃尔玛。沃尔玛最希望给顾客提供尽可能多的、在其他地方买不到的产品。

3. 突出商品采购的重点

沃尔玛一直积极地在全球寻找最畅销的、新颖有创意的、令人动心并能创造"价值"的商品,营造一种令人高兴、动心的购物效果,从而吸引更多的顾客。

沃尔玛全球供应商的选择

优秀的供应商是零售企业的重要资源,它对零售企业的成长具有重大影响。对沃尔玛来说,选择了合适的供应商,才有可能采购到合格的商品,因此在全球采购战略中,沃尔玛挑选供应商的条件和标准都是一样的。

沃尔玛对全球供应商的选择条件是非常严格的,要成为它的供应商,必须满足以下九大条件:

(1) 所提供的商品必须质量优良,符合国家及各地方政府的各项标准和要求。
(2) 所提供的商品价格必须是市场最低价。
(3) 文化认同:尊重个人、服务客户、追求完美、城市增值。
(4) 首次洽谈或新品必须带样品。
(5) 有销售记录的增值税发票复印件。
(6) 能够满足大批订单的需求。在接到沃尔玛订单后,如有供应短缺的问题,应立即通知。连续三次不能满足沃尔玛订单将取消与该供应商的合作关系。
(7) 供应商应提供一定的折扣。
(8) 供应商不得向采购人员提供任何形式的馈赠,如有发现,将予以严肃处理。
(9) 沃尔玛鼓励供应商采取电子化手段与其联系。

沃尔玛在确定资源需求方面看重的是供应商提供的商品的质量及价格,既要求达到高品质,又要求是最低价格,以此来实现天天低价。

思考题:

1. 沃尔玛是如何实施全球采购战略的?它的采购战略有哪些特点?
2. 结合本章内容,你觉得沃尔玛的采购控制有没有不足之处?如果有,都是什么?
3. 沃尔玛的采购控制对我国企业有哪些启示?

第 8 章　销售业务内部控制

【篇首语】

销售收款是企业非常重要的业务循环,做好销售工作的内部控制,可以保证企业的产品和服务通过此循环创造价值,给公司带来盈利,为企业的可持续发展提供源源不断的资金支持。而健全企业的销售业务内部控制是企业提升财务管理水平,使盈利落实的有效手段,对整个企业的发展都有着至关重要的作用。本章主要依据销售业务的流程对各个环节存在的风险进行分析,并针对风险设计相应的内部控制。

【引导案例】

三精制药年报数据同降98%或暗示营销改革失败[①]

2013年哈药集团进行了自身营销上的改革,与其子公司三精制药共同投资设立了哈药集团营销有限公司,目前主导产品由营销公司进行销售和终端维护。营销公司通过控制公司主导产品的发货量、维护市场价格、开展终端促销等活动,消化销售渠道中的存货。

而在进行渠道调整之前,哈药集团和三精制药都有自己的营销团队,两支团队不但负责销售公司的产品,而且有时还会在业务上有交叉,时常有"撞车"的事件发生,虽然销售业绩不能说是可圈可点,但凭借广告效应,每个销售团队都各有特色。

2013年正值医药行业处于产品同质化、市场同质化、营销手段同质化等激烈的竞争期,一些药企为了在市场中谋得一席之位,会使出浑身解数抢占渠道,也有企业会通过不断挖人的方式抢占市场份额。在这个关键期,哈药集团和三精制药却对渠道进行变革,正好错过了竞争的最好时机,不但没有对产品的销售线有所推动,而且还因人员的职能调整,失去了原有的渠道。

近年来的数据显示,三精制药的双黄连产品在我国中成药感冒药物的市场占有率曾一度达到4.80%,在中成药感冒药中位列第二;而其葡萄糖酸钙口服液、葡萄糖酸锌口服液,在2000年后也曾一度辉煌,为三精制药带来巨大收益。然而,随着这两款主导产品进入后期整合后,以往依靠广告对业绩的拉动作用渐渐减弱,推广力度疲软,市场份额逐渐缩小。

而此次哈药集团和三精制药的营销整合并没有起到"1+1>2"的效果,反而错过了最好的抢占渠道的时机,不能不说是得不偿失。

2014年4月3日,三精制药披露了其2013年年报,实现营业收入31.77亿元,同比减少21.91%;归属于上市公司股东的净利润646.21万元,同比猛降98.23%,几乎只是2012年3.64亿元的零头;扣除非经常性损益后,净利润甚至为亏损2 527.43万元,而在2012年这个数字是盈利3.31亿元。

[①] 引自张杰,"三精制药年报数据同降98%或暗示营销改革失败",《华夏时报》,2014年4月10日。

与三精制药业绩大幅下滑形成鲜明对比的是,发改委数据显示,2013年全国医药产业实现主营业务收入21 682亿元,同比增长17.90%。受此影响,在2014年4月3日工信部发布的"药企百强榜"中,哈药集团出局前五名,被华北制药集团和华润医药控股取代。据了解,哈药集团2012年排名第四、2013年排名第七。对于业绩下滑的原因,三精制药公告称,受国家医改政策及行业竞争加剧的影响,公司整合营销资源,调整销售策略,进行渠道整顿及消化库存,主导产品销售收入下降;同时,主导品种原材料成本不同程度上涨,导致毛利率下降,2013年公司未完成年初制定的收入指标和利润指标。

一位不愿具名的该企业人士向《华夏时报》记者表示,业绩下滑如此之多令人惊讶,主要原因是销售方面整合并不尽如人意,虽然建立了专门的销售公司,但存在人员调整和对接难等不利因素;再加上公司正在进行渠道等方面的改革,企业处于拐弯期,造成业绩下滑。

三精制药的衰落引人深思,哈药集团的销售业务控制失效导致了整个集团业绩的严重下滑。销售业务层面的内部控制的重要性不言而喻。本章将具体从销售业务的信用管理、合同管理、发货管理、收款管理、应收账款管理、退货管理等流程管理的角度,详细介绍如何进行销售业务内部控制。

8.1 流程划分与职责分工

8.1.1 销售业务流程划分

销售可以分为现销和赊销两种基本方式。现代经营中,商业信用的广泛使用使得赊销成为各企业普遍采用的销售方式,这既是买方市场的要求,也是市场经济发展的必然趋势。

根据《企业内部控制应用指引第9号——销售业务》,在赊销情况下,销售业务可以分为信用管理、合同管理、发货管理、收款管理、应收账款管理、退货管理六大环节(见图8-1)。这六个环节是紧密联系的,共同构成了销售业务全过程。信用管理环节可以细分为客户调查、授信管理、信用执行和信用调整等工作;合同管理可以细分为合同报批和合同变更等工作;应收账款管理可以细分为应收账款日常管理、账款催收和坏账管理等工作。

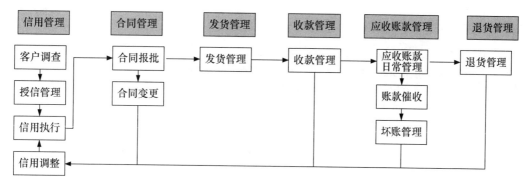

图 8-1 销售业务环节划分

8.1.2 销售业务职责分工

在设计销售内部控制之前,应该明确划分与销售业务相关的部门职责,在管理完善的情况下,销售业务应该涉及风险管理部门、信用管理部门、物流管理部门、财务部门、法律事务部门和业务部门等,这些部门认真履行各自职责、相互牵制、相互监督,为有效防范销售业务风险共同合作。各部门职责如表8-1所示。

表 8-1 销售业务各部门职责分工

部门	职责
风险管理部门	(1) 关注宏观经济形势和国家相关政策动态,引导促进业务发展; (2) 跟踪主营产品价格信息,分析市场风险,指导业务部门避免重大市场风险; (3) 组织公司业务信息的统计分析,揭示风险,及时处理,并为公司业务决策提供依据; (4) 组织构建、维护并完善公司业务信息管理系统,保障业务管理工作的高效、及时、准确,促进公司业务发展; (5) 协助公司相关职能管理部门与业务相关的财务、资金等方面的政策制定; (6) 指导公司业务审批、过程管理和事后风险处置,就具体合同条款、业务模式进行分析,研究整个业务流程可能存在的风险,并与法律事务部门等职能部门商讨规避风险的办法,提出审批意见; (7) 负责对业务进行动态评估,提出业务结构调整方案,促进业务良性发展;引导业务部门专业分工,协调专业化经营出现的问题。
信用管理部门	(1) 与风险管理部门、财务部门、法律事务部门等职能部门协商,拟定公司信用管理政策; (2) 负责客户信用风险管理工作,包括客户资信管理、客户信用分析、拟定客户信用额度、评定客户等级; (3) 审批赊销合同、控制信用额度; (4) 及时调整客户信用额度; (5) 其他与客户信用管理规定有关的事项。

(续表)

部门	职责
物流管理部门	(1) 负责货物的入库、保管、出库； (2) 定期盘点货物，出现盘点差异，及时报告公司领导； (3) 检验退回的货物，出具退货检验报告； (4) 将相关退货单据传递给财务部门。
财务部门	(1) 根据相关法律法规及财务、税务有关规定，组织建立、健全财务内控制度，规范财务行为； (2) 负责公司的财务管理工作，提交各项财务报表和分析报告，分析经营状况、财务状况，为公司经营决策提供依据； (3) 负责指导公司的会计核算工作，保证公司依法稳健经营； (4) 全面审核对外提供的会计资料，确保对外会计资料的真实、完整； (5) 协调财政、税务、会计师事务所等外部部门，理顺对外公共关系； (6) 按照公司付款审批程序的规定，执行货款与费用的审批职责，严格把握每笔付款的风险与真实性，控制相关财务风险； (7) 跟踪收款及开票情况。
法律事务部门	(1) 协助建立公司的内控制度； (2) 对公司各项业务的开展进行合法性论证并提供法律支持； (3) 为集团及子公司各项业务提供法律咨询； (4) 处理公司的各类纠纷和案件； (5) 开展法律宣传。
业务部门	(1) 反馈市场信息及客户需求； (2) 开拓新的客户和业务机会； (3) 跟踪客户订单的具体落实(签订合同、交货、货款催收等)； (4) 制订客户拜访计划并实施； (5) 收集款项逾期客户的信用资料； (6) 协助信用管理人员进行客户信用管理； (7) 负责提供市场趋势、需求变化、竞争对手和客户反馈方面的准确信息； (8) 处理销售过程中的具体事务； (9) 跟踪公司经营目标完成情况，提供分析意见及改进建议； (10) 根据公司的经营战略、年度发展规划，制订相应的发展计划； (11) 执行公司营销策略并开拓市场； (12) 负责大客户项目的日常订货、库存品种监控管理及促销。

8.2 信用控制

8.2.1 信用管理风险

信用管理是销售业务内部控制的首个环节，是一种事前控制手段。
信用管理中存在的风险主要包括：

1. 缺乏专门的部门统一管理客户信用

目前,很多公司还没有专门的信用管理部门,信用管理工作主要由财务部门或者业务部门负责,导致信用管理工作无法满足公司战略需求,产生潜在风险。财务部门一般更关注资金安全和流动性;此外,财务部门一般对业务不熟悉,对客户情况也不是很了解,往往倾向于授予客户较小的信用额度。这一方面控制了信用风险,另一方面也使得公司的销售额大为萎缩。而业务部门为了增加销售量、扩大销售额,倾向于授予客户较大的信用额度。这一方面扩大了公司的销售量、增加了销售额,另一方面过大的信用额度可能给公司带来经营风险。

2. 授予客户的信用额度未经公司领导审批

实行扁平化组织结构的企业对职能部门过于放权,信用管理部门拟定信用额度之后不用报公司领导审批。由于信用管理部门只是基于本专业领域拟定信用额度,可能没有从公司整体战略角度出发考虑问题,导致确定的信用额度无法满足公司战略需求,影响战略目标的实现。

3. 信用管理与合同审批职能未分离

信用管理工作和合同最终审批权是不相容的,但是,很多公司从降低成本的角度出发,将这两项工作交由同一个部门负责,出现既授予客户信用额度又审批合同的情况,使得公司运营风险增加,甚至给公司造成资产流失的风险。

4. 未及时调整客户信用额度

市场情况处于不断变化中,客户的资信情况、履约能力也处于不断变化中。因此,企业应该根据变化的市场情况,以及客户资信情况和履约能力及时调整授予客户的信用额度。如果未及时调整,可能导致授予客户的信用额度过高,增加了经营风险;或者授予客户的信用额度过低,无法吸引客户,影响公司的销售业绩。最终,未及时调整客户信用额度会给公司造成资产损失或者收入减少的风险。

【案例 8-1】

销售与回款案例:变两难为双赢[①]

A 公司是江苏一家以生产电器开关为主的乡镇企业,创办于 20 世纪 80 年代末,经过近 20 年的发展,已经成为拥有 600 多名员工,年产值近亿元的中型企业。前些年,周围陆续办起了十几家同类企业,A 公司感到前所未有的市场竞争压力。为了维持已有的市场优势,A 公司规定,允许业务部门对新老客户授予不同比例的赊销额度。同时,为了提高对市场的反应速度,公司将合同审批层级进行了调整,规定在合同金额 20 万元以内由业务部门经理审批即可。但是,随着竞争日趋激烈,越来越多的客户要求增加赊购比例甚至全部赊购,否则就停止进货。无奈之下,公司对赊销的限制越来越松,许多销售员为了

---

① 谢旭,"销售与回款:变两难为双赢",《企业管理》,2002(11)。

多拉客户、提高销售业绩,对客户资信状况没有充分调查了解就贸然授予信用额度,并签订赊销合同。到 2001 年年底,A 公司的应收账款已经超过 5 000 万元,而其中还包括大量显然已无法收回的货款。在这种情况下,销售人员为了继续维持销售规模,并未及时调整客户信用额度。对 A 公司来说,已经无法支撑如此巨大的财务包袱,资金周转陷入了困境,公司的生产经营难以维系。

此案例中,A 公司信用管理内部控制不力,给公司造成了较大的损失。该公司信用管理失控主要表现在四个方面:其一,没有专门的信用管理部门负责信用管理工作,信用管理工作由业务部门负责,导致信用管理松弛;其二,业务人员授予客户的信用额度未经过公司领导审批,使得公司无法控制对客户的授信额度,增加了信用风险;其三,合同金额 20 万元以内,业务部门经理即可审批信用额度与合同,出现业务部门经理既审批信用额度又审批合同的情况,不相容岗位未分离;其四,业务人员未根据客户资信变化情况及时调整授予客户的信用额度,使得授予客户的信用额度与客户资信状况不匹配,无法恰当反映客户信用风险。

8.2.2 信用管理内部控制设计

信用管理是销售业务内部控制的第一环节,如果信用管理工作能够得到加强,则可以大大降低货款无法收回的风险。因此,加强信用管理对降低销售业务风险,有着极为重要的意义。

加强信用管理内部控制需要从客户调查、授信管理、信用执行和信用调整四个方面着手。在日常经营过程中,需要树立信用管理意识,及时、多途径、全方位地收集客户资信资料,并由信用管理部门集中统一管理。在掌握充足的客户信息后,根据一定的指标对客户进行评级,授予相应的信用额度和等级。在签订合同时,如果涉及赊销,一定要经过信用管理部门审批;信用管理部门审批时,需要查询该客户的信用额度已用多少、还剩多少,在此基础上作出相应的审批。在业务执行过程中,业务部门需要及时反馈客户的履约情况,信用管理部门根据业务部门的反馈情况及时调整该客户的信用额度和等级。

1. 客户调查

完善、全面的客户调查是信用管理的第一步,也是正确拟定客户信用额度的基础。只有全面收集客户资信资料,才能客观评价客户资信情况,进而授予恰当的信用额度。一般情况下,应由业务人员负责调查客户信息,并对客户信息的真实性负责。如果仅凭业务人员之力难以调查清楚的客户信息,可以聘请外部的专业机构进行。在开展新业务前,业务人员需向信用管理部门提供客户基础信息、客户特征、客户经营状况等三类信息。财务部门根据业务人员提交的客户财务报表,计算出该客户的财务比率,并从财务角度对该客户的财务状况作出评价,并将该信息交给信用管理部门。对于一些重大的合同或者信用管理部门认为业务部门提供的信息不可信的情况下,信用管理部门可以自行对客户展开调查。客户调查阶段需要提供的信息如表 8-2 所示。

表 8-2 客户信息指标表①

序号	信息类型	指标
1	基础信息	名称、地址、电话、所有制性质、行业类型、国别、股东、经营管理者、法人代表、营业年限、与本公司交易时间等
2	客户特征	业务区域、销售能力、发展潜力、经营理念、经营方向、经营政策、经营特点、企业规模、企业组织形式等
3	客户经营状况	声誉和知名度、客户的市场竞争性、客户主要领导者的可信程度、经营业绩、经营管理者素质、员工素质、与其他竞争者的关系、与其他公司的业务关系、合作态度、履约情况、法律纠纷等
4	财务状况	所有者权益、流动比率、资产负债率、净资产收益率、主营业务利润率等

信用管理部门收到业务部门提交的客户信息以及财务部门提交的财务数据后，及时录入客户信息数据库。该数据库对风险管理部门完全开放，业务部门或者其他人员只能凭借登录口令查询和自己业务相关的信息，无法看到其他客户信息。与业务无关的人员如需查询客户相关信息，须经过业务分管领导审批。通过这样的设置，既为各部门之间的信息共享提供便利，还有效地避免了客户信息泄露的风险，在提高工作效率的同时，有效地降低了风险。

2. 授信管理

信用管理部门收到客户信息后，及时分析、评估客户的信用状况，根据公司的信用政策拟定授予客户的信用额度和信用期限，并根据授予的信用额度和信用期限，按照公司审批层级，报分管副总、总经理或者董事长审批；审批通过后，业务部门将该信用额度通知客户，在以后的业务开展过程中执行该信用额度和信用期限。如果领导认为信用额度或者信用期限不合适，信用管理部门需要重新调整后报领导审批。

在授信审批工作中，如果需要授予客户信用额度，业务部门应填写授信审批表（见表 8-3）并准备相关资料报信用管理部门，信用管理部门需要认真分析业务部门提交的客户资料，如果认为业务部门提交的资料不够齐全，无法为客观、全面地评价客户信用状况提供可靠的依据，可以要求业务部门继续补充；如果信用管理部门认为业务部门提交的资料可信度不够，也可以自行对该客户展开调查，确保尽可能地了解该客户的客观情况，根据掌握的客户基本信息，信用管理部门对其进行信用分析。目前对客户的信用进行分析的方法很多，最常用的是"5C"模型，但此模型有很大的主观性，每个企业应该根据自身情况作出适当的调整，尽可能比较完整、客观地评价客户信用状况。

信用管理部门根据客户信用评价结果拟定信用额度和信用期限。对不同的客户，可以根据实际情况授予不同的信用额度，但是授予所有客户的信用额度总额不能超过公司所能承受的信用风险。在拟定授予客户的信用额度和信用期限时，可以采用营运资产法，即"以客户的最大负债能力为最大限额，并在此基础上进行修订的方法"。授予客户

---

① 李连华、张蕾，《中国内部会计控制规范——阐释与应用》，上海：立信会计出版社，2007 年版。

的信用额度和信用期限经公司领导审批通过后,在以后的销售业务开展过程中需要严格执行,未经公司领导同意,不得违反。

表8-3 授信审批表

××公司授信审批表

申请人		申请日期		编号	
客户名称	客户编号	信用等级	信用期限（天）	授信金额（元）	备注
客户资信评估情况					
信用管理部门意见					
分管副总意见					
总经理意见					
董事长意见					

授信审批工作应重点关注两个关键控制点：

（1）资信评估和信用额度、信用期限拟定工作应由信用管理部门执行,不能由业务部门负责。由于业务部门直接与客户联系,可能存在直接利益关系。如果由业务部门直接负责拟定信用额度、信用期限工作,可能无法从公司整体利益出发,授予客户的信用额度和信用期限可能过于宽松,增加了公司的收账风险,损害公司利益。由于信用管理部门与客户没有直接利益关系,能够从公司整体利益角度出发拟定信用额度和信用期限。

（2）最终的信用额度、信用期限要经过公司领导审批后方可生效。授予客户信用额度和信用期限将增加公司流动资金的压力,坏账风险变大,增加了公司的经营风险。由公司领导对信用额度、信用期限进行审批,可以使得对客户的授信与公司经营活动相适应,降低由于授信不恰当造成的经营风险。

3. 信用执行

能否充分发挥信用管控的作用,关键看授予客户的信用额度和信用期限在业务开展中能否得到有效的遵循。只有严格按照授予客户的信用额度和信用期限执行业务,才能有效降低信用风险。如果业务执行过程中随意突破信用额度和信用期限,信用管控就会形同虚设。业务执行过程中的所有赊销业务都要经过信用管理部门审核,并严格按照信用管理部门的审核意见执行。

在信用执行工作中,风险管理部门如果发现业务部门提交的合同草案涉及赊销条款,应通知信用管理部门审核。信用管理部门查看该客户的信用额度、信用期限和以往交易情况后提出审核意见。公司领导需根据信用管理部门提出的审核意见审批合同。

在信用执行工作中应该重点关注的关键控制点:合同审批与信用管理是不相容岗位,要对这两个岗位进行分离。因为风险管理部门在一定权限范围内可以直接审批合同,无须报领导审批。如果风险管理部门同时拥有合同审批和信用管理两项职权,一旦风险管理部门经办人员与客户合谋,或者与客户有利益关系,就有可能违反公司信用政策,在合同中给予客户较大的信用额度和较长的信用期限。如果这种情况持续发生,就会累积大量的风险,损害公司利益。

4. 信用调整

授予客户的信用额度和信用期限应当根据客户经营情况、财务情况的变化及市场环境的变化及时调整,确保授予客户的信用额度和信用期限与客户的偿付能力相匹配,避免因为未及时调整客户信用额度和信用期限影响业务的开展,损害公司利益。

在信用调整工作中,业务部门在业务开展过程中应密切关注客户资信变化情况,一旦发现可能影响款项支付的情况,及时通知信用管理部门。信用管理部门在业务执行过程中需要定期向财务部门了解客户的付款情况,向风险管理部门了解合同执行情况,向业务部门了解客户资信状况。如果信用管理部门认为有必要,可直接调查上述信息,尽可能及时掌握客户资信变动情况;如果信用管理部门认为客户目前的资信状况与其信用额度、信用期限不匹配,应该与业务部门沟通后调整。业务部门也可以填写授信调整审批表(见表8-4),提出调整客户信用额度和信用期限的申请;业务部门提出申请时,应提供足够证据证明调整信用额度和信用期限的理由以及未来收款的承诺等资料,经过业务部门经理审批,报送信用管理部门。信用管理部门根据掌握的客户资信变动信息,或者在业务部门提出调整客户信用额度和信用期限的申请后,需要评估客户信用状况,并结合宏观经济形势、公司战略、公司风险承受度调整客户信用额度、信用期限。信用管理部门评估后,将更新后的信用额度和信用期限按照审批层级报公司领导审批。领导审批后,信用管理部门更新客户信用额度和信用期限,业务部门将更新后的信用额度和信用期限通知客户。如果客户发生如表8-5所列示的问题时,公司需要减少甚至取消授予其的信用额度,将该客户转变成现金交易客户。

表8-4 授信调整审批表

××公司授信调整审批表					
申请人		申请日期		编号	
客户名称	客户编号	信用等级	信用期限（天）	授信金额（元）	备注
授信调整的原因					
信用管理部门意见					
分管副总意见					
总经理意见					
董事长意见					

表 8-5 影响授信的事项表

序号	影响授信的事项
1	拖欠公司销售货款超过规定期限的客户
2	客户所在行业竞争激烈,客户市场份额不断下降,盈利能力变弱
3	客户内部发生重大变故,影响持续经营能力
4	由于重大诉讼、欠还贷款、欠缴税款等原因,其资产或账户被法院、银行或税务部门封存或冻结
5	存在其他资信恶化行为和潜在的资信危机

如果信用管理部门评估后认为某客户资信状况严重恶化,不适合继续交易,领导审批同意后,应该将该客户列入黑名单。对黑名单客户,原则上不允许与之开展业务,如果业务部门需要与列入黑名单的客户交易时,必须上报业务分管副总审批。符合表 8-6 所列情况之一的客户,公司应将其列入黑名单。

表 8-6 黑名单情况表

序号	列入黑名单的情况
1	长期拖欠公司货款,要求公司中途给予不合理回款折扣,从而达到拖延付款或减少其债务的目的的客户
2	在与第三方进行的业务活动中,采用诈骗、隐瞒、恶意毁约等恶劣手段牟取经济利益的客户
3	采用诈骗、隐瞒、抵赖等恶劣手段,恶意、单方面毁约,给公司造成经济损失的客户
4	面临破产倒闭的客户
5	以多买少付,逐渐滚大应付账款并实施恶意拖欠的客户
6	开始以良好的现款采购方式购买公司产品,然后利用建立的良好信誉,突然以支付有困难等为由,要求公司按赊销方式一次性向其发出大宗货物,从而达到侵占公司资产的目的的客户
7	利用国家法律法规的漏洞,恶意套取公司货物的客户
8	不适合继续供货或发货后有巨大回款风险的客户

信用调整工作应重点关注的关键控制点:调整后的信用额度、信用期限要经过公司领导审批后方可执行。增加客户信用额度和信用期限将会增加公司流动资金的压力,坏账风险变大,增加了公司的经营风险;而减少客户信用额度和信用期限又会影响销售,进而影响公司经营效果。由公司领导对调整后的信用额度、信用期限进行审批,可以使得对客户的授信与公司经营活动相适应,降低由授信不当造成的经营风险。

【案例8-2】

家电出口逾期付款率猛增,专家提示注意账款管理①

2014年7月17日上午,佛山市顺德区家电商会举办"全球贸易信用风险"分析研讨会,顺德一批家电企业代表与专家共同研讨如何防范贸易信用风险。

1. "顺商"曾在坏账上吃亏

前来参加研讨会的广东科荣电器有限公司顺德分公司财务总监吴盛辉说,公司目前主要从事小家电生产,产品出口到中东、南美和东南亚。在出口贸易风险控制上,科荣就曾吃过亏。"曾经有一位印度客户拖欠货款100万美元,逾期一年没有付款。我们总经理亲自到印度去协商,最后只追回了85%。"

吴盛辉坦言,自从收了这份打了"8.5折"的货款,公司开始高度重视贸易信用风险控制,包括安排专人跟进风险控制、加强对合作对象的风险评估等,采取一系列措施避免类似的逾期付款发生。

参加研讨会的万和新电气股份有限公司海外事业部门副总经理卢淑儿也表示,万和十分关注出口贸易中的信用风险问题,尤其是在某重工企业因资金链断裂导致破产重整之后,越来越多的企业应更加警惕因坏账而影响整体资金链运行。

2. 新兴市场信用风险等级较低

2013年以来,全球经济回暖,但贸易风险仍然存在。科法斯(上海)信息服务有限公司风险经理蒋巧华介绍,2013年,付款记录平均逾期超过60天的中国出口企业比例有所增加,相比2012年呈现恶化趋势。其中,家电行业的逾期状况较为严重,同比增长了19%。

"家电行业出口多采用赊销贸易的形式。而根据我们的调查,在2013年,使用赊销的企业中有82%遭遇货款拖欠,这是企业不得不面对的贸易信用风险。"蒋巧华表示,一般而言,逾期6个月的应收账款风险极高。根据以往经验,此类逾期货款有80%的可能性无法全额偿付。一旦逾期付款金额超过企业总销售额的2%,就有可能使企业资金流动产生问题。

科法斯的数据还显示,在家电企业出口贸易涉及较多的新兴经济体中,越南、委内瑞拉、阿根廷、伊朗等新兴市场的信用风险等级较低,需要引起企业的注意。

3. 专家建议加强应收账款管理

"不同于国外企业崇尚契约精神,中国企业往往讲究人情,所以对于逾期的应收账款管理不够重视。提供赊销当然是高度市场竞争下赢得业务的有效途径,但如果缺乏有效的信用管控措施,将会对企业的财务状况造成极大影响。"蒋巧华表示,应收账款和企业其他资产同样重要,企业应当增强对应收账款的管理。

蒋巧华提议企业要注意购买信用风险产品,既可以获得企业资信信息、外包应收账

---

① 引自文倩、林佳,"家电出口逾期付款率猛增,专家提示注意账款管理",《佛山日报》,2014年7月18日。

款管理,也可以选择信用保险及应收账款融资,将有效保障企业应对不利的市场环境。此外,也可以在购买信用风险产品后到银行做质押拿到流动资金,以增强资金的流动性,这对资金周转期较长的外贸企业来说也是一个选择。

8.3 合同控制

8.3.1 合同管理风险

销售合同管理的好坏、规范与否,直接影响着企业的经济效益,乃至影响企业的生存。销售合同管控不到位,就难以发现合同条款中潜在的风险,在合同执行过程中给公司带来风险。

合同管理中存在的风险主要包括:

1. 合同审批过程中未能充分发挥职能部门的作用

职能部门从本专业领域出发,更容易发现合同条款中存在的风险,提出改进建议,能够有效的防范合同风险。但是,实务中,许多企业的合同审批往往是凭感觉或经验作出的,没有一个科学的审批程序和充分的审批依据,重要合同通常凭借高层决策者的一支笔,没有充分发挥职能部门的作用。此外,有些公司业务部门比较强势,经常以提高效率为由,绕过职能部门,直接将合同报公司领导审批。这些问题导致合同中规定的付款条件、付款方式、付款币种、责任归属等关键条款对公司不利,而无法在签订合同之前被发现。此外,合同审批人员,特别是审批链条的末端人员由于不了解业务情况,未认真审批合同条款,其所起的作用只是过路签字,无法通过审批发现合同条款中潜在的风险。

2. 合同审批流程出现颠倒

一般情况下,合同应该先经过职能部门审批,职能部门签署意见后,再由公司领导审批。但是,有些业务人员明知合同条款不符合公司规定,交由职能部门审批可能无法通过,或者为了尽快将合同审批完毕,往往先将合同送公司领导审批,待领导审批完毕后再送职能部门审批,职能部门在看到领导审批意见后往往不再提意见或者不敢提意见,最终导致那些存在风险的合同得以通过审批,给公司的经营活动留下了风险。

3. 没有检查修改意见是否在正本合同中体现

职能部门和公司领导在审批合同时往往会提出一些修改意见,这些意见对防范合同风险、维护公司利益有着非常重要的作用,如果未在合同中体现,就可能给公司带来法律风险,损害公司利益。但是,很多公司在确定正本合同时并没有认真检查修改意见是否已经体现在合同中。

4. 未跟踪合同执行情况

合同执行过程中，由于公司或者客户方面的问题，经常会出现合同无法按时履行的情况。如果因为公司自身而导致合同无法按时履行，则可能引起客户的索赔；如果因为客户而导致合同无法按时履行，则可能影响公司的正常运营。未跟踪合同执行情况，就无法及时发现影响合同履行的因素，进而采取措施降低或者消除这些因素给公司造成的损失。

【案例8-3】

A 公司的合同管理①

A 公司是厦门市一家国有企业，该公司以贸易为主，业务部门对公司的发展壮大起到非常重要的作用。在公司日常管理中，"业务为先"一度成为公司的指导思想，在该理念指导下，业务部门在开展业务过程中有比较大的话语权，公司员工也缺乏按规定办事的意识，经常出现违反公司规定的情况。业务部门为了提高效率，在合同审批过程中，经常先报业务分管领导审批，再返回职能部门补签，有时甚至根本不送职能部门补签。此外，合同草案审批后，在缮制正本合同时，没有人负责核对修改意见是否完全体现在正式合同中。在这样的审批机制下，合同中潜在的风险根本无法发现，导致与客户发生多起合同纠纷，给公司造成了巨大的损失。此外，该公司合同签订完毕后，没有部门负责跟踪合同执行情况，经常出现合同执行发生偏差的现象，也给公司造成了一定的损失。

此案例中，A 公司合同管控不力，给公司造成了较大的损失。该公司合同管理内部控制失控主要表现在四个方面：其一，职能部门在合同审批过程中无法发挥作用；其二，合同审批过程存在倒批现象；其三，没有人或部门核对修改意见是否体现在正本合同中，无法确保修改意见在合同中正确体现；其四，没有跟踪合同执行情况。这些问题的存在，给 A 公司的经营活动带来了巨大的风险。

8.3.2 合同管理内部控制设计

销售合同管理应该从合同谈判开始，在合同谈判阶段应当指定专人就销售价格、信用政策、发货及收款方式等具体事项与客户进行谈判，对谈判中涉及的重要事项，应当有完整的书面记录。合同谈判结束后，拟定合同草案，按照公司的审批程序报批，审批人员应当对销售合同协议草案中提出的销售价格、信用政策、发货及收款方式等严格审查，重

---

① 根据企业调研资料整理。

要的销售合同,应当征询法律顾问或专家的意见。销售合同草案经审批同意后,企业应当授权有关人员与客户签订正式销售合同,签订的合同应当符合《中华人民共和国合同法》的规定。合同签订后,企业应该根据合同条款的规定,严格执行合同。在执行合同过程中,如果需要更改合同条款并且影响重大,应该参照合同审批程序报批。

1. 合同审批

任何合同签订之前都应经过公司职能部门和相关领导审批。只有对合同审批工作采取认真、严肃的态度,才能发现合同条款中潜在的、可能给公司带来损失的风险。很多大型企业为了降低合同风险,在签订合同时采用格式合同文本。但是仍有许多企业在经济交往中,不使用已成文的合同范本,这样往往造成对合同标的约定不明确、合同条款不完善、责权意思表达模糊的结果。这样的合同极容易陷入欺诈圈套,引发合同纠纷。

在合同审批工作中,业务部门首先提交合同草案,业务部门经理在自己的权限范围内对合同作出审批,如果审批通过,则直接交风险管理部门加盖"合同专用章"。如果超过业务部门经理权限,则需报风险管理部门审批,风险管理部门根据合同条款判断需要哪些职能部门审核,并将合同交相关职能部门审核。涉及赊销时需报信用管理部门审核,信用管理部门根据客户的信用额度、信用期限情况提出审核意见;财务部门对合同的结算方式等财务条款作出审核;法律事务部门审核合同相关条款是否存在法律风险。各相关职能部门签署意见后,风险管理部门综合考虑宏观环境、公司战略规划、公司风险承受度等并在权限范围内作出审批。如果超出风险管理部门的审批权限,则根据合同金额大小及合同性质确定需要报哪些领导审批,业务分管副总、总经理和董事长根据各自的权限对合同作出审批(如表8-7、表8-8所示)。合同审批通过后,风险管理部门备案合同审批件,业务部门按照审批意见修改合同草案并编制合同正本,然后将合同正本送到风险管理部门加盖"合同专用章"。风险管理部门盖章前应该核对合同审批件中的修改意见是否已在合同正本中体现,风险管理部门盖章后将合同正本留下存档。

合同审批工作应重点关注两个关键控制点:

(1)各职能部门需要从专业角度对合同相关条款作出审核。如果信用管理部门未认真审核信用相关条款,就可能导致赊销额度过大、信用期限过长,增加坏账发生的可能性;如果财务部门未认真审核结算方式、收款方式等,增加后续收款的难度;法律事务部门未认真审核合同,可能无法发现合同中潜在的违反法律法规的风险,增加公司经营风险;各层次领导没有审批合同,无法从公司整体利益角度控制业务风险。职能部门在合同审核过程中能够掌握业务的详细情况,一旦业务开展过程中出现异常情况,就能够迅速采取有效的应对策略,降低业务风险,并提高经营的效率和效果。

(2)风险管理部门审核合同审批件上提出的修改意见是否在合同正本中体现出来。如果业务部门没有按照审批意见修改合同,风险管理部门又未审核修改意见是否体现在合同正本上,就可能发生应该修改的条款未修改而未被发现的情况。此外,合同一旦盖章就具有法律效力,这些应该修改但是未得到修改的条款,可能会增加公司经营风险和法律风险。

表 8-7 合同报审表示例

××公司合同报审表

合同号		申请人		申请日期	
审核/审批人		合同审核/审批意见		签字	
业务部门经理					
财务部门					
信用管理部门					
法律事务部门					
风险管理部门					
分管副总					
总经理					
董事长					

1. 合同必须书写整洁或盖有核对章。
2. 审核人发现合同与项目确认有出入时,要在本栏写明并提出处理意见。
3. 凡项目未经确认、合同未经审批,不得擅自对外签约。

表 8-8 合同审批权限表示例

审批环节	审批内容	适用合同
业务部门经理	审批合同内容	所有合同
风险管理部门	确定需要提出审核意见的职能部门;确定审批层次;审批职权范围内的合同	超过业务部门经理权限的所有合同(仅限于职权范围内的合同)
财务部门	审核成本核算表及款项、票据及结算方式是否符合法律法规及公司规定	经风险管理部门初审后认定须报财务部门审核的合同
信用管理部门	审核赊销额度是否大于客户尚未使用的信用额度;信用期限是否合理	经风险管理部门初审后认定须报信用管理部门审核的合同
法律事务部门	签约对方是否具有签订合同的主体资格;签约对方是否具备履约能力;合同内容是否遵守国家法律、行政法规与国际公约;合同的签订程序是否合法	经风险管理部门初审后认定须报法律事务部门审核的合同
分管副总	审定合同	50 万美元或 500 万元以上合同
总经理	审定合同	(1) 100 万—300 万美元或 1 000 万—3 000 万元人民币合同且超过单项商品核定风险控制指标的业务;或非常规业务模式,分管副总认为需要报审的合同; (2) 300 万美元或 3 000 万元人民币以上合同。
董事长	审定合同	金额在最近一期经审计的公司净资产 20%以上的合同

【案例8-4】

签合同收货，结账日失踪[①]

冒用他人身份开皮包公司，5名广东农民来武汉"订货"，骗走38家公司价值270余万元货物。2014年8月7日，江夏警方成功抓获两名嫌疑人，该团伙近年来在全国已成功诈骗500余万元。

2014年7月8日，江夏郑店派出所接到某公司报警，称郑店工业园内一家公司向其购买了价值7万余元的11万米铜芯电缆线，但货送到后该公司却关门了。此后接连几天，又陆续有37家类似公司报警，涉案金额高达270余万元。

7月26日，江夏警方在广东清远警方配合下，成功抓获该公司法人黄某和副经理何某。经审查，两人都是农民，他们伙同其他3人，在武汉江夏区郑店工业园内租下一座豪华办公楼，以赊账的方式花费20余万元进行了装修，随后冒用他人身份证，花1500元请中介公司代办了各种证照、银行机构代码，成立了一家"武汉庭辉电器有限公司"。经分工，黄某任公司法人，何某任副经理，潘某、罗某和李某分别任业务经理、库房验收员和门卫；同时，以3000元月薪招募26名工人。

万事俱备，潘某等人物色生产铜芯、电缆线、塑料制品的公司，要求对方业务员送样品到公司验货。不少业务员看到该公司装修豪华的办公楼，均信以为真，为了顺利达成交易，便在没有下定金的情况下就仓促地与该公司签订了供货合同并送货。

7月5日，在成功骗得38家公司货物并转运至广东后，黄某等人给每名员工发放了500元生活费后便逃之夭夭。业务员前来结账，发现人去楼空，才纷纷意识到受骗了。

2. 合同变更

合同执行过程中，由于市场环境、公司情况或者客户情况发生变化，经常发生合同变更。合同变更包括合同内容变更和合同主体变更两种情形。合同变更的目的是通过对原合同条款的修改，保障合同更好地履行和一定目的的实现。合同条款变更使得最初订立的合同内容发生了变化，主体变更使得合同履行人发生了变化。合同变更非常容易引起纠纷，需要与对方就变更内容进行认真协商，如果变更处理不当，极可能在日后产生纠纷，给公司造成损失。因此，加强对合同变更的控制，对于防范业务风险有着极为重要的意义。合同确需变更时，应及时按照合同审批程序报批，填写合同变更报审表（如表8-9所示），并及时与客户签订补充协议，或取得客户同意变更的书面确认，防止因公司单方变更造成被客户追索违约责任的风险。合同关键条款发生变更或者执行主体发生变更，应该视同合同发生了变化，应该按照合同审批程序报批，此工作具体流程以及需要重点关注的关键控制点与合同审批工作一致。

[①] 引自李璟、李鹏程，"签合同收货，结账日失踪"，《长江商报》，2014年8月7日。

表 8-9　合同变更报审表示例

××公司合同变更报审表

合同号		申请人		申请日期	
变更原因及变更条款					
审核/审批人		合同审核/审批意见		签字	
业务部门经理					
财务部门					
信用管理部门					
法律事务部门					
风险管理部门					
分管副总					
总经理					
董事长					

1. 变更申请人必须认真填写变更原因和变更条款。
2. 审核人发现异常情况时，要在本栏写明并提出处理意见。
3. 凡变更未经确认、未经审批，不得擅自执行变更后的合同。

【案例 8-5】

A 公司合同管理失效案例[①]

在 A 公司的众多供应商中，××公司只是年供货量不足百万元的 C 类供应商，且与 A 公司有 2 年以上合作经历，账面上 A 公司欠其货款一直维持在 20 万元左右。由于 A 公司对重点供应商的账面欠款常常在 1 000 万元以上，主要原材料欠款也都在 100 万元以上，因此 A 公司相关人员对××公司的日常管理并未有足够的重视。

然而，在 2008 年经济大萧条的背景下，A 公司正遭遇市场淡季，在资金周转出现困难时，××公司向当地法院提交了要求 A 公司支付全部货款和违约金的请求，其所在地法院随即冻结了 A 公司的基本账户。A 公司考虑尽快设法支付××公司全部货款 21 万元，试图说服其尽快撤诉，并解封被冻结的账户。然而律师在和对方的电话商谈中发现，对方态度十分强硬，坚持要求 A 公司在支付其全部货款的基础上，必须支付货款违约金 3.5 万元及相关诉讼费用等共计 2.5 万元，并称只有货款和相关费用共 27 万元确认收到××公司账户后，××公司方可办理撤诉。

A 公司财务部门按照公司合同惯例计算应付××公司账面欠款的违约金不足 1 万元，对××公司的违约金主张提出了质疑。于是，A 公司决定打这场官司。然而，这件官司的最终结果是，A 公司除了支付××公司账面全部欠款 21 万元，还额外向对方支付 6 万元的违约金及相关费用，才换回账户的解封和结案，可以说是损失惨重！到底是什么

---

① 根据企业调研资料整理。

原因导致的呢？

归纳起来，主要有以下几个要点：

(1) 在 A 公司合同档案中未能找到 2008 年与对方例行续签的经济合同。

(2) ××公司在提供给法院的资料中，有一份 A 公司盖章的 2008 年与之签署的合同原件，其中在"其他约定事项"栏中有附加的手写条款为："如果出现争议，由双方协商，协商不成的情况下，由原告方人民法院依法解决，货款延期支付，按银行贷款利率的三倍执行违约责任赔偿。"

至此，案情基本明朗，××公司显然有备而来，而且为自己的胜诉准备了充足的法律证据，因此胜券在握。根据 A 公司负责××公司的业务人员讲，A 公司之所以没有找到 2008 年与××公司签订的合同，是因为在年初办理合同续签时，业务人员按照以往与该公司签合同的惯例，将合同版本拟定好经领导审批后，直接先办理了 A 公司合同章的签章，之后向对方寄出并要求对方盖章回寄，但此后却忘了主动追回，导致未能拿到对方盖章确认的合同。业务人员确信，自己当时寄出的合同原件的"其他约定事项"是空白的，并未添加上述手写条款，××公司也未与 A 公司商谈过要添加如上所述的"其他约定事项"。很明显，××公司按住了这份合同，表面上不伤和气，继续保持供应业务不中断，私下在合同上添加了所谓的"其他约定事项"。因为有 A 公司事先盖好的公章，所以添加的苛刻的违约金条款无须经 A 公司确认，这便为自己的日后诉讼埋下了伏笔。

8.4 发货控制

8.4.1 发货管理风险

合同签订后，需要根据合同的约定向客户发货。发货管理中存在的风险主要包括：

1. 出库货物缺乏对应的合同或者订购单

有些规模较小的公司为了提高交易效率，维持良好的客户关系，往往并不和长期合作的客户签订合同，业务往来大多通过口头沟通的方式进行，整个过程并没有形成合同或者订购单等文件。如果客户信用较佳并且能够正常经营，一般不会出现风险，但是一旦双方出现纠纷，公司往往无法提供有效的证明文件，货款可能无法收回，给公司造成资产损失。

2. 发货前未经过适当的审批

每一笔货物发出之前都应该经过风险管理部门审批，审批的目的主要看该申请是否有相对应的合同，如果所发货物没有相对应的合同，那么该笔交易就有舞弊的可能性。此外，风险管理部门对整个业务风险有着全面的了解，在发货之前应该报风险管理部门审批,特别是在持续性的交易业务中,一旦客户履约情况不佳,应该停止向客户供货。但是,实务中经常出现业务部门绕过风险管理部门直接找公司领导审批的情况,发货中潜在的风险无法被及时发现。

3. 仓管员未认真核对发货所需单据和签字是否齐全、正确

按照内部控制的要求,仓管员发货前必须检查发货单据是否完整及相关部门和人员的签字是否齐全、正确,然后方可办理货物出库手续。但是,有时业务员与仓管员私交甚密,仓管员会放松对发货单据的检查,甚至出现先发货、后补发货单据的情况。

【案例 8-6】

某仓储公司发货管理失效案例[①]

2007 年 12 月 1 日,陈某代表仓储公司与江西省轻工业局进出口公司(简称"江西轻工")签订了一份合同,规定由江西轻工委托仓储公司保管 270 吨韩国产彩钢卷板,日后提货出库时须以江西轻工的发货单为凭。同日,江西轻工将 270 吨钢材入库完毕。钢材入库没几天,就有人来找陈某,来人是委托江西轻工订购 270 吨彩钢卷板的宝梁公司老板梁某。梁某请求将这笔钢材生意"倒做",即先将江西轻工存放保管的 270 吨钢材凭宝梁公司及相关公司的提货单提走,待销售完毕与江西轻工结算后,再由江西轻工补上发货单平账。作为钢材保管业务的经手当事人,陈某当然知道梁某的请求是违反仓储公司与江西轻工的合同的,然而他却鬼使神差地轻信了与自己相熟的梁某的一席话,从 12 月 12 日起,在没有江西轻工发货单的情况下,陆续将 270 吨钢材中的 230 余吨发给了宝梁公司。

次年 3 月,宝梁公司与江西轻工发生借款纠纷,并被起诉至法院,2008 年诉讼案件了结。当法院前来仓储公司提取 270 吨彩钢卷板时,方知该批钢材早已全部发给了宝梁公司。由于仓储公司此举违反了其与江西轻工的保管合同相关条款,法院遂作出裁定:由仓储公司向江西轻工赔偿全部经济损失约 200 万元。

此案例中,陈某违反合同约定的条件发货,给江西轻工和仓储公司造成了损失。陈某违反发货内部控制主要表现在两个方面:一是陈某向宝梁公司发货前未征得江西轻工的同意,发货业务绕开了江西轻工;二是按照合同约定,应该凭江西轻工的发货单发货,但是陈某违反了此规定。陈某的行为不仅违反了仓储公司与江西轻工的保管合同,更是严重违反了发货内部控制制度,给仓储公司和江西轻工造成损失。

8.4.2 发货管理内部控制设计

合同签订后,合同双方应该根据合同约定的条款履行合同。销售业务中,对销售方

[①] 朱荣恩,《内部控制案例》,上海:复旦大学出版社,2005 年版。(有改动)

而言,按照合同约定的时间发出预定数量、规格、型号的货物到客户指定的地点是履行合同的第一步。发货时,应该由业务部门填写发货申请单,部门经理、风险管理部门及分管副总按照审批层级进行审批,由物流管理部门办理发货事宜,财务部门进行账务处理。

在发货工作中,业务员先填写发货申请单(如表 8-10 所示),注明所发货物的名称、规格、型号、金额、对应的合同号等信息,填好发货申请单后送业务部门经理审批。业务部门经理重点审批发货申请单所列货物是否有相应的合同与之对应,如果没有对应的合同,坚决不允许发货;如果有对应的合同,则需要审核发货名称、规格、型号、金额等信息是否与合同一致,如果不一致,则要求业务员按照合同条款规定重新填写发货申请单。业务部门经理审批通过后,风险管理部门审核发货申请单主要内容与合同是否相符、业务部门经理是否已经签字,如果风险管理部门认为发货申请单还存在问题,则通知业务员修改。如果在权限范围内,风险管理部门可以将发货申请单交给物流管理部门,通知其办理发货事宜;如果超出风险管理部门的权限范围,则须分管副总审批同意后,方可将发货申请单交由物流管理部门办理发货事宜。物流管理部门接到发货申请单后需要检查应有的签字是否齐全,如果发货所需的签字不齐全,应该通知业务员补齐签字;如果齐全,则办理发货事宜。物流管理部门发货之后,及时进行账务处理,并将发货申请单财务联交财务部门进行账务处理。

如果客户长时间不提货,或者货物发出后客户不接货,业务部门应高度重视,在第一时间向风险管理部门及分管副总报告。风险管理部门及分管副总在得到业务部门异常履约情况报告或自行发现客户出现异常履约情况时,应与业务部门、法律事务部门等部门密切配合,研究对策,采取积极、有效、可行的措施和办法,促使异常履约情形得到及时、妥善处理。

表 8-10 发货申请单

××公司发货申请单											
NO.				年	月	日						
购货单位		仓库地址			编号							
发票号码		发票日期			合同号						备注	
品名	规格	单位	数量	单价	金额						
						百	十	万	千	百	十	元	角	分
大写(合计)		佰 拾 万 仟 佰 拾 元 角 分			合计						
申请人:		业务部门经理:		风险管理部门:			分管副总:			

发货工作应重点关注三个关键控制点:

(1)业务部门经理要认真审核发货申请单所列内容与合同是否相符。如果业务员向未与公司签订合同的客户发货,或者发货数量超过合同约定的数量,一旦业务部门经理未认真审核发货申请单所列内容,这种舞弊行为可能就无法发现,最终会导致公司资产流失,财务数据的真实性也无法得到保证。业务部门经理认真审核发货申请单,能够有效地降低这些风险。

(2)风险管理部门和分管副总根据审批层级审批发货申请单。业务部门经理往往基于提高业务开展效率的角度考虑问题,甚至有些业务部门经理与客户有利益关系,其在审核发货申请单时一般控制得会比较松。此外,对于持续发货或者金额较大的发货,业务部门经理很难识别其中潜在的风险和对公司的影响。由风险管理部门和分管副总按权限审批发货申请单,可以有效减少违规发货的可能性,降低发货导致的经营风险。

(3)物流管理部门发货前要认真检查应有的签字是否齐全。物流管理部门是发货控制的最后一环,此环节如果控制不力,可能难以发现业务员伪造签字或者签字不全的问题,货物的发出可能存在较大的风险,影响公司资产安全。

8.5 收款控制

8.5.1 收款管理风险

收款管理中存在的风险主要包括:

1. 销售人员直接收取款项,导致货款被坐支或者挪用

在一些管理不规范的公司,一般由销售人员负责回收货款。销售人员经手货款可能发生坐支或者挪用的情况,如果与同一个客户持续交易,坐支与挪用的问题就很难被发现,造成公司资金流失,影响公司资金安全以及公司整体的资金计划,进而影响公司整体战略计划的实施和推进。

2. 收回的款项未及时归入公司账户

为了提高公司资金使用效率,很多公司都编制了资金预算,强化对资金的管控,这对维持公司的生存与发展有着极为重要的意义。如果资金预算无法和实际的资金收支计划相匹配,就会影响公司正常的生产经营活动。此外,收回的货款未及时存入公司账户,非常容易出现资金被坐支或者挪用的情况,影响公司的资金计划,无法为公司的生产经营活动提供有效的资金支持,甚至会影响公司的生存与发展。

【案例 8-7】

失败的收款管理滋生犯罪土壤[①]

重庆市璧山县某公司的销售员陈某,迷恋上赌博后欠下了巨额的高利贷,走投无路

---

① 改编自朱薇,"重庆一职员嗜赌成性 挪用公款 313 万元赌博",新华网(www.xinhuanet.com),2014 年 6 月 7 日。

的他在短短的 5 个月时间里,竟挪用 313 万多元公款用于还债并继续赌博,结果仍旧输得精光。璧山县人民法院近日以挪用资金罪,判处该名男子有期徒刑 4 年。

据查明,29 岁的陈某担任某公司销售员,由于业绩不错、收入颇高,有房有车。2012 年受朋友引诱,他迷恋上了赌博,频繁到别人开的赌场玩"托二八"的赌博游戏,几个月便欠下了巨额赌债。无法偿还欠款的他,将手伸向了公司的货款。自 2012 年 9 月至 2013 年 1 月,陈某多次将收到的货款私自用于赌博和偿还赌债。至案发时,陈某共计挪用公司资金 313 万多元。当公司开始对账,自知无法再隐瞒的陈某主动到公安局投案。

法院审理后认为,被告人陈某利用职务上的便利,挪用单位资金用于非法活动,数额巨大,其行为已构成挪用资金罪。鉴于被告人陈某犯罪后能主动投案并如实供述了其挪用资金的犯罪事实,系自首,依法可以从轻处罚,遂作出上述判决。

此案例中,因为收款环节内部控制缺失,给公司造成了巨大的损失。该公司收款内部控制失效主要表现在两个方面:其一,陈某既负责外地市场的销售工作,又负责收取货款,为其挪用货款提供了便利;其二,公司财务部门无法监督收款情况,导致无法及时发现陈某将回笼资金延迟入账问题。

8.5.2 收款管理内部控制设计

收款是销售活动的终结,货款全额收回才意味着整个销售活动的结束。任何公司要想持续经营下去,就必须将自己的货物或者服务销售给客户,同时将款项收回。如果将货物销售出去,但款项无法及时收回,就意味着公司用自己的流动资产为客户提供了一笔无偿贷款,这种情况偶尔发生,不至于影响公司的正常运营;一旦变成一种常态,就会严重影响企业的持续运营,甚至会危及企业的生存。

公司应该明确规定业务人员不能直接收取款项,销售回款应该直接打入公司账户,严禁业务人员直接经手回款,防止其坐支、挪用、贪污货款。货款应该尽可能直接存入公司账户,财务部门查询银行进账单后通知业务部门认领款项。如果业务部门提交的单据与进账款项相符,财务部门应将款项确认到相应的合同上,并定期将客户付款情况通知信用管理部门。

在收款管理工作中,如果业务员接到客户已转账的通知,应该及时通知财务部门查询银行进账记录,财务部门也应该自行查询银行进账记录,如果发现有款项到账,应及时通知业务部门认领款项。业务部门接到财务部门通知后,准备合同复印件、发货单复印件、销售发票复印件等去财务部门认领款项。财务部门认真核对到账款项和业务部门提供的单据,如果认为单据不齐全,则由业务部门补充单据;如果单据齐全,则财务部门将该笔款项认定到对应的合同上,同时作账务处理,并定期将该客户付款情况提供给信用管理部门。信用管理部门在信用管理系统中记录该客户的付款信息,在信用调整时作为参考依据。

收款管理工作应重点关注两个关键控制点：

（1）业务员不能直接经手货款。业务员直接和客户联系，如果货款由其直接收回，容易发生坐支或挪用货款的情况。如果与客户只发生一次交易，则该舞弊比较容易发现；但是，当与客户持续交易时，就很难发现业务员坐支或者挪用货款的情况，会造成公司资产损失，财务信息的真实性也无法得到保证。

（2）财务部门要认真核对业务部门提交的款项认领单据与到账款项是否相符。如今，大量的款项往来都是通过银行完成，如果财务部门未能做到认真核对业务部门提交的款项认领单据与到账款项是否相符，非常容易发生款项认领错误的情况，不仅影响经营的效率和效果，而且导致应收账款管理工作发生偏差，无法及时发现客户的欠款情况，错过最佳的催收时机，影响公司资产安全。

【案例8-8】

业务员截留货款100多万元[①]

现年26岁的李思祺，广西桂平人，2008年大学毕业后，他凭自己的聪明才智一直在外打拼。2012年9月10日，精明能干的李思祺回到桂平市，进入广西金源生物化工实业有限公司销售部门工作，任业务员。他工作勤奋，业务能力强，很快赢得公司领导的器重，负责广西、广东两地的酒精、甲醛销售业务。

2013年3月，李思祺在销售工作中发现，广西金源生物化工实业有限公司财务管理存在一个大漏洞，公司产品销售实施包干制，谁销售产品，就由谁负责追要货款，客户货款汇到自己指定的账户后，再由自己汇入公司统一的账户。于是李思祺就向客户提供了朋友李龙的信用社账号，客户货款到账后，他交回公司一部分或全部截留，挪用款项用于放高利贷、非法经营和个人开支，当客户下一笔货款汇入他的户头后，再冲销前面已到账的货款。

已尝到甜头的李思祺，在挪用第一笔货款后，见公司没有发现，胆子越来越大，继续截留货款。2013年8月底，李思祺挪用广西金源生物化工实业有限公司销售货款一案东窗事发，桂平市公安机关接广西金源生物化工实业有限公司报案后，于9月4日将李思祺抓获归案。2013年10月11日，广西壮族自治区桂平市检察院将李思祺依法批准逮捕。

经查，李思祺利用职务上的便利和公司财务管理上的漏洞，多次截留挪用公司货款放高利贷、非法经营和个人开支，数额高达1 148 664元。案发后，李思祺对自己的行为追悔莫及，主动交代自己的问题，并积极退回部分挪用的货款；尚欠的292 273.7元由其母亲陈某担保，在2014年2月28日前一次性归还广西金源生物化工实业有限公司。

---

① 节选自梁洪、张建宏，"业务员截留货款100多万元"，《检察日报》，2013年10月17日。

8.6 应收账款控制

8.6.1 应收账款管理风险

应收账款管理中存在的风险主要包括：

1. 未定期与客户对账

在交易过程中，货物流和资金流一般难以做到同步进行，存在时间性差异，此外，单据在传递、记录的过程中有可能发生误差。这些因素的存在，都会导致应收账款出现差错，所以企业应该通过定期、及时与客户对账来发现应收账款中的误差。而现实中，有的企业长期不对账，有的即便对了账，但并没有形成合法有效的对账依据，只是口头上承诺，起不到应有的作用，无法发现其中可能存在的问题，在以后面对诉讼时也无法提供有效的书面证据。因此，未能及时、定期对账，无法发现应收账款中存在的误差，影响应收账款管理效果，甚至会导致纠纷，最终影响公司资金计划，损害公司利益。

2. 未定期作账龄分析

未进行账龄分析，就难以知道客户有多少欠款已经逾期、应收账款逾期时间有多长、账款收回的可能性有多大等信息，无法及时采取有效措施催收账款，导致应收账款长期挂账，占用了企业大量流动资金，影响企业持续发展能力。此外，按照税法的规定，销售业务一旦发生就会产生相应的纳税义务，在应收账款没有收回的情况下，公司需要动用银行存款支付税款，这样又产生一笔资金流出。公司的持续发展需要充足的资金支持，很难想象，一个公司在大量赊销的同时，还能为自身的发展提供充足的资金支持。因此，应收账款的大量存在，最终会引发公司流动资金困难的问题，进而影响公司的持续发展能力，甚至将公司拖入破产的深渊。

3. 应收账款无法收回

应收账款是企业的一项资产，其管理水平高低直接影响该资产的质量。赊销过程中形成的单据（如合同、发货单、发票等）是明确应收账款权利的有效证据，但是很多企业未对如何有效管理此类单据引起足够的重视，没有对此类单据进行集中统一管理，在发生纠纷时缺乏有力的证据，最终导致应收账款无法收回。此外，很多企业没有对应收账款进行账龄分析，无法及时发现逾期账款，进而采取强有力的催收措施，错过了最佳催收时机。等企业发现账款逾期时，应收账款已经无法收回。应收账款逾期之后往往需要借助法律手段追讨，但是，采取法律手段有一定的时效性，如果错过最佳时效期，以法律手段催收应收账款的效果就会很差，甚至无法收回款项。

【案例 8-9】

莲花味精的巨额应收账款[①]

从股改前集团大量占款,到如今控制人不明的关联公司再次以各种名义巨额无偿使用莲花味精的资金,莲花味精畸形的资产结构令人叹息。股权分置改革后,经过全力清欠大股东非经营占款,莲花味精的资产结构按道理本应该得到显著改善,然而事实却并非如此。

莲花味精资产结构不合理,突出体现为各类应收账款账龄结构的持续恶化。莲花味精股权分置改革前的 2006 年中期,其 1 年以内的应收账款占总应收款比例为 51.50%,到了年末,这一比例降至 50.21%;2007 年,尽管公司 1 年以内的应收账款占比在上半年一度提升至 62.00%,但到了年底却陡降至 31.14%;2008 年,1 年以内应收账款进一步减少,占总应收款比例进一步降低到 17.44%;2009 年中期,1 年以内应收账款占比略有提高,但只有区区的 19.07%。随着 1 年以内应收账款占比的持续减少,1 年以上的应收账款占比开始大幅度攀升,1—3 年的应收账款占比从 2006 年中期的 43.88% 增加至 2009 年中期的 48.22%,3 年以上应收账款占比则从 2006 年中期的 4.27% 大幅增加至 2009 年中期的 32.71%,到 2008 年年末,3 年以上应收账款占比最高曾达 34.09%。莲花味精畸形的应收账款账龄分布结构的演化,与上市公司通常 1 年以内应收账款占总应收款比例达 70% 以上的情形形成了鲜明对比。

此外,莲花味精其他应收款账龄分布结构与应收账款账龄分布结构同样畸形。2006 年中期,1 年以内的其他应收款占比为 96.80%,而到了 2009 年中期,1 年以内其他应收款占其他应收款总额的比例却只有 18.70%,而 3 年以上的其他应收款占比则从 3 年前的 1.15% 大幅增加至 56.27%。

受各类应收款大量被外部占用的影响,莲花味精自身的现金流却已到了捉襟见肘之地步。莲花味精 2009 年中期报告披露,公司合并报表货币资金只有 1.99 亿元,应收账款、预付款、其他应收款合计达 13.6 亿元,而可用于自由支配的现金及现金等价物却只有 6581 万元。截至 2009 年 6 月 30 日,莲花味精短期借款为 7.3 亿元,其中 7.29 亿元借款逾期且尚未办理展期手续。如若短期借款不能及时办理展期,莲花味精无疑将随时陷入资不抵债的僵局。

耐人寻味的是,尽管莲花味精 1 年以上的应收账款和其他应收款占比非常高,但公司对应收账款的坏账准备计提比例却非常低。通常一家上市公司对 3 年以上应收账款的坏账准备计提比例往往在 50%—100%,而莲花味精的计提比例却只有 15%。莲花味精证券事务部门的一位工作人员在电话中向记者表示,"我们的应收账款坏账计提比例确实不高,存在一定不规范之处。"为什么莲花味精管理层一方面放任巨额应收款项长期滞留在外,另一方面却认为风险不高而计提超低的坏账准备?难道这一切全部都在莲花

[①] 节选自朱益民,"谁的莲花味精",《21 世纪经济报》,2010 年 2 月 27 日。

味精高管的掌控中吗？莲花味精2009年中期报表显示，2009年1—6月，公司坏账损失转回了428.5万元；2008年1—6月，坏账损失转回了59.6万元。3年以上的各类应收账款占比高达30%以上但依然有坏账损失转回，这不能不说是一个奇迹。

受畸形的应收账款管理现状的影响，与同行业公司相比，莲花味精的运营效率明显偏低。2009年中期，莲花味精应收账款周转天数为114.39天，总资产周转天数为583天，而同期梅花集团的应收账款周转天数只有14.30天，总资产周转天数为478天。

8.6.2 应收账款管理内部控制设计

应收账款是公司一项重要的流动资产，随着赊销业务的不断扩大，应收账款的金额日益变大，潜在的风险也不断增加，如果管理不善，将会给公司的经营发展造成重大的影响。为了降低应收账款可能给公司造成的风险，应该加强应收账款的管理。赊销业务发生后，财务部门应该定期与客户对账，确保应收账款信息准确、完整，并做好账龄分析，及时发现客户应收账款变动情况。对于逾期的款项，业务部门应该加强催收，提高应收账款回款速度、减少应收账款占用时间；对于无法收回的款项，应该严格按照公司制度要求计提坏账准备。

1. 应收账款日常管理

赊销业务发生后，财务部门应及时登记应收账款明细账，并按客户设置应收账款台账，评估每一客户应收账款余额的增减变动情况。在信用期内，财务部门应定期与客户对账，及时查明应收账款不一致的原因，为财务信息的真实性和完整性及公司资产安全提供合理保证；此外，财务部门还应定期进行应收账款账龄分析，及时发现客户应收账款变动情况，为业务部门和信用管理部门开展工作提供依据，为提高经营效率和效果，以及保护公司资产安全提供合理保证。

赊销业务发生后，财务部门应该及时登记应收账款明细账和该客户应收账款台账，应收账款的内容和摘要应详细、准确，所记录的事项应有充分的支持资料。信用期内，财务部门应定期编制客户对账函（见表8-11），并以可靠的方式送达客户，所有的对账函寄出前必须与明细账和总账核对一致并有留底记录。对重要客户应每月寄一次对账函，且至少每个季度得到客户财务部门的书面确认一次；对其他客户应至少每季度寄一次对账函，且至少每半年得到客户财务部门的书面确认一次。特殊情况下，如发现客户有异常现象，应随时与客户对账，如有不符，及时查明原因。财务部门主管会计应在收到客户应收账款的书面确认资料后两个工作日内予以核对，在核对过程中，如果发现异常问题，应立即报告财务部门负责人，同时通报风险管理部门、业务部门有关负责人。在一个月内得不到客户书面确认的对账函，财务部门、风险管理部门和业务部门有关人员应制订访问计划，到客户现场去核对应收账款。对账过程中产生的单据，如客户的对账确认书、客户的欠款确认书等要指定专人保管，确保安全。

表 8-11 对账函

对 账 函

客户名称：

　　截至_____年_____月_____日,我司应收贵司账款金额为：_____元。

　　下表数额出自我司账簿记录,如与贵司记录相符,请在本函下端"数据对账无误"处签章;如有不符,请在"数据不符及需加说明事项"处详为指正。回函请邮寄到××有限公司。

回函地址：××省××市××路××号

邮编：_____　　电话：_____　　传真：_____　　联系人：_____

本公司与贵公司的对账内容列示如下：

截止日期	币种	贵公司欠我司	我司欠贵公司	最终结算金额	备注
合计：					

××公司
年　　月　　日

数据对账无误　　　　　　　　　　　　　数据不符及需加说明事项

公司签章：　　　　　　　　　　　　　　公司签章：

日期：　　　　　　　　　　　　　　　　日期：

此外,为了及时发现客户应收账款的变动情况,给业务部门开展业务和信用管理部门执行信用工作提供支持,财务部门还应定期进行账龄分析,编制账龄分析表并出具账龄分析报告。财务部门应从公司整体和单个客户两个角度编制账龄分析表(见表 8-12 和表 8-13)。财务部门根据公司整体应收账款账龄分析表和某个客户应收账款账龄分析表编制应收账款分析报告,从公司整体的角度分析应收账款情况,对逾期金额较大、逾期时间较长或者出现异常情况的客户,需要在报告中重点关注。报告编制完成后应该及时提交公司管理层,为其经营决策提供依据。此外,财务部门还应该及时将客户的账款逾期情况通知业务部门,提示业务部门催收。

表 8-12　公司整体账龄分析表

逾期时间	已收金额（元）	未收金额（元）	已收款占应收账款总额百分比	未收款占应收账款总额百分比
1—30 天				
31—60 天				
61—90 天				
91 天—1 年				
1—2 年				
2—3 年				
3 年以上				

表 8-13　××客户账龄分析表

客户名称	合同编号	应收日期	应收金额(元)	已付金额(元)	发票号	逾期						
						30天内	31—60天	61—90天	91—180天	181—360天	1—2年	2—3年	3年以上

应收账款日常管理工作应重点关注两个关键控制点:

(1) 财务部门定期与客户对账。通过定期与客户对账,可以发现应收账款不符之处,甚至能够发现舞弊行为。如果业务员私自截留货款,公司的应收账款与客户的应付账款肯定不符,通过对账就可以发现两者的差异,进而很容易查到业务员的舞弊,为保护公司资产的安全提供合理保证。此外,如果会计误登或者漏登某笔应收账款,通过对账能够很快发现差错,为应收账款的真实性和准确性提供合理保证,同时,也可以提高财务信息的真实性和完整性。

(2) 财务部门定期进行账龄分析,编制账龄分析报告。如果未做到定期进行账龄分析,就无法发现客户账款逾期的情况,难以及时采取措施催讨账款,增加公司资产流失的风险。此外,通过账龄分析,能够掌握公司应收账款详细情况,为管理层决策提供强有力的依据,提高经营的效率和效果。

2. 应收账款催收

应收账款一旦逾期,变成坏账的可能性就很大,因此公司需要高度关注逾期的账款,及时采取催收措施。此外,应严格区分并明确收款责任,建立科学、合理的清收奖励制度以及责任追究和处罚制度,以利于及时清理欠款,保证企业营运资产的周转效率。财务部门发现客户的账款逾期时,应及时提示风险管理部门采取催收措施,为公司资产安全提供合理保证;无法收回款项时,风险管理部门应将能够证明债权的单据移交法律事务部门,由法律事务部门采取法律手段催收,通过各部门的密切配合为公司资产安全提供合理保证。

在应收账款催收的工作中,如果财务部门发现客户账款逾期,应该及时通知风险管理部门。风险管理部门接到通知后,根据逾期情况和公司收账政策,采取不同的收账措施。如果客户以往还款情况很好且逾期的金额不大,向其提示即可;如果客户以往经常逾期,不论金额大小都应该加紧催收;如果客户经营状况恶化,濒临破产的边缘,则公司在加紧催收的同时应准备采取法律手段追讨。除公司同意延期还款的业务外,逾期30天的,风险管理部门发出逾期询问函;超过2个月的,风险管理部门发出逾期催款函;超过3个月的,法律事务部门发出法律意见书,由业务部门送交客户。在法律意见书规定的时间内仍无结果的,则风险管理部门准备债权资料,移交法律事务部门处理。对风险管理部门所移交的案件,相关部门应积极配合法律事务部门,促使应收账款早日收回。法律事务部门接到资料后,分析案情,采取法律手段催收。如果客户归还款项,则财务部门核销应收账款。

应收账款催收工作应重点关注两个关键控制点：

（1）财务部门发现款项逾期应及时通知风险管理部门。账款逾期的时间越长，催收的难度越大，收回的可能性也越小。账款一旦逾期就通知风险管理部门采取催收措施，能最大限度地降低款项无法收回的风险，保护公司资产的安全。

（2）风险管理部门无法收回逾期账款时，应及时通知法律事务部门采取法律措施。客户无法偿还逾期账款，是其可能破产的一个信号。当客户破产清算时，债权人需要在规定的时间内申报债权，逾期未申报，将难以获得补偿。如果风险管理部门能及时将逾期情况通知法律事务部门，将为法律事务部门及时采取法律手段维护公司利益提供便利。

3. 坏账管理

应收账款催收效果不佳，会增加坏账的风险，而坏账的发生将大大影响公司的经营效果。企业对于可能成为坏账的应收账款，应当计提坏账准备，并按照公司权限范围和审批程序进行审批。对确定发生的各项坏账，应当查明原因，明确责任，并在履行规定的审批程序后，作相应的会计处理。如果需要计提坏账准备，应该由财务部门提出，经风险管理部门经理审核、财务总监和总经理审批同意后方可实施。

坏账管理工作中，对于长期无法收回的款项，财务部门应该与业务部门沟通，了解客户的付款能力和还款意愿；同时进行应收账款测试，分析该款项收回的可能性有多大、能收回的金额有多少。按应收账款未来现金流量现值低于账面价值的差额，确定减值损失，计提坏账准备。财务部门应根据客户应收账款账龄、客户历年还款情况、对账情况和公司的坏账管理政策，草拟坏账计提名单和金额，填写坏账准备计提申请表(见表8-14)，拟订的草案经财务部门经理审核同意后，报风险管理部门经理审核；风险管理部门经理审核通过后，报财务总监和总经理审批；如果审批通过，则财务部门根据审核意见编制正式的坏账计提名单和金额，并作相应的账务处理。

坏账管理工作应重点关注的关键控制点：坏账计提须经过职能部门和领导的审批。财务部门在计提坏账准备之前报职能部门审核，能够提高坏账准备计提的合理性，提高经营的效率和效果。此外，经过职能部门和领导审批，能够有效地降低业务人员借坏账计提侵吞公司资产的风险，维护公司资产的安全。

表8-14 坏账准备计提申请表

××公司坏账准备计提申请表								
申请人		计提金额		申请日期		编号		
客户资料	名称及代码：								
	目前状况：								
申请计提坏账准备的原因									
财务部门经理意见									
风险管理部门意见									
财务总监意见									
总经理意见									
附：申请核销的应收账款明细表及账龄分析表 历年对账记录复印件								

【案例 8-10】

D 公司销售活动应收账款管理①

D 公司是从事机电产品制造和兼营家电销售的国有企业,资产总额 4 000 万元,其中,应收账款 1 020 万元,占资产总额的 25.5%,占流动资产总额的 45.0%。近年来,企业应收账款居高不下,营运指数连连下滑,已到了现金枯竭,直接影响生产经营的地步。造成上述状况的原因除了商业竞争的日愈加剧外,更缘于企业自身内部控制制度的不健全。

会计师事务所于 2004 年 3 月对 D 公司 2003 年度会计报表进行了审计,在审计过程中,根据获取的不同审计证据,将该公司的应收账款作了如下分类:(1) 商业被骗损失尚未作账务处理的应收账款 60 万元;(2) 账龄长且原销售经办人员已调离,其工作未交接,债权催收难以落实,可收回金额无法判定的应收账款 300 万元;(3) 账龄较长且回收有一定难度的应收账款 440 万元;(4) 未发现重大异常,但以后能否收回,还要待时再定的应收账款 220 万元。

针对上述各类应收账款内控存在的重大缺陷,会计师事务所向 D 公司管理层出具了管理建议书,提出了改进建议,以促进管理层加强内部会计控制制度的建设,改善经营管理,避免或减少坏账损失以及资金被客户长期无偿占用,同时也为企业提高会计信息质量打下良好的基础。

D 公司销售与收款环节存在以下问题:

(1) 企业未制定详细的信用政策,未根据调查核实的客户情况,明确规定具体的信用额度、信用期间、信用标准并须经授权审批后执行赊销,而是盲目放宽赊销范围,在源头上造成大量的坏账损失。

(2) 企业未树立正确的应收账款管理目标,片面追求利润最大化,而忽视了企业的现金流量,加大了坏账风险。

(3) 企业未明确规定应收账款管理的责任部门,未建立相应的管理办法,缺少必要的合同、发运凭证等原始凭证的档案管理制度,导致无法对应收账款损失或长期难以收回的情况追究相应的责任。

(4) 企业对应收账款的会计监督比较薄弱。企业未明确规定财务部门对应收账款的结算负有监督检查的责任,未制定应收账款结算监督的管理办法。

(5) 企业财务部门未定期与往来客户通过函证等方式核对账目,无法及时发现出现的异常情况。

---

① 袁帅,"D 公司销售活动应收账款管理的案例分析",《海军报》,2013 年 2 月 1 日。

8.7 退货控制

8.7.1 退货管理风险

退货是销售收款业务中经常发生的现象,客户收到货物后,发现货物存在问题或者有瑕疵,影响正常使用而要求将货物退回;或者客户因为自身经营情况发生变化,希望供应商承担部分风险和损失,故意找出货物中存在的一些问题(如货物的规格、品种、数量等与发货单不符),要求退货或者要求供应商给予部分折扣。

退货管理中存在的风险主要包括:

1. 退货缺乏有效的审批

许多公司给予业务人员较大的自主权,使其可以自行决定与业务相关的事情。一些以业务为主导的公司发生退货时,业务员往往先找领导审批后才送职能部门补签;甚至有些公司退货只需领导审批同意即可,无须职能部门审批。绕过职能部门或者根本无须职能部门审批,会增加退货工作的风险,给公司造成损失。

2. 退货缺乏验收

对一些市场竞争很激烈的行业来说,产品差异十分小,如果不仔细检查就难以区分产品究竟是哪个公司生产的。有些商品同一规格有很多型号,仅仅从外观来看,无法区分高等级型号与低等级型号,而不同等级型号的产品价值往往差异很大。有些公司缺乏对退回的货物进行验收,只是被动地接受指令。如果见到退货通知单就同意货物入库,而不认真核对退回的货物是否是公司当初发出的货物,在这种情况下,就非常容易发生以次充好的现象,即公司发货时发出的是高等级货物,客户却将低等级商品退回公司,而公司按高等级商品的价格给予退款,这样就导致公司资产流失。有些公司虽有退货验收环节,但主要是业务人员进行验收。如果业务人员与客户合谋,也会发生退货时以次充好的现象。

3. 未追究相关责任人的责任

有时退货的发生与公司内部人员或者供应商的行为有一定的关系,通过追究其责任,能够获得部分赔偿。如果没有追究相关责任人的责任,就无法减轻公司损失;此外,还难以对相关责任人形成威慑作用,无法杜绝此类事件继续发生。

4. 相关发票和单据未收回,给公司造成税收或者法律上的风险

按照《企业会计准则第14号——收入》第九条的规定,企业已经确认商品销售收入的售出商品发生退回的,应当在发生时冲减当期商品销售收入。同时,按照税法的规定,发生销货退回或者销售折让的,除按照规定进行处理外,销售方还应在开具红字专用发票后将该笔业务的相应记账凭证复印件报送主管税务机关备案。从会计准则和税法的

规定中可以看出,对退回的货物需要及时作账务处理并且将相关资料报备税务机关。这就要求公司在发生销售退回业务时,及时向客户索取销售发票(客户联)及其他与销售相关的单据,避免因为单据缺失影响账务处理和税务备案。但是实务中,退货一般是业务人员经办,而业务人员往往缺乏财务意识,他们只关注货物的退回,没有同时将发票和相关单据一并收回,给公司的账务处理和税务备案带来了一定的困难。

【案例 8-11】

安徽国登工贸有限公司的退货管理[①]

安徽国登工贸有限公司成立于 2003 年 5 月,公司主要销售建筑用管材,2009 年的主营业务收入达 4 000 万元。由于行业特点和产品特性,该公司销售退货频发,每年退货金额约占公司年度主营业务收入的 15%,但是,公司退货业务内部控制极其薄弱。客户要求退货时,只要总经理审批同意即可,无须财务部门等职能部门审批;货物退回后,仓管员清点数量后即可入库,没有检验退回的货物是否与公司当初发出的一致;公司基本上不分析退货的原因,退货给公司造成的损失也没有人承担;业务员普遍缺乏财务意识,很少要求客户将发票与货物一起退回,往往等到财务部门进行账务处理时,业务员才向客户催收发票。该公司总经理估算,2009 年的退货业务给公司造成的损失大约有 50 万元。

此案例中,安徽国登工贸有限公司的退货内部控制缺失,给公司造成了损失。该公司退货内部控制缺失主要表现在哪些方面呢?

8.7.2 退货管理内部控制设计

销售业务中经常发生退货情况,而退货意味着销售活动的失败,给企业造成较大的损失。退货环节非常容易发生舞弊,企业应该完善退货管理制度,加强对退货业务的管控,尽可能降低退货业务给公司带来的损失。

在退货工作中,如果客户提出退货申请,则业务员应及时去客户处,实地检验货物是否符合退货条件、是否满足合同条款的规定,不符合退货条件的货物坚决不允许退回。如果退货要求符合条件,业务员应与客户沟通,争取客户留用货物。客户坚持退货,业务员需填写退货申请表(见表 8-15),在退货申请表中详细说明该批退货所对应的合同号、数量、金额、退货的原因、责任归属、是否可以向供应商索赔等信息;涉及给客户赔偿等事项,还需填写赔偿原因和金额。填好退货申请表后送业务部门经理审批,业务部门经理审批退货申请表所填内容的完整性、真实性、合法性,而后送风险管理部门、财务部门审

[①] 编者根据安徽国登工贸有限公司退货业务内部控制现状编写。

批。审批通过后,业务员通知客户退货,业务员应该督促客户退货时将相关单据和发票一并退回。货物退回后,物流管理部门需要组织质检人员、技术人员验收货物,主要检验退回的货物是否是本公司发出、退回的货物与发货单是否一致、是否有对应的合同、退回的货物质量和技术指标与当初发出时是否一致。如果验收不合格,则业务员应该及时与客户交涉,查明原因,采取相应的对策;验收合格的货物由质检、技术人员签字后,物流管理部门方可办理入库手续。货物入库后,物流管理部门及时将退货单、销售发票、检验证明、退货接收报告以及退货方出具的退货凭证等交财务部门。财务部门对其进行审核后支付货款和补偿款,并进行账务处理。风险管理部门应对退货原因进行分析,明确有关部门和人员的责任,定期将退货情况报信用管理部门。

表8-15 退货申请表

××公司退货申请表									
申请人			申请日期			编号			
客户名称及编码:										
客户联系人			电话			传真			
客户退货要求的详细情况									
序号	名称	规格	合同号	发货单号	发货日期	退货数量	退货金额(元)		
退货原因										
对该客户的供货情况介绍										
备注										
业务部门意见										
财务部门意见										
风险管理部门意见										
分管副总意见										

退货工作应重点关注四个关键控制点:

(1)退货申请表要交由业务部门经理、风险管理部门、财务部门及分管副总审批。如果相关人员未审批退货申请表,可能出现不符合合同约定的退货条件、给客户的补偿不合理等情况;甚至业务人员与客户合谋,通过不合理退货或者拟定高标准的补偿,损害公司利益,导致公司承担了不必要的损失。

(2)物流管理部门应该组织质检人员、技术人员验收退回的货物。如果未对退回的货物进行验收,无法识别客户退回公司的货物是否是公司当初发出的货物;或者客户与业务员合谋,以质次价低的货物冒充公司发出的高品质货物,从而获得较高的退货款。这种情况如果频繁发生,将会造成公司资产大量流失,公司资产安全无法得到保证。

(3)风险管理部门应该追究相关责任人的责任,如果是供应商的原因,还须追究供应商的责任。如果未追究责任,一方面公司承担了较大的损失,另一方面无法对业务经办人员产生警示作用。如果此类问题一直存在,给公司带来的损失就将会持续发生,影响公司资产安全。

(4)物流管理部门应该及时将与退货相关的单据交财务部门作账务处理。如果相关单据未及时交财务部门,将导致账务处理滞后,无法与物流管理部门存货账、业务部门销售台账进行核对,财务监督功能将被大大削弱。此外,财务部门未能及时在账面上反映退货信息,将会影响财务数据的真实性,甚至会违反国家的法律法规。

【综合案例】

BS公司销售与收款内部控制案例[①]

BS公司销售与收款内部控制制度是这样规定的:

BS公司销售员与客户谈判,根据客户对产品的需求情况,将客户名称、所需产品品质、型号规格、技术指标、价格、数量、交货期等销货信息传回公司营销部门。

营销部门建有客户的信用档案,根据客户的信用情况或是新的客户,确定是否需要预付款、或款到交货、或赊销等方式;营销部门的合同科对销售员发回的销货信息以及客户的信用情况进行预审;预审合格及确定收款方式后,销售员与客户签订合同并将合同送回公司,合同科将签订的销售合同输入电脑;营销部门对每份合同都有具体的项目经理负责,项目经理制订生产计划交给生产部门。

生产部门将生产计划与销售合同核对后下达任务给各车间,产品完工经仓储部门验收入库后,通知项目经理可以发货。公司的运输部门归属生产部门管理。

项目经理与运输部门的调度员、销售员、仓库管理员分别联系协调运输车辆、发货品种数量、发货时间等事项,发出货物。

项目经理开出的送货单一式六联交给销售部门的结算员与销售合同进行审核无误后,在其中一联上盖出门证章。结算员留一联、项目经理留一联、门卫留一联、送交收货单位三联;经收货单位验收确认后留一联,并在另两联上签字作为回执;已签字的一联交项目经理据以开具销售发票、另一联作为运输员报销运输费的凭据。货物在运输途中应购买保险以确保资产的安全性。

财务部门对销售部门送达的销售发票、发货清单(即销售发票的附件)及经收货单位签字的送货单进行审核并确认收入,财务部门登记应收账款的明细账并负责收取货款。

销售货款的催收工作由销售部门负责,BS公司据以作为对销售人员的重要考核指标。并且公司与销售人员签有合同,销售人员交押金给公司作为对应收账款的一种保证。若销售人员离职,应收账款出现坏账迹象,则应收账款的催收工作移交公司的法律事务部门负责。财务部门和销售部门分别对应收账款账龄进行分析。

BS公司产品销售价格根据市场行情和原材料成本不定期地进行调整。公司规定,销售员在与客户洽谈时,销售价格可以有一定的浮动权限。若超过了既定的浮动比例,必须经过公司相应的管理层批准;否则,造成的损失由销售员承担。

---

① 本案例引自百度文库(http://wenku.baidu.com/)《内部会计控制——销售与收款案例》,作者不详。

BS 公司从销售信息的预审,到与客户签订合同,到安排生产,到发货,到财务做账,每个部门涉及的每一个流程都要分别经过各自的分管副总经理的审批,以起到控制和管理的作用。

思考题：

1. 案例中 BS 公司的销售收款业务的内部控制有哪些可取之处？
2. 案例中 BS 公司的销售收款业务的内部控制还存在哪些不足？您觉得应该如何改进？
3. 结合本章内容,谈谈您对企业销售业务内部控制构建的设想。

第 9 章　资产管理内部控制

【篇首语】

资产作为企业最重要的经济资源,是企业从事生产经营活动并实现发展战略的物质基础。鉴于资产管理的重要性,《企业内部控制基本规范》将合理保证资产安全作为内部控制目标之一,同时单独制定了《企业内部控制应用指引第8号——资产管理》,着重对存货、固定资产和无形资产等资产提出了全面的风险管控要求。本章以基本规范和第8号应用指引为线索,依次分析存货、固定资产和无形资产管理过程中存在的风险点,以及在各项资产管理过程中涉及的内部控制制度,从而为企业具体的资产管理提供思路。

【引导案例】

中国石油与全生命周期资产管理①

面对近年来石油行业资源接替不足、稳产难度加大、成本逐渐加重等诸多挑战,中国石油开始采取一系列措施来提升资产的运营效益,在这些措施中最核心的就是全生命周期资产管理体系。

全生命周期资产管理是基于全生命周期成本管理理论发展起来的管理模式,针对中国石油而言,就是围绕公司发展战略,把握公司近期与长期规划,通过对资产的规划设计、采购建设、生产运营、退役报废等全生命周期进行综合管理,推动各职能部门资产业务管理横向融合、纵向贯通,有效提升公司资产管理绩效,促进公司战略目标顺利实现。具体而言主要有以下四个方面:

1. 强化部门间协作

部门间职能化管理向流程化管理方向的转变,是全生命周期资产管理得以有效实施的前提条件。借助统一的管理信息平台,通过规范化、标准化业务流程设计,将资产增加、运行、退出各管理环节的业务固化于系统中,有效整合资源,打破部门间壁垒,实现业务整合,强化计划、基建、生产、物资、财务、审计等资产管理部门间的全方位协作,努力拓展资产管理的广度和深度。

2. 构建资产管理指标考核体系

资产管理指标考核体系是确保资产全生命周期管理成效的重要推手。公司应重点在实现资产价值最大化、提高资产运营实效性和优化资产有效配置等三个方面制定具有可操作性的考核细则,以期实现源头管理资产、过程控制投资、结尾提高效益的目的。逐步建立完善一套指标量化、权限分明、奖惩有度的考核评价体系,覆盖资产全生命周期管理的各个业务环节,以衡量资产全生命周期管理各项工作的效率和效果,持续改进资产全生命周期管理策略和相关业务流程。

---

① 房剑慧,"浅析中石油股份公司全生命周期管理",《财经界》,2013(13)。

3. 创建统一的资产管理信息平台

目前,公司各职能部门应用于资产管理的信息系统较为分散,资源不能共享,系统间的数据缺乏有效衔接;而现行的 ERP 系统更多关注的是采购物流与财务系统的集成,无法满足企业全生命周期资产管理的需求。因此,整合现有信息系统资源,实现数据集成、共享,搭建统一的资产管理信息平台势在必行。资产管理信息平台应立足于资产全生命周期各管理环节,设计上应着重关注投资规划和工程项目、工程项目与设备运营维护、设备运营维护与备品备件管理之间衔接的流程,保证跨功能和跨部门的流程能有效顺畅地执行,保证各级管理人员能实时获取各业务环节的成本信息。在此基础上对资产价值链上的业务流程和关键节点进行控制,以增强对资产管理业务的控制能力,实现监控和实时分析,提高公司资产的综合创效能力。

4. 建立长效管理机制

全生命周期资产管理工作涉及的部门众多,管理内容复杂,是企业一项长期性、全局性的管理工作。公司总部层面应统筹规划,不断完善规章制度,推行标准管理规范和操作手册,充分发挥专业分公司的职能,加强对资产管理的专业技术指导和日常管理;地区公司层面应结合业务实际,丰富实施细则,在实践过程中不断加以改进,形成全生命周期资产管理工作的长效机制。

全生命周期资产管理体系的实施,全面提升了中国石油的资产管理水平,提高了公司价值创造的能力。基于此,中国石油正在进一步深化全生命周期资产管理理念,借助统一的资产管理信息平台,强化部门间的协作与业务融合,构建资产管理考核指标体系,着力形成全生命周期资产管理长效机制,促进公司可持续健康发展。

良好的资产管理给中国石油带来了诸多好处,其重要性不言而喻。那么究竟如何进行科学有效的资产管理呢?资产管理的主要风险有哪些?如何进行资产管理控制活动的设计和有效实施呢?本章对存货、固定资产、无形资产等资产的管理和控制进行介绍。

9.1 存货控制

9.1.1 存货管理内部控制的业务流程与职责划分

1. 存货管理内部控制的业务流程

一般来说,企业的存货管理控制分为存货需求与采购控制、存货入库与保管控制、存货领用与发出控制、存货盘点与处置控制四个方面(见图9-1)。

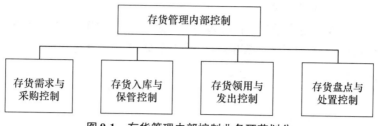

图 9-1　存货管理内部控制业务环节划分

【案例 9-1】

包钢原材料采购的创新模式[①]

钢铁行业作为资源密集型产业,其大宗原料、燃料、冶金辅助材料的多渠道的采购特征和大批量、多品种产品的多级分销网络形成了与其他行业不同的采购管理体系,其运作模式和管理思想更加符合供应链环境下的采购物流管理。与此同时,国内钢铁企业的采购管理存在不同程度的弊病,其效率和效果均落后于 IBM、戴尔等跨国集团和国内的海尔集团。

也正因为如此,国内的钢铁行业一直谋求在原材料采购管理模式上的创新,目前而言,包钢的原材料采购模式的创新比较具有典型性。该模式主要是以信息交流来保证生产、降低采购成本(包括降低库存水平及物流成本),以降低采购成本来推动管理优化,畅通的信息流是实现这个模式的必要条件。实现此模式的关键是畅通无阻的信息交流,以及企业与供应商制定长期合作协议。该模式如图 9-2 所示。

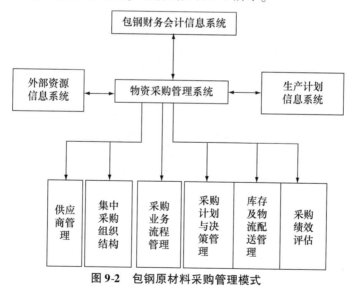

图 9-2　包钢原材料采购管理模式

---

① 王玉,"包钢原材料采购模式的创新",《中国新技术新产品》,2009(09)。

2. 存货管理控制的职责划分

存货管理一般涉及生产部门、采购部门、质检部门、仓储部门和财务部门等,这些部门认真履行各自职责、相互牵制、相互监督,为有效防范存货管理风险共同合作。各部门职责可参见第7章的表7-1。

9.1.2 存货管理风险

【案例9-2】

安踏体育的存货管理[①]

安踏体育用品有限公司(简称"安踏")是国内五大知名运动品牌,其经营业绩一直位居同行业前列。2011年,安踏就在全国建立了体育用品专卖店体系,从单一产品的运营过渡到综合性体育用品品牌的运营。到目前为止,安踏在全国已经建立了8 000多个专卖店,覆盖了各大中小城市。

近两年,运动品牌爆发高库存危机,继李宁、中国动向陷入困境之后,安踏、特步、匹克等企业也未能幸免。2013年8月25日,安踏发布了2013年上半年财务报告,从半年报的统计数据来看,虽然依旧延续着关店潮和收入下滑的趋势,但关店总量在下降,而且安踏的库存从2012年年底的6.87亿元下降到2013年中期的5.76亿元。安踏董事会主席兼首席执行官丁世忠明确表示,安踏的库存已经清理得差不多了,库销比已恢复健康水平。库存问题的解决很可能会使安踏成为第一个走出低谷的运动品牌。

安踏能够如此快地从国内本土运动品牌的低谷中走出来,正是由于其良好的存货管理。安踏从订货开始就坚持健康平稳的库存水平目标,与加盟商及分销商分享对未来趋势的分析与预测,进而增强进货的准确度,降低每家门店的库存风险。除了定期进行库存管理和产品知识的培训以外,安踏还严格审查店铺优化计划和零售折扣计划,努力提升零售商的营运能力。透过全方位的监察系统,安踏紧密监察并且控制零售表现,不断改革和优化包括工厂店和折扣店等清货渠道,从而大大提升零售商的库存管理能力。2013年8月23日,安踏体育用品有限公司公布的上半年业绩公告的数据显示,公司的营业收入为人民币33.70亿元、毛利率41.1%、净利率18.6%,均远高于市场预期,特别是2014年第一季度的订货数据实现了2012年第三季度以来的首次正增长。这些良好的经营业绩都是因为安踏高超的存货管理水平,这也充分说明,提高企业存货管理水平是增强企业竞争力的有效途径。

---

① 徐淼,"体育用品行业存货优化新途径选择",《管理创新》,2014(15)。

企业存货管理风险主要包括以下五点:

1. 存货管理流程紊乱,不能确保存货管理全过程的风险得到控制

企业应当采用先进的存货管理技术和方法,规范存货管理流程,明确存货取得、验收入库、原料加工、仓储保管、领用发出、盘点处置等环节的管理要求,充分利用信息系统,强化会计、出入库等相关记录,确保存货管理全过程的风险得到有效控制。如果企业无法做到,将会导致企业存货管理混乱,对库存情况了解不充分,不能按时交货或者浪费销售机会,给企业带来利益损失。

2. 存货管理不相容职责没有分离,导致存货被盗取或者被挪用

企业应当建立存货管理岗位责任制,明确内部相关部门和岗位的职责权限,切实做到不相容岗位相互分离、制约和监督。

企业内部除存货管理、监督部门及仓储人员外,其他部门和人员接触存货,应当经过相关部门的特别授权。如果企业没有相关规定,企业内的工作人员可以随意接触存货,将会给企业的存货管理带来极大的随意性,容易造成存货丢失、损坏。

3. 存货需求的预测不准确,导致企业的存货短缺或者存货积压

企业的存货短缺将会使企业错过盈利的机会,影响企业的收益,给企业带来损失。存货的积压给企业带来的损失更甚。首先,大量的存货积压在企业里,会给企业带来高额的存储成本和管理成本;其次,企业存货积压可能造成存货贬值,直接影响企业的可回收金额;最后,大量积压的存货还占用了企业大量的资金,降低了企业的偿债能力和资金周转速度,将会给企业带来财务风险。

4. 企业不重视存货的验收工作,导致入库产品里有残次品

企业应当重视存货的验收工作,规范存货的验收程序和方法,对入库存货的数量、质量、规格等方面进行查验,验收无误方可入库。如果企业对即将入库的存货缺乏严格的验收程序,就无法确保入库存货的质量问题;如果其中存在残次品,存货被使用或者销售的时候,会给企业带来极大的损失。

5. 企业没有建立存货保管制度,不能定期对存货进行检查

企业应当建立存货保管制度,定期对存货进行检查。存货在不同仓库之间流转、被企业内部各部门领用、在仓库中存放,以及委托其他单位加工的过程当中都有可能发生损坏、变质、报废等情况,应定期对存货进行检查,及时发现存货的损耗,否则可能影响企业的利益。

9.1.3　存货管理内部控制设计

由于第 7 章采购业务内部控制与存货内部控制具有交叉之处,为避免重复,以下侧重于存货管理与采购业务不同之处的控制。具体而言,存货需求与采购、存货入库等环节的内部控制可参看第 7 章,本章重点讲解存货保管、存货领用与发出、存货盘点与处置等环节的内部控制。

1. 存货入库保管内部控制

对于已经入库的存货,企业应当建立存货库存保管制度,加强存货的日常保管工作。企业应当按仓储物资所要求的存储条件贮存,并建立和健全防火、防潮、防盗和防变质等措施;贵重物品、生产用关键备件、精密仪器和危险品的仓储,应当实行严格的审批制度。存货入库保管控制具体包括:

(1) 仓储部门对入库的存货应当建立存货明细账,详细登记存货信息,并定期与财会部门就存货品种、数量、金额等进行核对。入库记录不得随意修改,如确需修改入库记录,应当经有效授权批准。

(2) 对于已售商品退货的入库,仓储部门应根据销售部门填写的产品退货凭证办理入库手续,经批准后,对拟入库产品进行验收。因质量问题发生的退货,应分清责任,妥善处理。对于劣质产品,可以选择修复、报废等措施。

(3) 企业应当加强存货的日常保管工作,仓储部门应当定期对存货进行检查,确保及时发现存货损坏、变质等情况。企业还应当重视生产现场的材料、低值易耗品、半成品等物资的管理控制,防止浪费、被盗和流失。

2. 存货领用与发出内部控制

企业应当建立严格的存货领用和发出制度。

(1) 企业生产部门、基建部门领用材料,应当持有生产管理部门及其他相关部门核准的领料单。超出存货领料限额的,应当经过特别授权。

(2) 库存商品的发出需要经过相关部门的批准,大批商品、贵重商品或危险品的发出应当得到特别授权。仓库应当根据经审批的销售通知单发出货物,并定期将发货记录同销售部门和财会部门核对。

(3) 企业应当明确发出存货的流程,落实责任人,及时核对有关票据凭证,确保其与存货品名、规格、型号、数量、价格一致。

(4) 企业财务部门应当针对存货种类繁多、存货地点复杂、出入库发生频率高等特点,加强与仓储部门的经常性账实核对工作,避免出现将已入库存货不入账或已发出存货不销账的情形。

3. 存货盘点与处置内部控制

企业应当制定并选择适当的存货盘点制度,并制订详细的盘点计划,合理安排人员,有序摆放存货,保持盘点记录的完整,及时处理盘盈、盘亏。

(1) 存货的盘盈、盘亏应当及时编制盘点表,分析原因,提出处理意见,经相关部门批准后,在期末结账前处理完毕。

(2) 仓储部门应通过盘点、清查、检查等方式全面掌握存货的状况,及时发现存货的残、次、冷、备等情况。仓储部门对残、次、冷、备存货的处置,应当选择有效的处理方式,并经相关部门审批后作出相应的处置。

(3) 存货的会计处理应当符合国家统一的会计制度的规定,计价方法一经确定,未经批准,不得随意变更。

(4) 仓储部门与财务部门应结合盘点结果对存货进行库龄分析,确定是否需要计提减值准备。经审批后,方可进行会计处理,并附有关书面材料。

【案例 9-3】

微利时代的铁血赢家——解读戴尔的零库存[①]

"零库存"并不意味着没有库存,像戴尔这样的组装企业,没有库存就意味着无法生存。只不过,因为戴尔的库存很低、周转很快,并且善于利用供应商库存,所以其低库存被归纳为"零库存",这只是管理学上导向性的概念,不是企业实际操作中的概念。

精髓是低库存

戴尔不懈追求的目标是降低库存量。高库存一方面意味着占用更多的资金,另一方面意味着使用了高价物料。戴尔公司的库存量只相当于一个星期的出货量,而别的公司的库存量相当于四个星期的出货量,这意味着戴尔拥有 3% 的物料成本优势,反映到产品底价上就是 2% 或 3% 的优势。

没有零部件仓库

戴尔的零库存是建立在对供应商库存的使用或者借用的基础上。在厦门设厂的戴尔,自身并没有零部件仓库和成品仓库。零部件实行供应商管理库存(VMI),并且要根据戴尔订单情况的变化而变化。每天的订单量不一样,要求供应商的送货量也不一样。因为戴尔订单的数量不确定,对供应商配件送货的要求也是可变的,所以戴尔的供应商需要经常采取小批量送货,有时送 3 000 个,有时送 4 000 个,有时天天送货,订单密集时甚至需要一天送几次货,一切根据需求走。为了方便给戴尔送货,供应商在戴尔工厂附近租赁仓库来存储配件,以保障及时完成送货。这样,戴尔的零库存是建立在供应商的库存或者精确配送能力的基础上的。

以信息代替存货

互联网受到戴尔公司的充分重视,主要表现在:戴尔与客户、供应商及其他合作伙伴之间通过网络进行沟通的时间界限已经模糊了,戴尔与客户之间进行 24 小时即时沟通,突破了上班时间的限制;同时,戴尔与合作伙伴之间的空间界限也已经模糊了,戴尔在美国的供应商可以超越地域的局限,通过网络与设在厦门的工厂进行即时沟通,了解客户订单的情况。

通过强化信息优势,戴尔整合了供应商库存协作关系,在实践中的磨合成功地提高了供应商的送货能力。戴尔与供应商培植紧密的协作关系,保证为客户提供精确的库存。在流通活动中,客户的"信息"价值替代"存货"价值。在供应链管理中,戴尔作为链主,其主要的分工是凝聚订单,比如,收集 10 000 台电脑订单;供应商则要及时供货,提供 10 000 种与电脑相关的配件,如显示器、鼠标、网络界面卡、芯片及相关软件等。供应商在戴尔的生产基地附近租赁仓库,并把零配件放到仓库中储备,戴尔需要这些零配件时就通知供应商送货,零配件的产权由供应商转移到戴尔。另外,戴尔可以充分利用库存赚取利润,比如,戴尔向供应商采购零部件时,可以采取 30 天账期结算;但在卖出电脑时执

---

① 张世国,《戴尔帝国》,北京:中国商业出版社,2004 年版。

行的是先款后货政策,至少是一手交钱一手交货,并利用客户货款与供应商货款中间的时间差,谋求利益。

9.2 固定资产控制

9.2.1 固定资产管理内部控制的业务流程与职责划分

1. 固定资产管理内部控制的业务流程

企业固定资产管理内部控制一般分为固定资产购建内部控制、固定资产使用和维护内部控制、固定资产处置和转移内部控制三大部分(见图9-3)。这三大部分彼此独立又相互联系,共同构成了企业固定资产管理的全过程。

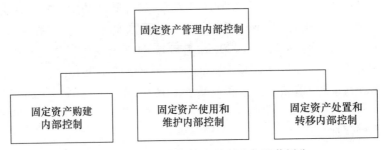

图9-3 固定资产管理内部控制业务环节划分

2. 固定资产控制的职责划分

固定资产管理一般涉及请购部门、需求决策部门、固定资产保管部门、财务部门和生产部门等,这些部门认真履行各自职责、相互牵制、相互监督,为有效防范固定资产管理风险共同合作。各部门职责如表9-1所示。

表9-1 固定资产管理内部控制部门职责分工

部门	职责
请购部门	(1) 根据预算及公司实际需求情况,提出固定资产需求计划; (2) 考虑固定资产需求计划的财务和技术可行性; (3) 考虑固定资产和流动资产结构的问题; (4) 结合企业和市场情况,选择固定资产购置方式。
需求决策部门	(1) 评估固定资产现有水平是否达到满足战略目标实现的水平; (2) 评估购置固定资产的风险; (3) 对是否购置固定资产进行决策。

(续表)

部门	职责
固定资产保管部门	(1) 将实物管理(保全)交由各生产部门,建立各级管理责任制,严格实物收发、转移手续,及时登记账卡; (2) 使用固定资产实物的单位,对持有的固定资产实行资产永续盘存和年终财产清查制度,定期进行盘点;发现盈亏、毁损等问题,及时查明原因,按照规定进行处理,保证各项资产形态的完整; (3) 定期对固定资产维护情况进行核查。
财务部门	(1) 参与固定资产需求计划财务可行性的评估; (2) 对购置固定资产的资金进行监控; (3) 对固定资产的购置过程和结果进行审计; (4) 对固定资产的使用情况进行评估; (5) 评价固定资产的配置效率。
生产部门	(1) 对本部门持有的固定资产进行保管; (2) 对持有的固定资产进行定期维护与保养; (3) 定期及不定期盘点持有的固定资产,保证固定资产安全; (4) 定期评估固定资产使用效率,并形成报告报上级领导审批; (5) 根据固定资产使用情况,形成书面的优化固定资产配置计划,经审批后,将闲置固定资产投入产能不足的部门使用。

9.2.2 固定资产管理风险

固定资产管理风险主要包括以下四点:

1. 固定资产更新改造不够,使用效能低下

企业应当加强房屋建筑物、机器设备等各类固定资产的管理,重视固定资产维护和更新改造,不断提升固定资产的使用效能,积极促进固定资产处于良好运行状态。固定资产更新改造不够、使用效能低下等情况的发生,可能浪费企业资源,降低企业竞争力。

2. 固定资产管理混乱,记录不清楚

企业应当制定固定资产目录,对每项固定资产进行编号,按照单项资产建立固定资产卡片,详细记录各项固定资产的来源、验收、使用地点、责任单位和责任人、运转、维修、改造、折旧、盘点等相关内容。如果固定资产管理混乱,将会大大降低企业对固定资产使用情况的掌控力度,增加企业的管理成本。

3. 固定资产维护不当

企业应当严格执行固定资产日常维修和大修理计划,定期对固定资产进行维护保养,切实消除安全隐患。固定资产日常维护的不当,不仅会加快企业资产的磨损,给企业带来损失;同时更易于发生安全事故,给企业员工带来安全方面的风险。

4. 固定资产使用不当

企业应当强化对生产线等关键设备运转的监控,严格操作流程,实行岗前培训和岗位许可制度,确保设备安全运转。固定资产使用不当,或者由不熟练的员工操纵,都很可

能会严重损伤机器设备,减少其使用年限;更加重要的是,安全方面的问题难以得到保证,企业应该加强监控,杜绝这方面的风险。

9.2.3 固定资产管理内部控制设计

加强企业固定资产管理的内部控制,应该从固定资产购建、固定资产使用和维护、固定资产处置和转移三部分入手。

1. 固定资产购建内部控制

企业的固定资产购建不能够是盲目的,必须根据企业的发展战略编制固定资产的需求预算;而固定资产的购置则须根据预算分解实施,并且根据实际执行情况与预算之间的差异,及时校正购置行为,在保证战略目标实现和生产经营正常进行的前提下,降低固定资产的取得成本,实现固定资产的充分利用。

(1) 固定资产预算管理内部控制

企业应当建立固定资产预算管理制度。企业应当根据固定资产的使用情况、生产经营发展目标等因素拟定固定资产投资项目,对项目的可行性进行研究、分析,编制固定资产投资预算,并按照规定的程序进行审批,确保固定资产的投资决策科学合理。

对于重大的固定资产投资项目,应当考虑聘请具有资质的中介机构或者专业人士进行可行性研究和评价,并且由企业实行集体决策和审批,防止出现决策失误而造成严重损失。

对于预算内的固定资产投资项目,有关部门应当严格按照预算执行进度办理相关手续;对于超预算或预算外固定资产投资项目,应由固定资产相关责任部门提出申请,经审批后再办理相关的手续。

固定资产的预算控制需关注三个关键控制点:

① 编制资本支出预算,应由工程技术、计划、财务、采购、生产等部门的人员共同参加,以便减少资本支出预算发生错误的可能性。

② 资本支出预算必须在考虑多种因素的基础上予以编制,这些因素包括投资预算额、投资的机会成本、投资的资本成本、预计现金净流入等。

③ 对于投资额较大的专案,资本支出预算应有各分项的投资预算额,以便日后对投资实际支出额进行控制。而对于将对企业产生重大影响的投资资本支出预算,则必须由董事会批准才能执行。

【案例9-4】

义马环保停产,东湖高新陷入泥潭[①]

2004年,东湖高新控股子公司——义马环保电力有限公司投资的铬渣综合治理清洁

---

① 程久龙,"义马环保停产,东湖高新自救",《经济观察报》,2013年7月1日。

生产工程尚在建设期,预计两台机组分别于 2005 年 12 月底和 2006 年 3 月投产发电。该工程项目拟采用先进的旋风炉高温解毒封固法,处理当地化工企业产生的有毒废料——铬渣。但在 2005 年 2 月 22 日,国务院办公厅发出《关于电站项目清理及近期建设安排有关工作的通知》,明确提出要采取综合措施制止和防范违规电厂建设。该工程因没有执行国家用地、取水、水土保持等方面的规定,存在布局不合理、用水水量不足、在缺水地区取用地下水等问题,被国家发改委于 2005 年 5 月 23 日列为"停建处理"的违规项目,要求停止建设。

彼时,东湖高新已经支付大股东凯迪电力股权转让款 8 000 万元。颇具讽刺意味的是,在此前的项目可行性报告中,居然明确表示:"本项目符合国家环保政策。"其后,直到 2007 年 5 月,义马环保才得以复工建设,并于 2009 年才正式投产,但投产当年即陷入亏损达 1 112.66 万元,此后更是连年亏损。

据《经济观察报》了解,成本居高不下,是义马环保陷入亏损泥潭的主因之一,这也侧面反映东湖高新对该固定资产投资预算控制执行不力。在进行项目可行性分析和预算时,仅就筹资能力及投资回收期、净现值等经济指标进行研究,并以此来判断投资项目可行,而未考虑产业政策等外部因素的影响。企业外部信息收集与沟通机制失效,企业外部环境风险发生变化,迫使项目停工,对公司战略目标的实现造成了巨大的阻碍。

---

(2) 固定资产请购与审批内部控制

企业对于外购的固定资产,应当建立请购与审批制度,明确请购部门(或人员)和审批部门(或人员)的职责权限及相应的请购与审批程序。企业可以根据实际需要设置专门的请购部门,对需求部门提出的采购需求进行审核,并进行归类汇总,统筹安排企业的采购计划。具有请购权的部门对于预算内采购项目,应当严格按照预算执行进度办理请购手续,并根据市场变化提出合理的采购申请。对于超预算和预算外采购项目,应先履行预算调整程序,由具备相应审批权限的部门或人员审批后,再行办理请购手续。

对于一些专用的固定资产,例如打印机、电脑等,由于移动的方便性,管理上容易滋生漏洞,应针对其管理上的薄弱环节,制定特别的业务处理流程。例如,电脑等设备从确定采购期就编制"身份证",定好使用人和责任人。

划分固定资产采购审批权限时需关注三个关键控制点:

① 实行分级审批制度,即区分不同层级的管理者,设置固定资产采购业务不同性质、不同金额的审批权,这符合现代企业分权管理的趋势;

② 重大工程项目的固定资产采购或重要固定资产的采购应实施集体决策审批机制,避免"一言堂""一支笔"现象;

③ 审批权限的设置还应考虑效率的提升,避免为强化控制而设置过于繁琐的审批程序,从而妨碍固定资产采购业务的有效进行。

(3) 固定资产采购内部控制

企业应当根据市场情况和采购计划合理选择固定资产采购方式。重要固定资产的采购,应当采用招标方式。企业可以成立跨部门的工作小组,成员应来自工程、财务、投资、法律及使用单位,共同参与项目论证、公开招标等环节的工作,既体现公平、公正原则,又通过招标等良性竞争手段,为企业创造经济效益。非重要固定资产的采购可以采用询价、比价等方式合理确定采购价格,最大限度地减小市场变化对企业采购价格的影响。有条件的企业应当建立科学的固定资产供应商评估和准入制度,确定合格供应商清单,与选定的供应商签订质量保证协议,建立供应商管理信息系统,对供应商提供物资或劳务的质量、价格、交货及时性、供货条件及其资信、经营状况等进行实时管理和综合评价,根据评价结果对供应商进行合理选择和调整。企业可委托具有相应资质的中介机构对供应商进行资信调查。

企业应当根据确定的供应商、采购方式、采购价格等情况拟订采购合同,准确描述合同条款,明确双方权利、义务和违约责任,按照规定权限签订采购合同;并根据生产建设进度和采购物资特性,选择合理的运输工具和运输方式,办理运输、投保等事宜。

(4) 固定资产验收内部控制

通过各种渠道取得的固定资产都应严格验收管理。企业应当建立严格的固定资产交付使用验收制度,确保固定资产数量、质量等符合使用要求。固定资产交付使用的验收工作由固定资产管理部门、使用部门及相关部门公告实施。

企业外购的固定资产,应当根据合同协议、供应商发货单等对所购固定资产的品种、规格、数量、质量、技术要求及其他内容进行验收,出具验收单或验收报告。验收合格后方可投入使用。

企业自行建造的固定资产,应由制造部门、固定资产管理部门、使用部门共同填制固定资产移交使用验收单,验收合格后移交使用部门投入使用。

企业对投资者投入、接受捐赠、债务重组、企业合并、非货币性资产交换、外企业无偿划拨及其他方式取得的固定资产均应办理相应的验收手续。

企业对经营租赁、借用、代管的固定资产应当设登记簿记录备查,避免与本企业财产混淆,并应及时归还。

对验收合格的固定资产应及时办理入库、编号、建卡、调配等手续。

对于验收控制,企业需关注三个关键控制点:

① 从外部购入的设备,采购人员应与厂商联系送货时间及地点。固定资产送达时,请购单位、采购人员、管理部门均应派人员会同点收数量、检查品质及规格是否与请购单相符。购入设备必须经过专业人员检查,并在收货报告单上签字同意。通过建筑或通过安装取得的设备在正式向承包商签发验收合格证书之前,应作全面和综合的测试验收检查工作。

② 各种监督和测试工作应加以文字记录,并作为工程验收合格证书的附件妥善保管,验收合格证书必须由指定的授权人审核签字。

③ 固定资产验收合格后,管理部门开具设备分配通知单并登记固定资产管理台账。采购人员将固定资产交请购单位使用。

(5) 固定资产购建审计内部控制

固定资产购建审计是对固定资产预算控制进行的有效监督,确保固定资产预算的执行与固定资产资源占用的目标相一致。固定资产购建审计的标准是:是否以最低的消耗、最少的投资、最好的质量和最快的速度形成最大的综合生产能力;能否提高劳动生产率、降低投产运行后的生产成本和提高产品质量、加快投资回收。

2. 固定资产使用和维护内部控制

(1) 固定资产使用内部控制

企业应当加强固定资产的日常管理工作,授权具体部门或人员负责固定资产的日常使用与维修管理,保证固定资产的安全与完整。

企业应当定期或不定期地检查固定资产明细及标签,确保具备足够详细的信息,以便固定资产的有效识别和盘点。移动固定资产应当得到授权。

对固定资产都应设立卡牌,有条件的单位应尽量选用合适的固定资产管理系统,用电脑来管理固定资产的数据;要及时清理系统中的数据,查错防漏。在科技发展、环境及其他因素发生变化时,应调整相关固定资产的净残值。

企业各职能部门可在内部设立设备管理员,并加强对其进行固定资产管理知识的宣传和培训,提高其对所在部门设备的使用和变动情况的监管力度。

加强对在建工程账户的检查和清理,对已经在用或者已经达到预定可使用状态的固定资产及时验收入账或暂估入账。

对精密、贵重、容易发生安全事故的仪器设备,归口管理部门应制定具体操作规程,指定专人进行操作。

做好固定资产的投保工作,并确保范围恰当,金额足够。

(2) 固定资产折旧内部控制

企业应依据国家有关规定,结合企业实际,确定计提折旧的固定资产范围、折旧方法、折旧年限、净残值等折旧政策。折旧政策一经确定,不得随意变更;确需变更的,应当按照规定程序审批。

折旧政策应当适应企业战略需要,服务于资本保值增值的最终目标。如果固定资产能够持续稳定地为企业创造价值,企业在短期内没有更换固定资产的计划,那么应当降低当期折旧使得固定资产的存续时间与其价值创造相匹配;反之,如果固定资产面临有形损耗或者无形损耗,那么企业应当采用加速折旧方法,尽早收回资金。

折旧控制的主要作用在于保证固定资产使用年限及残值估计的合理正确。为此,企业应广泛征求有经验的工程技术人员和会计人员的意见;搜集类似设备的各种历史资料,参照税务部门的规定、标准。折旧方法一经选定,应一贯沿用;折旧方法的改变,事先应由相关部门审核批准并在财务报表上说明其理由。

【案例9-5】

固定资产折旧新政受镇江市企业欢迎①

2014年9月24日,国务院总理李克强主持召开国务院常务会议,部署完善固定资

---

① 节选自赵森、魏含屹等,"固定资产折旧新政受镇江市企业欢迎",《镇江日报》,2014年9月29日。

加速折旧政策。一是对所有行业企业2014年1月1日后新购进用于研发的仪器、设备，单位价值不超过100万元的，允许一次性计入当期成本费用在税前扣除；单位价值超过100万元的，可按60%的比例缩短折旧年限，或采取双倍余额递减等方法加速折旧。二是对所有行业企业持有的单位价值不超过5 000元的固定资产，允许一次性计入当期成本费用在税前扣除。三是对生物药品制造业、专用设备制造业、铁路、船舶、航空航天和其他运输设备制造业、计算机、通信和其他电子设备制造业、仪器仪表制造业、信息传输、软件和信息技术服务业等行业企业2014年1月1日后新购进的固定资产，允许按规定年限的60%缩短折旧年限，或采取双倍余额递减等加速折旧方法，促进扩大高技术产品进口。政府将根据实施情况，适时扩大政策适用的行业范围。

这项新政到底能为企业带来多少实惠呢？句容中新软件科技有限公司负责人王中新算了这样一笔账："公司目前有电脑等办公设备近30台，价格均在4 500元左右，成本合计13.5万元。按照最新加速折旧政策，可以一次性计入当期成本费用在税前扣除，比按照原来最低3年折旧可扣除4.5万元多扣除9万元，相当于今年少缴纳企业所得税2.25万元（9万元×25%），这笔钱对我们这种创业初期的科技型企业来说，无疑是雪中送炭。"

固定资产折旧新政不仅惠及企业当前，更让企业树立一个理念，即必须加快对固定资产的更新改造，加快企业设备的更新，促进新产品的研究和开发，实现长远发展。专注3D打印业务的江苏开普威尔科技有限公司正在为是否从国外进口先进研发设备而徘徊，看到了这项新政，坚定了该公司加快技术革新的步伐。该公司财务经理李先生介绍："我们公司计划购买的研发设备价款为782万元，按老政策每年可扣除折旧费用为78.2万元，而按照新政则可扣除折旧费用为156.4万元，第一年可减少税负19.55万元。正是由于我们测算这笔交易可以带来近20万元的税负减轻，公司决定立即采购这台先进研发设备，为公司科技创新提供保障。"

采访中，不少制造企业反映，此项新政不仅能够让它们减轻负担、盘活资金、创新投入，而且还会带动镇江市整个制造行业的发展。业界人士指出，本次加速折旧政策对于正处于升级换代之中的制造业企业可谓正逢其时，除了可以促进大众创业，对于传统产业"破茧化蝶"，增强经济发展后劲和活力，实现提质增效升级和持续稳定增长，也具有重要意义。

(3) 固定资产维护内部控制

企业应当建立固定资产的维修、保养制度，保证固定资产的正常运行，提高固定资产的使用效率。

固定资产使用部门负责固定资产日常维修、保养，定期检查，及时消除风险。固定资产大修理应由固定资产使用部门提出申请，按规定程序报批后安排修理；固定资产技术改造应由固定资产管理部门组织相关部门进行可行性论证，审批通过后予以实施。

固定资产管理部门应监督使用部门的使用情况，并对各种房屋和设备分别设置表单来记录使用、维修和保养情况，或者直接在替代房屋设备明细账的卡片上或者表单上记录这些情况。记录应当定期检查。

为了确保日常维护达到预期的目标,还要定期对固定资产维护情况进行审计。针对固定资产的日常维护,企业需要展开的审计内容主要有:是否建立健全固定资产操作规程和固定资产保管养护制度;各使用单位是否采取完整的安全防护措施,并按照制度要求对固定资产进行养护、定期检测或修缮,确保固定资产完好和使用安全;对贵重以及容易发生安全事故的仪器设备,是否指定专人进行操作;各使用单位是否定期对固定资产使用情况进行检测和考核,对长期闲置、利用率低下的固定资产是否及时进行合理调配,提高利用率;各使用单位是否实行计划检修和定期检查制度,检查、保养、中小修理和大修理费用是否纳入经营计划。

(4) 固定资产盘点内部控制

企业应当定期对固定资产进行盘点。盘点前,固定资产管理部门、固定资产使用部门和财务部门应当进行固定资产账簿记录的核对,保证账账相符。企业应组成固定资产盘点小组对固定资产进行盘点,根据盘点结果填写固定资产盘点表,并与账簿记录核对;对账实不符的固定资产盘盈、盘亏,应编制固定资产盘盈、盘亏表。

固定资产发生盘盈、盘亏,应由固定资产的使用部门和管理部门逐笔查明原因,共同编制盘盈、盘亏处理意见,经企业授权部门或人员批准后,由财务部门及时调整有关账簿记录,使其反映固定资产的实际情况。

固定资产同存货相比,遗失或被盗的可能性较小,但它们长期存在,物质实体同账面记录不一致,或者物质实体已处于不正常使用状态,或者被遗忘的可能性也较大。因此,定期盘查固定资产是保护财产的必要控制手段。

原则上,针对固定资产的全面盘点,至少每年年末应当进行一次。固定资产盘点工作应由固定资产实物管理部门负责实施;固定资产使用保管部门应密切配合,配备懂技术和了解固定资产状况的人员协助固定资产清查工作,填制固定资产清查盘点表,提供有关资料。在盘点过程中,除了查明固定资产的实有数与账面数是否一致外,还应注意各项固定资产的报告、使用、维修、保养等情况。

盘点结束后,固定资产实物管理部门应提交清查盘点报告,对固定资产盘盈、盘亏原因进行认真分析,提出整改措施并会同有关部门向相关负责人提出具体处理意见。清查盘点报告送财务部门,按有关财务会计制度对清查盘点结果进行处理。对盘盈固定资产,应在报告内列明数量、金额和原因,作为研究处理和入账依据;对盘亏固定资产,应当说明情况,分析原因,提出处理意见,提请审查批准,报固定资产管理部门并相应调整账面金额。

为了确保固定资产的盘点有效,企业还需要对固定资产盘点进行内部审计。内部审计的主要内容有:盘点制度是否形成;被审计单位是否定期或不定期地对固定资产盘点清查;年度终了,在编制年度决算报告前是否进行一次全面的清查;盘点结果是否形成有效的书面报告;盘点报告是否就核实情况作出明确说明;盘点报告中对盘点出现的问题及相关具体原因是否作出分析说明;盘点报告是否提出处理意见;盘点报告是否得到有效运用;对于盘盈和盘亏的固定资产是否填写了相关表格,并进行了账务处理。

3. 固定资产处置和转移内部控制

(1) 固定资产处置内部控制

企业应当建立固定资产处置的相关制度,确定固定资产处置的范围、标准、程序和审批权限;企业还应当区分固定资产不同的处置方式,采取相应的控制措施。

对使用期满、正常报废的固定资产,应由固定资产的使用部门或管理部门填制固定资产报废单,报企业授权部门或人员批准后对该固定资产进行报废清理。

对使用期未满、非正常报废的固定资产,应由固定资产使用部门提出报废申请,注明报废理由、估计清理费用、可回收残值、预计出售价值等。企业应组织有关部门进行技术鉴定,按规定程序审批后进行报废清理。

对拟出售或投资转出的固定资产,应由有关部门或人员提出处置申请,列明该固定资产的原价、已提折旧、预计使用年限、已使用年限、预计出售价格或转让价格等,报企业授权部门或人员批准后予以出售或转让。

固定资产的处置应由独立于固定资产的管理部门和使用部门的其他部门或人员办理;固定资产处置价格应报企业授权部门或人员审批后确定。对于重大固定资产的处置,应当聘请具有资质的中介机构进行资产评估;对于重大固定资产的处置,应当采取集体决策审批制度,并建立审批记录机制。固定资产处置涉及产权变更的,应及时办理产权变更手续。

固定资产处置环节需关注两个关键控制点:

① 固定资产出售。固定资产使用部门应将闲置的固定资产书面报告于固定资产管理部门,填写"闲置固定资产明细表",固定资产管理部门拟定处理意见后,按以下步骤执行:

第一,固定资产如需出售处理,须由固定资产管理部门提出申请,填写"固定资产出售申请表"。

第二,列出准备出售的固定资产明细,注明出售处理原因、出售金额,报固定资产管理部门经理、生产部门经理、财务部门和总经理审批。

第三,固定资产出售申请获批准后,固定资产管理部门对该固定资产进行处置,并在固定资产卡片上登记出售日期、台账作固定资产减少。

第四,财务部门根据已经批准的固定资产出售申请表,开具发票及收款,并对固定资产进行相应的账务处理。

② 固定资产报废。固定资产报废流程如下:

第一,当固定资产严重损坏、没有维修价值时,由固定资产使用部门提出申请,填写"固定资产报废申请表",交固定资产管理部门报主管财务副总经理和总经理审批。

第二,经批准后,固定资产管理部门对固定资产进行处理;处理后,对固定资产台账及固定资产卡片进行更新,并将处理结果书面通知财务部门。

第三,财务部门依据总经理批准的固定资产报废申请表和实物处理结果,进行账务处理。

第四,固定资产报废通知单至少一式三联,一联由审批人留底备案,一联作为执行报废工作的授权证明,一联送交财务部门。财务部门收到执行完毕的报废通知单后,应审查通知单是否经执行部门主管签字认可,并应及时注销固定资产的账面价值。

(2) 固定资产转移内部控制

企业出租、出借固定资产,应由固定资产管理部门会同财务部门按规定报经批准后予以办理,并签订合同协议,对固定资产出租、出借期间发生的维护保养、负责人、租金、归还期限等相关事项予以约定。

企业内部调拨固定资产,应填制"固定资产内部调拨单",明确固定资产调拨时间、调拨地点、编号、名称、规格、型号等,经有关负责人审批通过后,及时办理调拨手续。

关于固定资产的转移,应注意以下三个问题:

① 固定资产在公司内部部门员工之间的转移调拨,须填写"固定资产转移申请单",送移入部门签字,确认后交固定资产管理部门办理转移登记。固定资产转移申请单一式四联:一联由管理部门留存,据此更新固定资产卡片;二联送交会计部门;三联送交移入部门;四联送交移出部门。

② 固定资产管理部门将固定资产转移登记情况书面通知财务部门,以便进行账务处理。

③ 注意固定资产编号保持不变,填写清楚新的使用部门和新的使用人,以便监督管理。

9.3 无形资产控制

9.3.1 无形资产管理内部控制的业务流程与职责划分

1. 无形资产管理内部控制的业务流程

企业的无形资产管理业务流程主要包括无形资产取得与验收、无形资产使用与保护和无形资产处置三部分(见图9-4)。这三大组成部分彼此独立又相互联系,共同构成了企业无形资产管理的全过程。

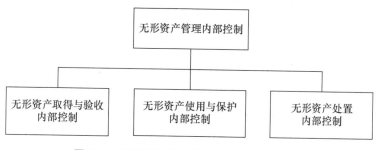

图9-4 无形资产管理内部控制业务流程划分

2. 无形资产管理内部控制的职责划分

无形资产管理一般涉及外购部门、需求决策部门、研发部门、财务部门和日常管理部门等，这些部门应认真履行各自职责、相互牵制、相互监督，为有效防范无形资产管理风险共同合作。各部门职责如表9-2所示。

表9-2 无形资产管理各部门职责分工

部门	职责
外购部门	(1) 根据预算及公司实际需求情况，提出无形资产需求； (2) 考虑无形资产需求计划的财务和技术可行性； (3) 结合企业和市场情况，选择无形资产购置方式。
需求决策部门	(1) 评估无形资产现有水平是否达到满足战略目标实现的水平； (2) 评估购置无形资产的风险； (3) 对是否购置无形资产进行决策。
研发部门	(1) 为了实现经济效益而专门组织并收集特定资料进行调查； (2) 对潜在的无形资产基本轮廓进行设想； (3) 发现和排除不符合企业现阶段目标或能力的选项； (4) 对无形资产的各种特征进行详细的描述； (5) 在项目正式投入生产之前，对其市场前景和盈利能力进行评价和预测； (6) 进行无形资产研发。
财务部门	(1) 参与无形资产需求财务可行性的评估； (2) 对购置无形资产的资金进行监控； (3) 对无形资产的购置过程和结果进行审计； (4) 对无形资产的使用情况进行评估； (5) 对无形资产的配置效率进行评价。
日常管理部门	(1) 授权具体部门或者人员负责无形资产的日常使用和保全管理，保证无形资产的安全与完整； (2) 根据国家及行业有关要求和自身经营管理需要，确定无形资产分类标准和管理要求，并制定和实施无形资产目录制度； (3) 根据无形资产性质确定无形资产保全范围和政策； (4) 定期或者至少在每年年末对无形资产进行检查、分析，预计其给企业带来未来经济利益的能力。

9.3.2 无形资产管理风险

无形资产管理风险主要包括以下四点：

1. 无形资产管理混乱，缺乏相关责任制度

企业应当加强对品牌、商标、专利、专有技术、土地使用权等无形资产的管理，分类制定无形资产管理办法，落实无形资产管理责任制，促进无形资产有效利用，充分发挥无形资产对提升企业核心竞争力的作用。无形资产相较于其他有形资产来说，更难管理，如果不能制定有效的管理办法，将会给企业带来巨大损失。

2. 无形资产长期闲置或低效能使用,逐渐失去其使用价值

无形资产长期闲置或低效能使用,逐渐失去其使用价值;处置不当,将造成企业资产流失。企业应当强化无形资产使用过程的管控,全程监控无形资产的使用情况,避免长期闲置和低效能使用,浪费企业资源;同时建立无形资产处置的相关制度,明确无形资产处置的范围、标准、程序和权限等要求。

3. 无形资产保护不力,被他人侵权

企业应当全面梳理外购、自行开发及其他方式取得的各类无形资产的权属关系,加强无形资产权益保护,防范侵权行为和法律风险。无形资产具有保密性质的,应当采取严格保密措施,严防泄露商业秘密。无形资产较有形资产来说更易泄露,如果保密措施不严格,泄露机密,后果不堪设想。

4. 专利、专有技术等更新换代缓慢,丧失竞争力

企业应当定期对专利、专有技术等无形资产的先进性进行评估,淘汰落后技术,加大研发投入,促进技术更新换代,不断提升自主创新能力,努力做到核心技术处于同行业领先水平;否则,将会造成技术上的落后,使得企业缺乏竞争力。

【案例 9-6】

美的格力专利缠斗[①]

"胜诉了。"格力电器一名中层员工告诉记者,言语中甚是喜悦。

持续了三年之久的格力电器诉美的空调技术发明专利侵权一案,日前因广东省高院的终审宣判而暂告一段落。格力电器胜诉。

美的与格力的专利权侵权纠纷,始于 2007 年。

2007 年 4 月,格力研发出了"控制空调器按照自定义曲线运行的方法",即用户可以根据自己的睡眠习惯控制房间的温度变化,从而提高睡眠质量,简而言之就是"睡眠空调"技术。格力在 4 月 28 日向国家知识产权局申请发明专利,并于次年的 9 月 3 日获得专利证书。

2007 年 8—11 月,格力先后向市场推出应用了该技术发明专利的"睡美人""睡梦宝"等系列产品。而同年 12 月,美的跟进推出了"梦静星"系列睡眠空调产品。

2008 年年末,格力一纸诉状递到珠海中院,状告美的 4 款空调侵犯其专利使用权。2011 年 4 月,珠海中院认定美的侵权行为成立。美的不服,向广东省高院提起上诉。广东省高院经审理后维持一审判决,即美的立刻停止使用格力"控制空调器按照自定义曲线运行的方法"专利,立刻停止销售、许诺销售侵权的产品,并赔偿格力经济损失 200 万元。但是,美的对这一结果表示不服,仍就此案向最高人民法院申诉。

美的与格力同在广东省,自成立就开始了竞争。在数十年的发展之后,二者在国内

[①] 彭岩锋,"美的格力专利缠斗",《时代周报》,2011 年 11 月 25 日。

空调市场基本形成了垄断地位——2010年,二者已经占据了国内将近70%的空调市场。格力电器2011年上半年实现营业总收入402.4亿元,这一数字已经占到格力2010年营收的70%之多;美的2011年上半年实现营业总收入620.37亿元,同比增长58.97%,其中美的的空调及零部件收入425.16亿元,同比增长64.44%,仍然超过格力一筹。

虽然美的格力专利侵权之争,最后以格力的胜诉告终。但是,美的的一番回应却让格力并未获得太多优势,矛盾也并没有进一步激化。"两者之间,都是很有分寸的"。

在这次纠纷之前,美的格力已公开过招多次,互有胜负。2007年,美的空调在其空调产品宣传品中直指格力等同行的空调产品的铜铝连接管是"黑心管",是为了应对国际铜价上涨过快而给纯铜管找的替代品。此举引起市场恐慌。最后,中国家电协会出面澄清,避免事态扩大。

就在格力高调宣扬侵权案己方胜诉的时候,发改委的一纸公告却给了格力"当头一棒"。2011年10月22日,国家发改委发布对国家认定企业技术中心的评价结果,"掌握核心科技"的格力仅得60.2分,离不及格仅一步之遥。发改委对格力技术中心提出了警告,并希望企业进行整改。

对此,格力集团总裁董明珠11月18日对外界表示:"被发改委点名这件事情纯属我们操作错误,不能怪发改委,因为是新来的工作人员没作核实,将2008年的数据稍微改动了下就报给了发改委。"并且称,"我们有技术,不怕!"而对于美的方面的反应,她显示出了其"商界木兰"的强硬一面,"我们在技术研发方面的付出所得到的成果,是不允许任何人无偿获得的!"

9.3.3 无形资产管理内部控制设计

企业设计无形资产管理内部控制,应从无形资产取得与验收、无形资产使用与保护、无形资产处置三方面入手。

1. 无形资产取得与验收控制

(1) 无形资产取得内部控制

因为无形资产的取得有自创和外购两种途径,并且两种途径存在差别,所以对无形资产取得过程的控制应该根据两种不同的途径进行。

① 无形资产外购过程的控制。对无形资产外购过程实施控制,目的不仅在于确保购入的无形资产符合企业的战略意图和投资目的,而且在于保证企业能够以合理的价格获得价值相当的无形资产。为此,企业需要采取以下控制措施:

第一,审核无形资产评估机构的资质,从而判断无形资产评估机构是否具有权威性。

第二,审核无形资产评估结果,从而判断无形资产评估结果是否公正。

第三,审核无形资产交易合同,从而判断无形资产交易资金的支付方式和支付时间是否合理。

第四,审核无形资产交易支付的资金,从而判断无形资产交易资金的支付是否有理有据。

② 无形资产研发过程的控制。为降低风险,企业研发无形资产必须按照一定的科学程序进行,具体包括以下几项:

第一,调查。无形资产的研发是以实现经济效益为最终目标的创造,首要步骤是进行专项调查,即为了实现经济效益专门组织并收集特定资料而进行的调查。

第二,构思。构思是对潜在的无形资产基本轮廓的设想,是研发无形资产的基础和起点。

第三,筛选。企业必须尽早发现和排除不符合企业现阶段目标或能力的选项。

第四,概念。企业应将构思具体化,对无形资产的各种特征进行详细的描述。

第五,评价。在项目正式投入生产之前,企业必须对其市场前景和盈利能力进行评价和预测。

第六,筹资。运用上述方法挑选出最经济的无形资产研发项目之后,应考虑该研发项目的资金筹措问题。

第七,生产。以上各阶段工作都完成之后,方可进入无形资产的实质研发阶段。

企业需在以下阶段实施相应的控制:

第一,在评价阶段实施财务评价。同企业投资项目的评价方法一样,无形资产研发项目评价的方法包括两类:一类是考虑资金时间价值的贴现法,即净现值法及活力指数法等;另一类是不考虑资金时间价值的非贴现法,即会计收益率法及回收期法等。

第二,在筹资阶段制定并实施筹资方案。一般情况下,与其他投资项目的筹资方式一样,对于无形资产研发项目的资金来源,也可以采用借入资金和自有资金两种方式解决。需要注意的是,企业要尽可能地争取政府资金的资助。目前我国正努力营造自主创新的政策环境,因此企业要充分利用现有的税收减免政策和各级政府建立的企业创新基金;另外,企业需要正视负债筹资给企业带来的风险,因为无形资产研发本身就存在较大的不确定性,可能会进一步加大企业陷入财务危机的可能性。

第三,在生产阶段监控资金的支付。充足且及时的资金是无形资产研发的前提条件之一,企业的财务部门要确保研发资金支付过程的高效合理。尽管无形资产的研究与开发存在较大的不确定性,但预算仍然是控制这一活动的有效工具。在尽可能准确地编制研究与开发费用预算之后,企业应根据研发预算来对生产阶段的资金拨付进行有效的监控。

【案例9-7】

富邦股份:研发投入强度5倍于A股上市公司均值[①]

舍得舍得,有舍才有得。在研发上舍得投入的企业,获得丰厚回报是大概率事件。

---

① 引自"富邦股份:研发投入强度5倍于A股上市公司均值",《新京报》,2014年6月23日,作者不详。

对湖北富邦科技股份有限公司(简称"富邦股份")来说,最新的一笔回报是,在A股重启IPO之际拿到一张宝贵的"入场券"。

创新是企业获得持续生命力的根本动力,而技术创新又是重中之重。企业要想获得长久的竞争力,注重研发是必然的选择。调查数据显示,A股上市公司研发投入强度(研发投入与同期公司营业收入的比值)不足1%;而身处化肥助剂这个小行业的富邦股份,2013年研发投入1 629万元,连续多年超过营业收入的5%。

富邦股份是一家利用新材料、新工艺、新技术服务现代农业的国家火炬计划重点高新技术企业。截至2013年年底,公司申请专利数量达94件,其中发明专利87件;获得授权专利39件,其中发明专利36件。公司产品均为专利产品,高新技术产品产值超过销售收入的80%,新型高效复合肥防结块剂、绿色高效肥料造粒助剂产品被列入国家重点新产品计划,中低品位胶磷矿高效捕收剂被列入国家火炬计划。

富邦股份的技术及研发人员占总人数的32%。公司对获得专利受理的技术人员每人奖励1 000元,专利获得授权后再奖励5 000元;专利技术应用并实现利润后,对专利研发的技术人员还有利润分成。

与此同时,富邦股份与中国地质大学(武汉)、华中农业大学、郑州大学、华南理工大学等高校建立了紧密的产学研合作关系,并建有院士工作站,进一步提高了公司的研发水平和创新能力。

有强大的研发能力撑腰,富邦股份的销售网络已遍布全国各地和马来西亚、菲律宾、印度尼西亚、越南等国,客户达260多家;与云天化、湖北宜化、兴发化工、鲁西化工、金正大、四川美丰、新都化工、华昌化工等约30家"中国化肥百强"企业建立了稳定的合作关系。

---

(2)无形资产验收内部控制

在无形资产确认之前,企业应当建立严格的无形资产交付使用验收制度,确保无形资产数量、质量等符合使用要求。企业外购的无形资产,应当根据合同协议、供应商发货单等对无形资产的品种、规格、数量、质量、技术要求及其他内容进行验收,出具验收单和验收报告;另外,需要取得无形资产所有权的有效证明文件。企业自行开发的无形资产,应当由研发部门、无形资产管理部门、使用部门共同填制无形资产移交使用验收单,移交使用部门使用。

2. 无形资产使用与保护控制

(1)无形资产的使用内部控制

企业应当加强对无形资产的日常管理,授权具体部门或者人员负责无形资产的日常使用和保全管理,保证无形资产的安全与完整。企业应当根据国家及行业有关要求和自身经营管理需要,确定无形资产分类标准和管理要求,并制定和实施无形资产目录制度。企业应当根据国家有关规定,结合企业实际,确定无形资产摊销范围、摊销年限、摊销方法等。摊销方法一经确定,不得随意变更;确需变更的,应当按照规定程序审批。

（2）无形资产的保护内部控制

企业应根据无形资产性质确定无形资产保全范围和政策,保全范围和政策应足以应对无形资产因各种情况而发生损失的风险。企业应限制未经授权人员直接接触技术资料等无形资产;对技术资料等无形资产的保管及接触应保有记录;对重要无形资产应及时申请保护。

企业应定期或者至少在每年年末由无形资产管理部门和财务部门共同对无形资产进行检查、分析,预计其给企业带来未来经济利益的能力。检查分析应该包括定期核对无形资产明细账与总账,并对差异及时分析与调整。

【案例9-8】

"王老吉"商标之争给企业品牌战略带来的启示[①]

中国第一商标案"王老吉"红绿之争终于尘埃落定。"王老吉"商标争议,最主要的是对现有《商标法》中关于使用者保护的制度提出了挑战,它可能拉开"使用者利益保护"讨论的序幕。那么,透过这场红绿之争,给我们国内企业带来哪些启示呢?

启示一:商标还是自己的好

"王老吉"商标争议的背后在于商标的价值,争议的根源在于"王老吉"的商标使用权。加多宝不管如何向社会表达悲情和不甘,把王老吉商标从默默无闻做到年销售收入160亿元,它只是取得了"王老吉"的商标使用权,这是铁一般的事实。商标的所有权在广药集团方,即使加多宝拥有"王老吉"在港台及海外的商标注册权,但在内地也必须要依照我国的《商标法》。在使用期限届满后,作为商标权的所有方广药集团当然有权收回"王老吉"商标。

启示二:从商标到品牌,需要经营

销售额由2002年的1亿元跃至2003年的3亿元,由区域饮品跃升为全国性品牌。在加多宝租赁之前,即2003年以前,"王老吉"只是一个区域性品牌,在广东、浙南地区有比较固定的消费群,销售额连续几年维持在1亿元左右。而在加多宝经营之后,2008年,红罐"王老吉"一举突破120亿元大关;2009年和2010年,"王老吉"销量则维持在140亿元上下,无可争议地成为"中国饮料第一品牌"。广药集团评估上千亿元的"王老吉"的品牌价值完全是加多宝公司塑造和运营的,是加多宝成就了"王老吉"品牌的含金量。

启示三:商标的价值无法估量

商标是一种商业符号,而品牌价值是与生产经营者的运作能力(譬如广告投入、销售营运等投入)分不开的,品牌不仅是企业做出来的,更有消费者情感上的认同。所以,商标产生之初并没有价值,而是在使用中不断累积商誉才逐渐产生价值。可以说,商标的

---

① 引自查钢,"'王老吉'商标之争给企业品牌战略带来的启示",全球品牌网(http://www.globrand.com),2012年10月16日。

价值是市场赋予的,一个好的商标往往会撬动一个大市场。2010年11月,广药集团启动"王老吉"商标评估程序,"王老吉"品牌价值被评估为1 080.15亿元。

启示四:商标权的市场化

中央电视台品牌顾问、著名品牌战略专家李光斗曾说,企业最宝贵的资产不是土地、厂房、设备,而是品牌。商标是品牌的命根子。商标权是一种无形资产,具有经济价值,可以用于抵债,即依法转让。在国内有许多老字号品牌,时下都面临"王老吉"一样的状况,在经营不善、生存困难的现实下,为了盘活这些具有历史文化价值的老字号,不使之在市场流失,是不是可以借鉴加多宝公司的这种出租品牌的模式呢?当然要特别指出的是,商标是企业的无形资产,体现了企业的生存价值,企业对自有品牌的培育及保护至关重要,租赁别人的品牌也要慎之又慎,使用者与受益者双方的利益要确实得到保证。

启示五:商标的授权之道

如何完善使用者保护制度,平衡商标所有者与商标使用者的利益关系,打造商标许可使用的良性运行模式,这是国内企业的一个难题。一方面,国内企业不会授权,王老吉的租赁合同就存在很大的漏洞,甚至还出现受贿协议;另一方面,国内企业的商标维权意识淡薄,在外企的市场扩张下,我们很多的民族商标(如活力28、天府可乐、奥妮等)就是这样与消费者渐行渐远,直到消失。这次的"王老吉"商标之争让国内企业清醒了不少,一些企业多年来对自身品牌的价值并不重视,特别是对于一些老字号商标,甚至是对于非物质遗产,只要有利润,就廉价转让,等别人把品牌做大了,又后悔眼红。从美国和欧洲等国家和地区的情况看,很多企业为了保护自己的利益,都会把商标的使用费和企业的经营状况挂钩,而不是一锤子买卖。这对于双方的利益平衡是有好处的。

---

(3) 无形资产审计内部控制

无形资产审计一般由企业内部审计机构执行,对于工作量大、专业性强的重大无形资产审计项目,企业审计部门可以委托外部专业审计机构或者中介机构进行单独审计或者联合审计。企业无形资产审计主要包括:

① 无形资产财务审计。它是对被审计单位与无形资产有关的财务收支以及有关的经济活动的真实性、合法性进行监督和评价的活动,包括无形资产交易审计、无形资产会计系统审计、无形资产投入审计、无形资产取得审计、无形资产摊销审计、无形资产处置审计、无形资产信息披露审计等内容。

② 无形资产专项审计。它是指企业内部审计部门开展的无形资产内部控制评审、重要无形资产合同审计、针对某项无形资产业务的专门审计等。

③ 任期经济责任审计中的无形资产审计。在内部审计部门进行任期经济责任审计时,在一般的审计范围内,增加对无形资产有关经济活动和经济责任的审计内容。在审计中,既要对无形资产有关的财务活动的真实性、合法性进行审查,也要对无形资产经营目标的实现情况和有关经济责任的履行情况进行评价。

3. 无形资产处置控制

企业应区分无形资产不同的处置方式,并采取相应的控制措施。

对使用期满、正常报废的无形资产,应由无形资产的使用部门或者管理部门填制无形资产报废单,经企业授权部门或人员批准后对该无形资产进行报废清理。

对使用期未满、非正常报废的无形资产,应由无形资产使用部门提出报废申请,注明报废理由、估计清理费用和可回收残值、预计出售价值等;企业应组织有关部门进行技术鉴定,按规定程序进行报废清理。

对拟出售或投资转出的无形资产,应由有关部门或人员提出处置申请,列明该项无形资产的原价、已计摊销、预计使用年限、已使用年限、预计出售价格或转让价格,报经企业授权部门或人员批准后予以出售或转让。

如果企业出租或出借无形资产,应由无形资产管理部门会同财务部门按规定报经批准后予以办理,并签订合同协议;对无形资产出租、出借期间所发生的维护保全、税赋责任、租金、归还期限等相关事项应约定清楚。

无形资产处置价格应当选择合理的方式,报经企业授权部门或人员审批后确定。对于重大的无形资产处置,企业应当委托具有资质的中介机构进行评估,以便为企业确定合理的处置价格提供参考依据。对于重大无形资产的处置,应当采取集体合议审批制度,并建立集体审批激励机制,防止因某位主要经营者的决策失误,造成企业无形资产价值的损失。

无形资产处置活动结束后,企业还需关注三个关键控制点:

① 企业无形资产处置部门应提交报告,反馈无形资产处置的情况,分析无形资产处置过程中存在的问题,并提出改进措施。

② 企业财务部门应根据无形资产处置报告,对无形资产交易进行审核和确认,并调整相应的会计记录,作出相应的披露。

③ 企业内部审计部门应对无形资产的处置进行审计,审核无形资产处置的合规性与效益性,并提出相应的管理建议。

【案例9-9】

三星与苹果:专利之争 难解难分[①]

常言道,不是冤家不聚头。近两年多时间里,旷日持久、几乎遍布全球的相互诉讼,动辄数亿美元的罚款,纠缠不休的争执,都使得韩国三星电子有限公司(简称"三星公司")与美国苹果公司(简称"苹果公司")的专利诉讼堪称"世纪大战"。

三星公司与苹果公司,无论是在专利纠纷上,还是在市场竞争上,都是业界的佼佼者。否则,不在一个水平上的较量恐怕早已不是今天的局面,更不用说是数年之久的纷争了。

注重知识产权的创造,是三星公司业绩增长迅速的奥秘之一。三星公司不断扩充研

---

① 节选自赵建国,"三星与苹果:专利之争 难解难分",《知识产权报》,2013年12月18日。

发队伍,至今,分布在全球的研发人员总数已超过5万人;同时,其每年投入的研发经费就超过了18亿美元,研发经费占总营收比重不断攀升,相继超越诸多历史更为悠久的跨国公司,并于2007年起连续蝉联美国专利排行榜亚军,排名仅次于已经连续18年雄踞美国专利排行榜榜首的IBM公司;至今,三星公司已在全球拥有近6万件专利。2012年,三星公司在美国获得了5 081件专利,是苹果公司同期的近5倍;同年,苹果公司在美国获得了1 135件专利,排名第22位。

在电子产品的专利运用上,三星公司也在不断创新。三星新一代智能手机Galaxy S3被称为是"第一款完全由律师设计的智能手机",它避开了几乎所有可能与苹果公司产品"犯冲"的元素,不再拥有统一圆角的完美矩形,屏幕两侧的边框大小也不相等;此外,三星公司还放弃了早期版本中色彩缤纷的方形图标,并去掉了固定的应用托盘。如此一来,任何人都不会把三星Galaxy 10.1平板电脑错看成苹果平板电脑iPad了。有关人士认为,这或许是诉讼带来的创新及改变。

而同样以创新取胜的苹果公司,其知识产权竞争优势的获取,离不开持续地技术创新,但是苹果公司能够取得今天如此巨大的成就,并不只是有发明专利,也有外观设计专利,注重打造用户外观设计新体验。如今,几乎每家企业都明白,专利是企业的核心竞争力。

作为世界上最具有创新精神的企业之一,苹果公司始终认为,不仅专利的数量重要,专利的质量更重要,而如何利用这些专利来改变人们的生活才最重要。在苹果公司新提交的一系列专利申请中,语音、指纹、面容识别等先进技术令人耳目一新。苹果公司确立的目标,就是使每一款产品都可以被称为艺术品,每一款产品都是科技与艺术的完美结合。

注重专利储备与布局,是苹果公司的专利策略。苹果公司新提交的手机裸眼3D成像技术、万能遥控机等多件新奇的专利申请,或许不会马上被应用到苹果公司的产品中,但却丰富了苹果公司的"专利弹药库"。苹果公司在专利布局上的缜密并非没有原因,因为从创立之初,苹果公司就没有在专利争夺战中停下过脚步。

【综合案例】

华为的高速发展与无形资产管理[①]

华为技术有限公司(简称"华为")作为中国新兴的民营企业,在短短的二十几年飞速发展的同时,进入国际供应链,依靠无形资产的创造和管理,形成可持续发展的核心竞争力。华为的成长发展与国内经济的发展环境密切相关,其国际化经营受到国际市场的

---

① 袁娟、郑晓静,"华为的知识资产管理能力建设",《人力资源管理》,2010(10)。

挑战,在各种经营环境因素的影响下,华为的无形资产管理能力成为其核心竞争力。

拥有了无形资产,并不意味着直接拥有了无形资产创造的巨大生产力。无形资产真正成为华为发展的巨大动力,关键在于华为具有无形资产管理能力。华为的无形资产管理能力集中体现在无形资产战略、无形资产创造、产权保护、无形资产转化、无形资产管理等方面,而企业领袖的领导力、人力资源管理与开发、企业文化等则是华为培养无形资产管理能力的强有力支撑。

面对国内外的经营环境,为了取得在市场竞争中的主动权,华为的领导者对市场进行冷静分析,选择把无形资产管理作为国际化经营及持续发展的驱动力。学习、遵守、运营国际无形资产管理规则,与无形资产所有人建立良好的协商机制和交叉许可机制;同时从研发流程上着手,从项目追踪、分析、立项,一直到项目实施、比较、后期管理,都有一整套完善的制度;采取务实的态度进行自主研发,投入大量资金来吸纳培养大批专业技术人才从事技术创新。

华为具有明确的无形资产管理战略,其无形资产管理目标是"发展拥有自主产权的、世界领先的电子和信息技术支撑体系"。华为建立了比较完善的无形资产管理体系。在组织机构方面,设立无形资产部门,在无形资产部门之下设专门的专利、商标、保密、科技情报、合同评审、对外合作、诉讼事务管理部门。无形资产部门全面负责制定和实施公司无形资产管理战略;制定并组织实施专利、商标规划、管理制度和业务流程;负责专利的国内国际申请、维护、分析;参与处理公司研发系统的合同评审与涉及无形资产的谈判和诉讼处理。

在人才配置和人才培养方面,华为为每个部门配备高素质的无形资产管理专业人才,定期对企业员工进行相关的教育培养;在工作中,华为组织无形资产管理工作人员参加专利局或其他机构组织的培训,与其他企业进行经验交流;针对工作中出现的问题,邀请知名律师、专利审查员、专利商标代理人到公司作专题讲座。此外,华为充分利用信息机构的优势,为公司研究开发提供便利。

在管理流程方面,华为将无形资产管理纳入公司的业务流程,建立规范有效的无形资产管理制度,实行规范化管理。华为在公司规范化管理中和制定 ISO 9000 各种流程时,把无形资产管理环节加入进去,在不同的阶段,有不同的侧重点,使得整个无形资产管理工作渗透到研究、开发、生产、销售、服务等全过程。一方面确定无形资产保护网,另一方面加强对无形资产的利用,防止侵权。

在交流合作方面,华为重视加强无形资产管理的交流和合作,形成了多方面、多层次、立体的无形资产管理网络。在公司内部,无形资产部门与其他部门联合成立领导小组,建立联系工作制度,加强无形资产管理人员和技术研发人员之间的沟通和联系,帮助无形资产管理人员了解各个开发项目的进展、开发人员的需求等。

在对外交流方面,华为的无形资产工作者需要经常参加国内外组织的各种研讨会、培训,了解公司和竞争对手在通信技术方面的最新进展;华为的员工拥有海外工作的机会,公司利用海外资源对国内的软件开发人员进行技术培训,增加外派员工的技术能力,促进与外方的技术交流。

思考题：

1. 您认可无形资产管理是支撑华为高速发展的关键要素的观点吗？
2. 结合本案例分析无形资产管理过程中需要控制哪些主要风险。
3. 试评价华为无形资产管理的可取之处。

第 10 章 担保业务内部控制

【篇首语】

担保业务能为企业进行方便、快捷的融资活动提供积极有效的作用,因而被企业广泛接受并作为一项正常的经营手段来使用;但同时,担保业务也是一项高风险的经济活动。近年,许多企业屡屡发生违规担保事件,在财力、人力及信誉等方面都受到了严重损害。本章将在介绍担保业务的流程划分和职责分工的基础上,具体分析各流程的主要风险,并详细阐述担保业务内部控制的思路。

【引导案例】

谁制造了杭州担保圈危机[①]

在经济增速下行时,隐藏的潜在矛盾或问题往往会逐渐浮出水面。2011年,我国经济问题中比较突出的是小微企业和民间借贷;而仅仅在一年之后的2012年,又一个牵涉面广的问题——"担保圈危机"正愈演愈烈,这场"担保圈危机"的中心在杭州。

浙江信贷市场曾经坚不可摧的互保、联保网络,正遭受巨大的考验,因互保、联保链上的个别企业资产被冻结或现金不流畅,致使众多企业受到拖累。杭州市家具商会一份统计资料显示,仅仅是在家具行业,担保圈所涉及的企业就有100多家,债务金额超过100亿元。

而把众多企业捆绑在一起的,正是互保、联保等担保贷款方式。有媒体报道,杭州某银行绘制了一张互保圈信贷关系图,通过43家集团公司,将包括天煜建设、浙江中江等几家"出事"的企业串联了起来,"约涉及法人单位600—700家,资金数百亿元"。不过,如果是正常情况下的担保,"担保圈危机"也不会如此之大。当互保、联保成为一种创新的贷款方式时,不少企业开始极尽可能地利用这一"创新",放大自身信用倍数,并由此形成环环相扣的"担保圈"。比如有企业主就说,一家资产上5 000万元的企业,至少有3家以上的担保企业,多的甚至超过10家。这样的"放大"冲动,在上市公司的公开资料中可见一斑。比如,早在2002年就曾发生问题的"深圳担保圈",涉及金额超过20亿元;"浙江担保圈"中有12家上市公司,涉及50多笔担保。从单家公司看,2011年9月初,上市公司ST海龙对外担保额高达31亿元,是其净资产的3倍多。

那么,究竟是什么导致了这样的一个"担保怪圈"?是互保?是联保?还是担保本身?其实这些都不是主要问题,问题的关键在于过度担保,在于超过自身能力的担保。财务上有个专业术语叫做"或有负债",指的是企业在过去的交易中,由于约定或承诺而形成的潜在负债,发生不发生要看未来事情的进展。对外担保就是企业中比较常见的或有负债,承担这样的或有负债需要与企业的自身实力相匹配,否则,就意味着较大的财务风险。数据显示,浙江省内2012年5月份以来发生风险的企业中,有60%是缘于为其他

---

① 引自赵洋,"谁制造了杭州担保圈危机",《金融时报》,2012年7月21日。

企业提供担保,而浙江全省企业贷款近40%为互保贷款,这也就形成了金融市场中环环相扣的风险"传染",这也是金融市场中最大的风险。

那么,担保业务应该怎样划分职责?担保业务应该如何进行操作?怎样的操作是合法、合理、合规的?担保业务中可能存在哪些风险?又该怎样进行应对?本章将针对以上问题对担保业务进行介绍和分析。

10.1　流程划分与职责分工

根据《企业内部控制应用指引第12号——担保业务》中规定的担保定义,本章阐述的担保业务是指企业作为担保人,按照公平、自愿、互利的原则与债权人约定,当债务人不履行债务时,依照法律规定和合同协议承担相应法律责任的行为,不包含担保公司的担保业务及按揭销售中涉及的担保等具有日常经营性质的担保行为。担保的方式包括一般担保、抵押和质押、连带责任担保等。担保业务作为一项或有负债关系到企业的生死存亡与经营发展。

10.1.1　担保业务的流程划分

担保业务的环节主要可以分为三大类:担保业务立项管理、担保业务执行管理和担保业务后评估管理。图10-1列示了担保业务的具体流程。

10.1.2　担保业务的职责分工

《企业内部控制应用指引第12号——担保业务》中第五条明确规定:"企业应当指定相关部门负责办理担保业务,对担保申请人进行资信调查和风险评估,评估结果应出具书面报告。企业也可委托中介机构对担保业务进行资信调查和风险评估工作。"一般而言,一个完整的担保业务涉及财务部门、法律事务部门、董事会办公室及内部审计部门,这些部门相互牵制、相互监督,为有效防范担保业务风险共同合作。

财务部门是对外担保的日常管理部门;法律事务部门对担保业务可能涉及的法律问题进行严格把关,是对外担保的法律审核部门;董事会作为股东代表,是公司的执行机构,对内掌管公司事务、对外代表公司进行经营决策,是对外担保的信息披露责任部门;内部审计部门是外担保的监督部门。各部门职责分工如表10-1所示。

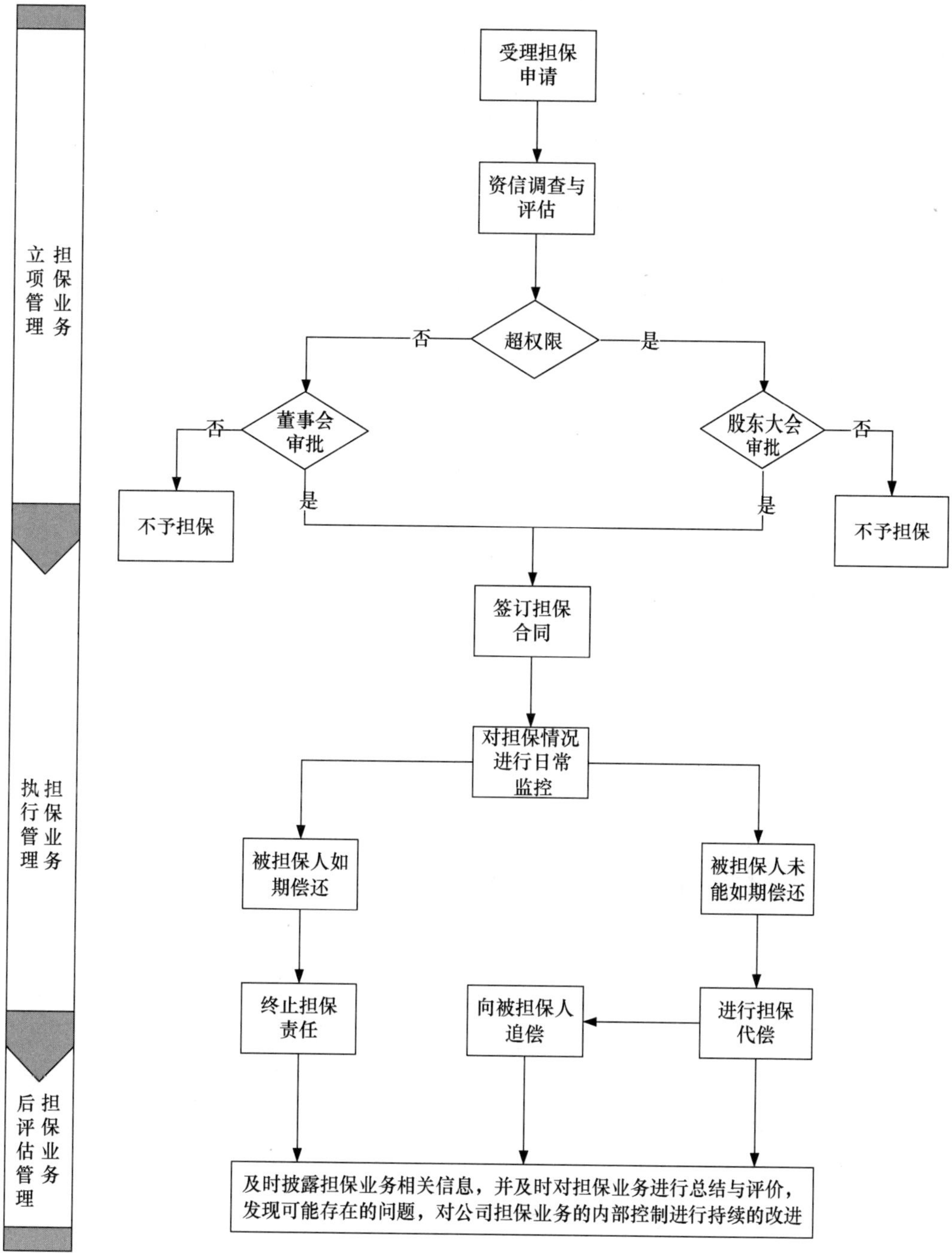

```
                    ┌──────────┐
                    │ 受理担保 │
                    │   申请   │
                    └────┬─────┘
                         ▼
                    ┌──────────┐
          担        │ 资信调查 │
      立  保        │  与评估  │
      项  业        └────┬─────┘
      管  务             ▼
      理            ╱─────────╲
               否  ╱  超权限   ╲  是
          ┌───────╲            ╱───────┐
          ▼        ╲──────────╱        ▼
      ╱───────╲                    ╱───────╲
  否 ╱ 董事会  ╲                  ╱ 股东大会╲ 否
  ┌──╲  审批  ╱                   ╲  审批  ╱──┐
  ▼   ╲──────╱                     ╲──────╱   ▼
┌────────┐  │是                   是│  ┌────────┐
│ 不予担保│  │                       │  │ 不予担保│
└────────┘  │                       │  └────────┘
            └───────────┬───────────┘
                        ▼
                   ┌──────────┐
                   │ 签订担保 │
                   │   合同   │
                   └────┬─────┘
                        ▼
                   ┌──────────┐
          担       │ 对担保情况│
      执  保       │ 进行日常 │
      行  业       │   监控   │
      管  务       └────┬─────┘
      理          ┌─────┴─────┐
                  ▼           ▼
            ┌─────────┐  ┌─────────┐
            │被担保人如│  │被担保人未│
            │ 期偿还  │  │能如期偿还│
            └────┬────┘  └────┬────┘
                 ▼             ▼
            ┌─────────┐  ┌─────────┐  ┌─────────┐
            │ 终止担保│  │向被担保人│◄─│进行担保 │
            │  责任  │  │   追偿   │  │  代偿   │
            └────┬────┘  └────┬────┘  └─────────┘
                 │            │
          后  担 │            │
          评  保 ▼            ▼
          估  业 ┌──────────────────────────────────┐
          管  务 │及时披露担保业务相关信息，并及时对担保业务进行总结与评价，│
          理    │发现可能存在的问题，对公司担保业务的内部控制进行持续的改进│
                └──────────────────────────────────┘
```

图 10-1　担保业务流程

表 10-1　各部门的主要职责

部门	主要职责
财务部门	（1）受理被担保人的担保申请，审核被担保人担保申请的真实性、必要性和合规性； （2）对被担保人进行资信调查和风险评估，形成调查评估报告； （3）具体办理相关合同文本的签署、抵押、质押及反担保手续； （4）及时向公司董事会秘书、审计机构如实提供公司对外担保事项； （5）按照监管部门的要求及企业会计准则对担保业务进行会计处理； （6）在对外担保之后，做好对被担保单位的跟踪、检查、监督工作，及时了解被担保单位的偿债能力； （7）被担保单位未能履约时，对债权人的债权主张进行核实和偿付，同时开展对被担保单位的追偿； （8）担保文件的归档管理工作。
法律事务部门	（1）协同财务部门做好对被担保人的资信调查和风险评估工作； （2）审核担保合同内容与条款，确保合同内容的完整、真实、有效，发现合同条款可能存在的法律风险； （3）组织相关人员参与签订担保合同； （4）按规定使用和保管公司合同专用章； （5）负责处理与担保有关的法律纠纷、诉讼； （6）企业承担担保责任后，负责协助财务部门处理对被担保单位的追偿事宜； （7）协助内部审计部门建立和完善企业担保业务的内部控制制度。
董事会办公室	（1）起草对外担保的董事会或股东大会议案，提交董事会或股东大会审议； （2）办理对外担保事项的披露公告事宜。
内部审计部门	（1）建立与完善企业担保业务的内部控制制度； （2）对担保业务管理和控制的健全性和有效性进行评价和监督。

10.2　担保业务立项控制

担保业务立项控制是企业控制担保风险的关键阶段，调查评估人员应当深入彻底地调查担保申请人的资信状况，全面科学地评估担保项目存在的风险，作出合理判断，从源头上控制担保风险；企业还应当严格规范担保审批程序，避免越权审批或审批不严现象的发生，将不符合企业担保政策的担保申请拒之门外，防止后续风险的发生。

10.2.1　担保业务受理申请控制

企业财务部门应当树立风险第一的原则，谨慎受理担保申请，这样才能确保受理的担保申请资料真实、完整、合法，确保担保项目符合国家法律法规和企业的担保政策，将后续的担保风险提前拒之门外，从源头上控制担保风险。

1. 担保业务受理申请的风险分析

担保业务受理申请阶段主要存在以下风险:

(1) 担保申请审查把关不严,产生"误受"风险。受理人员对担保申请审查不严,很可能导致受理的担保对象不属于企业规定的范围,受理的担保项目不符合企业的担保政策,受理的担保金额超过企业限定的范围,受理的担保申请不符合企业的担保政策。

【案例 10-1】

锦化化工违规担保①

锦化化工集团氯碱股份有限公司(简称"锦化化工")于 2009 年 2 月 11 日为葫芦岛华天实业有限公司提供了 5 500 万元的借款担保;但由于该担保未经股东大会审批,属违规担保。另外,公司一直未对被担保人的经营情况、财务状况进行监督,直至 2010 年 4 月 9 日才发布公告称这笔担保已经逾期。而此时,被担保人已被法院裁定进入破产清算程序,公司将为 5 500 万元的贷款承担连带保证责任。

此案例中,正是因为锦化化工的担保审查工作存在重大疏漏,担保审查内控不完善,未对担保申请人的财务状况及偿债能力进行有效的调查评估,在华天实业有限公司的资产负债率已达到 81.09% 时还为其提供保证担保,最终导致公司承担了巨额的担保连带责任,给公司的正常经营带来了巨大的风险。

(2) 担保申请资料不完整、不合法。担保申请人除了提交担保申请书之外,还需提交企业基本资料,近三年的财务报告及还款能力分析,与借款有关的主合同的复印件,担保申请人提供反担保的条件和相关资料等重要文件资料。若受理人员未审查这些文件和资料的真实性、合法性、有效性和完整性,很可能出现担保申请人提供的资信资料和其他材料不完备甚至虚假的情况;或未能发现被担保方与反担保方、债权人存在恶意串通的情况,骗取企业提供担保,给企业带来重大损失。

【案例 10-2】

"东郭先生"吞苦果②

实力雄厚的某联合公司的法定代表人蔡某至今仍在为自己的老实受骗而痛苦万分。

---

① 巨潮资讯网,"锦化化工集团氯碱股份有限公司关于公司对外担保逾期进展情况的公告"。http://www.cninfo.com.cn/finalpage/2010-04-09/57788774
② 朱荣恩、李亚茹,《筹资与担保控制实务与案例分析》,北京:经济科学出版社,2007 年版。

"只是履行一下形式而已",这就是原上海某实业总公司的法定代表人张某给蔡某吃下的"空心汤圆"。张某为了向银行申请贷款,找到了熟人蔡某,提出请联合公司为他们担保,而老实仗义的蔡某爽快地在张某带来的格式担保合同上签字并加盖公章。银行向实业公司发放贷款700万元。张某将这笔钱投进了期货市场,最后全部亏损。无法还钱,张某又向蔡某提出继续担保,蔡某又签下了担保书。银行以借新还旧的方法,重新发放了750万元贷款,将其中的700万元偿还旧贷款。直到贷款期满,张某还是还不了750万元的借款,银行将实业公司和担保方联合公司告上了法院,这时的实业公司已关门,张某也下落不明。因联合公司担保了贷款的归还,法院依法判联合公司对实业公司的750万元借款承担连带清偿责任。联合公司觉得很冤枉,但法律无情。

该案例中体现的担保陷阱让不少"东郭先生"尝尽苦果。这里除了实业公司为联合公司设下的"骗局"之外,也暴露了联合公司自己的问题。在实业公司的第一笔贷款未能偿还的情况下,联合公司居然还一再为其持续提供担保,这种没有任何控制的担保导致联合公司付出了惨痛的代价。正如《企业内部控制应用指引第12号——担保业务》中规定的一样,在担保申请人出现以下情形之一的,就应该审慎提供担保,甚至拒绝担保,以避免自身利益受到严重损害:① 担保项目不符合国家法律法规和本企业担保政策的;② 已进入重组、托管、兼并或破产清算程序的;③ 财务状况恶化、资不抵债、管理混乱、经营风险较大的;④ 与其他企业存在较大经济纠纷,面临法律诉讼且可能承担较大赔偿责任的;⑤ 与本企业已经发生过担保纠纷且仍未妥善解决的,或不能及时足额交纳担保费用的。

2. 担保业务受理申请内控设计

企业应依法制定和完善担保业务政策及相关管理制度,明确担保的对象、范围、方式、条件、程序、担保限额和禁止担保等事项,规范与担保业务相关的工作流程,以便更好地引导经办人员参与担保业务,切实防范担保业务风险。

(1) 担保申请运作流程

当财务部门接到担保申请人提出的担保申请时,担保业务受理人员应重点审核该担保申请涉及的担保项目是否符合国家法律法规和企业的担保政策。若符合,受理人员则需要全面收集担保申请人的相关资料与信息,应当要求担保申请人提供完整齐全的资料,包括担保申请书、担保申请人的基本资料(包括营业执照、企业章程复印件、法定代表人身份证明、本企业关联关系的资料等基础性资料)、近三年经审计的财务报告及还款能力分析、与借款有关的主合同的复印件、担保申请人提供反担保的条件和相关资料等重要文件资料,并严格审查这些文件资料的真实性、合法性、有效性,以及是否完整齐全。

(2) 担保申请的审核

担保业务受理人员应根据企业的担保政策及相关管理制度对担保申请进行审核,可以从以下三个标准进行审核:

① 担保申请人是否属于可以提供担保的对象。对于与本企业存在密切业务联系需要互保的企业,与本企业有现实或潜在重要业务关系的企业,本企业的子公司及具有控

制关系的其他企业等,可以考虑受理申请;若担保申请人不属于规定的对象,则必须十分谨慎考虑是否接受申请。

② 对担保申请人的整体实力、经营状况、财务状况进行全面审核。如果担保申请人实力较强、经营良好、恪守信用,可以考虑接受申请,反之不应受理。

③ 担保申请人申请资料的完备情况。如果资料完备、情况详实,可考虑予以受理,反之不予受理。

若担保申请符合上述三项标准,受理人员则须将该担保申请提交财务部门经理审核;若审核通过,再将相关资料转交给调查评估人员,由其负责对担保申请人进行资信调查与风险评估,从而进入调查评估阶段。

(3) 担保申请风险控制点

受理担保申请是办理担保业务的第一步,也是控制活动的起点。该阶段针对之前提出的风险,需关注两个关键控制点:

① 依法制定和完善担保业务政策和相关管理制度,受理人员应严格审核担保申请对象,确保担保对象属于企业规定的范围,担保金额在企业限定的范围内,受理担保评判标准具有一致性。如果担保项目不符合国家法律法规和本企业担保政策,受理人员应当拒绝受理该担保申请,做到从源头上控制担保风险。

② 受理人员应严格审核担保申请资料的完整性、合法性、条件性;对担保申请人基本资料的真实性、合法性进行确认,确保受理的担保申请人具备独立法人资格;并对担保申请人所提供的财务报表进行审核,确认财务报表是否由会计师事务所出具了审计报告,是否是无保留意见报告;应重点审查与借款有关的主合同,确认其是否真实有效;涉及抵押或质押反担保,受理人员还应对反担保措施的合法性、合规性进行审核,确保抵押物或质押物的权属不存在"瑕疵",符合《担保法》和有关法律法规。如果审查担保申请资料存在不完整的情况,受理人员应当要求担保申请人补充需提供的资料,确保申请资料的完整性;若发现担保申请资料存在虚假信息,应拒绝受理该担保申请。

10.2.2 担保业务调查评估控制

调查评估管理是担保业务中不可或缺的重要环节,调查评估结果在一定程度上影响甚至决定担保业务的未来走向。调查评估人员只有对担保申请人的资信状况进行深入彻底的调查,以及对担保项目存在的风险进行全面科学的评估,才能确保调查评估报告客观、公正、真实地反映担保申请人的资信状况和担保风险,为企业决策层提供充分有效的信息。

1. 担保业务调查评估风险分析

调查评估阶段主要存在以下风险:

(1) 对担保申请人的资信调查不深入、不透彻。对担保申请人基本情况的了解不彻底,可能导致企业受理提供虚假信息的、不具独立法人资格的担保申请人;对申请人经营状况的分析不够全面客观,则可能导致企业对其债务履约能力的判断失误;对申请人财务状况的分析调查不充分,则会因财务信息不实而不能反映出担保申请人的真实资信情况,可能导致企业担保决策失误或遭受欺诈。综上所述,为了能向企业决策层提供充分有效的担保决策信息,调查评估人员应对担保申请人的资信状况进行深入彻底的调查。

(2) 对担保项目的风险评估不全面、不科学。全面科学的风险评估报告是为企业决策层提供有效信息的基本保证。若对担保项目存在的风险未进行评估或评估不全面、不科学,就很可能低估担保项目存在的潜在风险,使企业对担保业务持过于乐观的态度,导致决策失误或疏于管理监督,最终给企业带来严重的损失。

(3) 涉及反担保时,未对与反担保有关的资产状况进行调查评估。《担保法》第四条规定:"第三人为债务人向债权人提供担保时,可以要求债务人提供反担保。"企业为降低或规避担保风险,可要求担保申请人提供反担保,调查评估人员应对与反担保有关的资产状况进行调查评估。在调查评估过程中,调查评估人员必须重点关注担保申请人提供的反担保资产价值是否与企业担保的数额相对应,以免导致担保财产为法律禁止或限制财产等情况的发生。

【案例 10-3】

尚德电力疑卷入子公司反担保骗局[①]

2012 年以来看似没有太多风波的尚德电力,近期被卷入了一场骗局中。据尚德电力发布的文件称,环球太阳能基金(GSF)是一家由尚德电力为主要投资人的基金,并由管理公司(GSF Partner)全权管理,主要从事太阳能光伏电站开发、建设和运营的投资。GSF 已在意大利建成并网 145 兆瓦光伏电站,为确保项目建设的顺利进行,尚德电力为项目融资提供了担保;其后,GSF 的管理公司相关方 GSF Capital 为尚德电力提供账面价值为 5.6 亿欧元的德国债券作为"反担保"。

中国《担保法》第六十四条规定:"出质人和质权人应当以书面形式订立质押合同。质押合同自质物移交于质权人占有时生效。"但是,尚德电力并未办理相关质押手续。而当时宣称获得"反担保"的尚德电力,也并没有核查 GSF Capital 这笔价值 5.6 亿欧元的德国债券的真实性。经公司调查发现,这笔承诺用于其"反担保"的债权并不存在。尚德电力因这次反担保骗局陷入严重危机,公司股价从最高位约 90 美元/股"跳水"至最低位的 0.7 美元/股。尚德电力虽然采取了反担保措施,但由于未对与反担保措施有关的资产进行调查评估,并办理相关的质押手续,导致尚德电力陷入反担保骗局。

(4) 调查评估报告未形成规范的书面报告。调查评估人员在调查评估工作结束后,应当形成规范的书面报告,全面反映担保申请人的情况。其内容至少包括企业的基本情

[①] 刁倩、韩莹,"德尚电力疑卷入子公司 GSF 反担保骗局",中国金融信息网,2012 年 8 月 1 日。

况、经营情况、财务状况、借款需求、还款来源和合理性分析、反担保措施、主要存在的风险、风险防范措施以及结论等详细资料。调查评估人员未形成规范的书面报告,将不能向审批人员提供有效、完整、详细的资料,从而降低企业经营效率和效果。

2. 担保业务调查评估内控设计

财务部门负责对担保申请人进行资信调查和风险评估,出具书面报告形式的评估结果。

(1) 调查评估运作流程

当担保申请经财务部门经理审核通过后,调查评估人员负责对担保申请人的资信进行调查和风险评估。在选任调查评估人员时,企业应委派具备专业胜任能力的人员开展调查评估工作,调查评估人员不得与担保申请人存在关联关系,避免影响调查评估的独立性和公正性。

首先,调查评估人员根据担保申请人提供的完整资料,对担保申请人的资信情况进行全面、客观的调查评估,形成资信调查报告。调查评估人员可从财务因素与非财务因素两方面进行调查:

① 从财务因素方面进行调查。调查评估人员根据担保申请人提供的经会计师事务所审计的财务报告,对担保申请人的短期偿债能力、长期偿债能力、盈利能力、营运能力及可持续发展能力等五个方面进行分析,评估其财务风险和信用状况,并在合同履行过程中持续关注其资信变化。若有必要,可向担保申请人的商业往来客户、供应商和其他债权人发函询问担保申请人的资信情况,确保调查结果客观、公正。

② 从非财务因素方面进行调查。首先,调查评估人员应对担保申请人的基本情况(如注册资本、经营范围、股权结构、关联企业、分支机构、发展战略等)、行业情况(如竞争情况、营销模式、客户情况等)、资信情况(如近三年贷款记录、对外担保记录、诉讼记录、纳税记录等)、企业管理情况(如管理层的关系及稳定性、管理人员的素质及经验、企业的内部控制情况等)等方面进行调查分析。

其次,根据对担保申请人的财务因素和非财务因素两方面的调查分析,形成规范的资信调查报告。

再次,在充分了解担保申请人的经营情况和财务状况的基础上,调查评估人员对申请担保的事项进行风险评估,对其经营前景和盈利能力进行合理预测,形成风险评估报告。风险评估报告体现的是企业对担保项目进行风险评估的结果。调查评估人员应知悉担保申请人借款用途的真实性和还款计划的可行性,确保受理的担保项目符合国家的法律法规,并准确判断担保申请人的偿债能力,降低企业担保风险。

最后,调查评估人员根据调查评估结果,结合《企业内部控制应用指引第 12 号——担保业务》明确规定的五类不予担保的情形,作出分析与判断,形成调查评估意见,提交财务部门经理审核。财务部门经理应将调查评估报告是否客观、公正,是否真实反映担保申请人的资信状况和担保风险作为审核重点。若审核通过,则进入担保业务审批阶段。

（2）调查评估风险控制点

为应对调查评估阶段的主要风险,需关注四个关键控制点:

① 调查评估人员应对担保申请人的资信状况进行深入、彻底的调查。调查评估人员应对担保申请人的经营情况进行客观、全面的分析,详细了解其生产经营基本情况、企业的发展前景、经营风险、市场营销、行业风险等,充分掌握其经营状况,准确判断其履约能力;应对担保申请人的财务状况进行深入的分析调查,详细了解其资产状况、偿债能力、盈利水平及信誉状况等,确保形成的资信调查结果真实反映担保申请人的资信情况,为企业决策层进行担保决策提供充分有效的信息。

② 调查评估人员应对担保项目的风险进行全面、科学的评估。调查评估人员应对担保申请人的还款意愿与还款能力进行全面的风险分析,知悉其借款用途的真实性和还款计划的可行性;应对担保项目的合规性进行全面的风险分析,对担保项目的经营前景进行合理预测,对担保项目进行科学评估,有效识别风险,并提出相应的风险防范措施。

③ 企业根据自身情况划定不予担保的"红线"。企业应根据《企业内部控制应用指引第12号——担保业务》明确规定的五类不予担保的情形,并结合自身实际,进一步充实、完善有关管理要求,引导调查评估人员提出合理、准确的评估意见,切实防范为"带病"企业提供担保。

④ 应形成规范的调查评估报告。调查评估人员在调查评估工作结束后,必须形成规范的书面报告并签字确认,以全面反映担保申请人的调查评估情况,为担保决策提供详细资料。另外,企业应当加强调查评估报告等档案的保管,在内控评估阶段可以作为追究有关人员担保责任的重要依据。

10.2.3 担保业务审批控制

担保业务的审批是担保业务能否进入实际执行阶段的必经之路,发挥着承上启下的作用,而董事会、股东大会作为权力机构承担着审批担保业务的重要职责。企业应当严格规范担保审批程序,避免越权审批或审批不严等现象的发生。

1. 担保业务审批风险分析

担保审批阶段主要存在以下风险:

（1）担保审批程序不规范。企业授权审批程序不规范,将出现对担保业务的审批不合规、不严格或越权审批等违规现象,导致担保决策出现重大的纰漏,加剧担保风险。此外,涉及公司为控股股东或其他关联方提供担保时,若审批人员与担保申请人存在关联关系,且未申请回避,可能会严重影响担保审批的公正性,导致关联担保控制失效,企业成为控股股东的"提款机",使企业陷入业绩危机,最终被控股股东掏空。

【案例 10-4】

亚星化学成为大股东的提款机①

2010年8月，亚星化学前任董事长以公司名义为亚星集团向深圳某公司的借款提供担保1亿元，担保期限为18个月，该项担保未经董事会及股东大会审议通过，也未进行信息披露。2012年4月，公司收到的《行政监管措施决定书》指出："2011年4月，亚星集团、深圳某公司及星兴联合化工（亚星集团持有其50%的股权）三方签订补充协议，约定亚星集团在2011年年底前偿还借款本息，星兴联合化工作为担保人为该笔借款承担担保义务，亚星集团将持有的星兴联合化工的股权质押给深圳某公司。但亚星集团迟迟未还9 300万元借款，亚星化学的担保责任尚未解除，且对上述事项未按规定进行披露。"

亚星化学未根据《关于规范上市公司对外担保行为的通知》的有关规定，在提供担保前经股东大会审议批准，并且一直未披露该项担保的审批信息，可以判定亚星化学为控股股东亚星集团提供的担保属于违规担保。由此导致亚星化学作为担保人，须对9 300万元借款本金中不能清偿部分的1/2向深圳某公司承担赔偿责任，对公司的日常经营、盈利以及企业信誉都造成严重影响。

（2）对担保申请及调查评估报告审查不严格，产生"误受"风险。若审批人员忽视对担保申请人的资信状况，担保项目的合规性、合理性，以及反担保的资产状况等重要因素的审核，将导致审批结果不当，审批通过那些具有重大风险、不应提供的担保业务，影响企业经营管理的合法合规、资产安全，违背企业的发展战略。

（3）独立董事未充分发挥其监督作用。根据《关于规范上市公司与关联方资金往来及上市公司对外担保若干问题的通知》规定："上市公司独立董事应在年度报告中，对上市公司累计和当期对外担保情况、执行上述规定情况进行专项说明，并发表独立意见。"独立董事从专业角度对具有较高风险的关联担保事项发表独立意见，可提高公司决策的独立性、客观性和专业性，对大股东通过关联担保侵占中小股东利益的行为有抵制作用。② 独立董事若未充分发挥其监督作用，未对那些严重损害公司及中小股东利益的关联担保事项发表独立意见，可能导致被控股股东控制的董事会违反规定给关联方提供担保，以致上市公司因超负荷担保而陷入债务危机，甚至被掏空。

---

① 陈艳利、郎清清，"关于集团内部控股股东资金侵占及监管"，《财务与会计》，2013（02）。
② 许慧，"股权结构、董事会与关联担保"，《经济与管理》，2009（06）。

【案例 10-5】

佛山电器照明公司受证监会处罚①

佛山电器照明股份有限公司(简称"佛山照明")于2013年3月6日收到中国证券监督管理委员会广东监管局下发的行政处罚决定书,该处罚决定书对存在公司信息披露违法违规行为的相关当事人——佛山照明等作出了行政处罚。经查,佛山照明控股子公司——青海佛照锂电正极材料有限公司于2010年为青海盐湖佛照蓝科锂业股份有限公司提供担保,涉及金额4000万元,未履行关联交易审议程序和披露义务,属违规担保,违反了相关的法律法规。

佛山照明于2012年8月29日发布了《佛山电器照明股份有限公司独立董事关于公司关联方资金占用和对外担保情况的独立意见》。这份公告称:"报告期内,公司不存在违规对外担保情形,也不存在为控股股东及其他关联方、任何非法人单位或个人提供担保的情况"。② 由此可见,佛山照明的独立董事严重失职,未履行其监督职责,维护中小股东的合法权益。

2. 担保业务审批内控设计

企业应当完善担保授权和审批制度,明确授权批准的方式、权限、程序、责任和相关控制措施。

(1) 担保业务审批流程

担保业务经办人员提出担保申请,并整理汇总担保申请人的担保申请书及调查评估报告,再提交财务部门经理审核,由财务部门经理向财务总监提出初审评估意见。财务总监根据企业财务状况和担保申请人的资信及偿债能力进行审核,向总经理提出担保事项报告。总经理再根据企业生产经营的需要,判断担保事项的必要性,经总经理办公会审议后,由董事会秘书负责起草对外担保的董事会或股东大会议案,提交董事会或股东大会审议。董事会在审议对外担保议案时,应当对担保的合规性、合理性、被担保方偿债能力及反担保措施的有效性等作出审慎判断,权衡比较本企业的净资产状况、担保限额与担保申请人提出的担保金额,确保将担保金额控制在企业规定的限额之内。若担保项目属于企业规定的重大担保项目,超出董事会的审议批准权限,还应当上报股东大会进行审议批准。例如,上市公司及其控股子公司的对外担保总额超过最近一期经审计净资产50%以后提供的任何担保;为资产负债率超过70%的担保对象提供的担保;单笔担保额超过最近一期经审计净资产10%的担保;等等。若该担保业务通过了董事会/股东大会审批,就可进入合同签订阶段;若未通过审批,则企业不得提供担保。

---

① 佛山电器照明股份有限公司,《关于收到中国证监会广东监管局行政处罚决定书的公告》,2013年3月6日。
② 巨潮资讯网,"佛山电器照明股份有限公司独立董事关于公司关联方资金占用和对外担保情况的独立意见",http://www.cninfo.com.cn/finalpage/2012-08-29/61497103

(2) 担保业务审批风险控制点

担保业务审批阶段需关注两个关键控制点:

① 企业应规范担保业务的审批程序。企业应当建立和完善担保授权审批制度,明确授权批准的方式、权限、程序、责任和相关控制措施,明确规定各层级人员的审批授权范围,防止越权审批;同时,企业应当根据《公司法》等国家法律法规,结合企业章程和有关管理制度,确立重大担保业务的判断标准、审批权限和程序。审批人员与担保申请人若存在关联关系,应当申请回避,确保担保审批的公正性。若被担保人要求变更担保事项,企业应当重新对担保申请进行调查评估,根据新的调查评估报告重新履行审批手续。

② 审批人员应认真审查担保申请及调查评估报告,确保审批依据充分、审批结果恰当。审批人员在审议对外担保议案时,必须对担保申请、调查评估报告、担保申请人的资信情况和偿债能力、担保项目的合规性和合理性,以及反担保措施的有效性进行审慎判断,同时权衡企业净资产状况、担保限额与待审议的担保金额,确保将担保金额控制在企业规定的限额之内。

10.3 担保业务执行控制

担保业务执行是企业控制担保风险的重要阶段,企业应加强担保合同的管理,才能确保合同签订程序规范,合同内容与条款合法、表述严谨;企业应持续跟踪被担保人的经营和财务状况,发现异常情况,及时采取措施应对,才能降低或规避担保风险;企业应及时按照担保合同承担清偿义务,才能维护企业的形象与声誉;当履行代偿义务后,企业应全力向被担保人追偿,才能最大限度地降低企业经济损失,维护企业的资产安全。

10.3.1 担保业务合同控制

担保业务合同管理是指在担保业务审批通过后,企业相关部门和人员参与合同订立、审核、签署、保管等环节的过程。

1. 担保业务合同管理风险分析

担保业务合同管理阶段主要存在以下风险:

(1) 未根据审核批准的担保业务订立担保合同。根据《企业内部控制应用指引第12号——担保业务》第十条的规定,"企业应当根据审核批准的担保业务订立担保合同",合同经办人员必须依照经审批通过的担保业务来拟定担保合同,合同审核人员应重点审查审批意见是否在合同初稿中体现。若不依照经审批的担保业务拟定担保合同内容与条款,担保业务可能出现管控漏洞与腐败、徇私舞弊的风险。

(2) 合同内容和条款存在"瑕疵",甚至存在重大疏漏和欺诈。担保合同审核不严,可能导致担保内容与条款不完整,表述不严谨、不准确,甚至存在重大疏漏和欺诈等严重问题。

（3）未经授权对外签订担保合同。企业法定代表人或授权代表应经董事会或股东大会批准后，才能对外签署担保合同，否则属于违规担保行为，可能使企业遭受法律诉讼，影响企业的形象和声誉，企业应当追究当事人的责任。

【案例10-6】

江苏琼花的授权违规担保①

2009年2月17日，深交所的一纸谴责公告，使江苏琼花成为市场关注的焦点。深交所的公告显示，自2006年3月起，时任董事于在青（江苏琼花实际控制人、原董事长）利用公司及控股子公司公章，违规为其本人、公司控股股东等关联方多次提供担保，累计违规提供担保13 792.5万元，占公司2008年6月30日经审计净资产的53.63%。为此，深交所对江苏琼花、其控股股东琼花集团及于在青本人给予公开谴责的处分，并公开认定于在青不适合担任上市公司董事、监事、高级管理人员。

该案例中，江苏琼花因董事长未经股东大会或董事会审批，直接为个人和关联方提供违规担保，并且隐瞒信息拒不披露，使得企业陷入多起法律诉讼，并使企业的资金和形象遭受重创。

（4）合同印章管理混乱。《合同法》第三十二条规定："当事人采用合同书形式订立合同的，自双方当事人签字或者盖章时合同成立。"担保合同作为企业的重大合同，一经盖章就意味着企业将为其所担保的项目承担担保责任。如果企业的印章管理混乱、制度不健全，有关人员基于私人利益可能非法利用或私刻合同印章，利用企业的名义对外签订担保合同，将严重损害企业和股东的合法利益。

2. 担保业务合同管理内控设计

担保合同管理过程的控制目标是确保合同的签订程序合规、内容合法、要件完备、语言表述准确严谨。

（1）担保业务合同管理程序

首先，财务部门应指定合同经办人员负责担保合同的起草。合同经办人员按照审批后的担保业务拟定合同草案后先提交财务部门经理审查，财务部经理应重点审查审批人员的批准意见是否在合同条款中体现；再转交至法律事务部门审查，其重点审查内容包括：被担保方是否具备独立法人资格及规定的资信；担保合同及反担保合同内容的合法性与完整性；担保合同是否与公司已承诺的其他合同、协议相冲突；相关文件的真实性；担保的债权范围、担保期限、担保方式等是否明确。各相关职能部门签署审查意见后，合同经办人员将合同上报，由财务总监、总经理、董事长在各自权限内审批。合同审批通过

---

① 曹中铭，"ST琼花恶意违规为哪般"，《董事会》，2009（04）。

后,合同经办人员根据合同批复意见修改合同草案,编制正式合同文本。经董事会或股东大会批准后,公司法定代表人或授权代表方可对外签署担保合同;未经董事会或股东大会决议通过并授权,任何人不得擅自代表公司签订担保合同。

其次,合同经办人员将签署后的正式合同文本送达法律事务部门加盖合同专用章,法律事务部门在盖章之前应当重点审查合同是否由企业法定代表人签署,若该合同是由法定代表人授权委托人签署的,还需提供书面授权委托书原件,方可加盖印章。由于担保合同属于重大合同,还应加盖骑缝章。盖章后,印章保管人必须登记合同专用章的使用,登记的基本内容包括合同编号、合同名称、经办人、审批人、签订时间、备注。

最后,合同经办人员要及时把签订的担保合同等担保资料传递给财务部门进行充分及时的记录。财务部门经理负责监控担保合同正本的回收,并及时将担保合同正本交由财务部门保存,做到规范担保合同记录、传递和保管,确保担保合同流转轨迹清晰完整、有案可查。担保合同一般一式四份,一份存档,一份转交受益人,一份交财务部门作为表外或表内登记的附件,一份交经办部门存查。

(2) 担保合同管理风险控制要点

为防范风险的发生,担保合同管理阶段需关注四个关键控制点:

① 重点审核担保审批意见是否在合同草案中体现。合同经办人员根据设计和批准的担保业务,拟定合同初稿后提交财务部门经理审核;财务部门应重点关注合同经办人员是否根据经审批通过的担保业务来拟定担保合同,确保审批意见在合同初稿中体现。未依照经审批的担保业务拟定的合同内容与条款,可能存在管控漏洞与腐败及徇私舞弊的风险。

② 充分发挥法律事务部门的合同审核作用。法律事务部门必须认真审核合同条款,确保担保合同条款内容完整、表述严谨准确、相关手续齐备。如果担保申请人同时向多方申请担保,法律事务部门应当审查担保合同是否明确约定本企业的担保份额和相应责任。充分发挥法律事务部门在担保合同审核过程中的作用,能有效增强担保合同的合法性、规范性、完备性,有效避免权利义务约定、合同文本表述等方面的疏漏。

③ 规范担保合同的签署程序。经董事会或股东大会批准后,公司法定代表人或授权代表才能对外签署担保合同;未经董事会或股东大会决议通过并授权,任何人不得擅自代表公司签订担保合同。

④ 规范印章的使用。企业应制定严格的合同印章管理制度,保证公章使用的合法性、严肃性和可靠性,杜绝违法行为,维护公司利益。担保合同经编号、审批,以及企业法定代表人或其授权的代理人签署后,方可加盖合同专用章。保管人应当记录合同专用章的使用情况以备查,如果发生合同印章遗失或被盗现象,应当立即报告公司负责人并采取妥善措施(如向公安机关报案、登报声明作废等),以最大限度地消除可能带来的负面影响。

10.3.2 担保业务日常监控控制

《企业内部控制应用指引第 12 号——担保业务》明确指出:"企业担保经办部门应当加强担保合同的日常管理,定期监测被担保人的经营情况和财务状况,对被担保人进行跟踪和监督,了解担保项目的执行、资金的使用、贷款的归还、财务运行及风险等情况,确保担保合同有效履行。"因此,在担保合同签订之后,担保业务进入实际履行阶段。在这一阶段,企业财务部门应定期对被担保人的经营状况、财务状况以及担保项目运行情况进行监控,若发现异常情况,应及时采取措施应对,以降低担保风险。

1. 担保业务日常监控风险分析

担保业务风险的隐蔽性、突发性和放大性要求我们必须对其进行日常监控。

日常监控阶段主要存在以下风险:

(1) 对合同履行情况监控不当。企业担保业务日常管理部门对担保合同的履行情况疏于监控或监控不当,未根据被担保人在担保期内的财务报告等相关资料,定期监测被担保人的经营情况和财务状况,可能导致未能及时发现被担保人存在经营困难、财务恶化等风险;未定期监控担保项目进度情况、项目资金使用情况,以致无法及时了解担保项目的运营情况,无法发现被担保人是否存在违反合同约定的情形,导致企业承担过多的潜在担保风险。

(2) 信息传递低效、不及时。担保业务日常监控经办人员在实施日常监控过程中,发现被担保人存在经营困难、债务沉重,或者违反担保合同的其他情况,但未能及时报告,企业决策层,信息传递低效、不及时,可能延误管理层的决策时机,加剧担保风险,加重经济损失。

2. 担保业务日常监控管理内控设计

日常监控管理体现的是企业财务部门对被担保人的经营状况、财务状况以及担保项目的运行情况的监控过程。该过程的控制目标是确保持续跟踪被担保人的经营状况和财务状况,发现异常情况,及时采取措施应对,降低或规避担保风险。财务部门应作为这个阶段的主要承办部门。

(1) 担保业务日常监督程序

首先,需由财务部门指定经办负责人定期监测被担保人的经营情况和财务状况,并对被担保人进行跟踪和监督。其中,监督检查项目主要包括:担保项目进度是否按照计划进行;被担保人的经营状况及财务状况是否正常;被担保人的资金是否按照担保项目书的规定使用,有无挪用现象等;被担保人的资金周转是否正常等。经办负责人定期形成跟踪检查报告,并提交财务部门经理审核,由财务总监、总经理、董事长在各自权限内审批。经办负责人根据公司领导的报告批复意见进行落实,并整理保管好相关资料。若发现被担保人经营状况恶化,或发生解散、分立等重大事项时,经办负责人应及时向企业管理层汇报,以采取相应解决措施,将损失降低到最小。

其次,企业财务部门调查评估人员应当及时收集、分析被担保人在担保期内的财务报告等相关资料,持续关注被担保人的财务状况、经营成果、现金流量以及担保合同的履行情况,积极配合经办负责人的日常监控工作。

监控人员一旦发现异常情况,应及时编制跟踪检查报告,提交至企业管理层审议,使企业领导能及时了解担保情况;同时,企业应当保证经办负责人能及时将被担保人异常情况等重要信息传达给企业管理层,以便企业及时采取有针对性的应对措施,将风险降到最低。

(2)担保业务监控的风险控制点

担保业务日常监控阶段需关注两个关键控制点:

① 定期监测被担保人的经营情况与财务状况,并编制跟踪检查报告。企业监控人员应切实对担保合同的履行情况进行日常监控,定期监测被担保人的经营情况和财务状况,以及担保项目的进度和资金使用情况;及时了解被担保人可能存在的风险和担保项目的运营情况,发现被担保人是否存在违反合同约定的情形,避免企业承担过多的潜在担保风险。此外,要注意担保业务监督时的不相容职务分离,监督人员不能作为业务的审批人员或执行人员;企业内各部门也要各司其职,相互配合(如监事会要依据公司章程对担保管理进行检查监督;审计部门要依据公司的授权和职责对担保业务进行定期审计等)。

② 及时报告被担保人异常情况等重要信息,确保信息传递通畅。企业应当保证信息在同级之间、上级与下级之间能够及时传递。监控人员一旦发现异常情况,应及时编制跟踪检查报告,提交企业管理层审议,让企业领导能及时了解担保情况,确保企业能及时采取有效措施降低风险。

10.3.3 担保业务会计控制

在担保业务中,会计控制体现的是财务部门对担保业务从会计角度进行控制的过程,涉及对担保财产的保管与记录、担保费用的收取、财务分析、债务承担、担保业务的会计处理与相关的信息披露,等等。

1. 担保业务会计控制风险分析

担保业务会计控制阶段主要存在以下风险:

(1)未办理反担保抵押或质押的登记手续。《担保法》第四十一条规定:"当事人以本法第四十二条规定进行财产抵押的,应当办理抵押物登记,抵押合同自登记之日起生效。"第六十四条规定:"出质人和质权人应当以书面形式订立质押合同。质押合同自质物移交于质权人占有时生效。"当企业接受反担保抵押、反担保质押时,若未办理抵押登记或质押移交等相关手续,则意味着企业与被担保人或第三方签订的反担保合同没有生效,企业实施的反担保措施无效。当企业为被担保人履行代偿义务后,反担保合同无法保证企业拥有处置反担保财产的权利。

(2)会计处理不符合监管要求而引发行政处罚。《企业会计准则第 13 号——或有事项》第四条规定:"与或有事项相关的义务同时满足下列条件的,应当确认为预计负债:① 该义务是企业承担的现时义务;② 履行该义务很可能导致经济利益流出企业;③ 该义务的金额能够可靠地计量。"企业因担保事项而承担了一项现时义务,当发现被担保人出现财务状况恶化、资不抵债、破产清算等情形时,意味着这项义务的履行很可能导致经济利益流出企业,企业应当合理确认预计负债和损失,并进行相关信息的披露。

在资本市场中,部分上市公司为了粉饰财务报表,当发生担保代偿后不计提预计负债并且不予披露(因为计提巨额的预计负债将对上市公司的当期利润产生巨大影响),这种行为违反了《企业会计准则》《证券法》等相关的法律规定,将引发监管部门的行政处罚。

【案例 10-7】

长城电工如此"扭盈为亏"①

原本盈利的公司却转眼变成了亏损,如此讽刺的事情就发生在长城电工的身上。

2012年9月1日,长城电工发布了关于最近五年接受监管措施及整改情况的公告。公告中披露了一笔2004年由于违规担保产生的3 438.44万元的损失项目,公司不仅没有及时调整,反而一直隐瞒损失。直至2008年,在对年报进行追溯调整时才不得不"正视"这一损失,将其计入2008年年报。由于调整前的2008年报表中显示的利润总额为4 663.67万元,其中上市公司股东的净利润只占3 350.46万元,调整后立刻变成了亏损87.98万元。

长城电工的这种行为受到上交所的公开谴责。

(3) 未建立详细的担保业务台账。当企业发生对外担保业务时,财务部门应当建立担保业务台账,对担保相关事项进行详细、全面的记录,为日常监控工作提供信息。若财务部门未建立详细的担保业务台账,未详细记录担保业务的发生情况,则不利于日常监控的执行,也可能导致反担保财务和权利凭证保管不力,使企业利益受损。

(4) 未能妥善保管与担保业务相关的档案。档案保管贯穿于受理、审查、评估、审批、监控等阶段。若档案保管不妥善,残缺不全,则不利于对担保业务的监控,造成责任纠纷,甚至影响企业经营效率,损毁企业形象。

2. 担保业务会计控制内控设计

会计控制体现的是财务部门对担保业务进行会计控制的过程。该过程贯穿于整个担保业务流程,其控制目标是确保会计处理符合会计准则,会计记录和相关档案完整有序,会计控制健全有效。

(1) 反担保抵押和质押

当涉及反担保,财务部门调查评估人员必须重点关注担保申请人提供的反担保资产

---

① 巨潮资讯网,"兰州长城电工股份有限公司关于最近五年接受监管措施及整改情况的公告",http://www.cninfo.com.cn/finalpage/2012-09-01/61517245

价值是否与企业担保的数额相对应,并经公司财务部门经理核定。被担保方设定反担保的财产为法律、法规禁止流通或者不可转让的财产的,应当拒绝提供担保。

当企业接受反担保抵押、反担保质押时,财务部门会同法律事务部门,完善有关法律手续,特别是及时办理抵押或质押登记等手续;同时,财务部门还应加强对反担保财产的管理,妥善保管被担保人用于反担保的权利凭证,定期核实财产的存续状况和价值,发现问题及时处理,确保反担保财产安全完整。

(2) 会计处理

财务部门应严格按照国家统一的会计准则制度进行担保业务的会计处理,发现被担保人出现财务状况恶化、资不抵债、破产清算等情形时,应合理确认预计负债和损失。

当担保合同到期时,企业要全面清查用于担保的财产、权利凭证,按照合同约定及时终止担保关系。

(3) 建立台账

财务部门应当建立担保业务台账对担保相关事项进行详细、全面的记录,内容包括被担保人的名称;担保业务的类型、时间、金额及期限;用于抵押和质押的财产的名称、金额;担保合同的事项、编号及内容;反担保事项;等等。财务部门应妥善管理与担保有关的财产与权利证明,定期对财产的存续情况进行审核,及时发现与处理问题。

根据担保合同关于担保费用的约定,财务部门应当及时足额收取担保费用,维护企业的利益。

(4) 档案保管

财务部门应加强担保业务的档案保管,妥善保管担保合同、与担保合同相关的主合同、反担保合同,以及抵押、质押的权利凭证和有关原始资料,做到担保业务档案完整无缺。

10.3.4 担保业务代偿与追偿控制

当被担保人无法偿还到期债务,企业作为担保人,应当及时履行代偿义务,维护企业的信誉和形象;同时,企业为被担保人履行代偿义务后,应全力向被担保人追偿,最大限度地降低企业的经济损失,维护企业的资产安全。

1. 担保业务代偿与追偿风险分析

代偿与追偿阶段主要存在以下风险:

(1) 未及时履行代偿义务,可能面临法律诉讼的风险。当收到担保债权人的索赔通知书后,若财务部门不及时处理担保代偿事项,自觉履行代偿义务,可能会面临担保债权人的法律诉讼,严重影响企业的信誉和形象。

(2) 代偿申请审查不严,可能引发"误受"风险。当收到担保债权人的索赔通知书后,若财务部门未严格审查确定借款到期未归还的事实是否真实,被担保人所欠本金与利息数额是否准确,相关凭证是否真实、完整、合法、合规,以及担保项目是否存在欺诈行为等;法律事务部门未判断该申请是否符合代偿条件,是否具有免责事由等;企业就为被

【案例10-8】

信誉的流失①

2013年1月15日,北京中关村科技发展(控股)股份有限公司(简称"中关村")发布了重大诉讼进展公告。2000年7月,中关村为蓝海洋公司在北京市农村信用合作社营业部的3 000万元贷款提供担保。贷款到期后,蓝海洋公司未履行还款义务,信用社提起诉讼。2003年3月,北京市第一中级人民法院判决中关村对蓝海洋公司的贷款及其利息承担担保责任。2011年,中关村与担保债权人就"蓝海洋"一案达成和解协议,由中关村一次性支付3 800万元解除该执行案中的全部债权债务。中关村账上原已计提预计负债2 935.10万元,已在2012年补提预计负债864.90万元,此次支付和解款项3 800万元,将减少公司2012年利润864.90万元。

在该案例中,中关村未及时履行代偿义务,收到担保债权人的法律起诉,法院判决中关村对蓝海洋公司的贷款及其利息承担担保责任,影响企业的信誉和形象。直至2011年中关村才与担保债权人达成和解协议,一次性支付和解款项3 800万元解除该案中的全部债权债务,直接结果是减少公司2012年利润864.90万元。

担保人履行代偿义务,就可能引发"误受"风险,使企业支付本不应该支付的代偿款项,造成利益受损。

《担保法》第二十八条规定:"同一债权既有保证又有物的担保的,保证人对物的担保以外的债权承担保证责任。债权人放弃物的担保的,保证人在债权人放弃权利的范围内免除保证责任。"企业在履行担保责任之前,应当审查同一债权是否为同时具有保证和物的担保,审查债权人是否放弃物的担保。若审查不严,则很可能导致企业履行全部保证责任,造成企业利益受损。

(3)承担代偿义务后向被担保人追偿不力,可能造成较大的经济损失。《担保法》第三十一条规定:"保证人承担保证责任后,有权向债务人追偿。"第三十二条规定:"人民法院受理债务人破产案件后,债权人未申报债权的,保证人可以参加破产财产分配,预先行使追偿权。"当为被担保人履行代偿义务后,企业应当根据担保合同约定的追索权利,全力向被担保人追偿;同时,若涉及反担保抵押或质押,企业应当立即启动反担保追偿程序,依法处置抵押或质押财产,最大限度地降低企业的代偿损失。

2. 担保业务代偿管理内控设计

担保业务代偿是指当被担保人无法偿还到期债务,由于担保人负有连带偿还责任,担保债权人可根据担保合同,要求担保人代为清偿债务。代偿管理体现的是当被担保人无法偿还到期债务,企业作为担保人,履行担保代偿义务的过程。该过程的控制目标是

---

① 巨潮资讯网,"北京中关村科技发展(控股)股份有限公司重大诉讼进展公告",http://www.cninfo.com.cn/finalpage/2013-01-15/62018922.

确保企业按照担保合同承担清偿义务,维护企业的形象与声誉,同时确保代为清偿金额的准确性。

(1) 担保业务代偿管理程序

当担保贷款到期后,被担保人没有归还贷款的,企业应按照合同规定,在规定的时间内履行自己的代偿义务,以维护企业的形象与声誉。担保债权人应向企业提供下列文件以供代偿前的核查:借款合同;借款借据;担保合同;被担保人没有还款的证明文件;贷款逾期催收函;被担保人账户内存款余额和到期前十日的收到情况;通知企业代为偿还借款的公函;等等。

首先,应由财务部门审查代偿申请,并提出初审意见,主要审查内容应包括:仔细审查索赔通知书是否有效,贷款方有无加盖公章;借款到期未归还的事实是否真实,被担保人所欠本金与利息数额是否准确;借款使用情况,确认协议各方对约定的义务是否严格履行;审查项目是否存在欺诈行为,贷款方和借款方是否串通骗取企业的担保;被担保人未还款的原因分析;被担保人生产经营状况、资产状况;反担保措施及现状;提出追偿建议;等等。

其次,法律事务部门根据财务部门报送的资料和初审意见,就以下各方面提出明确的法律意见:重新评价借款与担保的合法性;判断是否符合代偿条件;判断是否具有免责事由;提出追偿方案。

最后,将担保代偿申请及审核意见提交总经理、董事长进行权限内审议批准。当担保代偿申请审批通过后,财务部门会同法律事务部门向担保债权人支付代偿款项,以维护企业的形象和声誉;同时,财务部门和法律事务部门应立即启动反担保追偿程序,依法处置反担保财产,尽量减少企业的经济损失。

(2) 担保业务代偿阶段的风险控制点

担保业务代偿阶段需关注两个关键控制点:

① 财务部门、法律事务部门应当严格审查代偿申请。当企业收到索赔通知书后,财务部门应重点审查确认索赔通知书内容的真实性、准确性和有效性;法律事务部门则重新评价借款与担保的合法性、合理性并判断是否具有免责事由。若审查通过,则企业履行代偿义务,支付代偿款项。

② 企业应及时履行代偿义务,维护形象与声誉。当收到担保债权人的索赔通知书后,财务部门等相关部门应当及时处理担保代偿事项,自觉履行代偿义务,以避免企业的形象与声誉受损。

3. 担保业务追偿管理内控设计

追偿管理体现的是当企业为被担保人代为清偿债务之后,企业依法主张对被担保人行使追索权的过程。该过程的控制目标是确保企业能够维护其对被担保人的追索赔偿权利,维护企业的资产安全。

(1) 担保业务追偿的应对与程序

当企业代为清偿债务之后,企业就拥有了对被担保人的追索赔偿权利。财务部门应当配合法律事务部门的工作,搜集担保项目的所有相关资料,并提出追偿建议。法律事务部门应根据财务部门提供的资料与追偿建议,提出担保追偿方案,并提交财务部门审核,由总经理、董事长在各自权限内审批。当追偿方案审批通过后,财务部门负责担保业务追偿的具体工作,按经批复的追偿方案,与被担保人就代偿发生的各项费用的承担、还款计划等协商沟通。若双方达成协议,则应签订相关法律文件,以落实企业的追偿权利;否则,应由法律事务部门根据合同约定的争议解决方式,向被担保人提起法律诉讼或仲裁,财务部门应配合法律事务部门开展工作,维护企业的合法权益。

当出现以下情形时,法律事务部门应当依法提起诉讼,维护企业的合法权益:被担保人主观有意逃避债务;被担保人有多重逾期债务或潜在逾期债务,面临多个债权人争夺有限资产的局面;债务有可执行资产,或有望通过法律措施发现其可执行资产;债权债务关系不明确,希望通过法院的司法裁定予以明确。

(2) 担保业务追偿的风险控制点

担保业务追偿阶段需关注的关键控制点:当企业履行代偿义务后,应全力向被担保人追偿,最大限度地降低企业的经济损失。企业应该采取多种措施来维护自己的合法权益(如依法处理抵押物或质押物);有第三方为借款人提供反担保,应向第三方要求履行代偿义务或协助追偿;派专员进驻被担保单位,及时了解其真实状况;依法提起诉讼,要求处置债务人的其他资产以弥补代偿损失等措施。

10.4 担保业务后评估控制

担保业务后评估管理是针对企业担保业务的监督管理,主要包括:及时、真实、准确、完整地披露担保业务相关信息,对担保业务及时进行总结与评价,追究有关人员的失职责任,等等。企业应规范担保业务相关信息的披露,确保符合监管部门的有关要求,才能避免遭受监管部门的行政处罚,维护企业的形象与声誉。企业对担保业务应及时进行总结与评价,开展内部控制测评,发现和整改可能存在的控制缺陷,同时严格落实责任追究制度,有效追究失职人员责任,不断完善企业的担保业务内控制度,才能确保企业的内部控制充分发挥其控制效果,促进企业健康稳健的发展。

10.4.1 担保业务信息披露控制

1. 担保业务信息披露风险分析

信息披露阶段主要存在以下风险:

(1) 担保信息披露不及时。《证券法》第六十七条规定:"发生可能对企业股票交易价格产生较大影响的重大事件,投资者尚未得知时,上市公司应当立即将有关该重大事件的情况向国务院证券监督管理机构和证券交易所报送临时报告,并予公告,说明事件的起因、目前的状态和可能产生的法律后果。"规定中详细列示了需要提供临时报告的12种重大事项,其中对外担保是属于需提供临时报告的重大事项之一。但是,目前还是存在部分上市公司在重大担保发生后未及时予以披露的现象,以致误导投资者的判断,遭受交易所的公开谴责以及证监会的行政处罚,影响公司的声誉。

(2)担保信息披露不真实、不准确、不完整。《证券法》第六十三条规定:"发行人、上市公司依法披露的信息,必须真实、准确、完整,不得有虚假记载、误导性陈述或者重大遗漏。"第一百九十三条规定:"发行人、上市公司或者其他信息披露义务人未按照规定披露信息,或者所披露的信息有虚假记载、误导性陈述或者重大遗漏的,由证券监督管理机构责令改正,给予警告,处以三十万元以上六十万元以下的罚款。"如果公司所披露的担保信息不真实、不准确、不完整,将违反国家法律法规,必须承担相应的法律责任,直接负责的主管人员和其他责任人也将承担法律责任。

2. 担保业务信息披露管理内控设计

这一过程的控制目标是确保担保信息披露的及时性、真实性、准确性和完整性,董事会办公室是这一阶段的主要承办部门。

(1)担保业务信息披露的部门职责及具体程序

日常监控过程中,财务部门作为对外担保的日常管理部门,应及时将对外担保的重要情况或异常情况向董事会办公室及时报告,并提供所有担保文件、情况说明、信息披露所需的文件资料;董事会办公室则应负责草拟临时事项处理方案,提交董事会秘书审核,由董事长、董事会在各自权限内审议审批;通过后,再由董事长签发,董事会秘书通知经办人员办理担保业务信息披露的具体事宜。

(2)担保业务信息披露的风险控制点

信息披露看似简单,但稍有疏忽就会造成难以弥补的损失,因此担保业务信息披露阶段需关注两个关键控制点:

① 确保担保信息披露的及时性。在规定的时间内进行信息披露,这是为了保证利益相关者能及时掌握公司的担保情况,及时进行风险监控和作出相应的投资决策。此外,当公司因追偿向被担保方提起法律诉讼时,应当及时披露有关担保诉讼的进展情况。

② 确保担保信息披露的真实性、准确性和完整性。公司在披露担保事项时,应当做到真实、准确和完整(包括担保的对象、方式、期限、金额等),不可因为事项披露会影响公司股价和融资能力而隐瞒担保事项;应确保让利益相关者对该担保事项给公司带来的影响有真实的了解,以便做好担保风险的防范措施。

10.4.2 担保业务评价与追责控制

作为对外担保业务的最后一个环节,担保业务的评价与追责管理是至关重要的,正所谓"编筐编篓,尽在收口",以此来形容业务评价与追责的重要性再合适不过。担保业务的评价与追责对一项担保业务的成功与否有着至关重要的作用,甚至具有决定性的影响。因此,企业应积极正视这一环节的重要性与必要性,不应因其处在担保业务流程的最后阶段而轻视。

1. 担保业务评价与追责风险分析

评价与追责阶段主要存在以下风险:

(1) 未对担保业务及时总结与评价。当担保业务进入最后一个环节,内部审计部门应对担保业务及时地进行总结与评价。调查受理、审查、评估、审批、监控、代偿及追偿,以及信息披露各个阶段出现的失误,开展内部控制测评,发现和整改可能存在的控制缺陷,持续有效地改进担保业务内部控制,增强企业防御担保危机的能力。否则,企业可能在以后承接的担保业务中遇到类似的问题,给企业带来经济损失。

(2) 未有效追究失职人员责任。企业未落实责任追究制度,对担保业务各环节中出现的失误,以及未按规定办理业务的部门和人员未追究其失职责任,将导致企业的内控制度形同虚设,无法充分发挥其控制效果,降低员工的工作热情,促生违法违规的萌芽,影响企业经营管理的秩序,阻碍企业持续发展战略的实现。

2. 担保业务评价与追责管理内控设计

《企业内部控制应用指引第12号——担保业务》规定:"企业应当建立担保业务责任追究制度,对在担保中出现重大决策失误、未履行集体审批程序或不按规定管理担保业务的部门及人员,应当严格追究相应的责任。"由此可见,担保业务后的评价与追责也不容忽视。

(1) 担保业务评价与追责管理程序

内部审计部门应当针对担保业务的各个环节,开展担保业务的内控测评,认定可能存在的控制缺陷;财务部门、法律事务部门及董事会办公室应当配合内部审计部门的评估工作。内部审计部门根据测评结果编制担保业务内部控制评价报告,上报总经理审核、董事长审批。对于发现的内部控制缺陷和业务运行出现的失误,内部审计部门应负责督促企业相关部门进行整改,并编制完善担保业务内控制度的报告,上报总经理审核、董事长审批。报告经审批通过后,应当正式发布;内部审计部门应监督相关部门按照新的正式发布的内部控制制度,严格执行担保业务,严控担保风险,促进企业稳健发展。

(2) 担保业务评价与追责的风险控制点

企业在担保业务评价与追责阶段需关注两个关键控制点:

① 内部审计部门应及时对担保业务作出总结与评价。内部审计部门对担保业务各个阶段进行调查,开展内部控制测评,发现和整改可能存在的控制缺陷,持续有效地改进担保业务内部控制,增强企业防御担保危机的能力,促进企业健康稳健发展。

② 企业应严格落实责任追究制度。对担保业务中的受理、审查、评估、审批、监控、代偿及追偿,以及信息披露等失误,企业应严格按规定对相应业务部门和人员进行追责,同时,设立明确的奖惩制度,以公平、民主的赏罚来鼓励员工积极进取,约束员工的不良行为。

【综合案例】

湖南"鸿仪系"连环担保案①

湖南"鸿仪系"的第一家公司成立于1999年,随后通过大量的股权转让,"鸿仪系"在五年时间内就拥有三家上市公司、一家证券公司和一家期货公司。"鸿仪系"涉足的行业包括建材业、新材料业、旅游业、医药业、陶瓷业、重工业、房地产业、商贸业、金融业等。"鸿仪系"的主要关联方是嘉瑞新材、国光瓷业、张家界三家上市公司,也是这次违规担保的主角、风险的焦点。

截至2004年10月,嘉瑞新材自曝对外担保总额10.2亿元,扣除子公司为母公司担保的1.85亿元外,公司对外担保额占公司2003年年末经审计净资产(5.2437亿元)的159.25%(若不扣除子公司为母公司担保的1.85亿元,对外担保总额占公司2003年年末净资产的194.52%)。其中,为控股子公司担保0.84亿元,为关联公司担保5.4909亿元,为其他企业担保2.02亿元。国光瓷业对外担保总额5.85亿元,占公司2003年年末经审计净资产的157.81%。其中,为关联公司担保2.89亿元,为其他企业担保2.95亿元。张家界对外担保总额3.08亿元,占公司2003年年末经审计净资产的129.00%。

三家上市公司的对外担保额都远远超过了证监会规定的对外担保额上限。其中尤以嘉瑞新材为甚,它以5亿多元的净资产担保了10亿多元的银行贷款,施展了一手"空手套白狼"的绝技,并"蒙过"了银行,使5亿多元的银行贷款实质上变成了信用贷款,银行贷款风险骤现!

最后,商业银行终于醒悟,纷纷将"鸿仪系"内多家公司告上法庭。2004年9—11月,仅嘉瑞新材一家公司就被各商业银行起诉达19次之多,公司累计涉诉金额为4.039亿元(本金),占2003年年末经审计净资产的77.02%。由于整个案件共牵连各大商业银行的几十家分支行,显然这已不仅仅是某一家银行的风险,而已经成为整个银行系统的风险,一旦中间的某条资金链出现问题,担保的风险就会产生多米诺骨牌效应,威胁整个银行系统。

思考题:

1. 本案例中体现了哪些担保业务风险?这些风险发生在哪些担保业务的哪些环节中?
2. 企业应从本案例中吸取哪些教训才能避免企业因担保业务而发生利益受损?
3. 企业应如何建立担保业务内控体系才能保障担保业务合规、合法、顺利地进行?

---

① 喻莎、阳勇,"商业银行应警惕上市公司连环担保陷阱",《中国房地产金融》,2005(08)。

第 11 章 合同管理内部控制

【篇首语】

本章在对《企业内部控制应用指引第 16 号——合同管理》进行解读的基础上,提出了建立合同管理内部控制体系的总体要求,将合同管理划分为合同准备管理、合同订立管理、合同履行管理、合同纠纷管理、合同档案及履行后评估管理五大阶段,系统地分析了各个阶段存在的主要风险,并针对这些风险提出了相应的控制措施,以帮助企业建立合同管理内控体系。

【引导案例】

中恒集团与山东步长"分手"的背后[①]

中恒集团是一家民营控股上市公司,位于广西省梧州市,实际控制人为许淑清,目前的主业是控股子公司梧州制药,其主导产品是进入国家基本药物目录、具有自主知识产权的中成药产品——注射用血栓通冻干粉针,其销售额在 2010 年曾占据中恒集团制药板块收入的 70% 以上。山东步长医药销售有限公司(简称"山东步长")位于山东省菏泽市,注册资本 600 万元,其母公司步长集团是目前国内排名前列的集医药研发、生产、销售为一体的大型医药企业,拥有近 1.5 万人的一线销售人员,销售网络遍及中国城乡。值得注意的是,步长集团的三大核心品种之一的丹红注射液与中恒集团的主导产品血栓通同属于心脑血管用药,但前者未进入国家基本药物目录。

随着梧州制药的发展,为了提高梧州制药的销售水平和业绩,借助外力来促进自身的发展,中恒集团决定与山东步长进行合作,希望通过合作,充分利用山东步长现有的强大的销售队伍和网络,整合梧州制药原有的营销队伍和网络,实现优势互补。2010 年 11 月 5 日,梧州制药与山东步长签订了《产品总经销协议》,由山东步长作为梧州制药产品在中国内地独家排他的总经销商。

合同约定:山东步长(乙方)2011 年度应完成梧州制药(甲方)含税销售收入 23 亿元,2012 年度 30 亿元,以后三年每年递增,递增幅度由甲乙双方协商制定,乙方需向甲方支付产品销售保证金 3 亿元,履行期限自 2010 年 12 月 1 日起至 2015 年 11 月 30 日止,共 5 年;由乙方完成甲方产品在全国各地的招投标挂网工作,并承担相关费用,为了将甲方产品推广为国内品牌产品,甲方应积极配合乙方不断扩大产品的市场占有率;在总经销期限内,甲方自有的销售人员由乙方全部接收,甲方原所有经销商转由乙方管理;若乙方在工作年度内不能完成协议规定的销售基数,则甲方有权按约定、按比例扣押部分保证金,并有权调整乙方的总经销权;自双方签订本产品总经销协议并经公司董事会、股东大会审议批准后生效。2010 年 11 月 5 日,中恒集团第六届董事会第五次临时会议以传真方式召开,会议以 9 票全票同意通过《中恒集团关于控股子公司签订重大产品总经销

[①] 根据案例企业官网信息、上市公司对外公告整理。

协议的议案》;同年11月22日,股东大会以普通决议的方式,审议通过了该议案。

然而,合同的执行过程却充满着种种的不和谐因素。从合同实际执行情况来看,2010年11月至2011年8月,山东步长在履行协议近十个月的时间里总共销售注射用血栓通1.1亿多支,与年度2.5亿支的销售任务相去甚远,未能完成约定的销售任务,也未能实现约定的销售增幅,而且其95%以上的销售额仍由梧州制药原有的销售队伍和网络来完成。2011年8月22日,山东步长向梧州制药发函申请将2011年度销售血栓通的任务由2.5亿支调低为1.4亿支,这一函件彻底动摇了中恒集团继续与山东步长履行合同的信心。

由于山东步长与原梧州制药各经销商的矛盾无法调和,以及对市场已失去有效控制,双方的合作失去基础。因此,经双方协商,梧州制药与山东步长最终同意解除原《产品总经销协议》,并在2011年8月26日就有关市场交接等善后工作签署《协议书》,但协议书未对山东步长的违约责任进行约定。

上述案例暴露了中恒集团在合同管理内部控制方面存在的重大缺陷。总的来看,中恒集团在合同管理内部控制中存在的问题主要包括:合同策划违背企业战略目标,未深入调查分析合同对象,合同审查不够慎重,履行过程缺乏监督,违约情况处理不当,等等。当然,该事件仅仅是所有企业的合同管理问题的一个缩影,建立并实施有效的合同管理内部控制,这是摆在所有企业面前的一项迫切任务。那么如何来建立完善的合同管理内部控制体系?本章来为大家详细探讨这一问题。

11.1 流程划分与职责分工

企业应当正确划分合同管理的业务环节,建立完善相关制度,明确部门及岗位职责,为建立有效的合同管理内部控制体系打下基础,创造条件,从而促进合同管理的作用得到有效发挥。

11.1.1 合同管理的流程划分

按照实际工作开展的先后顺序,可以将合同管理划分为合同准备管理、合同订立管理、合同履行管理、合同档案及履行后评估管理四个阶段,当涉及合同纠纷时,还包括合同纠纷管理阶段。每一阶段又可以按逻辑顺序划分为更加详细的具体工作环节。合同管理阶段及具体工作环节的划分如图11-1所示。

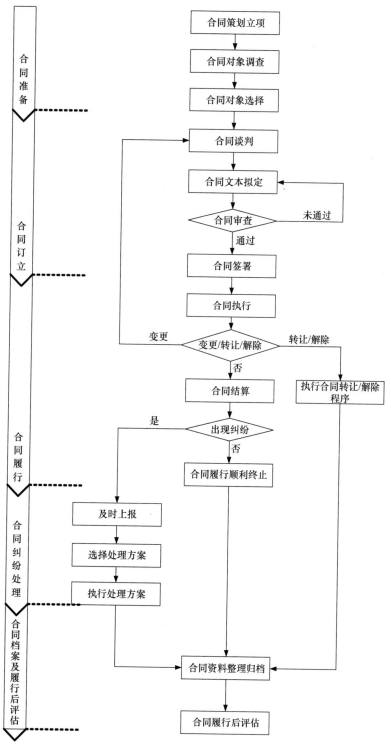

图 11-1 合同管理流程

11.1.2　合同管理的职责分工

为了避免在实际业务操作过程中出现岗位职责不清、推诿扯皮的现象,在设计合同管理内部控制之前,企业应该明确划分与合同管理相关部门的职责。在管理完善的情况下,合同管理应当涉及相关业务部门(合同承办部门)、法律事务部门、财务部门、审计部门等,这些部门须认真履行各自职责、相互牵制、相互监督,为有效防范合同管理风险共同合作。

1. 相关业务部门的职责

根据部门职责分工,相关业务部门是各种业务合同的承办部门。在合同管理内部控制中,各业务部门代表企业对外洽谈合同,拟定合同文本,履行相关合同,监控对方履行合同义务,确保企业签约目的的实现。

相关业务部门经理是本部门合同管理的第一责任人,负责组织本部门员工履行上述合同管理职责;相关业务经办人是合同的承办人,负责具体事项的落实,负责合同谈判、签订、履行等工作的全过程。

2. 法律事务部门的职责

法律事务部门作为负责企业全部法律事务的职能部门,在合同管理内部控制中主要履行与制度建设和法律问题相关的职责。

法律事务部门经理是本部门合同管理的第一责任人,负责组织本部门履行上述合同管理职责;此外,法律事务部门应设有档案管理员及印章管理员,二者也可以由一人兼任;档案管理员主要负责合同档案的归档、保管、借阅等工作,印章管理员主要负责合同专用章的保管、使用登记等工作。

3. 财务部门的职责

财务部门作为企业会计核算和财务管理的职能部门,在合同管理内部控制中主要履行财务监督职责。

财务部门经理是履行合同财务监督的第一责任人,负责组织本部门履行上述合同管理职责。

【案例 11-1】

越权审批合同　违反内控和合同管理制度[①]

2005 年 11 月 20 日,某炼化企业下属 A 单位与河北省玉田县远宏塑胶公司签订产品加工合同,由远宏塑胶公司为 A 单位加工组合式塑料挡墙隔板模具,合同标的额为人民

---

① 引自普法办,"越权审批合同　违反内控和合同管理制度",《中国石化报》,2009 年 9 月 28 日。

币 8.5 万元。此合同在 A 单位内部完成会签后，由 A 单位负责人审批，并在合同文本上签了字。由于该炼化企业合同章实行统一管理，于是该合同主办人员将合同文本报到企业法律事务部门，请求加盖合同章。企业法律事务人员对这份合同进行核查登记时发现，根据该炼化企业《合同会签程序及审批权限一览表》的规定，金额在人民币 10 万元以下的加工合同、劳务合同、垃圾清运合同、绿化合同等须经主办单位负责人在合同文本上签字，由企业财务部门审批。于是，法律事务人员将这份合同退回 A 单位，要求其报送上级财务部门审批同意后方可加盖合同章。

《企业内部控制应用指引第 16 号——合同管理》中指出："企业应当按照规定的权限和程序与对方当事人签署合同；正式对外订立的合同，应当由企业法定代表人或由其授权的代理人签名或加盖有关印章；授权签署合同的，应当签署授权委托书；属于上级管理权限的合同，下级单位不得签署；下级单位认为确有需要签署涉及上级管理权限的合同的，应当提出申请，并经上级合同管理机构批准后办理；上级单位应当加强对下级单位合同订立、履行情况的监督检查。"本案例中的 A 单位上级企业在合同管理上制定了《合同会签程序及审批权限一览表》，根据合同种类和数额明确规定了经理、副经理、各主管部门、各下级单位不同的审批权限。A 单位的合同管理员在对合同的审查中显然没有注意到这一点才被退回。因此，在合同管理中，合同管理员首先要根据企业的授权文件，审查合同的签署是否在相应的审批权限之内，严格把好权限关。

4. 审计部门的职责

审计部门作为企业合同管理的监督部门，在合同管理内部控制中主要履行审计监督与评价职责。

合同管理相关部门的职责如表 11-1 所示。需要说明的是，一些规模较小的企业可能没有设置专门的法律事务部门和审计部门，在这种情况下，原法律事务部门和审计部门的职能应当合并到企业的其他部门，如综合部门等。具体来讲，企业应当在综合部门设法务专员一职，负责日常合同及法务事宜的处理；合同档案、印章应当归到综合部门的档案管理员和印章管理员处统一管理；审计部门对合同的审计监督和评价职责可以由企业成立专门的评价小组负责。

表 11-1　合同管理相关部门职责

部门名称	相关职责
相关业务部门	(1) 前期策划与合同对象调研，提供相关证明材料； (2) 组织合同谈判，起草本部门业务范围内的合同文本； (3) 合同报审，将正式合同复印件分送相关部门； (4) 跟踪监控合同履行，提出异常情况解决建议； (5) 参与合同纠纷的协商、调解、仲裁、诉讼等事宜； (6) 建立并完善本部门合同台账及对方信用档案； (7) 合同档案移交。

(续表)

部门名称	相关职责
法律事务部门	(1) 拟定合同管理制度和实施细则； (2) 规范合同文本,建立格式合同文本库； (3) 各类合同的法务审查； (4) 协助业务部门起草重大合同； (5) 参与重大客户的资信调查； (6) 建立并登记合同台账； (7) 提出合同管理异常情况解决建议； (8) 协助处理合同纠纷,并代表企业参与仲裁或诉讼活动； (9) 管理企业合同专用章及合同档案； (10) 与律师事务所等中介机构保持日常联系。
财务部门	(1) 各类合同的财务审查； (2) 合同款项的收付结算； (3) 监督应收款项的催收。
审计部门	(1) 监督评价企业合同管理制度的履行情况； (2) 对重大合同履行情况进行事中审计监督； (3) 合同履行后评估； (4) 监督整改合同管理相关问题。

另外,企业应重视信息技术在合同管理中的应用。信息技术是企业对合同事务加强管理的重要手段,其快速的数据传送、准确的分析统计和全面的事务跟踪功能,可以在企业的日常工作中发挥重要作用。这种作用主要表现在两个方面:一是方便网上会签、决策,提高合同管理的规范性和效率;二是方便对合同执行过程的全程跟踪管理,为动态了解合同签订情况、分析合同执行进度、合理计划合同结算等工作提供强有力的辅助工具。尤其是对于一些合同管理业务繁多的企业(如物流、贸易、零售等),信息系统的重要性更加明显。

【案例 11-2】

中国石化合同管理信息系统效果显著[①]

为加快推进法律工作从事务型向管理型、从事后救济型向事前防范和事中控制型的"两个根本转变",规范合同业务审批流程,提高合同经办效率,节省合同运行成本,切实做到全程有效防控合同法律风险,中国石化利用两年多的时间完成合同管理信息系统(CMIS)的建设,取得了显著成效。

截至 2013 年 10 月 31 日,中国石化合同管理信息系统的注册用户已达 8.6 万人,在线运行合同累计超过 83 万份,合同总金额达 2.2 万亿元。在合同运行的高峰期,单个工作日登录系统的用户数最高达 11 264 人,同时在线人数峰值达 3 230 人,单个工作日创建

[①] 引自国务院国资委政策法规局官方网页的《中央企业法制建设三年简报(57 期)》,2013 年 11 月 18 日。

合同份数最高达 3 769 份。

中国石化的合同管理信息系统自建成至今,已经成为企业生产经营决策的重要支撑,显著提高了合同管理的效率与效果;同时,建立起合同法律风险防控技术系统,实现了对合同的阳光管理,增强了全员的法律观念、法律意识,提高了企业依法经营、合规管理的水平。

正如中国石化的合同管理信息系统一样,企业在合同管理的过程中应充分地利用信息技术,提高企业合同管理的效率与效果。

11.2 合同准备与订立控制

合同准备控制与合同订立控制是合同管理内部控制的开端,良好的合同准备控制与合同订立控制工作能够促使企业实现对合同管理的前馈控制,将可能出现的偏差消除在起始状态。

11.2.1 合同准备控制

企业在合同准备控制阶段应当关注合同策划立项管理、合同对象调查管理、合同对象选择管理等三个方面的工作。

1. 合同策划立项管理

合同策划立项管理解决的是"要不要签合同"的问题。

(1) 合同策划立项风险分析

合同策划立项阶段的风险主要表现在以下三个方面:

① 合同策划立项不符合企业的战略目标或业务目标。战略目标和业务目标是企业发展的长远导向,任何经营活动的开展都要有利于战略目标和业务目标的实现。

② 故意规避合同管理相关规定,即合同管理相关的制度得不到切实执行。

③ 签订事后合同甚至不签合同。事后合同是指企业在业务开展之前先不与对方签订合同,待双方约定的事项履行完毕以后才与对方签订的合同。签订事后合同或者不签合同,固然不用考虑违约责任的认定问题,但是更重要的履约责任便无从谈起,也很容易造成相关的业务风险失控。

(2) 合同策划立项内部控制设计

合同策划立项过程需要相关业务、法律事务、财务等部门的共同参与。一般来讲,相关业务部门经办人应当考虑合同事项是否符合企业战略目标和业务经营目标等,广泛搜集立项相关资料信息,提供决策立项依据;技术上,相关业务部门或生产技术部门的人员应分析企业是否达到技术要求,技术条件是否过关等;法律上,法律事务部门的法务专员应当了解相关法律法规及政策,自身有无履约能力等;财务上,财务部门的出纳应提供企业目前的资金状况,会计在必要时应当进行概预算和成本效益分析,了解能否产生经济效益等。

合同策划立项内部控制需关注三个关键控制点:

① 立项依据充分。合同策划立项依据主要包括三个方面:一是企业战略目标和业务经营目标,合同策划立项要与其保持一致;二是企业生产经营计划或项目立项依据;三是经过审核批准的生产经营或管理部门的申请。合同立项应当全面考虑企业上述需要,必须反映企业战略和项目战略,反映企业的经营方针和根本利益,不得盲目上马。

② 立项可行性论证全面深入。企业签订合同,尤其是重大合同前,应对合同订立的必要性、可行性、风险性、合法合规性等进行全面认真的研究、分析和论证。合同策划立项是合同目的的确认,也是一个合同项目的开始。

③ 合同策划合法合规。合同的策划立项不得故意规避国家和企业对合同管理的相关规定,例如,将需要招标管理或需要较高级别领导审批的重大合同,拆分成标的金额较小的若干不重要的合同。

2. 合同对象调查管理

合同对象调查是指企业与签约备选对象接触并调查其基本情况,评价其履行合同的能力。

(1) 合同对象调查风险分析

合同对象调查环节的风险主要表现在以下四个方面:

① 调查不深入、不全面。这将直接导致无法评价被调查对象的主体资格、信誉状况、履约能力等。

② 对被调查对象的主体资格及特定资质审查不严。合同各方应具备主体资格,即具有民事权利能力和民事行为能力。

③ 对被调查对象的信用状况判断错误。合同对象的信用状况不仅包括企业的履约能力,也包括合同对象以往是否有违约的不良记录。

④ 对被调查对象的履约能力评价不当。履约能力是合同对象履行经济合同的实际能力,一般来讲主要包括支付能力和生产能力两方面的内容。

(2) 合同对象调查内部控制设计

合同对象调查过程一般需要由相关业务部门完成,重要合同对象的调查工作还需要法律事务、财务、生产技术等部门的共同参与,必要时可聘请外部专家或专业咨询单位协助。其中,相关业务部门为牵头部门,经办人应当全面搜集被调查对象的资料信息;财务部门提供财务信息支持,帮助分析被调查对象的财务状况、信用状况;法律事务部门提供法务信息支持,对相关资料和证件的真实性、合法性进行验证。

合同对象调查内部控制需关注三个关键控制点:

① 主体资格的调查,主要是调查对方是否为合格的民事主体并拥有特定的资质。具有独立承担民事责任能力的自然人、企业法人、机关法人、事业单位或社会团体法人才是合格的民事主体,企业可审查其身份证或法人登记证书原件。

② 资信水平的调查,即确定被调查对象是否符合签约要求,主要是调查对方履行合同的财务能力。调查内容和方法主要包括:获取公司章程,了解对方的注册资本和主要股东;获取对方最近(一年内)经审计的财务报告和最近月份的财务报告,分析并评价其财务状况、盈利能力、偿债能力和营运能力,评估其财务风险;获取对方最近的银行资信证明,向其主要供货商和客户了解其资信情况等,以综合评估其资信水平。

③ 履约能力的调查,主要是调查对方履行合同标的的能力。调查内容和方法主要包括:了解对方的生产能力、技术水平、产品类别和质量等情况,确保其经营范围能够充分满足双方合同规定的需要;获取对方的产品样品和质量检验报告,现场调查和观察其生产情况及技术装备情况;向对方主要供货商和客户了解其生产经营情况和合同履行情况等,以综合评估其履约能力。

3. 合同对象选择管理

合同对象选择是指准合同对象的初步确定,解决的是"和谁签合同"的问题。

(1) 合同对象选择风险分析

合同对象选择环节的风险主要表现在以下三个方面:

① 舞弊风险。商业合作的起点就是从合同开始的,合同的签署通常能给企业带来经济利益,也正因为如此,在合同对象选择这一环节往往容易发生舞弊风险。

② "误受"风险,即将不具备履约能力的对象确定为准合同对象的风险。该风险主要是由合同对象调查出现问题而导致的,因此在合同对象调查的过程中,一定要明确合同对象的各种状况。

③ "误拒"风险,即将具备履约能力的对象排除在准合同对象之外的风险。这意味着企业错过了与一些具备履约能力的对象进行洽谈、签订合同并执行的机会,从而失去了一些可能实现的利润或者增加了本来可以降低的成本。

(2) 合同对象选择内部控制设计

合同对象通常可以从调查结果的备选对象中选择,必要时可以直接通过招投标的方式来确定。第一种方式一般需要由相关业务部门来完成,第二种方式还需要财务部门、法律事务部门的参与和配合。

当企业根据调查结果选择合同对象时,相关业务部门经办人应当首先从调查结果的合格名录中拟定一家,然后提交决策层批准确定。整个过程中,拟定、审核、审批人员应当综合考虑、权衡拟定对象的资信水平、履约能力及经济性,在确保合同风险可控的情况下,选择能够使企业经济效益最大的合作对象。

合同对象选择内部控制的关键控制点:防范舞弊行为的发生。企业无论是根据调查结果,还是通过招标方式选择合同对象,都应当注意防范舞弊行为;特别是在招标方式下,标底等材料一定要对外保密,招标小组成员的构成要能够实现互相牵制,防止评标人与投标人串通舞弊。

11.2.2 合同订立控制

企业在合同订立控制阶段应当关注合同谈判管理、合同文本管理、合同审查管理、合同签署管理四个方面的工作。

1. 合同谈判管理

合同谈判是合同订立的必经阶段,谈判人员在授权范围内与对方进行业务洽谈,按照自愿、公平原则,磋商合同内容和条款,明确双方的权利义务和违约责任,是一个双方通过充分沟通、协商、妥协,寻找利益平衡点的过程。

(1) 合同谈判风险分析

合同谈判的风险主要表现在以下四个方面:

① 谈判准备不足。合同谈判要求提前熟悉对方资料、分析对方诉求、配备谈判人员、拟定谈判目标底线及策略等,从而保证在谈判中处于主动地位。

② 谈判的目标、底限及策略泄密。谈判目标、谈判底限、谈判策略,其中的任何一项泄密都很可能会被对方利用来损害我方利益,致使我方在谈判中完全陷入被动,甚至会给公司带来损失。

③ 忽略重要条款或作出不当让步。一般来说,合同的重要条款包括合同标的、产品或服务的数量、质量及技术标准,价款或酬金的确定与支付方式,履约期限、地点及方式,违约责任的主要类型及其承担方式,争议的解决方法和地点,等等。合同谈判中忽略其中任何一项或者作出不当让步,都可能导致企业的正当权益受损。

④ 谈判分歧处理不当。分歧处理不当主要有两种表现形式:一是出现分歧过快让步,不假思索地亮出底牌,造成我方陷入不利地位;二是超出处理权限的分歧,自作主张,损害企业利益。

(2) 合同谈判内部控制设计

对于一般的合同,或经常发生的合同,可直接由相关业务部门与对方洽谈,对于重要的合同、法律关系复杂的合同、企业第一次涉及的领域的合同,企业则可根据该业务的复杂程度和重要程度,组建专业知识和经验素质的结构合理的谈判小组。谈判小组中除了有经验丰富的业务人员外,还应当包括法律事务部门、财务部门的成员,必要时还可聘请外部专家参与;另外,企业应当指定谈判小组的负责人,统筹组织和协调谈判过程。

谈判前,谈判小组要做的工作主要有:了解合同谈判的内容、重要条款;了解国家的相关法律法规,行业、监管、产业政策等;搜集对手相关资料,充分考虑谈判中可能出现的情形,制定谈判策略。

谈判过程中,谈判小组应以预先确定的谈判负责人为主谈人员,其他人员并不是各行其是,而是在主谈人员的指挥下,密切配合,就具体问题与对方讨论、解释、争辩,内部分歧最好通过写纸条的形式沟通。谈判人员在谈判过程中,主要判断对方意图、谈判空间及其权限,合理提出我方要求,平衡双方的权利与义务,在保持谈判弹性的前提下,实现我方利益的最大化。

谈判结束时,谈判负责人应当总结双方的共识和分歧,对谈判进展进行总结、补充、完善。对于谈判过程中的重要事项和参与谈判人员的主要意见,谈判小组应当及时记录并妥善保存。谈判结束后,双方核对并签署会议纪要,作为对谈判成果的确认。

2. 合同文本管理

当双方就合同谈判达成一致意见后,就可以拟定合同文本,进入合同文本的起草阶段。按照《合同法》规定,当事人订立合同,有书面形式、口头形式和其他形式;合同的内容由当事人约定,一般应包括的条款有:当事人的名称或者姓名和住所;标的;数量;质量;价款或者报酬;履行期限、地点和方式;违约责任;解决争议的方法;等等。合同文本管理的目的是,在合同文本的起草阶段,实现对合同形式、内容和条款的有效控制。

(1) 合同文本管理风险分析

合同文本管理环节的风险主要表现在以下三个方面:

① 合同形式选择不当。根据《合同法》的相关规定,虽然可以采用口头、书面等合同形式,但是企业的合同一般都要采用书面形式,以减少合同履行过程中的分歧与纠纷。

② 合同内容和条款不完整、不准确,表述不规范。合同的内容是合同当事人订立合同的各项具体意思的表示,具体体现为合同的各项条款。

③ 合同内容和条款违反国家法律法规或产业政策。只有合法的合同才能受到法律的保护,企业才能依法实现自己的目的。

(2) 合同文本内部控制设计

一般合同文本可以由相关业务部门经办人与合同谈判人员起草;重大合同或特殊合同文本应当由相关业务部门与法律事务部门共同起草,以法律事务部门为主;必要时,可以聘请外部专家参与起草。

合同文本管理内部控制需关注三个关键控制点:

① 选择书面形式合同。无论是重新起草合同还是选择合同示范文本或者格式合同,都是建立在企业采用书面形式合同的基础上。企业对外发生经济行为时,除即时结清方式外,均应当与对方订立书面合同。只有这样,才能为合同文本的控制提供前提和载体,对合同文本的控制才能落到实处。

② 重视文本起草的源头控制。合同起草人员应当确保合同内容准确反映企业的诉求和谈判达成的一致意见;在起草过程中,合同起草人员应当一丝不苟、字斟句酌,避免出现错别字、词语歧义、标点不正确等低级错误。

③ 慎用合同示范文本和格式合同。合同文本起草人员在选用合同示范文本或格式合同时,除了应当关注上面提到的相关事项外,还应当注意对于不适用的条款以及未填写适当内容的空白之处,均应划线注销,防止被对方私自篡改。

3. 合同审查管理

合同审查是合同管理工作当中的一个核心环节,通常需要经过业务审查、法务审查和财务审查。

(1) 合同审查风险分析

合同审查环节的风险主要表现在以下三个方面:

① 未发现合同文本中的不当内容和条款。这主要是由于工作人员的专业素质或工

作态度所导致的。

② 修订意见不当。合同修订是对合同中不当内容的校正，但是由于专业素质、工作权限、沟通交流障碍等方面的问题，可能不能提出恰当的修订意见。

③ 未落实修订意见。合同起草人员是否按照审查人员提出的改进意见或建议修改合同，最终决定了合同审查工作能否落到实处。未落实修订意见，意味着合同中的不当内容和条款未被纠正，导致合同审查工作流于形式，合同审查风险失控。

【案例 11-3】

十个案例谈企业建立合同管理制度的意义[①]

在一家企业中，合同管理制度的建立是一个注重科学的过程，是一个持续发展变化并趋于合理的过程，是一个企业做大做强得以支撑的脊梁。如果没有基础工程架构，企业的购、产、销就是随意堆积的建筑材料，做得越大，就越容易坍塌。

案例一　兄弟打仗，损害的是集团利益

A 集团下属有 5 家企业，这 5 家企业的原材料供应都一起到原材料的供应商处求货，结果自己内部就开始竞争，偷摸提价，让费用，争取先发货、多发货。本来 5 家企业有集团采购的优势，现在却通过自我竞争，多花了费用；再就是发过的原材料多了，造成浪费；少了，不能满足需求，又无法从其他兄弟单位调货过来，影响生产进度。如何克服这种局面？我们做了一个策划，提出两种方案。一种策划是，由 A 集团专门设立一个负责供应的公司，由这个公司统一采购后再把原材料分销到 5 家企业。这样解决了 5 家企业的无序竞争，发挥了集团采购的优势，在价格谈判中具有主导地位，降低了地域价格成本；缺点是产生设立公司费用、人员费用、财务费用，还有可能涉及关联交易。另外一种策划是，在 5 家企业中选一个企业做队长，其他 4 家企业都委托队长来采购原材料。队长和原材料供应商签订合同，合同中说明：我和你 20 万元的原材料采购合同，20 万元原材料中有我所用的，也有其他 4 家委托人用的，我给你发若干个发货通知单，告诉你货该发给谁，你按照发货通知单发货，谁家付款给你，你开发票给谁。这样，一是发挥了集团采购优势；二是减少了设立供应公司所发生的费用；三是没有发生关联交易；四是在 5 家企业内部实现了原材料的动态调配，不产生浪费，不影响生产进度。显然，A 集团选择了后者，实施了 5 年，发挥了巨大的优势。这就是合同具有的经营策划功能。

案例二　焦头烂额的董事长

项某是一家企业的大股东和董事长，每有一笔交易，下面的业务部门都要将合同提交上来，要项某批阅和定夺；有时，因项某不在或联系不上，白白丧失了交易机会。企业越来越大，交易量越来越多，项某也越来越忙，对合同的审查也越来越疲于应付，出现了多起纠纷。如何解决呢？在外聘律师的帮助下，把业务部门、财务部门等相关部门集合

[①] 转引自搜狐博客（河北马慧律师 http://blog.sina.com.cn/xinxinjiayou3658），原出处与作者不详。

在一起,经过3天的研讨、交流,制订了几种符合实际情况的格式合同,对质量、价格、运输方式、付款方式等制订了格式条款,并对业务人员就格式合同内容进行了培训,以后签订合同就按格式合同办。格式合同的运用,解放了投资人,外国投资者就是用格式合同来管理外资企业员工的行为。

案例三 主机报废,配件存货一大堆

这是在一个并购案例中出现的情况。项目公司的资产报表中,库存原材料的价值非常高,当我们打开企业的仓库后,发现都是主机的备品、备件,这些备品、备件至少还能用10年。原来这个企业用这种主机从事生产,采购部门就买了很多备品、备件放在仓库里,但主机是有寿命的,主机都报废了,买的备品、备件还没有用完。现在企业要并购了,收购方当然不承认这种备品、备件。因此,光备品、备件就让目标公司股东损失了将近千万元的对价。这就是没有进行合同计划管理的副作用。

案例四 购买原料,购来一堆土

A企业从事矿石提炼加工,和某单位签订了矿石土材料采购合同,合同约定得非常严谨,就矿石的采样、化验程序以及矿石土的质量标准有明确、详细的约定。某单位供应的矿石土到站后,A企业经采样、化验,发现矿石土的质量不符合约定标准,且含量特别低,和废土差不多;但质检部门、业务部门并没有将此事向上面汇报,仅口头告知供应商质量不合格。过了几天,该批矿石土和别家供应的矿石土一起被使用了。后来,某单位要货款,A企业说你给我一堆土还要我给你钱啊?某单位诉至法院,法院判决A企业全部支付合同款项,理由就是A企业已经使用矿石土,无法证明矿石土的质量不符合约定。所以说,合同管理并不是制订一个完美的合同书那么简单,是全过程的管理。

案例五 设备未安装,货款全支付

A单位购买了一批大型设备,按照合同约定,要等到设备安装运行正常15天后付款,而且预留10%的质保金。设备到厂后,还没有安装运行,设备供应商就拿着入库单和发票到了财务部门,财务部门根据财务制度,给领导签字后就直接付了全款。结果三个月后,设备也没有运行成功。为什么会出现这种情况呢?因为没有形成业务部门、法律部门和财务部门的共同制衡制度,财务部门不用依据合同付款,所以说,合同管理是全岗位的管理。

案例六 购货无发票,损失自己负

A企业向B公司购买原材料后,B公司无法开具增值税专用发票,按照征税条例,征税的发票不能借。这导致A企业无法抵扣税款,损失了货物价格的17%。为什么会出现以上风险?因为A企业没有建立严格的合同审查制度,只是根据以往经验,只看对方公司的营业执照,且因为以前和B公司做过业务,这次订立合同书就没再对其主体资格进行审查。对合同对方的主体资格审查,应当审查其营业执照、授权委托书、业务员的身份证、资质证书,还有税务登记证。除对该客户单位已经建立信用档案的情况外,每次签订合同都应审查以上文件。所以说,建立完善的合同审查制度和信用档案管理制度,才能避免合同主体的风险。

案例七 以合同书改变交易模式

A企业是一家生产性企业,发展了多家经销商,其销售模式按照买卖合同的条款形式,你给我钱,我给你货。结果,经销商为了多卖产品,大打价格战、抢地盘、发现假货也不维护,这些行为均导致 A 企业的品牌价值降低。后来,A 企业策划了另外一种经销模式,即制订新的销售合同范本;将每个经销商划分区域销售,不能跨区域销售;实行指导价;广告宣传上,中央电视台谁做,地方电视台谁做;怎样来分担费用;如果发现侵权,逐级怎么汇报;怎么维护;费用怎么承担;等等。这些内容被增加到原来单纯的买卖合同中去,使得经销商之间形成一个团队,经销商和 A 企业形成利益共同体,使 A 企业的产品销售、品牌建设、渠道管理等从此走向正轨。这就是一个交易模式策划,然后以合同书的形式固定下来。在这个过程中,由销售部门提出需求,但没有法律人员的支持,就不能把这种需求法律化、合同化。

案例八 合同未经审查就盖章,出现问题谁之责

A 企业是一个生产型企业,供应上需要多种原材料和燃料,销售的产品也大致可分为 5 个以上的品种。为了签订合同的方便,A 企业除有时用行政公章签订合同外(该公司行政公章的使用比较规范),还根据每一种原材料、燃料和产品的供应、销售类别的数量刻制了 8 枚合同专用章。这样,公章用起来非常方便,谁用的时候就到科室办公室把印章盖上,但随之而来的争议、纠纷也连续不断,扰乱了正常的经营秩序。这个案例有什么启示呢?A 企业没有建立合同专用章的刻制和使用制度,没有设立专门人员管理印章,导致印章的使用非常混乱,造成经营失控。合同专用章的管理制度是合同管理制度中必不可少的环节,应专门规定印章刻制、使用、备案的制度,尽量少刻印章,在效率和安全二者之间寻找合理的平衡点。

案例九 承认对方违约就是一种合同风险

企业中经常有这种案例,材料采购部门和供应商签订合同后,供应商没有履行合同,采购部门只能再次选择别家供应商签订合同,接受比原来合同更高的价格;销售部门已经和客户签订了销售合同,但客户却通知销售部门不要发货,以种种理由取消合同,造成产品的积压,破坏现金流。一些企业认为以上情况很合理,认为诉讼不是一个管理完善的公司应该去做的事情。为什么会有这种认识?这里涉及一个对合同风险的认识问题。诉讼本身并不是法律风险,如果你是原告,它是救济合同风险的一种方法。诉讼的多少,不是评价企业合同管理好与坏的标准。何为合同风险?合同风险就是企业没有实现订立合同的目的,没有取得公允价值,对企业利润的实现产生破坏。当然,诉讼不是救济合同风险的唯一方法;但是,隐瞒不报对方违约不履行合同的情况,消极处理,长此以往,形成一种文化,必将是企业发展的痼疾。所以,企业应该建立合同检查制度,对合同的签订、履行进行全程的检查,以逐渐完善合同的全过程管理目标。

案例十 债权超过诉讼时效,制度之过

债权超过法定的诉讼时效,是在办理银行、企业不良债权案件中普遍存在的问题。对于法人作为原告的情况下,诉讼时效的审查是法院着重审查的内容。有些单位在债权到期后,仅仅是电话联系,事后难以提供证据;有些是合同订立时就打印好逾期贷(货)款通知书,要求对方盖章,以为这样就可以避免债权不超过诉讼时效,大量的情况是没有任何催收。为什么会造成如此被动的局面呢?仅仅是业务部门没有法律意识的事情吗?这里有一个合同动态管理的问题。一个合同在没有完全实现合同的公允价值前,业务部

门一定要有专人负责合同履行情况的汇报工作,法律部门、财务部门也要有发现合同利益没有实现的监察机制,通过制度来发现诉讼时效超过的问题(如履行期超过半年或一年半未履行合同的备案管理制度等),法律部门负责提出诉讼的建议或中断诉讼时效的具体措施。总之,要让企业充分掌控合同风险的信息并能够作出具体可行的判断和行为,切不可因为内部信息不通畅而使企业利益平白损失。

（2）合同审查内部控制设计

一般来讲,合同需要经过业务审查、法务审查和财务审查,因此会审部门至少应当包括相关业务部门、法律事务部门和财务部门,必要时还需要其他专业部门和监督部门的参与(如质量检验部门、风险管理部门等)。

合同审查内部控制需关注五个关键控制点：

① 合法性审查。主要包括：合同主体的合法性、合同内容的合法性、合同形式的合法性、合同订立程序的合法性等方面。

② 经济性审查。主要包括：合同内容的经济性,即能给企业带来经济效益;价款或酬金的经济性,即价款或酬金的确定是否合理或最优,并使企业利益最大化。

③ 可行性审查。主要包括：资源的可行性,即企业现有资源是否可以满足该合同的需要,是否已安排了相应的财务预算;合同对方的可行性,即对方资信是否可靠,是否具有履约能力,是否存在不诚信甚至欺诈行为等。

④ 严密性审查。主要包括：合同条款是否齐全、完整;文字表述是否准确、无歧义;附加条件是否适当、合法;合同约定的权利义务关系是否明确、对等;标的数量与质量、价款或酬金金额等的表示是否准确等。

⑤ 修订意见的落实。合同审查风险能否得到控制,最终取决于审查修订意见的落实情况。合同起草人员应当认真分析、研究审查意见,慎重作出决策,进而对合同文本进行恰当的修改和完善。对合同文本进行较大修改的,应当对修改后的合同文本再次实施报审程序。

4. 合同签署管理

合同经过审查程序以后,应当由双方正式签署。合同签署是指双方在正式合同上签章确认的过程,是合同订立的最后一个环节。合同签署是标志合同生效的重要步骤,其内部控制直接关系到合同是否生效的问题。

（1）合同签署风险分析

合同签署环节的风险主要表现在以下四个方面：

① 越权签订合同。按照《合同法》的规定,行为人没有代理权、超越代理权或者终止代理权后以被代理人的名义订立合同,相对人有理由相信行为人有代理权的,该代理行为有效。因此,被授权人员超越权限签订合同,从企业自身的角度看仅仅是一种越权、违反企业规定的行为,但是从法律角度来看却有可能是有效的合同行为,这便留下了舞弊空间,很容易造成企业经济利益的流失。

② 合同印章管理不当。合同印章是指合同专用章,签订合同常常采用合同专用章的

形式;另外,企业公章也可用于对外签订合同。由于合同印章代表企业行为,因此加盖了合同专用章就等于企业承认了合同条款,就要受到合同的约束,履行相应的义务。合同印章刻制、启用、保管、使用、销毁的管理不当,尤其是当保管、使用不当时,会直接造成合同签署行为失控。

③ 实际签订合同与报审合同不一致。在实务中存在这样的情况,经办人将合同文本报送企业相关部门和决策层审查时用的是一份合同,而实际签订时用的却是另外一份合同。这种做法无疑是为了舞弊,用一份符合企业相关规定和利益的合同文本进行报审,可以顺利通过审查,而在签订时偷换为另一份合同,则可以顺利实现与对方当事人之间达成的私下约定。因此,实际签订合同与报审合同不一致,会导致经办人员私拿回扣或佣金的现象发生,造成公司经济利益流失。

④ 合同签署程序不规范、不合法。合同签署程序不规范,主要表现在双方当事人的签字和盖章手续方面;合同签署程序不合法则主要和须按照国家有关法律、行政法规的规定办理批准、登记等手续之后方可生效的合同类型有关。合同签署程序不规范、不合法,会导致已签订的合同不能生效,也就更谈不上后续的履约、违约责任追究等问题。

【案例 11-4】

承德大路合同违规　致公司信誉受损[①]

2010 年 12 月 3 日,承德大路股份有限公司(简称"承德大路")的全资子公司承德县荣益达房地产开发有限公司(简称"荣益达")与承德县财政信用发展公司(简称"信用发展")签订协议,荣益达以 5 632.95 万元受让信用发展竞买取得的机器设备,该交易涉及的金额占承德大路 2010 年经审计净资产的 204.6%。上述协议签订后,荣益达另委托承德丰源拍卖有限公司对此批设备进行拍卖,拍卖所得共计 1.3 亿元,并于 2010 年 12 月 19 日、20 日分别与买受人柳爱华、李瑞签订设备转让协议书,该交易涉及的金额占承德大路 2010 年经审计净资产的 472.3%,占经审计总资产的 65.01%。对上述重大合同的签署及资产的购买与处置,承德大路未履行相应的审批程序(未报股东大会审议),且延迟至 2012 年 6 月 20 日才对外披露。2012 年 9 月 26 日,深交所给予承德大路及其董事长陈荣、董事兼财务总监王安生通报批评的处分。

(2) 合同签署内部控制设计

合同签署过程中涉及的主要部门包括相关业务部门和法律事务部门。

合同签署内部控制需关注三个关键控制点:

① 合同生效的控制。一般来讲,合同文本经双方当事人签署,并加盖合同专用章后即正式生效。按照国家有关法律、行政法规规定,须办理批准、登记等手续的,合同管理

[①] 深圳证券交易所,"关于对承德大路股份有限公司及相关当事人给予处分的决定",2012 年 9 月 26 日。

人员应及时办理相关手续。

② 合同专用章的控制。合同专用章的控制主要包括印章的刻制控制、保管控制、使用控制、作废与销毁控制等。合同专用章应当由法律事务部门负责保管,未设置法律事务部门的企业可由综合部门负责,绝对不能由印章使用申请人直接保管印章。

③ 签订合同与报审合同一致性的控制。为了有效防范实际签订的合同与报审合同不一致等舞弊行为的发生,印章管理员在盖章之前,应当核对合同审批表上所载的审查意见与合同文本内容,检查相关业务部门经办人是否已经按照审查意见对合同文本内容进行了修正,确认无误后才能盖章。

另外,企业应当规定相关业务部门经办人在收到双方均已签字盖章的正式合同之后,应及时将合同正本移送至法律事务部门保管,法律事务部门档案管理员应再次核对合同正本内容。相关业务部门不能保管合同正本,只需留存复印件来跟踪合同的履行。通过以上两个操作步骤,可以有效保证实际签订的合同与报审合同的一致性,及时发现并纠正舞弊行为。

11.3 合同履行控制

合同签订后,要实现合同的目的,企业还必须做好合同履行过程的组织和管理,对合同履行情况进行有效监控。企业在合同履行控制阶段应当关注合同执行管理,合同变更、转让或解除管理以及合同结算管理等三个方面的工作。

11.3.1 合同执行管理

合同执行管理强调的是企业对正在履行的合同的跟踪监督,及时处理并纠正所发现的异常情况,以确保合同相关条款得到正确的执行。

1. 合同执行风险分析

合同执行环节的风险主要表现在以下四个方面:

① 合同执行过程缺乏跟踪监控。相对于合同管理的其他阶段而言,合同执行具有空间上的分散性、时间上的长期性、交易过程的实践性三大特征。这些特征增大了企业对合同执行过程管理的难度,也使对合同执行过程的跟踪监控工作更加必不可少。

② 未及时签订书面补充协议。"补充协议"是相对于已经存在的合同而言的,"补充协议"就是通过协议方式,补充原合同中存在的漏洞或不明确之处。若原合同中存在着漏洞或者不明确之处,双方未及时达成补充协议,可能导致合同无法继续正常履行。

③ 出现违约行为。违约行为,即本企业或合同对方当事人没有恰当地履行合同中约定的义务的行为,按照合同是否履行与合同履行情况,可将其分为合同的不履行与合同的不适当履行。若对方违约,可能造成我方在合同中的经济利益不能正常实现,影响企

业正常生产经营活动的开展;若我方违约,可能导致对方追究我方的法律责任,对我方的信誉和形象产生负面影响。

④ 未及时采取措施防止损失扩大。《合同法》规定,当事人一方违约后,对方应当采取适当措施以防止损失的扩大;没有采取适当措施而致使损失扩大的,不得就扩大的损失要求赔偿。当事人因防止损失扩大而支出的合理费用,由违约方承担。这也就要求我方相关部门在对方违约之后,积极采取措施,防止损失扩大。

【案例11-5】

金蝶国际被指合同违约　单方提价并误工[①]

曾经的软件巨头金蝶国际(简称"金蝶")的经营状况正在陷入困境,除了2012年巨亏1.4亿元的尴尬现实外,其服务也让越来越多的用户感到不满。

日前,国资委管理的中国诚通控股集团公司所属诚通人力资源有限公司(简称"诚通人力")向《经济参考报》记者介绍,金蝶在承接了该公司的ERP项目后,不但没有按期完成工作,还单方面违反合同,要求诚通人力追加付款。在与金蝶长时间协商后,金蝶方面仍不履行合同,项目至今仍未完工,已对公司造成了巨大的经济损失。目前,诚通人力正计划起诉金蝶,已展开前期的证据搜集工作。

诚通人力介绍,该公司于2010年12月与金蝶中央大客户事业部门签署了《诚通人力资源服务综合管理信息系统建设战略合作协议书》,该项目合同总金额419.66万元,包含人力资源服务、财务管理等软件服务和功能,项目于2011年2月底正式启动。根据合同的约定,项目实施周期为一年,即于2012年2月完成。

但项目开工后,金蝶方面却因自身原因,未能按计划完成和交付阶段性工程;而且金蝶方面还以业务回款冲刺为由,要求诚通人力提前支付总计达105.14万元的款项。诚通人力表示,为了保证工程的进展,一再满足金蝶方面的支付要求,截至2011年12月底,已向金蝶支付合同款261.95万元,达项目总金额的62%,但却远远没有取得与之匹配的交付成果。

令诚通人力没有想到的是,2012年3月,金蝶以内部管理体系和成本核算考虑为由,要求诚通人力增加合同价款;诚通人力方面则认为已经按项目实施计划多支付了合同款,而金蝶未能按期交付工程,因此不能增加合同价款;随后,金蝶出人意料地撤出了项目实施团队。在经过长时间的沟通后,金蝶重启了诚通人力的项目;但诚通人力表示,金蝶交付的工程不但大大落后于合同要求,而且还缺少关键功能,是不折不扣的"半成品"。

2012年11月,金蝶方面提出在付清原合同金额款项后,追加全部项目总金额的42%,即174.315万元;而要完成合同上规定的部分项目功能,则需诚通人力再度追加付款。诚通人力称,公司根据合同规定,结合实际成果考量,积极与金蝶协商相应的付款方

---

① 引自侯云龙,"金蝶国际被指合同违约　单方提价并误工",《经济参考报》,2013年4月1日。

案,但金蝶不但不和公司协商,还在2012年12月初,单方面撤回了项目团队。截至目前,距离合同规定的项目交付日期2012年2月,已拖延了一年有余。

诚通人力表示,截至目前,公司支付了软件款项和硬件投资共计460余万元,可远远没有达到预期的项目效果,已经对公司的正常经营造成了影响。

随后,《经济参考报》记者试图联系金蝶进行采访,但截至发稿,金蝶仍未对上述情况作出回应;部分参与上述项目的金蝶工作人员也以各种理由,拒绝了记者的采访。

对此,有业内人士向记者表示,在合同确立的情况下,金蝶此举是明显的违约。这不但反映出金蝶违背了企业诚信原则,更凸显出金蝶陷入经营困境的尴尬处境。

2. 合同执行内部控制设计

针对特定合同,企业应该指定合同执行负责人,负责统筹协调企业内部的履约行为并牵头跟踪合同的执行过程,一般相关业务经办人即为合同执行负责人。合同执行过程跟踪需要财务、法律事务等多部门的参与,合同跟踪的内容主要指合同约定的主要条款。具体地讲,法律事务部门主要跟踪合同的协议补充、违约情况;财务部门主要跟踪合同的收款、付款情况;其他相关部门配合跟踪。

企业应当建立和实施合同台账制度,对合同签订、执行、变更、转让、解除、终止等相关信息进行收集和处理,以便对合同进行全面监控。相关部门经办人应当建立本部门签订和执行的合同台账,法律事务部门法务专员应当建立整个企业的合同台账。企业最好能够通过信息系统中的合同台账模块,登记并处理合同信息,对每一合同项下的履行、结算等情况实时跟踪。合同台账中应登记合同的订立、履行、变更、终止、编号、类别等信息。

各相关业务部门应当定期(通常为每月,至少为每季度)对合同的签订、执行、变更、转让、解除和终止情况进行统计,编制合同统计报表,并对合同管理情况进行分析,编制书面分析报告,报送法务、财务等相关部门和决策层,实现合同信息沟通的目的。同时,定期的合同检查还可以及时发现合同执行过程中的异常情况,为合同风险管理提供预警性信息。

合同执行内部控制的关键控制点:执行异常情况和违约迹象的应对。对于合同执行跟踪监督过程中发现的异常情况、违约迹象,企业应当采取适当的措施进行应对;当企业作为合同中应当先履行债务的当事人时,如果获得确切证据证明对方出现经营状况严重恶化、转移财产或抽逃资金以逃避债务、丧失商业信誉等情形之一的,企业应当及时行使不安抗辩权,中止履行合同并及时通知对方,直至对方在合理期限内恢复履行能力或者提供适当担保,否则企业可以解除合同;当合同对方作为合同中的债务人,怠于行使其到期债权并对我方造成损害时,我方企业可以向人民法院请求以自己的名义代为行使债务人的债权;另外,合同中的债务人放弃其到期债权、无偿或者以明显不合理的底价转让财产并对我方造成损害时,我方企业可以请求人民法院撤销债务人的行为;当对方出现违约行为时,企业应当积极采取措施,防止损失的扩大,履行减损义务。

11.3.2 合同变更、转让或解除管理

在合同履行的过程中,由于不可抗力或者合同当事人,经常会出现合同的变更、转让或解除。合同变更是指当事人协商一致后,对合同原有内容的变更。合同转让是指债权人通知债务人后,将合同的权利全部或者部分转让给第三人;或者,债务人在征得债权人同意的情况下,将合同的义务全部或者部分转移给第三人。合同解除是指合同有效成立后,因当事人一方或双方的意思表示,使合同关系归于消灭的行为。为维护合同的严肃性,一般情况下,合同签约双方均不得随意变更、转让或解除合同。但是,在合同履行的过程中,由于不可抗力、合同规定的条件等情况出现,或者不对合同进行变更将导致合同难以履行、企业利益严重受损等情形发生,则应当或者可以变更、转让或解除合同。

1. 合同变更、转让或解除风险分析

合同变更、转让或解除环节的风险主要表现在以下四个方面:

(1) 未及时办理。在现实的合同履行过程中,由于政策调整、市场变化等客观因素,可能到时原来签订的合同变为亏损合同,在这种情况下,企业应该积极向合同对方说明情况,寻求挽救机会,避免或减少给企业带来经济损失。

(2) 未重新报审。就合同变更和转让来讲,合同变更意味着原有合同的内容或条款的变化,合同转让则意味着合同的主体发生了变化,两种情况下都会产生一份新的合同。需要注意的是,合同变更、转让未重新报审,除了存在上述合同审查风险中所列的几个风险点之外,还会造成合同变更、转让失去控制机制的把关,留下舞弊空间。因此,应完善必要的审查制度,防止经办人员利用合同的变更、转让规避公司规定,损害公司利益。另外,就合同的解除而言,合同解除之后,相关权利义务也宣告终止。因此,合同的解除必须要慎之又慎。

(3) 办理手续不符合法律规定。《合同法》对合同的变更、转让、解除手续的办理均有相关的规定。具体来讲,合同变更要经过当事人协商一致;债权人转让权利的,应当通知债务人,未通知则不对债务人发生效力;债务人将合同的义务全部或者部分转移给第三人的,应当经债权人同意;合同解除需经过当事人协商一致;对于需要待双方约定的解除合同条件成立及出现其他法定情形时,一方主张解除合同的,应当通知对方,合同自通知到达对方时解除。

(4) 采用形式不当。变更、转让或解除合同的通知和答复,采用口头方式而不是书面形式,可能导致双方权益的实现和责任的承担缺乏依据,发生争议纠纷时,难以获得法律保护;另外,变更协议与补充协议区分不清,容易出现合同条款前后不一致的问题。二者的区别在于,变更协议是对合同原有内容的变更,而补充协议是对合同原来没有的内容进行的补充。

【案例 11-6】

A 公司合同变更致利益受损[①]

A 公司是厦门市一家综合性外贸全资国有企业,主营对外劳务合作、对外工程承包、进出口贸易、国内贸易、房地产开发、境内外实业投资等业务。A 公司的贸易业务的基本商业模式为:购买方(需求方)委托 A 公司向销售方(供应方)采购商品,A 公司与销售方签订采购合同,同时与购买方签订销售合同,在此过程中,A 公司向委托方(购买方和需求方)收取代理费。A 公司采购到货之后,购买方向 A 公司付款提货,通常情况下为"先款后货",付多少款提多少货。在实际业务操作过程中存在这样的情况,即一些购买方在履行与 A 公司签订的销售合同时,不是通过正常的付款提货,而是以货易货,暂不付款,交换货物的价值相当(该业务实质上已经构成了合同变更)。这种业务在公司中仅需业务部门经理口头同意即可开展,未经风险管理人员及仓储管理人员审核,也未报相关领导审批。2013 年 6 月,公司风险管理、财务、业务等部门相关人员共同对存货进行盘点时,发现盘点结果账实不符,这才开始注意到换货业务。经调查才发现,一些客户为了达到推迟付款的目的,经常用一些滞销货物来换取畅销货物。

2. 合同变更、转让或解除内部控制设计

合同变更、转让或解除过程中涉及的主要部门包括相关业务部门、法律事务部门和财务部门。当合同履行过程中,出现需要变更、转让或解除的情形时,相关业务部门经办人应当及时与对方谈判,确认相关事实,并在第一时间上报企业法律事务部门、财务部门以及决策层;法律事务部门的法务专员、财务部门的会计对合同变更、转让或解除情况进行审查,提出意见;决策层批准之后,相关业务部门经办人与对方办理合同变更、转让或解除手续。若为合同变更,相关业务部门经办人继续进行合同执行情况跟踪;若为合同转让或解除,财务部门的出纳应当与对方结清该合同项下的所有款项。

合同变更、转让或解除内部控制需关注四个关键控制点:

(1) 重新报审。由于合同变更、转让或解除会伴随着新的权利、义务的产生,因此应当视为新合同,重新履行相应的合同审查、批准程序。新的审批权限至少应当与原合同的审批权限相同,或者高于原合同的审批权限,从而防止随意变更、转让或解除合同,减少舞弊行为。

(2) 办理的及时性。对于显失公平、条款有误或存在欺诈行为的合同,以及因政策调整、市场变化等客观因素,可能导致企业利益受损的合同,企业应当及时办理合同的变更、转让或解除手续,以此来最大限度地维护自身的合法权益。当企业出于自身经营需要的考虑,须提前解除合同时,也应当注意及时性问题。

(3) 程序的合法性。企业变更、转让或解除合同的程序应当符合《合同法》的相关规

---

① 根据企业调研资料整理。

定,否则是无效的。在合同变更中,双方当事人要协商一致。在合同转让中,当企业作为合同的债权方转让权利的,应当通知债务人;当企业作为合同的债务方将合同义务全部或者部分转移给第三人的,应当征得债权人的同意。在合同解除中,只有双方当事人协商一致及约定的解除合同条件成立时,或者出现可以解除的法定情形时,解除权人才可以解除合同。另外,企业不能以我方或者对方发生了合并、分立来作为变更或者解除合同的理由。《合同法》规定,当事人订立合同后发生合并或者分立的,由合并或者分立后的法人或者其他组织行使合同权利、履行合同义务。

(4) 形式的正确性。企业变更、转让或解除合同,均应当采用书面形式。具体地讲,在合同变更中,企业应当与对方签订变更协议,严禁采用在原合同文本上涂改、划改、添加等方式变更,更不允许采用口头形式变更;在合同的转让和解除中,企业转让权利的通知或者解除合同的通知,也应当采用书面形式,最好能够取得对方的书面回执,以确保转让或解除通知对合同对方发生效力。

11.3.3 合同结算管理

合同结算是指合同项下与合同履行有关的款项的收付。结算是合同履行的重要环节,既是对合同签订的审查,也是对合同履行的监督。

1. 合同结算风险分析

合同结算环节的风险主要表现在以下四个方面:

(1) 款项收付不及时。一般情况下,合同涉及债权债务关系的,合同内容中一定会有关于合同结算或者款项收付的条款,以此来约定结算或者款项收付的时间、金额。当企业作为合同中的付款方时,可能出现违背合同条款、付款不及时的情况,这会造成企业违约,赔付违约金或者承担逾期罚息,损害企业形象和信誉;当企业作为合同中的收款方时,对应收款项疏于管理、催收不力、纵容对方的逾期行为,可能造成对方恶意拖欠,影响企业自身的资金周转,导致企业出现坏账损失。

【案例 11-7】

迈士通案引发的思考[①]

迈士通集团有限公司(简称"迈士通集团")成立于1999年,总部位于厦门市火炬高新技术开发区,下设厦门迈士通电气技术有限公司(简称"迈士通电气")、厦门纽普斯特科技有限公司(简称"纽普斯特")等13个子公司。

2011年6月,厦门B公司与迈士通集团下属的迈士通电气签订了代理采购合同,由迈士通电气作为委托方,B公司作为受托方向迈士通集团另一家下属公司纽普斯特采购

---

① 根据企业调研资料整理。

货物,迈士通集团为迈士通电气提供担保。2011年9月27日,在B公司的每周业务会议纪要上,已产生应收迈士通电气逾期货款590万元。之后这笔应收款项一直未能收回。2012年6月5日,四川乐山警方证实,迈士通集团董事长赵剑青因涉数亿元民间借贷和抽逃资金被拘留。这笔逾期货款随着迈士通集团2012年的破产变成了B公司的坏账损失,该损失约占B公司2011年净利润的1/4。

---

(2)金额不正确。合同结算金额不正确,尤其是当出现多付款或者回款不足的情况时,会造成企业经济利益的直接损失。例如,采购业务中,企业在供应商规定的信用期限内付款,却未按照对方提供的信用政策享受现金折扣。

(3)付款依据不足。付款的依据一般应当包括合同、经审核、审批的付款申请单、发票等。付款时未查看合同、未经过批准、必要时未取得对方的发票,这些都属于付款依据不足的情况。付款依据不足可能导致款项支付的盲目随意,与合同条款约定不符,款项支付过早或者过多,违反企业的资金计划,造成企业资金链紧张。

(4)合同之间的款项管理不清。实务中,有时会存在企业和对方之间有多份合同同时在履行的情况,这时候如果结算管理不够严谨,容易出现合同之间的款项划分不清的情况。有的企业分不清所支付款项对应的是哪份合同的应付款,或者所收取款项对应的是哪份合同的应收款;有的企业财务管理混乱,对于收取的合同款项转付他人没有记录,收取的合同款项被挪用、占用而没有相应的财务记录。当出现这些情况时,时间一长,企业很难分清楚某一具体合同项下的款项是否已经结清,直接影响到结算金额的正确性,结果往往会酿成纠纷,并且这样的纠纷还常常是拉锯战。

2. 合同结算内部控制设计

在实务中,合同结算一般应归口财务部门办理,同时相关业务部门应当予以密切配合。企业既有可能作为合同中的债权方,也有可能作为合同中的债务方,因此合同结算的内部控制相应地也会涉及收款和付款两个方面的内容。当企业作为合同中的债权方时,应当注意收款控制。相关业务部门经办人应当跟踪经办合同项下的回款情况,在对方付款期限届满之前及时通知,催促其按期付款,一旦出现款项逾期现象,应当加紧催收。在整个过程中,财务部门应当对相关业务部门的催收工作履行监督职责,及时发现并报告相关业务部门催收不力的情况,防止业务部门与对方串通舞弊,恶意拖欠企业应收款项。当收到款项时,财务部门应当通知相关业务经办人认领,确认无误后更新相应合同项下的收款记录。当企业作为合同中的债务方时,应当注意付款控制。相关业务部门经办人应当按照合同约定及执行情况提出付款申请,填写付款申请单。财务部门对相关结算单据的充分性和适当性进行审查,通过决策层批准后,财务部门出纳办理资金支付手续。财务部门会计应当根据付款申请单及发票所载的信息,更新相应合同项下的付款记录。需要说明的是,考虑到成本效益原则,为了提高付款结算工作的效率,企业可以根据合同类型、金额大小等设置不同的审批权限,设计权限指引表。合同越重要,合同金额越大,相应的审批层级越高。

合同结算内部控制需关注三个关键控制点:

(1)结算依据的充分性和适当性。一般来讲,收款依据主要是合同对方给我方付款时的银行回单,出纳只要查询确认企业的银行账户进账记录与银行回单信息一致,就能确保结算依据的充分性和适当性。相对收款来讲,付款的控制标准和要求更高,因为付款直接关系到企业经济利益的流出,也是在正常履行情况下控制合同管理风险的最后一道防线。付款依据至少应当包括经过企业内部完整审批的付款申请单、对方发票,必要时还应当包括业务执行过程中的一些其他的必备表单。

(2) 结算的正确性。结算的正确性包括结算金额的正确性和结算款项与合同匹配的正确性。为了确保结算金额的正确性,财务部门人员应当认真核对结算依据上所记载的金额与合同约定是否相符,做到凭合同收款、凭合同付款,防止出现收款不足和付款过多的情形。财务部门在确认收款时,应当核对企业是否少计或者漏计了对方的利息、罚息及违约金等款项;付款前,应当核对企业是否按照合同约定享受了对方提供的现金折扣、是否按照合同约定的进度及内容付款,等等。为了确保结算款项与合同匹配的正确性,财务部门会计应当加强与相关合同经办人之间的信息沟通,防止出现结算款项挂错合同项下的问题。

(3) 结算的及时性。结算的及时性包括收款的及时性和付款的及时性,对于企业而言,对前者的有效控制具有更加重要的意义。另外,当企业作为付款方时,财务部门应当注意做好资金计划,及时付款,充分利用并享受对方提供的信用政策,从而维护企业良好的信誉形象。

11.4 合同纠纷控制

合同纠纷是指由于合同的生效、解释、履行、变更或转让、终止等行为而引起的合同当事人的所有争议,其范围广泛,涵盖了一项合同从成立到终止的整个过程。企业签订合同之后,理想的状态是自身和对方分别按照合同规定的内容完成应履行的义务,直至合同圆满终止。但是,在现实经济活动中,各种各样的原因(既有合同当事人主观方面的,也有情势变更等客观方面的)导致合同在签订之后的履行过程中并不是一帆风顺的,往往会出现各种或大或小的纠纷。因此,在对合同签订后的履行管理工作中,一个十分重要的问题就是如何正确、及时地处理合同纠纷。企业在合同纠纷控制阶段应当关注处理时效管理、处理方案选择管理、处理方案执行管理等三个方面的工作。

11.4.1 处理时效管理

处理时效管理强调的是企业对合同纠纷处理的及时性。
1. 处理时效管理风险分析
处理时效管理的风险主要表现在以下两个方面:
(1) 未及时采取预防措施。预防措施包括防止纠纷扩大和发展的措施,以及要求担保人或者保证人承担相应责任,行使抵押权、质押权、留置权,申请财产保全等措施。未及时采取措施防止纠纷的扩大和发展,往往会使得争议和矛盾进一步激化,造成的损失更大,甚至给企业带来无法弥补的损失。因此,在采取预防措施时,一定要注意及时性的原则。

【案例11-8】

中铝蒙古煤矿合同遭毁约,各国争夺资源白热化①

自2013年1月11日蒙古国国有煤矿公司ETT撕毁与中国铝业(简称"中铝")的合同至今,中铝公司一直在努力保住这份合同。撕毁合同对亟须走出困局的中铝来说,无异于"屋漏偏逢连夜雨"。自2008年国际金融危机以来,中铝的主业持续亏损。面对困境,中铝将进军能源领域作为其一个重要的增长点。中铝公司高层普遍认为,煤炭作为资源型产品,其中长期发展前景看好,中铝公司将结合煤、铝产业布局,实行一体化发展,以增强煤炭资源获取和开发的优势。出于这样的考虑,2011年,中铝同蒙古国国有企业ETT签署《TT东区煤炭长期贸易协议》,开发号称世界最大潜在煤矿的塔本陶勒盖煤矿。

为达成协议,中铝公司与蒙古国ETT公司的谈判历时一年之久。中铝国贸香港子公司总经理刘翔宇作为合同签订人之一曾这样对外说明,为了帮助蒙古国ETT公司渡过资金困难,中铝支付了3.5亿美元的预付款,解决了其面临的融资难问题;同时,中铝承诺向第三国出口部分煤炭,方便蒙古国煤炭走出国门。

2012年,在全球范围的煤炭需求和价格持续下滑的形势下,中铝依然顶住亏损压力和库存困难,坚持对蒙古国ETT公司履约,以维护长期合作。一段时间在蒙古国的甘其毛都口岸,几乎只剩中铝一家企业还坚持在运煤。

目前,中铝和ETT公司双方争执的核心问题还是煤炭的价格问题。蒙古国称,一方面合同规定煤炭价格每吨最高70美元,"严重低于国际市场价格",认为中铝2011年只是利用蒙古国政府急切需要融资的机会获得了这笔交易,并希望修改煤炭供应价格;另一方面,更是希望挑动中资企业内斗,企图怂恿同是中央企业的神华集团来接盘。

中企应学习规避政治风险。目前,中铝在蒙古国遭遇的政治风险主要包括两个方面:

一方面是东道国政权变更,政府违约的风险。由于东道国政权更迭,东道国政府违反部分或全部协议条件,导致跨国企业无法按原合同或协议继续执行相关投资约定,并导致跨国企业的重大经营损失。

2012年8月,蒙古国组建新政府;随后,ETT公司管理层大换血。这一系列变动直接导致《TT东区煤炭长期贸易协议》生变。用蒙古国时任总理诺罗布·阿勒坦呼亚格的话

---

① 节选自黄日涵,"中铝蒙古煤矿合同遭毁约,各国争夺资源白热化",新浪财经法治周末微博,2013年2月6日。

称，蒙古国认为与中铝签订的原合同条款对ETT公司并无好处，希望能以更高的价格出售煤炭。

另一方面是东道国官员腐败和政府效能低下。由于东道国法律制度的不完善而导致的政府官员的贪污腐败或不作为，造成中国企业成本上升所带来的损失，这类风险属于隐性风险。2012年，蒙古国在腐败监督机构"透明国际"的年度排行榜上名次下滑，从大约第90位跌至第120位。

从上述情况可以看出，中铝在蒙古国遭遇的困局，只是中资企业海外投资政治风险中的一个缩影，在中东地区、东南亚地区会面临同样的风险，这一现象并不鲜见。

（2）超过诉讼时效。诉讼时效是指民事权利受到侵害的权利人，在法定的时效期间内不行使权利，当时效期间届满时，人民法院对权利人的权利不再进行保护的制度。《民法通则》规定，我国民事诉讼的一般诉讼时效为二年，特殊时效包括一年、四年、六年等，但最长诉讼时效为二十年。因此，企业在采用诉讼方式处理合同纠纷时，如果不注意以上法律规定的诉讼时效，未在诉讼时效期间内行使请求权，其权益很可能得不到应有的保护。

2. 处理时效内部控制设计

处理时效管理过程主要需要相关业务部门和法律事务部门人员的参与。当合同的履行出现纠纷时，相关业务部门经办人应当在第一时间将纠纷情况上报法律事务部门、决策层，请示处理意见。一般来讲，合同纠纷常常伴随着违约行为，出现纠纷就意味着合同已经不能正常履行，已经触及法律责任的问题。因此，无论是从专业的角度，还是从管理权限的角度来看，纠纷的处理往往会超出一般经办人员的能力范围；及时上报可以让企业法务人员及决策层尽早知悉合同纠纷情况，整合企业资源及智慧，提前拟定适当的应对措施，做好准备，有助于企业在后续的处理工作中从容不迫、处变不惊。此后，相关业务部门经办人根据处理意见和建议，及时采取预防措施，注意利用诉讼时效中止、中断、延长的规定，法律事务部门法务专员也应当注意把握诉讼时效。

合同纠纷处理时效内部控制需关注两个关键控制点：

（1）及时采取预防措施。企业需要及时采取预防措施，防止合同纠纷的进一步扩大和发展，保障企业的合法权益。当合同对方出现违约行为并预期可能酿成合同纠纷时，相关业务部门经办人应当及时催告对方继续履行或者采取补救履行措施，尽量将纠纷消灭在萌芽状态，避免其扩大和发展，争取以最小的成本、最高的效率解决纠纷。

（2）合理把握诉讼时效。合同纠纷的提出，应在法律规定的时效内进行，并必须考虑留有足够的申请仲裁或起诉的时间。此外，必须注意诉讼时效期间，适用诉讼时效中止、中断和延长的规定。例如，当企业作为合同中的债权人一方时，可以在诉讼时效内采用书面形式向债务人提出履行还款义务的要求，也可以当面索债以获得债务人的书面还债文书，这样可以使诉讼时效中断，时效起算的时间便重新开始，从而为企业赢得更长的处理时间。

11.4.2 处理方案选择管理

合同纠纷处理方案包含两个方面的内容,即处理小组成员的组成和纠纷处理方法的选择。处理方案选择管理的主要目的在于帮助企业确定最佳的处理方案,提高纠纷处理的效率和效果。

1. 处理方案选择风险分析

处理方案选择环节的风险主要表现在以下两个方面:

(1) 处理小组成员构成不合理。合同纠纷一定与合同内容和条款的不当履行或不履行有关,履行中出现的问题常常会同时涉及相关业务部门、财务部门、法律事务部门等。有些合同纠纷牵扯面广、性质严重、处理程序复杂,很容易超出一个人或一个部门的解决能力,这时企业需要根据具体情况,成立相应的纠纷处理小组。小组成员构成的合理与否,很大程度上决定了纠纷处理过程中对外协商、谈判、证据搜集等工作能否顺利开展。

(2) 处理方法选择不当。实践中,合同纠纷的处理方法包括双方协商、按照合同约定、仲裁或诉讼等几种解决机制,这些处理方法各有利弊,其选择也应当"因地制宜""因时制宜"。如果企业在选择处理方法时,未充分研究、考虑纠纷产生的原因、进展情况,很可能导致处理方法选择不当,处理过程耗时、耗力,处理成本过大,处理结果损害公司的正当利益。

【案例 11-9】

方案选择致公司损失惨重[①]

2007 年 10 月,甲房地产开发公司将一开发项目以合作合同形式转让给了乙房地产开发公司,并约定乙公司支付前期工作补偿费 1450 万元给甲公司。根据合同约定,甲公司将该项目的现状用地及原有规划设计等文件移交给了乙公司,且将该项目的立项转移到乙公司名下。2009 年 4 月 30 日,乙公司向甲公司支付前期补偿费 600 万元。2010 年 8 月 21 日,甲公司致函要求乙公司尽快支付剩余款项 850 万元;乙公司复函说明了拖欠原因,并承诺最迟会在 2010 年年底到 2011 年上半年之间付清。当时,甲公司没有起诉。2011 年 12 月 3 日,乙公司因未年检被工商局吊销营业执照。此时,甲公司仍没有起诉,主要原因是得知乙公司受让该项目后又转给了第三人,乙公司对第三人有剩余款项未收回。

直到 2013 年,甲公司才决定起诉乙公司。经调查发现,此时乙公司已不知去向,股

---

① 根据相关媒体报道整理。

权已发生过多次转让,现股东也是下落不明。法院对此案件进行了缺席审理,并最后判决乙公司赔偿甲公司850万元前期补偿费用。执行过程中发现,所谓乙公司对第三人的债权并不明确,乙公司与其他几个关联公司以合同形式做了很多规避法院执行该债权的障碍,因此要确认乙公司具有债权是困难重重,执行更是难上加难。目前该案件仍在执行中,执行前景很不乐观。

2. 处理方案选择内部控制设计

合同纠纷发生后,企业首先应当根据纠纷的性质和级别,组建相应的纠纷处理小组,并确定其中一个部门的具体人员负责到底。纠纷的性质和级别可以按照合同金额、重要性、风险大小等进行划分。纠纷处理小组应当尽量包括相关业务、技术、法务、财务等部门成员,必要时应当包括企业高级管理人员;特别重大的合同纠纷,还应当外聘专职执业律师作为纠纷处理顾问全程参与。

合同纠纷处理小组成立后,应当立即召开纠纷分析会,提出解决纠纷的法律意见,拟定法律意见书。法律意见书的主要内容应当包括:纠纷的焦点、性质和原因;各方的优势和劣势;各种可能的处理方案与相应的后果比较;预防性措施建议等内容。企业决策层应当对拟定的法律意见书进行审核、审批,给予纠纷处理小组人员充分的授权,强化小组成员在纠纷处理过程中的执行力,避免出现畏首畏尾、瞻前顾后等影响处理效率、错失最佳解决时机的现象。

合同纠纷处理方案选择内部控制的关键控制点:处理方法的权衡和选择。解决合同纠纷的正确程序应该是,先由双方友好协商(这是必不可少的一步),除非对方不愿意协商或者根本无法与对方协商,再根据合同约定诉之于仲裁或者提起诉讼。

用协商的方式解决合同纠纷,程序简便,及时迅速,节省仲裁、诉讼费用,能够有效地防止经济损失的进一步扩大。自行协商方式不是由双方完全任意地进行,而是作为一种法律行为,一种既能解决双方实体的权利和义务的法律关系,又能解决产生争执后如何对新的权益和责任进行重新组合的方法。双方当事人自行协商达成协议的形式(如免除或减少一方的债务、解除合同、更新合同、转移债务、转让合同等形式),原则上应与原合同的形式一致,或者采用比原合同更严格的形式,其目的在于巩固双方解决争执的成果,便于双方的自觉履行。

对方不同意协商或者协商不能达成一致的,企业应当依照合同约定的争议解决条款执行。如果合同中未约定争议解决条款,或者争议解决条款无效,纠纷处理小组应当根据具体情况决定采取仲裁还是诉讼的方式解决。仲裁方式方便、简单、及时、费用低廉,仲裁机构作出的一次性裁决即发生法律效力,合同双方对发生法律效力的裁决都必须履行,不得再就同一案件起诉。诉讼是解决合同纠纷的最终形式,也是最有力的方式。选择诉讼方式解决合同纠纷,要特别注意利用财产保全方案和证据保全方案。

11.4.3 处理方案执行管理

处理方案执行是对上一环节所选择的处理方案的落实。处理方案执行管理的目的是为了保证合同纠纷得到最终解决,切实维护企业的合法、正当权益。

1. 处理方案执行风险分析

处理方案执行环节的风险主要表现在以下三个方面:

(1) 未恰当追究对方的违约责任。《合同法》规定,当事人一方不履行合同义务或者履行合同义务不符合约定的,应当承担继续履行、采取补救措施或者赔偿损失等违约责任。由此可见,违约方有承担违约责任的义务;但是,当合同对方出现违约情形时,企业若不积极主动地去追究其违约责任或对其违约责任追究不足,对方很可能没有意识或者缺乏动力去承担相应的责任。在这样的情况下,企业的合法权益容易受到损害,也使得原来约定的违约责任条款失去震慑力,错误地传递给对方"与本企业合作,违约成本极低"的信号,导致对方在与企业将来的合作事宜中更加不愿意恪守合同约定。

(2) 举证不力。主要体现在未充分搜集证据材料以及未及时提交证据材料。《民事诉讼法》规定,"谁主张,谁举证",即当事人对自己提出的诉讼请求或者反驳对方的诉讼请求所依据的事实,有责任提供证据加以证明,没有证据或者证据不足以证明当事人的事实主张的,由负有举证责任的当事人承担不利后果。仲裁过程中也是如此。因此,在采用仲裁或者诉讼方式解决合同纠纷时,一定要及时充分地搜集并提供有效的证据材料来证明相关的法律事实。

(3) 未持续监控合同纠纷解决方案的落实进度。企业为了追究合同对方的违约责任,可能通过与对方协商达成协议,也可能通过合同仲裁或者诉讼手段来解决。但是,无论是双方的协议,还是仲裁决定书或者法院判决书等解决方案,只有得到正确的落实和执行,才能最终解决合同纠纷,维护企业的合法权益。未持续监控合同纠纷解决方案的落实进度,可能导致解决方案的执行过程出现偏差、执行不到位或未执行而损害企业利益,解决方案变成一纸空文,造成企业的合同纠纷管理工作流于形式。

【案例 11-10】

"去哪儿"单方终止合同,双方互诉对簿公堂[①]

2014 年 4 月 14 日,两家知名网站因合作合同纠纷对簿公堂。"去哪儿"网站旗下的趣拿公司向与其有搜索引擎广告服务及酒店库存分销合作关系的艺龙公司单方终止了《酒店库存分销协议》,并对涉及的所有酒店产品全部下线。艺龙公司认为趣拿公司违

---
① 引自孔德婧,"'去哪儿'单方终止合同,双方互诉对簿公堂",《北京青年报》,2014 年 4 月 16 日。

约,起诉索赔1亿多元。对此,趣拿公司提出反诉,索要佣金800余万元。

这一事件的起因还要从2013年4月份"去哪儿"网提前终止双方签订的合作合同,致多家OTA(在线旅游服务商)集体下架酒店产品说起。"去哪儿"网作为旅游垂直搜索网站,自2013年上半年开始谋求转型,在其酒店业务中推广TTS系统(按照比例抽取供应商所销售产品的佣金)。相对于以往收取效益费用(按点击数量付费),TTS系统能为去哪儿网带来更多营业收入。对于"去哪儿"网的转型,艺龙、芒果网、同程网等OTA均表示不满,并集体将投放在"去哪儿"网站上的酒店产品下架。在遭遇"集体下架"后,"去哪儿"网开始下工夫开拓自己直接签约的酒店资源。

在经历短暂的合作暂停后,"去哪儿"网和艺龙于2013年5月签订了一份《酒店库存分销合作协议》。在原有的点击付费合作方式外,艺龙将向"去哪儿"网提供酒店库存,"去哪儿"网每卖出一个来自艺龙的酒店间夜(即一间房间出售一晚),艺龙付给"去哪儿"网27元佣金。纠纷恰恰出现在合作后不久,双方各自筹谋,最终分手并且"对簿公堂"。"去哪儿"网称,双方虽已经恢复了合作,但艺龙并未向"去哪儿"网开放全部库存,特别是"价格优质"的国际酒店资源。因此,"去哪儿"网在2013年9月初单方终止《酒店库存分销协议》。但艺龙认为,公司已适当、如约履行了合同上的相关义务,而"去哪儿"网在没有任何法律和事实依据的情况下,擅自违反合同,提前终止双方在酒店库存分销上的合作,因此提起诉讼。业内人士表示,"去哪儿"网自己已签约了数万家酒店,底气充足,艺龙没有给"去哪儿"网全部酒店资源,或是出于对自己的保护。

2. 处理方案执行内部控制设计

合同纠纷处理方案的执行过程仍然由纠纷处理小组负责完成,需要相关业务、法律事务、财务等部门的共同参与。如果采用协商的方式解决,合同纠纷处理小组应当及时与对方协商谈判,达成纠纷处理协议。

(1)积极主动地追究对方的违约责任。在违约责任的追究问题上,企业应当持积极主动的态度,不能姑息纵容对方。纠纷处理小组应当根据合同条款及对方的违约情况,正确计算给企业造成的损失。企业可以根据实际情况,要求对方采用继续履行、补救措施或损害赔偿三种方式来承担违约责任。

(2)充分搜集并及时提交证据材料。在民事诉讼中,如果希望提出的主张得到法院的支持,就需要提出相应的证据,这些证据往往是判决的依据。所以,当企业决定采取仲裁或诉讼方式处理合同纠纷时,举证管理的控制十分重要。举证管理的有效控制主要体现在证据材料搜集的充分性和证据材料提交的及时性。

(3)跟踪解决方案的落实情况。合同纠纷处理的目的在于正确恰当地追究对方的违约责任,有效维护企业自身的合法权益,减少企业的经济损失。因此,只有正确恰当地执行了解决方案,合同纠纷处理工作才算圆满完成。纠纷处理小组对双方已经签署的纠纷解决协议书,或者上级主管机关、仲裁机构的调解书、仲裁书,在其正式生效后,应复印若干份,分别送与相关业务部门、法律事务部门、财务部门等,各部门应由专人负责该文书执行的监督跟踪。

11.5 合同档案及履行后评估控制

合同档案及履行后评估控制是合同管理内部控制的最后一个阶段,包括合同档案控制、合同履行后评估控制两项具体工作。这两项工作同时涉及企业的多份合同,是合同管理的基础性工作,也是合同双方维护自身的合法权益所需要的必要手段。

合同档案是记载合同履行过程的全部的文字资料,包括已生效的合同文本、补充协议、洽谈纪要以及其他各种相关凭证、原件和复印件。作为经济交往中最常见的契约性文件,合同以条款形式明确了双方的权利和义务,妥善保存合同档案,不仅有助于约束合同双方遵守承诺,同时也为款项的支付和收取提供了必不可少的依据。当企业卷入与合同有关的纠纷时,合同档案亦可作为维护企业合法权益的证据。合同档案管理旨在遵循文件的形成规律,保持合同文本与相关文本之间的有机联系,对合同进行分类管理,便于保管和查找利用。

该环节存在的主要风险包括:合同归档不完整,保管不善;合同档案借阅随意,销毁不当。

该环节内部控制的关键控制点:归档时移交双方签字确认,借阅登记,阅毕归还时清点签收,鉴定档案价值,确保档案被真正销毁。

【综合案例】

达能、娃哈哈之争始末[①]

有太多的理由让我们关注这起"战争"。达能和娃哈哈,并购和反并购;一边是国际大鳄,一边是民企巨头;一个打着法律的旗号,一个扛着民族的大旗;一边指责销毁伪造证据,一边宣称"陷入并购圈套"……

达能与娃哈哈之争,其意义远远超出了事件本身;达能与娃哈哈,究竟谁操胜券,只能走着瞧了。

达能、娃哈哈"婚战"完全版

有人将达能与娃哈哈之争比作狮虎之间的争夺,更有人将它们的纷争比作"中国式的离婚",内中含义似乎很有嚼头。在经历了十一年"婚姻"的磨合后,我们惊异地看到,达能与娃哈哈这对经人(香港百富勤集团)介绍,然后自由恋爱的"老夫老妻",终于出现了婚姻中的"七年之痒"。

---

① 节选自靳伟华,"达能、娃哈哈之争始末",独立商标转让网(http://www.100tm.com),2012年5月29日。

"郎才女貌",达娃牵手

娃哈哈在与达能于1996年一见钟情之前,已出落成中国著名的"大美女",几乎到了老少皆知的地步,只不过家底还不太厚实。娃哈哈的"户口本"上记录:1987年,娃哈哈还是一个仅有3个人的上城区校办企业经销部,卖冰棍出道的创始人宗庆后靠着14万元借款,从生产口服液起家,然后以小吃大,兼并了老牌国企杭州罐头食品厂;1991年,在改革开放的大潮中,宗庆后带领娃哈哈从百人小厂迅速发展壮大成两千多人的娃哈哈食品集团公司。生意的日益红火,发展步伐的加快,客观上吸引了众多国际资本的关注;同时,就企业发展本身及改制的需要,娃哈哈也急需外资的投入。

而达能在与娃哈哈认识之初,早已是国际著名的"富豪"加"恋爱"高手,达能的"护照"上写有:法国食品业巨头;在娃哈哈刚刚出生不久的1987年,进入中国成立了广州达能酸奶公司;1994年,与上海光明合资建立两个项目,持股45.2%;1996年,收购武汉东西湖啤酒54.2%的股权。并购是达能重要的战略和经营手段。

一个想嫁,一个愿娶。1996年,娃哈哈在香港百富勤集团的介绍下,与达能进行了接触,并最后达成合作意向。达能以其与百富勤在新加坡的投资公司——金加投资有限公司为名出面合作,出资4 500万美元;娃哈哈以厂房设备和无形资产投入,"娃哈哈"商标作价1亿元,其中5 000万元作为对合资公司的注册资本的投入。三方共同出资建立的5家合资公司,生产以"娃哈哈"为商标的包括纯净水、八宝粥等在内的产品。其中,娃哈哈与达能公司各持股49%,百富勤持股2%。

貌合神离,同床异梦

亚洲金融风暴之后,百富勤这个"媒人"将其所持的2%的股权私下转卖给了达能,达能就此跃升到51%的控股地位,至此,达能与娃哈哈婚姻的平衡局面被打破。

1996年2月,达能与娃哈哈签订了《"娃哈哈"商标权转让合同》,但未得到国家商标局核准,娃哈哈后来对外公开说是"商标局基于保护民族品牌战略,还有防止国有资产流失的目的,没有批准"。

1999年5月18日,达能与娃哈哈又签订一份《商标许可使用协议》,该协议规定:未经合资企业同意,娃哈哈集团不得将"娃哈哈"商标许可给其他公司使用,即合资企业独占使用"娃哈哈"商标。

也许达能知道这份合同同样是不可能获得国家商标局的批准,故双方又在该合同的基础上,签订了一份简式合同,向商标局备案。在这份简式合同中,没有对商标的许可使用规定过多的限制,但有这样的规定描述——"娃哈哈集团特此授予合资公司专有和不可撤销及可再许可的权利及许可"。

没想到的是,这两份内外有别的"阴阳合同"正是引发8年后双方撕破脸皮互为攻击的重要原因。

由于双方都没想到要从一而终,因此在合作的过程中,达能一路狂欢地收购了乐百氏、正广和、益力,并参股光明、蒙牛、汇源等与娃哈哈有竞争关系的企业。而娃哈哈集团在"掌门人"宗庆后的带领下,先后建立了39家与达能没有产权关系的非合资企业,皆生产标有"娃哈哈"商标的产品,并且这些产品均通过合资公司对外销售,而且每年均由达能委托其指定的审计机构进行审计。2005年10月,双方对《商标许可使用协议》进行了修订,修订后的合同约定,"娃哈哈"商标可以在一定前提和条件下许可给合资公司以外的娃哈哈公司使用。从修订后的部分合同条款来看,达能对娃哈哈集团的限制是有所松动了,同时将原娃哈哈金加合资公司变更为娃哈哈达能集团公司。双方在原来的合资合同里面规定,中方不从事任何与合资公司的业务产品相竞争的生产及经营活动,外方将不会损害合资公司的利益。

一朝公开,几多恩怨

十年的同床异梦终于一朝爆发。

2007年3月,娃哈哈集团总经理宗庆后在赴京参加"两会"期间,首次将目光对准了外资并购问题。在他的议案里,宗庆后提出,"保持企业自主控制权的最好的方式就是加快立法,限制外资并购。"

十年前积极投身外资并购的宗庆后,何以十年后却提交议案要求限制并购呢?况且,据悉尽管达能持有合资公司51%的股权,但整个娃哈哈集团经营、生产的决定权都集中在宗庆后手里。十年里,宗庆后凭借自身在娃哈哈多年积累的威望、强硬的工作作风,一直牢牢地掌控着娃哈哈的控制权;甚至达能曾派驻的研发经理和市场总监,都被宗庆后赶走。也许宗庆后的一句"除了钱,什么都没有",才真正道出了娃哈哈与达能十年合作的内痛。

可以说,夫妻双方各打算盘是很难相安无事的。

真正让娃哈哈开始隐痛起来的是2000年达能收购了乐百氏92%的股权事件。当时,乐百氏是娃哈哈最大的竞争对手,达能注入资金后,使乐百氏加大了与娃哈哈合资公司的竞争力度,给合资公司的利益带来相当大的损失。为此,娃哈哈集团高层向达能董事长发出信函提出异议;但是,达能不但不予理睬,反而加快了在中国市场的并购力度。达能随后又收购了上海正广和50%的股权,汇源集团22.18%的股权,乳品行业中的上海光明的酸奶和保险乳项目45.2%的股权,蒙牛49%的股权等一系列与合资公司竞争的企业。

在扩大并购战场的同时,达能开始觊觎娃哈哈的几家由娃哈哈职工集资持股建立的、与达能没有合资关系的公司,并在几年后,突然以双方签署的《商标许可使用协约》中娃哈哈集团"不应许可除娃哈哈达能合资公司外的任何其他方使用商标"为由,要求强行收购。

2007年4月3日,与达能多次过招的宗庆后终于第一次向媒体公开宣称,娃哈哈陷入了达能的"并购圈套",达能集团正在强行要求以40亿元代价收购娃哈哈非合资企业资产51%的股权。

宗庆后说,这些年来,娃哈哈为了履行合约,就连不是与达能合资公司生产的产品,也是通过双方合资的销售公司进行销售的,这已经为达能赚取了巨额利润,现在达能又要以低价并购其他公司,完全没有道理。

宗庆后算了一笔账:十年来,达能在娃哈哈仅投资了1.7亿美元,连买设备、建厂房的钱都不够,至今缺口尚达16.04亿元人民币,全靠娃哈哈的资金在周转;而达能已获分红3.8亿美元,折合31.39亿元人民币,而且合资公司的资产还增值了51%。

"我们当初的许多投资决定,都曾遭到达能的抵制和反对,并拒绝投资;但当娃哈哈将企业办好了,产生经济效益了,达能却又要强行投入;而对于一些暂时还产生不出效益的,达能已投入的亦要求退出。"

功利的达能,让宗庆后愤怒了;而宗庆后的一番公开炮轰,也由此引出了达能与娃哈哈的连绵烽火。

诉讼大战,何日方休

2007年4月8日,宗庆后做客新浪网站,再次全面披露了"达娃事件"内幕,并声称"中国人站起来了,中国现在不是八国联军侵略的时代了,中国人有自己的国格、人格,你别老是以统治者的口气说话,越是这样,越会引起我们的愤慨。双方合资是平等互利的,你再这样搞下去,我就终止合作。"

2007年4月11日,达能集团在上海举行新闻发布会首次回应宗庆后称,"娃哈哈"品牌是属于合资公司的。

2007年4月13日,针对达能的声明,娃哈哈也作出了回应,强调达能与娃哈哈当初签订的简式合同,不仅是欺骗政府监管部门的行为,更是漠视中国法律的行为。

2007年5月9日,达能启动相关程序,要求宗庆后代表合资公司起诉非合资公司,并设定了30天的期限;同时,达能向瑞典斯德哥尔摩商会仲裁院提出8项仲裁申请。

2007年5月10日,娃哈哈发表声明,称将积极应诉,奉陪到底。

……

无论结局如何,"达娃"争夺战无疑将是2007年中国经济界的一件大事。

思考题:

1. 结合本章内容,请评价娃哈哈与达能之争究竟谁是谁非?
2. 结合本章内容,分析娃哈哈与达能之争的背后反映了什么?
3. 娃哈哈与达能之争给中国企业有哪些启示?

第 12 章 企业集团内部控制

【篇首语】

　　企业集团是以产权为联结纽带,由母公司、子公司、参股公司,以及成员企业或机构组成的集约化组织。与一般企业相比,企业集团在规模、布局、成员、结构和战略等方面都有其自身特点。这些特点增加了企业集团的管理层级、管理幅度和管理跨度,使得集团公司的管理强度、管理难度以及管理失败的风险性大大增加。因此,企业集团比任何其他类别的企业组织形式都更需要良好的内部控制制度,以加强对子公司的管控,保证集团总体战略目标的成功实现。在我国企业内部控制规范体系的建设实践中,作为国民经济支柱力量的企业集团是极其重要的一环;然而,从我国企业集团的发展历程来看,其在内部控制与风险管理方面仍存在很大问题。

　　为此,本章通过分析我国企业集团管理中存在的主要问题,总结国外跨国公司管理的先进经验,试图构建一套以战略控制、管理控制、财务控制和监督控制为主干内容的企业集团内部控制体系,以期为我国企业集团内部控制制度建设的实践提供有益的借鉴。

【引导案例】

反思华源集团危机[①]

　　华源集团,成立于1992年,是一个不折不扣的市场后来者,但其凭借着良好的国资背景和发展机遇,更重要的是领导者的雄心、魄力和非凡的开拓精神,不断通过兼并、收购,实现了超高速发展。不到10年,并购了90余家的行业重点企业,创造了中国资本市场的奇迹,成为当之无愧的中国医药和纺织行业的巨头。

　　2005年9月,华源集团由于贷款偿还逾期,在短短几天内遭到了上海银行、浦发银行等十几起诉讼,涉及金额超过12亿元。债权银行冻结了华源集团下属部分公司和上市公司的部分股权,债务危机开始浮出水面。其后,华源集团重组成为各界关注的焦点。

　　华源集团经过大小90多次并购,资产规模从最初的5亿元扩张到危机前的572亿元,成为国内最大的医药集团和最大的国有纺织集团。其注册资本金最初只有1.4亿元,此后股东再未追加投资,并购所用资金多为银行贷款。华源的资金链具有天生的脆弱性,这种脆弱对于其并购后的管控能力提出了很高挑战——如果不能从并购企业的管理中实现稳定、充裕的正现金流,华源的发展模式将难以为继。

　　然而,大动作的收购和在资本市场上的得意,却不能阻止问题的蔓延和危机的爆发。本来就先天不足的资金链日趋吃紧;并购企业业绩普遍不佳,且还在不断下滑;更为可怕的是,这种厄运还蔓延到集团内原有的核心企业,资本市场、银行、政府渠道的政策性资金,全线紧张。华源集团旗下上市公司华源制药"财务造假风波",银行贷款不能按期偿还,作为股东之一的上海银行把华源集团推上法庭,这些都是华源集团资金链紧张,进行调整甚至挣扎的真实写照。

---

① 根据相关媒体报道整理。

华源集团内部分析,引起本次资金危机的主要原因有三个:原始资本金不足,引起资产负债率长期偏高;短贷长投,导致债务结构不合理、贷款比率过高;公司层层控股,管理链条过长,使个别企业的突发事件对整个集团产生不良影响。

在中国,市场或行业的整合者,特别是整合的冒进者,诸如德隆、格林柯尔等,似乎都没有善终;也许是偶然,不少华源人今天都还耿耿于怀——华源危机的导火索本是华源最不可能出问题的地方。然而,危机还是发生了!现实无情地昭示了华源危机的根源:缺乏系统、强大的对母子公司管控能力的企业,高速扩张只是风险急剧放大的同义词,只是危机迅速爆发的导火索。

华源危机,表面出在资金,但根源其实不在资金,而在于华源的发展战略与其母子公司的管控能力严重不匹配!

华源在高速发展和扩张的过程中,碰到了与母子公司管控密切相关的三个问题的巨大挑战:如何实现从企业经营到产业经营?如何兼顾母公司有效控制和子公司的专业化经营?如何兼顾发展的速度和效率?

如何能够有效地解决这三个问题?本章从企业集团内部控制的角度,尝试对该问题进行一些解答。

12.1 整体框架

12.1.1 企业集团内部控制建设的复杂性

企业集团是一种以产权为基本纽带连接在一起的特殊的企业联合体,其本质的特征是"一种以母子公司关系为基础的垂直型组织体制",这一点不同于一般的大中型企业。与单一主体的企业相比,企业集团无论是组织层级还是业务层面,都与其有着巨大的差别,其主要特征可以概括为以下几个方面:

1. 规模大型化

规模大型化是企业集团的主要特征,同时也是企业集团发展的基本方向。因为,规模的扩大,可以实现规模经济和范围经济。当单一产品的产量增加、规模扩大引起平均固定成本降低时,这时实现的是规模经济;当产品品种增加,促进规模扩大引起平均固定成本降低时,这时实现的是范围经济。同时,企业集团在规模扩大的过程中,还可以通过原材料的大批量采购和产品供给的垄断地位获取更大的利益。

2. 布局分散化

企业集团的布局一般都趋向于分散化,通常表现为跨区域、跨国经营,这一特征在很大程度上是企业集团在实际经营管理中形成的一种外在属性。因为,随着企业集团规模的有效扩张和业务的不断扩大,单一区域的市场和资源难以满足企业经营的需求,为了继续扩大经营,企业集团自然要向区域外、国外发展,从而成为跨区域、跨国的企业集团。尤其是在当今世界经济全球化、市场一体化趋势的影响下,布局分散化更是成为企业集团寻求发展,增强竞争能力的选择。

3. 成员多员化

由于企业集团是多个法人单位基于产权联结而形成的企业联合体,因此具有成员多员化的特征。这种多法人的联合体不同于一般的企业联盟或合作经营,在不影响成员企业的独立法人地位和积极性的情况下,集团内部不仅实行统一的战略和发展规划,而且拥有自己特定的集团章程、管理机构、控制协调手段、规章制度、分配方式等,形成自己相对独立的控制机制。同时,企业间法人单位以产权联结导致管理权力不相等,通常母公司的管理权力最大。因此,企业集团通常表现为母子型结构。

4. 结构层次化

企业集团的管理结构一般具有多个层次,这种多层次的管理体制是由各个独立的法人主体企业所构成的,并非指企业内部的科层组织结构。对于企业集团来说,无论是纵向持股形成的,还是横向持股形成的,从持股比例上看,均可以划分为核心层、紧密层、半紧密层和松散层等层次。不同层次的企业在企业集团中互为协作,发挥着不同的功能作用。按企业集团纵向的层次结构分,通常可以把集团成员企业划分为投资中心、利润中心和成本中心三个不同层次的经营责任单位,不同层次的经营责任单位所享有的职权和所承担的责任也完全不同。

5. 经营多元化

在经济现实中,大多数企业集团一般都不只是从事单一产品的生产与经营,往往横跨几个经营领域或行业,以达到充分利用资源、分散经营风险的目的。多元化经营战略也是大型企业集团发展的重要战略选择之一。

上述企业集团的五个主要特征,导致其在建立内部控制时比一般的企业更为困难,尤其是对企业子公司的管理,无论是制度设计,还是实际执行,都更加复杂。

12.1.2 企业集团内部控制建设的必要性

企业集团作为我国大中型企业发展的一种重要组织形式,经过三十多年的发展,已在我国企业组织形态中占据了主导地位,企业集团内部控制建设无疑是我国企业内部控制体系构建工程中的重中之重。事实上,除却宏观政策的因素而就其本身来讲,我国企业集团在自身的经营管理中存在很多问题,在战略、管控和对子公司的监督等方面还有很多缺陷,发展现状不容乐观。

1. 在战略方面,多元化战略失当

有些企业集团表现为盲目无关多元化问题突出。这与企业集团片面追求收入增长、规模扩大的通病是相关的。企业集团在主营业务发展到一定程度,需要长期研发投入和提升科技水平的时候,往往会"耐不住寂寞",不顾风险地跟风投资于高利润领域,从而造成企业集团脱离主业,难以形成核心竞争力。另一些企业集团则表现为战略目标过于激进。企业集团往往会经历一个爆炸式的高速发展的过程,而在此过程中,领导者经常会"杀红了眼",脱离企业实际和原有的战略目标,不惜大量举债疯狂扩张,而稍有外部经济环境的波动和企业内部经营不善,就会导致资金链紧张甚至断裂,逃不出破产的命运。

2. 在管控方面,管理水平低下

表现之一,管理机构庞杂臃肿。企业集团的扩张速度过快,相关制度建设和配套措施完善的速度远远跟不上并购的速度。很多企业并购之后,集团成员尤其是下属机构的管理层呈爆炸式增加,内部机构等管理资源互相之间的协调和整合工作不到位,机构设立庞杂而臃肿,从而导致企业经营效率的降低。表现之二,管理质量有待提高。我国企业集团从管理经验、管理能力和管理质量方面与国际跨国企业相比较,本身就有劣势,无关多元化的战略决策使得这一问题更加严重。进入非相关领域后,管理难度进一步提升,然而集团原有的管理人员,特别是高层管理人员往往缺乏新行业的管理经验,从而造成管理工作的断档。

3. 在监督方面,对子公司监督不力

集团公司对企业集团的子公司的监督不力包括控制力度和内部监督制度两个方面。在控制力度方面,过快的扩张并购使得集团公司对子公司的管理采取分权化的管理模式。然而,权力下放的度往往把握不好,过于分权化,这种松散的管理方式造成对子公司的控制力度的下降,造成集团内部的违规操作、贪污挪用等舞弊事件频发。在内部监督制度方面,集团公司在公司治理方面的缺陷会导致对子公司的内部监督的缺失和不完善。一方面,集团公司关于内部监督制度设计方面存在漏洞,使得子公司得以"钻空子""打擦边球";另一方面,很多集团公司的治理层在制度执行方面的力度不够,导致内部监督制度形同虚设,很多子公司特别是具有独立经营权的子公司"自立为王",侵害集团整体利益。

通过深入分析以上问题不难发现,我国的企业集团在三十多年的发展中所暴露出的问题,归根结底在于内部控制体系的不完善。因此,针对我国企业集团的特点,构建一个以财政部等五部委联合颁布的企业内部控制规范为依据,同时强调可操作性和适用性的企业集团内部控制体系,是十分必要的。

12.1.3 跨国公司的成功经验

跨国公司在两次世界大战和两次技术革命的洗礼下,经过一百多年的历练,在内部控制实施方面积累了许多有益的经验。因此,我国企业集团在强化内控制度建设时,应特别注重总结跨国公司的成功经验,有所扬弃,为我所用。

1. 战略控制科学明确

科学的战略控制一般包括理性的战略定位、科学的战略分析和坚决的战略实施。首先,明晰准确的战略定位是企业集团发展的基本前提。例如,GKN集团在其近两个半世纪的发展历程中,经历过很多次世界宏观环境的大变革,每一次变革过后,都能依据科学技术、资源和市场的变化找到准确的战略定位,华丽变身;埃克森美孚公司在深刻认识能源行业特殊性的基础上,确立了纵向一体化战略;等等。其次,成功的战略是科学严谨的战略分析的结晶。纵观成功的跨国公司,其中绝大多数是以一业为主而长期雄踞某一行业前列的翘楚。它们不约而同地将集团全球战略的着眼点放在提升企业持久的核心竞争力,这是我国企业集团动辄盲目进行无关多元化、追求"千亿"规模所需要借鉴的。最后,坚决的战略实施是战略实现的根本保障。例如,通用电气为了坚守"数一数二"战略而放弃了上千个投资计划;沃尔玛为实施其"天天平价"战略而千方百计地降低成本,在利润率较低的零售业始终坚持着"天天平价"的承诺;等等。

2. 管理控制严格全面

为了保证企业战略和组织目标的实现,企业集团需要实行全面和严格的管理控制。全面是指管理控制制度的设计要覆盖包括集团管理层级和业务流程的全过程,不留死角。从跨国公司的成功经验来看,全面的管控制度至少应包括全面预算、报告反馈和评价激励三个方面的内容。严格是指管理控制制度的执行力度要足够大,控制效果要有保证,"鞭长且力及"。具体来讲,在全面预算方面,以 GKN 集团为例,其构建了一整套科学完善的预算管理模式,该模式针对预算的编制、执行、反馈和考核全过程的各个控制点都建立了健全的制度和流程;在报告反馈方面,集团公司通过定期的经营业绩报告和财务报告来加强对子公司的控制,有效了解各子公司的生产经营和预算执行情况,做好事中控制;在评价激励方面,通过科学公平的业绩评价体系考核子公司、管理人员及员工的预算执行业绩,并与预算指标和预算标准进行对比,在此基础上建立责权利相统一、业绩考核与奖惩紧密挂钩的激励约束机制。在这个环节里,许多成功的经验告诉我们,诸如 BSC(平衡计分卡,以埃克森美孚的运用为例)、EVA(经济增加值,以西门子、可口可乐的运用为例)等科学高效的考核工具是关键。

3. 财务权力集中管控

"财权集中化"是 1997 年亚洲金融危机以来跨国企业集团财务控制的主流。这种趋势是有其深刻的经济背景的,一方面,随着经济全球化和全球市场的出现,跨国公司的全球化趋势日益明显,全球化战略得到不断加强。跨国公司全球经营的状态,要求其财务管理可以集中管理集团的财务资源,提高资金的利用效率,降低成本。另一方面,跨国企业面临更为广阔和复杂的国际环境。错综复杂的经济、政治和社会环境,给跨国公司带来了前所未有的经营风险,财权分散化在这种环境下只会加剧风险。因此,为了最大限度地规避风险,企业集团需要加强对资金的控制力度,在财务制度的设计上要采取集权化战略。

资金是企业的"血液",财权集中化的最主要对象就是对资金的集中管理。以西门子集团为例,其在集团内部专门设立了金融服务公司作为整个集团的金融服务中心、金融运营中心和利润中心(可以理解为集团的"内部银行")。集团要求所有成员企业在该公司开立账户,实现账户结构的集中化和标准化,确保支付、交易和现金的集中管理。无独有偶,GKN 集团也专门设立了金库,并规定所属单位的银行业务必须集中在金库指定的跨国银行办理,实现对银行存款的高度集中控制。

4. 监督考核严格完善

跨国公司的母子公司之间的空间差距，容易造成子公司与集团管理者和监督人员的信息不对称，正所谓"将在外君命有所不受"；而全球化的经营战略，意味着集团将会有更多的异地和境外的子公司，更是加剧了这种信息不对称、信息延迟甚至扭曲的程度。从跨国公司的成功经验来看，内部审计是对子公司进行监督控制的有效手段。集团公司通过具有专业胜任能力和独立性的审计，对子公司的发展战略、年度财务预决算、重大投融资、大额资金使用等经营状况进行考察和监督，同时也对子公司的财务风险和经营风险等风险管理状况，以及其对集团整体风险控制水平的影响程度进行评估和预测。

以通用电气为例，一方面，其特别强调审计人员的独立性。集团总部派出的审计人员的薪酬由总部负责支付，不受所属单位管理和控制；此外，审计结果实行双重报告制度，同时报告给总部审计署和所属单位，从而维护了审计人员的独立性和权威性。另一方面，通用电气突出对审计范围的扩展，提升审计监督的延展性和重要性。通用电气的内审人员不仅要查账，还要查业务，上至子公司的战略制定，下至生产车间的业务改进都属于内部审计的监控范畴。

【案例 12-1】

沃尔玛对分店和员工的监督控制①

沃尔玛是一家美国的世界性连锁企业，是以营业额计算的全球最大的公司，是世界上雇员最多的企业，主要涉足零售业。

遍布全球 15 个国家的 8 500 多家分店，200 多万的员工人数，庞大的数量和遥远的空间距离给沃尔玛的监督控制带来了很大的难题；然而，沃尔玛通过清晰的权责分配体制和人本控制的理念克服了管理难题，实现了对分店和员工的有效监督控制。

沃尔玛强调对分店的严格控制，通过清晰的责任配置，分布在全球的近万家分店都在公司的监控之下。具体来说，每家分店由 1 位经理和至少 2 位助理经理经营管理，经理负责整个分店的运营，助理经理则分别负责耐用商品和非耐用商品的管理，他们领导着约 30 个商品部门经理；分店经理向地区经理汇报工作，每位地区经理负责约 12 家分店；地区经理向区域副总裁汇报工作，每位副总裁下设 3—4 位地区经理；区域副总裁向公司执行副总裁汇报工作，另外还有 2 位高级副总裁分别负责新店发展和公司财务。虽然沃尔玛的商业规模早已今非昔比，但这一监控机制基本上与初建时一样简单、精炼和有效。

沃尔玛强调人本控制，即通过适度授权，将责任和职权下授给一线工作人员，变监督为激励，取得了良好的效果。其实行"店中有店"的方法，每个人所负责的区域就是一个"店"，每个人就是自己店的总经理。同时，在授权过程中，还需要实施监督，沃尔玛认为，

---

① 刘华，"美国沃尔玛公司的内部控制"，《财务与会计》（理财版），2010(11)。

信息共享是解决监督问题的有效办法。对于每位员工来说,经营方式、采购价格、运输成本和利润等所有资料都是公开、透明的。通过适当的授权和良性的竞争,不仅调动了员工的积极性和创造性,同时达到了有效监督的目的,使以人为本的内控制度能够得以展开。

12.1.4 企业集团内部控制体系的构建

通过前文的探讨和分析,我们总结了我国企业集团内部控制存在的普遍性问题,归纳了跨国公司内部控制实践的成功经验;在此基础上,我们可以借助战略管理、管理控制、财务控制、内部审计等理论,以企业内部控制规范体系为法规依据,构建企业集团内部控制体系的总体框架(见图12-1)。

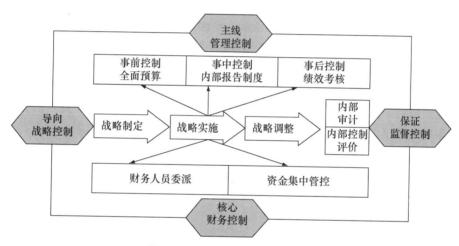

图 12-1 企业集团内部控制体系

企业集团内部控制的体系框架包括四个方面:一是战略控制,包括战略制定、战略实施和战略调整三个方面的内容;二是管理控制,包括全面预算、内部报告、绩效考核三个部分;三是财务控制,包括财务人员委派和资金集中管理两种方式;四是监督控制,包括内部审计和内部控制评价两种制度。这四个方面的具体内容将分别在本章第二节、第三节、第四节、第五节进行详细介绍。

企业集团内部控制体系框架的四个方面不是彼此孤立的,而是基于一定的时间逻辑顺序和管理流程顺序:以战略目标为线索,以战略目标的定位、制定和调整(即战略控制)为基础,通过一系列的控制活动(包括管理控制、财务控制和监督控制),最终实现战略目标。这样一来,战略目标贯穿整个体系框架,四个部分都是为了战略目标的制定、实施和最终实现而存在的。具体地讲,战略控制是导向,通过战略计划为企业集团设置长期发展目标;管理控制是主线,包括事前对战略目标的分解、事中对战略目标实施的反馈和事后对战略实施结果的评价,从时间维度上贯穿着战略目标从产生到实现的全过程;财务控制是核心,它控制着战略目标实现过程中最具主动性的"人员"和最具流动性的"资金",控制着战略实施的主客体;监督控制是保证,通过对内部控制体系设计和运行的监控,尤其是对子公司的监督,确保战略目标可以有效实现。

1. 以战略控制为导向

根据《企业内部控制基本规范》,内部控制的目标有五个,分别为:合理保证企业经营合法合规、资产安全、财务报告及相关信息真实完整、提高经济效益和效果、促进企业实现发展战略。这五个目标是一个完整的体系,其中战略目标是企业最终的、最根本的目标;同时,战略是企业发展的总体纲领和主导方向,企业的经营管理都是为了服务于战略的实现。因此,企业集团内部控制的首要任务也是促进企业战略目标的实现,以战略控制为导向。具体地,战略控制要按照战略制定、战略实施、战略调整的次序进行。

2. 以管理控制为主线

管理控制是战略目标实现全过程的主线,能够帮助母公司对集团子公司进行有效的管理,从而整合集团内部资源,最终实现企业集团的战略目标。从时间维度来看,企业集团的管理控制应贯穿于企业集团经营的全程,将企业经营的事前预算、事中报告与事后考核相结合,共同服务于企业集团战略目标的实现。因此,以全面预算为出发点、以内部报告为连接点、以绩效考核为落脚点的企业集团管理控制模式是企业集团内部控制体系的主线。

3. 以财务控制为核心

企业集团的一个重要特征就是集团规模大,下属成员公司众多,因此在具体的管理工作上难以做到面面俱到,尤其是具有重要地位的财务工作。而一旦财务信息的真实性和准确性出现问题,会滋生出一系列的问题,从而对企业集团整体的生存和发展产生深远的影响。因此,以财务控制为核心,对企业下属子公司进行管控,实施必要的财务人员委派和资金集中管理制度是必要的。

4. 以监督控制为保证

企业集团内部控制体系的有效运行,不仅需要坚实的基础,还需要强有力的保证。监督控制就是企业集团内部控制体系中最有效的保证。一般而言,企业集团对子公司的监督控制主要有两个方面,即内部审计和内部控制评价。企业集团通过这两个方面的监督,对公司日常运行进行监控,可以及时发现公司内部控制存在的问题,从而采取针对性的整改措施,促进企业集团内部控制体系的持续改进和不断完善。因此,监督控制是企业集团内部控制体系顺利实施的保证。

12.2 企业集团战略控制

根据《企业内部控制基本规范》及其配套指引的要求,母公司应当根据企业集团整体的战略规划,协调子公司的经营策略,督促子公司据以制订相关的业务经营计划和年度预算方案,以确保企业集团整体目标和子公司责任目标的实现。由此可见,企业集团对子公司的战略控制是企业集团内部控制体系的重要组成部分,也是集团公司的一项重要管理职能。战略控制决定着子公司的发展定位和未来的发展方向,同时也是集团公司发展战略得以顺利实施的重要配套性条件。

12.2.1 战略控制的内涵

《企业内部控制应用指引第 2 号——发展战略》指出:"发展战略,是指企业在对现实状况和未来趋势进行综合分析和科学预测的基础上,制定并实施的长远发展目标与战略规划。"通俗地讲,就是一个企业应该做什么,不能做什么;应该怎么做,不能怎么做;应该有怎样的目标,不能有怎样的目标。对这三个问题的回答都是战略,而这三个问题,绝对是企业生产发展的大问题。

企业在制定战略的过程中,一定要充分考虑到多种类型的发展战略,尽量详尽地为企业未来的发展做好规划。一般来说,集团公司在谋划整个集团的竞争优势的时候,需要考虑三种战略,包括集团总体、业务单元和职能部门这三个层次。[①]

1. 集团总体战略

集团总体战略是站在企业集团总体角度对企业未来的发展进行规划。集团总体战略主要是描述整体集团的总体发展方向,重点是增长、多种产业与产品种类等方面的管理态度。其主要类型可分为三大类,即发展战略、稳定战略和收缩战略等;其中,发展战略又可以分为一体化战略、多元化战略和密集型战略。

2. 业务单元战略

业务单元战略是企业集团从具体的业务单元出发,对企业的经营目标进行规划。业务单元战略主要是在子公司或者产品层次上进行设计,重点是强调公司产品或服务在某个产业中所处的竞争地位。其主要类型可以分为三大类,即成本领先战略、差异化战略和集中化战略等。

3. 职能部门战略

职能部门战略是企业集团针对企业内部职能部门进行的战略发展规划。职能部门战略主要涉及具体的营销、研发等职能部门和领域,重点是如何建立和培育某种能力,以使子公司取得竞争优势。其主要类型可以按照职能部门分为市场营销战略、生产运营战略、研究与开发战略、人力资源战略等。

通常情况下,在以上三种战略中,公司战略统领着经营战略,而经营战略统领着职能战略,三者形成了一个相互支持的战略规划体系。

战略控制是指监督战略实施的进程,及时纠正偏差,确保战略有效实施,使战略实施结果符合预期战略目标的必要手段。集团公司通过对集团总体战略的控制来选择集团的总体发展方向——多元化或一体化;通过对业务单元战略和职能部门战略的控制来控制子公司的战略制定、战略实施和战略调整。

---

① 注册会计师全国统一考试辅导审编委员会,《公司战略与风险管理》,北京:经济科学出版社,2013 年版。

12.2.2 战略控制的主要风险

1. 缺乏科学的战略规划,战略意识弱

缺乏科学的战略规划是我国企业集团在战略控制中面临的主要风险,这是集团领导层战略意识不强的表现。一些企业集团对于战略规划及其重要性的认知程度不够高,在实际工作中忽视对企业战略的规划,把战略制定当作应付上级主管部门和监管部门的规划文书,搞形式化的战略规划。其结果往往导致企业在发展过程中缺乏明确的目标和方向,缺少前进的动力,停滞不前甚至出现倒退,最终导致企业经营的失败。

2. 战略定位不准确,战略目标过于激进

企业在制定发展战略的时候,一定要从实际出发,充分结合自身的实际情况来制定符合企业发展的战略。一些企业集团在制定发展战略的时候,没有能够在考虑自身的实际情况下进行宏观经济环境和行业内部的准确定位,为了追求规模扩张和收入增长而选择盲目扩张、过度发展,或者过于保守、错失良机,最终导致企业发展受损,甚至倒闭的情况出现。

3. 盲目进行无关多元化,偏离主业

我国企业集团在成形之前,往往会经历一个高速发展的过程,同时也是其主业做优做强的过程。每当在主业已成规模或遇到发展瓶颈、利润增长空间被压缩的关键节点,很多企业集团经常会陷入"什么赚钱干什么"的思维陷阱,误导集团领导者对"热门"产业(如21世纪初的光伏产业和随后的房地产产业)趋之若鹜,盲目进行多元化;更可怕的是,这些多元化的领域绝大多数都是与其原来的主业无关的,这种盲目的无关多元化追求的都是短期利润和规模膨胀,而不利于企业集团的核心竞争力的提升和长远发展。

【案例 12-2】

澳柯玛的多元化之殇[①]

2006年4月14日,青岛澳柯玛集团公司董事局主席、G澳柯玛董事长鲁群生被正式宣布免去澳柯玛集团的董事局主席职务,同时也将被"建议集团通过法定程序免去其青岛澳柯玛股份有限公司董事长职务"。四天前的4月10日,G澳柯玛爆出澳柯玛集团及其下属关联企业累计占用公司资金19.47多亿元的消息。如此巨额资金用在了哪里呢?据悉,这些资金用在了澳柯玛集团新兴业务的发展和制冷主业的研发上。毋庸置疑,澳柯玛资金链的断裂与其新兴业务的发展密切相关,而谈到家电巨头澳柯玛的新兴业务,还要从其多元化道路说起。

---

① 李婕,"澳柯玛:多元化的牺牲品",《经营者(商业管理版)》,2006(10)。(有删改)

近几年,鲁群生力主澳柯玛转型,多元化一直是澳柯玛津津乐道并引以为傲的经营战略。鲁群生希望"在将来澳柯玛不再是以家电生产为核心,而是以高科技产品为核心"。基于这一判断,澳柯玛快速转舵,锂离子电池、自动售货机、海洋生物、电动自行车等成为澳柯玛的新的发展方向,但是这些新产业没有如期实现盈利,并占用了大量资金,从而拖垮了澳柯玛;一时间遍地撒种,但收获却难尽如人意,也拖垮了鲁群生本人。

通过介入新的领域,澳柯玛本期望尽快摆脱家电企业技术趋同、产品趋同、市场趋同和战略趋同的状态。但是事与愿违,在这些行业投入大量资金后,带来的却不是新的盈利增长点,部分项目甚至成了澳柯玛的负担。2005 年中报显示,G 澳柯玛在 2000 年 12 月 29 日上市时,总共募集资金 7.8 亿元,募集资金中的很大一部分都投向了与 G 澳柯玛原主业不相关的项目。其中,"合资生产锂离子电池项目"拟投入 1.7 亿元,实际投入 2.48 亿元,亏损 712.18 万元;"引进国外先进技术设备生产自动售货机项目"拟投入 6 128 万元,实际投入 6 128 万元,亏损 124.31 万元;"MP3 数码随身听项目"拟投入 3 000 万元,实际投入 150 万元后停止实施。

近年来,家电行业已经进入微利时代,对拥有庞大资产的澳柯玛集团来说,行业的特点决定了它是"挣得起赔不起"的企业;相对于海尔和海信,澳柯玛集团并没有太多的利润增长点,这必然刺激公司高管努力扩张,以求找到一个"利润奶牛"。

在这样的经营理念的指导下,盲目地扩张经营领域,加之公司资金治理不善的"先天不足",澳柯玛的结局也是意料之外、情理之中的了。

4. 战略决策随意,集体民主决策机制缺失

企业集团仅仅凭借其领导者的个人判断和臆想进行战略决策和战略调整,搞"一言堂"和"一人机制","一哥文化"乌云笼罩整个集团。缺乏战略的集体决策机制,或者相关机制形同虚设,或者企业在制定战略过程中缺乏必要的审核和审批,最终导致企业难以顺利制定出符合自身的发展战略。

5. 战略实施的手段不科学,战略实施和战略调整流程不健全

企业集团缺乏战略实施和战略调整的制度流程,企业战略的实施缺乏科学的手段,而是简单一味地要求子公司及下属部门严格遵守,结果导致企业的发展战略难以被接受,甚至无法继续实施下去;此外,一些企业集团不能坚持正确的战略不动摇,而是只有"三分钟"热度,没有充分的动机、条件就对已经制定好的发展战略进行更改,没有完善的战略调整流程,导致企业集团制定出的战略难以实现,不仅浪费工作,还会导致企业的发展方向不明,影响企业的正常发展。

12.2.3 战略控制的组织架构

1. 组织架构设计

(1) 企业集团董事会。企业集团董事会是整个集团的最高决策机构,战略控制是其

决策职能的一部分。就战略决策权来说,企业集团董事会是整个企业集团战略方案的最终审批者。

(2) 战略委员会。在企业集团董事会下,应当设立战略委员会,负责发展战略的相关工作,对战略管理部门提交的发展战略进行审核。战略委员会的成员应当具有较强的综合素质和实践经验,其任职资格和选任程序应当符合有关法律法规和企业章程的规定。

(3) 战略发展部门。企业通常应该设立战略发展部门,负责发展战略的制定和实施的具体安排工作。这类部门在实际工作中有多种称谓,如战略规划部门、发展改革部门、发展计划部门、战略管理部门等。

2. 各部门的职责分配

集团总部或者子公司的战略发展部门是企业子公司发展战略的制定者;企业战略委员会作为企业发展战略的管理部门,是发展战略的审核者,负责对制定出来的发展战略进行审核;对于通过审核的发展战略,企业战略委员会须提交给企业集团董事会进行审批,审批无误后由企业战略发展部门整理并下发实施。

12.2.4 战略决策的机制

《企业内部控制应用指引第1号——组织架构》对战略决策工作进行了规定:"企业的重大决策、重大事项、重要人事任免及大额资金支付业务等,应当按照规定的权限和程序实行集体决策审批或者联签制度。"任何个人不得单独进行决策或者擅自改变集体决策意见。"三重一大"集体决策机制的建立,可以有效避免"一言堂""一支笔"现象,从制度层面为企业集团进行科学合理的战略决策提供保障,有利于促进国有企业完善治理结构和健全现代企业制度。

1. 集体决策机制的范围

"三重一大"集体决策机制主要包括以下内容:

(1) 涉及企业中长期发展规划、年度计划的研究制订,财务预、决算及预算的调整;

(2) 企业重要制度的"立、改、废"和涉及企业员工切身利益的重大改革方案或措施的制定调整;

(3) 企业对外合资、投资、合作的重大项目的研究确定;

(4) 不动产、大宗物资、设备采购,以及土地、房屋和大型设备器材等资产的租赁和处置事项;

(5) 企业内不同层级人员权限的设定及其选拔、任免、调整,以及对企业内人员的重要奖惩;

(6) 企业大额资金的使用,其额度标准可根据企业或者部门的实际情况研究确定;

(7) 其他需要集体决策研究的重大事项。

当然,集体决策内容并不是一成不变的,随着政策的调整、形势的变化和企业发展的实际,其内容也应予以不断更新完善。

2. 集体决策机制的建立

(1) 明确决策范围。依据《企业内部控制应用指引》，结合企业集团实际，明确集体决策的事项范围。凡是明确规定应由集体决策、审批的重要事项，均应纳入企业集团集体决策的范围，准确、全面地体现集体决策制度的要求。

(2) 规范决策程序。在决策前，要建立健全提议、会商、通报、酝酿程序，不能违反程序，随意突出决策事项；要建立健全决策事项的经济、法律、技术等可行性论证程序，防止决策的草率、随意。在决策中，要建立健全决策过程中的议事规则，实行票决制，不能将不同意见置若罔闻。在决策后，要建立健全决策后评价、反馈纠偏程序，不能将决策结果放任自流。

(3) 建立落实机制。企业集团决策层要以高度的自觉性和责任感，大力落实集体决策机制，要着力抓好落实集体决策制度的顶层设计。健全决策记录制度，凡是涉及集体决策的事项，都应做好详尽的决策记录，并要有相关人员的签字认可，做到有据可查。健全并实行问责制，对超越法定权限而决策的、未经科学论证而决策的、以个人决定代替集体决策造成损失的，要给予严肃处理；对造成重大决策失误的，要追究主要决策者的责任。

12.2.5 战略调整的条件和流程

1. 战略调整的条件

发展战略的制定是企业集团对于企业未来发展长期目标的规划，需要企业长期坚持。但是，特殊原因造成企业战略出现偏差并符合战略调整条件的，企业可以依据一定的流程对发展战略进行调整，以保证企业的长远发展。一般来说，战略调整的条件主要包括：

(1) 外部环境的变化。企业在经营过程中受到很多外部环境因素的影响（如政治、经济、社会和文化等），而这些外部环境因素如果发生较大的变化，会导致企业战略决策的环境基础发生变化，对企业制定的发展战略产生重大影响。

(2) 竞争环境的变化。环境的改变、客户需求的变化和技术创新的加快，都会使得企业的行业竞争优势、竞争地位发生变化，使得其根据过去的竞争优势和竞争地位所制定的企业战略不适合企业当前的实际情况。

(3) 内部管理的变化。一些企业在经营过程中由于需要，会对其组织结构、激励制度、绩效管理系统、技术创新管理和部门协作等方面进行调整，而这种调整和企业已有的战略发生冲突，使得企业必须考虑内部管理未来可能发生的变革，并在此基础上对企业的发展战略进行调整。

2. 战略调整的流程

对于符合战略调整条件的，企业集团应当根据战略制定流程对发展战略进行调整，以保证发展战略能够符合企业的实际情况。一般来说，发展战略调整应遵循以下流程：

（1）战略委员会在发现企业环境发生重大变化后,应及时向集团董事会报告,并提出调整说明;

（2）集团董事会召集相关人员召开战略调整研讨会,对战略调整说明进行研讨;

（3）战略发展部门对战略调整研讨会的会议结果进行研究,并根据意见形成战略调整预案,交由战略委员会进行审核;

（4）战略委员会将审核通过的战略调整预案上报集团董事会进行审批;

（5）董事会将审批通过的战略调整预案下发战略发展部门,由其进行任务的细化与落实;落实过程中,战略委员会对战略调整的过程进行监督,定期收集和分析相关信息。

【案例12-3】

雅戈尔战略回归服装主业[①]

经济形势发生变化,上市公司也在主动改变发展战略。雅戈尔正在经历这样的过程,以前三足鼎立的主业中的房地产和股权投资在公司业务中的角色逐渐发生变化,服装业务也在发生蜕变,重新成为公司的主业。

"2008年全球金融危机以后,房地产经历国家几次严格调控,股权投资受到国内外形势的影响。基于对整个经济环境的判断,雅戈尔决定进行业务调整,回归自身强项,做好服装品牌的生产经营。"雅戈尔董事长李如成表示,在雅戈尔主品牌的基础上研发出Mayor、Hart Schaffner、Marx、GY和汉麻世家品牌。对于这五个品牌之间的关系,李如成形象地将其描绘成"大星星和四个小星星",各品牌受众定位清晰、自成风格。

在确立了回归服装主业的战略后,雅戈尔的房地产和股权投资的发展规划又将如何呢?

"由于房地产市场资本融资功能的丧失,房地产和服装混业经营的状况已经严重制约了雅戈尔整体的发展。"李如成表示,雅戈尔将会根据资金总量对房地产业务进行区域性调整。

12.3 企业集团管理控制

企业集团除了对子公司的战略规划进行管理之外,还应该采取一系列措施对子公司实施有效的管理控制,从而加强企业集团对子公司的管理,为集团实现整体战略目标奠定基础。

[①] 朱戴兵,"雅戈尔战略调整回归服装主业",《证券时报》,2012年12月6日。

12.3.1　管理控制的内涵

管理控制与战略控制范畴的关系密切,是决定如何执行战略的过程控制。在企业集团运营中,母公司对集团各个成员进行有效的管理控制,能够有效地整合集团内部资源,实现企业集团的战略目标。企业集团管理控制应贯穿企业集团经营的全程,坚持将事前预算计划、事中报告反馈与事后绩效考核相结合,共同服务于企业集团战略目标的实现。因此,在本书所构建的企业集团管理控制体系中,主要包括事前控制的全面预算、事中控制的内部报告、事后控制的绩效考核等三个部分。

1. 全面预算

全面预算是指企业对一定期间的经营活动、投资活动、财务活动等作出的预算安排。《企业内部控制基本规范》第三十三条规定,预算控制要求企业实施全面预算管理制度,明确各单位在预算管理中的职责权限,规范预算的编制、审定、下达和执行程序,强化预算约束。

2. 内部报告

在企业中,内部报告是相对于外部报告而言的。内部报告,也称作管理报告,是指企业在管理控制系统的运行中,为企业内部的各级管理层,以定期或非定期形式记载企业内部信息的各种图表和文字资料。

3. 绩效考核

绩效考核是指运用科学的方法,对企业或其各分支机构一定经营期间内的生产经营状况、资本运营效益、经营者业绩等进行定量和定性的考核、分析,作出客观、公正的综合评价。

12.3.2　管理控制的主要风险

1. 治理结构存在缺陷,管理水平低下

健全的治理结构是企业管理控制的制度基础,这一点对企业集团来说尤为重要。我国企业集团在公司治理结构方面仍存在很多缺陷,如母子公司之间的权责关系、产权制度安排等都有待完善。在国有控股的企业集团中,所有者缺位和内部人控制问题较为突出,母公司对子公司的管理控制经常会受此影响而造成管理虚位、力度不够等问题。

2. 组织层级系统紊乱,组织整合缺失

对于企业集团这样大型化、规模化的经济组织而言,科学明晰的组织层级就像骨骼一样支撑起整个集团的管理工作。然而,我国企业集团的管理组织结构不合理、不健全,甚至形同虚置的问题普遍存在。尤其是在经过爆炸性的并购扩张之后,集团公司对被并购公司的管理组织结构缺乏有效的整合,造成内部机构设立庞杂而臃肿、重叠而低效,容易出现上下信息不通畅和欺上瞒下的舞弊行为。

3. 全面预算管理体系尚未形成

预算是对年度战略经营目标的细化、分解和落实,是企业集团管理控制的出发点。一些企业集团在全面预算管理方面的重视程度不够,还没有形成完善的预算管理体系。在预算编制的过程中,企业集团的预算组织不健全,缺乏一套完善的预算编制流程,可能会导致企业编制的全面预算无法完成或者不健全,编制预算所使用的方法不当;另外,在预算执行和考核方面也存在许多问题,如预算缺乏刚性、执行不力、考核不严等。总之,我国企业集团尚未建立起完备的全面预算管理制度。

4. 内部报告制度尚未建立

企业集团的管理层级较多,管理幅度和管理跨度较大,需要完善的内部报告制度,保证集团公司与子公司之间能够流畅地传递信息。一些企业集团没有形成良好的管理报告制度,母子公司之间的沟通状况较差。例如,内部报告流程不健全,内部报告系统缺失、功能不健全;报告的内容不完整,企业内部信息传递不通畅、不及时;报告的方法不恰当、报告的信息有误、在内部信息传递过程中出现泄漏,从而导致商业机密的外泄等。

5. 绩效考核的激励约束导向尚未明确

作为一种反馈控制手段,绩效考核通过与薪酬激励挂钩来实现对企业集团及子公司管理层的奖惩,为下一个经营周期的工作奠定基础。一些企业集团未能制定出符合自身战略导向的、科学合理的多层次考核体系,未能选择先进的考核工具,公平公正地考评下属企业的经营业绩。绩效考核过程中存在的问题有:考核主体不明确,考核指标设置不准确,考核结果出现偏差;没有健全的考核流程,出现漏评、评价结果不全面等现象;考核模式选择不当,过于强调对收入、利润等传统会计指标的偏重,缺乏价值导向和战略导向;等等。

12.3.3 以全面预算为出发点

1. 全面预算的组织架构

全面预算管理的首要任务是加强预算组织建设,明确各机构之间的权责关系。《企业内部控制应用指引第15号——全面预算》第四条规定:"企业应当加强全面预算工作的组织领导,明确预算管理体制以及各预算执行单位的职责权限、授权批准程序和工作协调机制。"

预算管理组织是由预算决策机构、预算管理职能机构和预算管理执行机构等三个层次的机构所组成的。

(1) 预算决策机构。预算决策机构包括企业集团董事会及其下设的预算管理委员会,其作为企业集团的预算决策机构,对企业全面预算进行管理。企业集团董事会负责企业全面预算的审批工作;预算管理委员会则负责对预算管理部门提交的预算进行审核,并在全面预算的实施过程中进行监督。

(2) 预算管理职能机构。预算管理职能机构指的是负责预算编制、实施以及反馈的职能部门。企业应该建立专门的预算管理部门来负责预算的编制和实施工作,但是在很多企业中,往往是由财务部门兼负此项工作。

(3) 预算管理执行机构。预算管理执行机构是预算执行过程中的各个责任预算的执行主体。由于预算的执行涉及集团公司包括子公司在内的所有单元及其附属的所有部门,因此严格地讲,企业集团的所有部门包括最小的组织单元班组在内,都是预算执行机构。

2. 全面预算的流程

根据《企业内部控制应用指引第 15 号——全面预算》的要求,全面预算的流程主要包括预算编制、预算执行和预算考核三个阶段。每个阶段都有具体的程序,在这里,我们遵循应用指引的总体要求,将全面预算的流程进行程序化,具体包括下达目标、编制上报、审查平衡、审议批准、下达执行、考核评价等环节。

【案例 12-4】

GKN 集团的预算管理模式①

吉凯恩集团(Guest, Keen & Nettlefolds Ltd. ,简称"GKN 集团")创建于 1759 年,至今已有 256 年的历史。它从 18 世纪的一家新式铁匠作坊,发展到现今在全世界范围内拥有 280 多家子公司和分支机构、超过 50 000 名员工的庞大商业帝国,成为今天全球范围内的汽车发动机和飞机零配件的顶级供应商。关于 GKN 集团基业长青的秘诀,《世界商业评论》的答案十分中肯:事实上,它们严格的预算和财务控制所流露出的精确性和客观性,和当年夏洛特写就冶铁业著作时的劲头一脉相承,这份精神"传家宝"使 GKN 有勇气在关键时刻作出那些富有冒险精神的决定。经过不断地摸索和实践,GKN 集团构建了一整套科学完善的预算管理模式。

第一,预算的编制。GKN 集团制定了严格的预算编制流程框架。首先,由集团董事会制定集团战略,主要包括利润和投资总规模,这是集团的最高战略和财务目标;其次,在集团战略的基本框架下,各个行业部门分别制定本行业的发展战略;最后,在行业部门的带领下,四大业务部门根据集团战略和行业发展战略的核心精神,明确各个产品分部的发展战略。

第二,预算执行的反馈。GKN 集团建立了科学的预算反馈和报告制度。每月的第一周,各执行单位须向集团财务总部上报上月财务成果,每月中旬须向集团财务总部上报上月财务成果的正式报告(包括 300 多个指标);同时,各执行单位在每季度初须向集团财务总部上报本季度预算执行情况的预测报告。

第三,预算执行的监控。GKN 集团十分重视对预算执行情况的监控。集团会在每月第三周的周末举行董事会例会,针对各单位的预算执行报告和财务总部的分析报告中实际成绩与年度预算差距较大的进行讨论,全面分析差异对战略和财务目标的实现的影

---

① 改编自:(1) 石可,"解读 GKN 集团:历时 245 年的冒险游戏的胜利者",《环球企业家》,2004(06);(2) 徐允人,"跨国公司的财务控制——对英国 GKN 集团的考察",《外国经济与管理》,1989(06)。

响,并提出初步的改进措施。

第四,预算的考核。GKN集团的预算考核主要在年末进行。在集团对全体员工的年末绩效考核中,预算执行结果作为考核的重要内容,占有很大的权重,集团为此还建立了一整套严格的奖惩制度。一旦发现重大失职情况,各执行单位负责人轻则被降职、重则被辞退。

可以说,正是严格的预算和财务控制给GKN集团带来的准确性和客观性,使得GKN集团的战略决策更加科学、准确和客观。

12.3.4 以内部报告为连接点

《企业内部控制应用指引第17号——内部信息传递》指出:"企业应当加强内部报告管理,全面梳理内部信息传递过程中的薄弱环节,建立科学的内部信息传递机制,明确内部信息传递的内容、保密要求及密级分类、传递方式、传递范围,以及各管理层级的职责权限等,促进内部报告的有效利用,充分发挥内部报告的作用。"该规定在凸显企业信息传递的重要性的同时,强调了科学的内部报告体系是实现企业生产经营管理信息在各管理层级之间有效沟通和充分利用的基本途径。

1. 内部报告的流程

从内部报告的流程来说,内部报告主要包括四个流程,即内部报告的形成、审核、使用和保密。

(1) 内部报告的形成

① 企业集团应认真研究企业的发展战略、风险控制要求和业绩考核标准,根据各管理层级对信息的不同需求,建立一套级次分明的内部报告指标体系。

② 企业内部报告指标确定后,应进行细化、层层分解,使企业集团各子公司及各相关职能部门都有自己明确的目标,以利于控制风险并进行业绩考核。

③ 企业可以通过行业协会组织、社会中介机构、业务往来单位、市场调查、来信来访、网络媒体,以及有关监管部门等渠道获取外部信息;通过财务会计资料、经营管理资料、调研报告、专项信息、内部刊物,以及办公网络等渠道获取内部信息。

④ 企业信息管理部门及各职能部门应先将收集的有关资料进行筛选、整理,然后根据各管理层级对内部报告的信息需求和先前制定的内部报告指标,建立各种分析模型,提取有效数据进行反馈汇总,并在此基础上对分析模型进一步改造,进行资料分析。

⑤ 企业集团应合理设计内部报告编制程序,提高编制效率;内部报告内容应全面、简洁明了、通俗易懂;内部报告应形成总结性结论,并提出相应的建议,为企业的效益分析、业务拓展提供有力保障。

⑥ 企业集团应充分利用信息技术,强化内部报告信息集成和共享,将内部报告纳入企业统一信息平台,构建科学的内部报告网络体系。

⑦ 对于重要信息,企业集团应当委派专门人员对其传递过程进行复核,确保信息正

确传递给使用者。

（2）内部报告的审核

① 各子公司及相关部门起草内部报告文件后,应先提交部门经理进行审核,并根据部门经理提出的审核意见修改内部报告。

② 集团总部信息管理部门经理对各子公司及相关部门提交的内部报告进一步审核,主要从以下三个方面着手:内部报告的内容是否真实、全面、完整;内部报告的控制目标是否科学,以满足其经营决策、业绩考核、公司价值与风险评估的需要;内部报告的编写格式是否规范,如报告名、文件号、执行范围、报告内容、起草或制定部门、报送和抄送部门以及时效要求等内容是否符合编制要求。

③ 内部报告修改完毕后应提交运营总监进行审核,对于重要信息,还应当委派专门人员对其传递过程进行复核,确保信息正确传递给使用者。

（3）内部报告的使用

① 内部报告应当按照职责分工和权限指引中规定的报告关系传递信息,但为保证信息传递的及时性,重要信息应当及时传递给董事会、监事会和经理层;企业各管理层对内部报告的流转应做好记录,对于未按照流转制度进行操作的事件,应当调查原因,并作相应处理。

② 企业管理层应通过内部报告提供的信息,对企业生产经营管理中存在的风险进行评估,准确识别和系统分析企业生产经营活动中的内外部风险,涉及突出问题和重大风险的,应当启动应急预案。

③ 企业各级管理人员应当充分利用内部报告进行有效决策,确定风险应对策略,管理和指导企业的日常生产经营活动,及时反映全面预算的执行情况,协调企业内部各子公司和相关部门的运营进度,严格绩效考核和责任追究,确保企业实现发展战略和经营目标。

④ 信息管理部门应及时更新信息系统,确保内部报告有效安全地传递;信息管理部门应在实际工作中尝试精简信息系统的处理程序,使信息在企业内部更快地传递;对于重要紧急的信息,可以越级向董事会、监事会或经理层直接报告,便于相关负责人迅速作出决策。

（4）内部报告的保密

① 信息管理部门应当制定内部报告保管制度,报运营总监审核、总经理审批。

② 为了便于内部报告的查阅、对比分析,改善内部报告的格式,提高内部报告的有效性,信息管理部门应按类别保管内部报告,对影响较大、金额较高的内部报告一般要严格保管(如企业重大重组方案、债券发行方案等);对不同类别的报告应按影响程度规定其保管年限,只有超过保管年限的内部报告方可销毁,影响重大的内部报告应当永久保管(如公司章程及相应的修改、公司股东登记表等);有条件的企业应当建立电子内部报告保管库,分性质,按照类别、时间、保管年限、影响程序及保密要求等分门别类地储存电子内部报告。

③ 内部报告信息的密级分为绝密、机密、秘密三级。在公司经营发展中,直接影响公司经营决策的重要内部报告信息为绝密级;公司重要的业务往来内部报告信息为机密级;公司一般业务往来的内部报告信息为秘密级。

④ 企业应当制定严格的内部报告保密制度,明确保密内容、保密措施、保密别级和传递范围,防止泄露商业秘密。使用内部报告的各职能部门及相关人员必须严格执行保密要求,不论有意或无意外泄重要信息者,都将被追究其责任。

⑤ 一旦发生泄密事件,信息管理部门应及时采取相应的补救措施,尽可能将损失降至最低。

⑥ 信息管理部门应编写泄密事件处理报告,并报上级领导。

2. 内部报告的内容

内部报告的设计应根据发展战略、风险控制和业绩考核的要求,科学规范不同级次内部报告的指标体系,采用经营快报等多种形式,全面反映与企业生产经营相关的各种内外部信息。报告一般分为定期报告和即时报告。

(1) 定期报告。定期报告是指企业集团子公司在某一时间段内的业务运转及生产经营状况的周期性信息报告,是通过周报、月报、季报等形式定期形成的总结性报告。企业定期报告的主要内容包括:生产经营数据统计分析报告;经济运行分析报告;财务相关报告;生产情况报告;新产品研发情况报告;原材料采购报告;设备运行情况报告;人力资源报告;应收账款报告;其他定期报告。

(2) 即时报告。即时报告是指企业集团子公司在经营过程中遇到的、可能对企业经营产生重大影响的突发情况的说明性报告,以及企业集团总部下发的文件、会议纪要等内部资料。企业即时报告的主要内容包括:集团下发文件;采购价格调整报告;安全事故报告;质量事故报告;其他即时报告。

【案例 12-5】

埃克森美孚的管理报告体系[①]

埃克森美孚是世界领先的石油和石化公司,由约翰·洛克菲勒于 1882 年创建。事实上,使埃克森美孚在全球位居行业领先地位的不仅仅是 1.4 万名工程技术人才和科学家所掌握的先进技术,还有其追求完美的管理控制机制,尤其是科学的管理报告体系。埃克森美孚的管理报告体系主要包括以下内容:

1. 预测分析报告

由于石油石化行业与经济发展及能源供需形势关系密切,对经营环境发展趋势的深入理解是埃克森美孚公司制定战略规划、指导投资决策的关键。几十年来,公司每年都要提出一份对未来世界经济和能源供需趋势的预测分析报告,时间跨度通常为 20 年。这些报告以国际能源机构、美国能源部和其他权威机构的观点为基础,经专家研究分析后提出,具有相当的权威性和极其重要的指导意义。

---

① 改编自:(1) 王曦,"埃克森美孚公司经营战略体系分析",《当代石油石化》,2005(01);(2) 张建等,"埃克森美孚:战略管理成就伟业",《中国石油企业》,2010(09)。

2. 对战略实施效果的评估报告

对战略实施效果的严格评估也是埃克森美孚公司确保战略得以贯彻执行及不断完善的重要环节。公司每年设定具体的目标，并将其通报所有相关部门和人员；包括董事会在内的所有部门都要对本部门的绩效进行自我评估，同时要接受上级单位的评估，而相应的部门和人员也依据设定的具体目标对包括董事长在内的每一名员工进行绩效评价。例如，独立董事和报酬委员会每年要依据公司总体目标的完成情况对董事长进行考核并决定其报酬水平。

3. 风险报告

埃克森美孚子公司司库每年需要提供风险报告给全球司库总部，该报告中有三个重要比率。

(1) 风险回报率 (Return to Risk Ratio)

风险回报率 = 平均历史回报 / 回报的标准差，该比率主要是对常规计算的回报率进行风险调整。

(2) 夏普比率 (Sharpe Ratio)

夏普比率 =（平均历史回报率 – 平均无风险回报率）/ 回报的标准差，该比率除了考虑到风险调整之外，还进行了无风险利率调整，主要是对公司投资的超额收益进行分析。

(3) 经济增加值 (EVA)

经济增加值 =（投资回报率 – 资本成本率）/ 总成本，该比率主要考虑了资本的机会成本。

12.3.5 以绩效考核为落脚点

《企业内部控制基本规范》第三十五条对绩效考评控制提出了具体要求，要求企业建立和实施考评制度，科学设置考核指标体系，对企业内部各责任单位和全体员工的业绩进行定期考核和客观评价，将考评结果作为确定员工薪酬以及职务晋升、评优、降级、调岗、辞退等的依据。可以看出，绩效考核制度可以用来对企业集团子公司的工作情况进行考察评价，并以此为依据对其进行奖惩，是企业集团对子公司进行管理控制的落脚点。

1. 绩效考核的流程

企业需要建立起一套合理的考核流程，以保证企业集团绩效考核的顺利进行。具体来讲，企业的绩效考核，可以分为确定考核周期、编制工作计划、校正量化指标、调控考核过程、验收工作成效、考核结果运用六个具体的行动步骤来组织实施。

2. 绩效考核的工具方法

选择合适的考核工具方法是确保考核结果科学准确的关键。除了传统的以会计利润为基础的财务指标考核方法以外，近年来，关键绩效指标、经济增加值等国外先进的考核工具传入我国，不失为我国企业集团进行绩效考核控制的有益借鉴。现将国外先进的考核方法介绍如下：

（1）关键绩效指标。关键绩效指标(Key Performance Indicator,KPI)，是通过对工作绩效特征的分析，提炼出最能代表绩效的若干关键指标体系，并以此为基础进行绩效考核的模式。KPI 是衡量企业战略实施效果的关键指标，其目的是建立一种机制，将企业战略转化为企业的内部过程和活动，以不断地增强企业的核心竞争力和持续地取得高效益。

（2）经济增加值。经济增加值(Economic Value Added,EVA)，衡量的是企业资本收益和资本成本之间的差额。其核心思想是，只有净利润超过包括股权成本和债务成本在内的资本成本总量时才算是创造了利润。国资委十分重视在中央企业中全面推进 EVA 考核，并通过规定资本成本率和进行会计调整等措施对 EVA 进行了本土化改造，以期引导中央企业树立资本成本意识，注重价值创造、突出主业和可持续发展。

【案例 12-6】

央企 EVA 新政[①]

"限制非主业投资，对非经常性收益（如在股票、房产、期货方面的投资收益）将会在计算中减半计算。"2010 年 1 月 7 日，国务院国资委召开中央企业经营业绩考核工作会议并提出，将在 2010 年在中央企业层面全面推行 EVA 考核。

在国资委 2009 年 12 月 28 日修订的《中央企业负责人经营业绩考核暂行办法》中，对 EVA 考核采用新的计算公式，同时在会计处理上有四个方面的变化。除了上述减半计算之外，还包括鼓励加大研发投入，对研究开发费用视同利润来计算考核得分；鼓励为获取战略资源进行的风险投入，对企业投入较大的勘探费用，按一定比例视同研究开发费用；鼓励可持续发展投入，对符合主业的在建工程，从资本成本中予以扣除。

"研究开发费用视同利润来计算考核得分，能使企业的自主创新更上一个台阶，企业有动力去做这个事情。"国资委副主任黄淑和表示。

"对非经常性收益确实会减半计算，虽然利润考核也会同时存在，但是以后在央企考核中，EVA 将占主要部分。"国资委原业绩考核局现综合局局长刘南昌告诉本报记者。

"这个举措反映国资委开始了从战略管理到价值管理的一个大改变。"北大纵横合伙人殷明德接受记者采访时表示。

"EVA 新规对那些占用资本较多、投资规模较大的央企的影响会很大。"刘南昌表示。目前，129 家央企中那些投资非主业资产、负债规模比较高的企业的 EVA 考核值将有可能为负值。

2012 年 12 月 29 日，国务院国资委又公布了最新修订的《中央企业负责人经营业绩考核暂行办法》(简称《暂行办法》)。《暂行办法》指出，进一步强化业绩考核的价值导

---

① 本部分内容根据以下资料来源进行整理：(1) 邢莉云，"央企 EVA 新政：股票期货投资收益打'半折'"，《21 世纪经济报道》，2010 年 1 月 7 日；(2) 刘丽靓，"提高 EVA 权重至 50%，央企利润将更加实在"，《证券时报》，2013 年 2 月 4 日；(3) 国务院国资委综合局，"关于修订《中央企业负责人经营业绩考核暂行办法》有关情况的说明"，2013 年 2 月 1 日。

向,绝大多数中央企业 EVA 考核指标权重提高到 50%,利润总额指标权重下降为 20%。在计算企业利润总额及经济增加值时,通过变卖企业主业优质资产所取得的非经常性收益将被全部扣除。业内人士指出,这意味着 EVA 已成为考核央企业绩的重要指挥棒,意在挤央企泡沫。

据了解,《暂行办法》由原来的 41 条增加到 47 条,重点体现在以下几个方面:

一是仍设立年度和任期考核基本指标和分类指标。年度考核维持"利润总额和经济增加值"基本指标不变,在计算企业利润总额及经济增加值时,通过变卖企业主业优质资产所取得的非经常性收益将被全部扣除,此前只是扣除一半;任期考核保留"国有资本保值增值率"基本指标,取消主营业务收入增长率,更换为总资产周转率;分类指标由国资委确定;国资委还将根据需要在年度和任期经营业绩责任书中增设约束性指标。

二是进一步强化业绩考核的价值导向。绝大多数中央企业 EVA 考核指标权重提高到 50%,利润总额指标权重下降为 20%;充分考虑当前及今后一段时期国际、国内环境因素和中央企业实际资本成本水平,继续维持第三任期的资本成本率不变。

三是设置 EVA 条件作为 A 级企业的进级门槛。《暂行办法》规定,"利润总额为负或经济增加值为负且没有改善的企业,考核结果原则上不得进入 A 级",更加突出业绩考核在促进结构调整、转型升级方面的导向作用。

四是更加突出业绩考核在促进自主创新方面的导向作用。在计算 EVA 时,企业管理费用项下的"研究与开发费用"和当期确认为无形资产的研究开发支出,继续予以加回;对取得重大科研成果或在国际标准制订中取得重大突破的企业,年度考核给予加分奖励,任期考核给予特别奖;对科技进步要求较高的企业,应选择一项符合主业发展的科技投入或产出指标,作为分类指标纳入考核;在确定业绩考核系数(原经营难度系数)时,引入技术投入比率作为计算因子(权重为 5%),进一步强化科技投入的考核导向。

五是更加突出对标考核,促进企业做强做优、争创一流。鼓励中央企业选择反映所处行业特点和增强核心竞争力的指标,与国际或国内先进水平进行对标,并将对标内容纳入考核;完善目标值报送及计分规则,对年度和任期基本指标目标值达到行业领先水平的,完成后直接加满分,引导企业向优秀水平看齐。

六是完善差异化考核,提高考核的针对性和有效性。在确定考核指标的权重上,区分军工、储备和科研企业,电力、石油石化企业和其他企业;对企业因处理历史遗留问题等而对当期经营业绩产生重大影响的因素,经国资委核准后,可以在利润目标值审核或完成情况核定时予以考虑;企业报送的考核目标建议值,原则上不低于规定的基准值,但处于行业周期性下降和受突发事件重大影响的企业除外。

七是完善与考核紧密挂钩的奖惩内容。增设国际化经营特别奖和品牌建设特别奖,以表彰任期内国际化经营成效显著和品牌建设取得重大进展的企业;此外,绩效薪酬延期比例由 40% 降低至 30%,以增强考核的激励效果。《暂行办法》继续将考核结果分为A、B、C、D、E 五个级别,明确了进入 C 级的得分最低线;利润总额为负或 EVA 为负且没有改善的企业,考核结果原则上不得进入 A 级。央企负责人年度薪酬仍分为基薪和绩效薪金两部分,绩效薪金与年度考核结果挂钩,且年度当期兑现比例由 60% 提高到 70%。

(3) 平衡计分卡。平衡记分卡(Balance Score-Card,BSC),是从财务、顾客、内部业务过程、学习与成长四个方面来衡量绩效。平衡记分法一方面考核企业的产出(上期的结果),另一方面考核企业未来成长的潜力(下期的预测);从顾客角度和内部业务角度两个方面考核企业的运营状况参数,充分把公司的长期战略与公司的短期行为联系起来,把远景目标转化为一套系统的绩效考核指标。

12.4 企业集团财务控制

财务活动是企业生产经营活动的前提和保证,从财务管理的角度来讲,企业的建立与发展就是融资、投资和利润分配的资本的循环过程。由于企业集团涉及对集团公司的财务管理和对子公司财务工作的管控,因此企业集团的财务管理更加复杂、风险更高,对其财务控制工作的要求也更高。随着企业集团的国际化和规模化的特征越来越明显,如何实现对集团整体的财务管理和对子公司的财务控制,已经成为所有企业集团必须面临的重要课题。

12.4.1 财务控制的内涵

企业集团对子公司的财务控制指的是企业集团利用财务手段对子公司的财务活动进行控制,从而实现对子公司控制的过程。由于企业集团的规模较大、下属公司较多,许多控制制度跟不上或执行难度大、管理力度不够,导致子公司间形成"割据"之势,子公司财务信息的真实性、准确性得不到保证,子公司的资金游离于母公司的控制之外,无法实现资源的合理配置。因此,财权集中化成为企业集团对子公司进行财务管控的主要趋势。

一般来讲,企业集团要实现有效的财务控制,既要想办法管理好子公司的钱,还要想办法管理好子公司的人。也就是说,需要通过实行财务人员委派和资金集中管理两种手段,强化企业集团对子公司的财务控制。其中,财务人员委派是指在企业财产所有权与经营权相分离的情况下,由出资人向企业委派财务负责人参与企业的重大经营决策,组织和监控企业日常财务活动的一种经济监督制度。资金集中管理是指将整个集团的资金集中到集团总部,由总部统一调度、管理和运用。通过资金的集中管理,企业集团可以实现整个集团内的资金资源整合与宏观调配,提高资金使用效率,降低金融风险。

12.4.2 财务控制的主要风险

1. 资金运作不规范,运营不畅

企业集团业务种类繁多且规模巨大,日常涉及的资金的组织和调度额度相较于一般企业要大很多。一些企业集团在资金的运营方面管控不严、管理失效,究其原因是集团的资金集中度不够,难以对资金实行集中管理和统一调配;随之而来的问题就是资金调度失效,子公司中资金短缺和资金闲置同时存在,导致企业集团陷入财务困境或资金冗余,资金利用效率低下。

2. 资金集中管理不到位,管控不严

企业集团对子公司应加强资金活动的集中归口管理,定期或不定期地检查和评价子公司的资金活动。一些企业集团对子公司资金的集中管控不严、疏于管理,财务权力下放过度,导致子公司"割据一方""各自为政";子公司在资金使用上的自由度过高、缺乏约束、效率低下,导致资金被挪用、侵占、抽逃或遭受欺诈。

3. 财务制度不规范,财务信息失真

企业集团的各个子公司在业务类型、资金需求和财务管理方面存在很大差异,需要集团公司建立统一规范的财务制度。一些企业集团都缺乏统一协调的财务管理制度,子公司可能会依据不同的会计政策和会计核算制度生产出不同的财务信息,从而不利于集团公司对子公司财务信息的收集和查验,导致子公司利用集团总体财务制度上的漏洞进行财务信息造假,损害企业集团的整体利益。

4. 委派人员与子公司融合不佳,缺乏后期整合

企业集团任命的人员与子公司融合不佳分为两种情况:一是企业集团任命的人员由于自身因素无法与子公司的对应岗位相匹配,导致子公司难以有效地开展相关业务,影响子公司的正常发展,对企业集团整体不利;二是企业集团任命的人员与子公司原有人员之间相处不够融洽,导致子公司原有人员对集团任命人员的排斥,影响相关人员的工作效率,进而影响子公司的整体经营,使企业集团遭受损失。

5. 财务人员委派被架空,配套制度不完善

企业集团在采用财务人员委派制度时,会委派子公司财务负责人或者财务总监。在这种情况下,子公司的财务主管人员都是由集团总部空降到子公司的,由于缺乏工作经验或文化融合等因素(这一点在海外子公司尤甚),被委派人员可能会被子公司的管理层架空,加之集团公司没有相应的考评和反馈制度,财务人员委派的实际效果会大打折扣,造成财务人员委派制度的失效;更可怕的是,由于被委派财务人员考核的不严格,被委派财务人员也存在着与子公司合谋损害企业集团利益的可能性。

【案例12-7】

中航油新加坡公司的深渊之路与财务负责人委派制[①]

中国航油(新加坡)股份有限公司成立于1993年,是中央直属大型国企中国航空油料控股公司的海外子公司,2001年在新加坡交易所主板上市,成为中国首家利用海外自

---

① 根据相关媒体报道整理。

有资产在海外上市的中资企业。在总裁陈久霖的带领下，中航油新加坡公司从一家濒临破产的贸易型企业发展成工贸结合的实体企业，业务从单一进口航油采购扩展到国际石油贸易，净资产在1997年起步时的21.8万美元的基础上增长了700多倍，到2003年峰值时，净资产超过1亿美元、总资产近30亿元人民币，可谓"买来个石油帝国"，一时成为资本市场的明星。但2004年以来风云突变，中航油新加坡公司在高风险的石油衍生品期权交易中蒙受高达5.54亿美元的巨额亏损，走向破产边缘，成为继巴林银行破产以来最大的投机丑闻。

经国家有关部门批准，中航油新加坡公司在取得中国航油集团公司授权后，自2003年开始做油品套期保值业务。在此期间，陈久霖擅自扩大业务范围，从事我国政府明令禁止的场外石油衍生品期权交易。这是一种像"押大押小"一样的金融赌注行为，与交易所内的石油期货交易相比，是一对一的私下交易，在国际上几乎不受政府监管，风险大得多。正所谓"常在河边走，哪有不湿鞋"，终于，陈久霖在与几家国际银行的对赌中失败，中航油新加坡公司最后的账面实际损失和潜在损失总计约5.54亿美元。为此，公司不得不向新加坡证券交易所申请停牌，并向新加坡高等法院当地法院申请破产保护。

回顾中航油新加坡公司的深渊之路，子公司的不善投资固然是重要因素，然而母公司的监督不力也难辞其咎。究其原因，母公司在监督工作上的不作为正是财务负责人委派制失效的表现。对于一个在海外经营的子公司，本应是企业集团财务控制的重点，中航油集团也建立了财务负责人委派制，并先后向新加坡子公司委派前后两任的财务经理。第一任财务经理派去后，陈久霖以外语不好为由将其调任到新加坡公司的子公司（旅游公司）担任经理；于是母公司又派去了第二任财务经理，但不久其又被安排为公司总裁助理。陈久霖坚持不用集团公司派出的财务经理，而是从新加坡雇了当地人担任财务经理，只听他一个人的。陈久霖之所以如此，是因为他知道母公司委派的财务经理属于母公司的"第三只眼"。诡异的是，随后母公司也没有再坚持原则，而是听之任之，如此母公司就彻底被陈久霖架空了，对陈久霖的所作所为一无所知。等到知道时，中航油新加坡公司已经倒下了。

12.4.3 财务人员委派

1. 委派的方式

财务人员委派在具体实施的时候有两种方式：一是向子公司委派财务负责人；二是向子公司委派财务总监。

在财务负责人委派制下，母公司委派的财务负责人向集团公司负责，贯彻和实施集团公司对子公司所制定的规章制度，对损害集团公司的行为及时进行制止，并向单位负责人报告，同时全面承担所在子公司的财务管理工作。

在财务总监委派制下，母公司委派的财务总监通常要根据一定的程序进入子公司的董事会,承担监督子公司资产管理、运营等方面的责任,对子公司的重大财务收支事项实行总经理联签制度。因此,相比于财务负责人委派制而言,这种方式是更高一级的人员委派控制方式。

2. 委派人员的职责

财务委派人员作为被企业集团总部委派往子公司的人员,肩负着集团总部交给的任务,其在子公司能否按照要求履行自己的职责,对于集团总部的财务控制成功与否有着重要的作用。具体来讲,被委派人员在子公司的职责分为财务管理职责和财务监督职责。

(1) 财务管理职责。被委派人员对子公司的财务管理职责主要包括以下三个方面:

① 参与制订财务计划、资金预算方案,参与评价所在单位管理者的经营业绩,强化对各子公司重大投资支出、固定资产购建支出、存贷款行为、担保、背书行为、企业间资金拆借行为及应收账款等的风险管理,健全其资金管理的内部牵制制度,协助降低消耗、节约开支、完成财务计划、提高经济效益等;

② 参与对所在单位的经济业务活动进行的分析决策;

③ 组织企业财会机构的设置、会计人员的配备和对下属单位财务会计的委派,对所在单位会计人员进行业务考核。

(2) 财务监督职责。被委派人员所应该履行的财务监督职责包括以下两个方面:

① 完善会计监督机制,依法组织开展会计核算和会计监督,提高基础管理水平,支持所在单位其他会计人员依法行使职权,监督所在单位执行国家财经法律、法规、财务会计制度,监督所在单位遵守公司制定的财务制度情况,对所在单位对外报送的财务报告的真实性、完整性,以及公司资产流失情况承担相应责任;

② 定期向委派单位报告所在单位及其负责人执行国家财经法律、法规、财经纪律情况,以及单位财务管理及重大经营管理情况。

12.4.4 资金集中管控

《企业内部控制应用指引第6号——资金活动》明确指出,"企业有子公司的,应当采取合法有效措施,强化对子公司资金业务的统一监控。有条件的企业集团,应当探索财务公司、资金结算中心等资金集中管控模式"。对于企业集团而言,资金就是其血脉,良好的资金状况是企业集团生存和发展的基础。企业集团经营管理的关注点之一就是保证资金流的稳定,提供与经营发展相匹配的资金保障。

集团公司对子公司资金的控制有多种方式可供选择。通常情况下,每个集团公司会根据本企业集团的发展阶段、管理特征、地理位置,以及管理手段的先进程度等因素来选择适用于本企业集团的资金控制方式。具体来讲,资金集中控制的模式有以下几种:

(1) 统收统支控制模式。统收统支控制模式是指资金使用的批准权高度地集中于母公司,各个子公司不再设立单独的账号,是最为严格的一种集团公司资金管控方式。在这种方式下,各个子公司不需要专门的财务机构,只需要一名报账员即可,资金完全存放于集团公司的财务部门或者结算中心。子公司收到的货币资金,进入集团公司的统一账户;子公司需要支出货币资金时,先向集团公司提出申请,经过批准后由集团公司的资金结算中心或者类似的财务机构统一支付。

(2) 拨付备用金控制模式。拨付备用金控制模式是指集团公司按照子公司的需要,事先拨付一定数额的备用金,子公司在备用金的额度内可以自由支配使用资金的一种控制方式。在这种方式下,必须坚持收支两条线的管理原则,将资金的收入和资金的支出分开独立地运作,按照各自的规定流程进行收入和支出的控制。

(3) 结算中心控制模式。结算中心控制模式是指子公司资金使用权相对独立,资金收支自行核算,用款额度由集团公司审批的一种控制方式。该方法相比之前的两种,子公司在资金管理上具有更大的自主权。在这种方式下,集团公司需要设立专门的资金结算中心机构,用来办理集团公司和子公司之间的资金往来,以及进行企业集团的资金管理和监控;同时,各子公司在收到货币资金时,统一缴付到集团公司的账户,然后由集团公司按照统一计划、统一结算、统一筹措、统一调度、统一考核的"五统一"原则进行集中管理;集团公司对外支付的资金则由结算中心统一办理。

(4) 内部银行控制模式。内部银行控制模式是指将银行的功能引进集团公司所建立的一种资金控制方式。由于功能类似于银行,而且处于集团公司之内,故称之为内部银行。在这种方式下,内部银行承担着资金结算中心、货币发放中心和贷款中心三种主要职能;各个子公司在内部银行分别开设存款账户和贷款账户,并通过这些账户办理集团成员之间的结算事宜。

(5) 财务公司控制模式。财务公司控制模式是指集团公司成立财务公司,各个子公司认购其中的股份而实现在集团公司和子公司之间进行资金调剂和金融服务的一种控制方式。在这种方式下,子公司享有充分的资金使用自主权。

【案例 12-8】

"内部银行"SFS——西门子的资金管控[①]

西门子金融服务公司(Siemens Financial Services Ltd.,SFS)是整个西门子集团的金融服务中心、金融运营中心和利润中心。作为西门子集团的"内部银行",SFS 是集团为加强财务集中管理,尤其是资金管控而专门设立的金融服务公司。SFS 主要负责的业务包括提供集团流动性管理、现金流集中、优化资产负债结构、管理资金风险等,还承担着为西门子集团所有成员企业提供专业化、全方位的咨询服务和金融财务支持等,如资金管理、内部结算、信贷、应收账款管理、票据清算、外汇买卖、年金管理等。那么,西门子集团究竟是如何通过 SFS 来进行资金的集中管控呢?

---

① 改编自:(1) 王增业等,"西门子:驰骋财务蓝海",《中国外汇》,2010(11);(2) 张静等,"国际财务公司资金管理经验及对我国的启示",《东方企业文化》,2012(07)。

1. 账户集中

西门子集团要求所有成员企业都必须在 SFS 开立账户,并且账户结构应统一化,所有成员企业之间的交易,必须通过 SFS 进行支付和结算,成员企业的所有交易应尽最大可能地通过内部账户进行;此外,西门子集团成员企业银行账户的开户权集中在 SFS,它们只能选择在经 SFS 认可的银行开立账户。SFS 的总体目标是通过建立集中化的账户架构,提供内部结算服务和标准化的全球执行系统,全面实现支付、交易和现金管理的高度集中,从而履行"内部银行"的职能。

2. "资金池"管理

西门子集团常年存在着高闲置资金沉淀银行、高额借入短期贷款、高财务费用的状况,从整个集团的角度考虑,则造成了资源浪费,影响了盈利能力。为使资金得到有效利用,西门子建立了"资金池"这种资金集中模式,用以规范集团内部各子公司的投资、筹资决策行为。西门子集团的资金池由 SFS 的现金管理和支付部门负责建立,与合作银行签订"资金池协议"(该协议通常是以零余额账户为基础的)。西门子集团对每个子公司都有一个统一的透支额,在每天交易即将结束之时,银行系统自动对子公司账户进行扫描,并将子公司账户清零。子公司如果有透支,则从集团资金池里划拨归还,并支付利息;如果有结余,则全部划到集团账户上,向集团收取利息。

12.5 企业集团监督控制

企业集团对子公司的最后一种控制手段是监督控制,它是企业集团内部控制的最后一道屏障。集团公司对子公司的监督控制是十分必要的,这是因为母子公司是由产权关系而维系的,天然地存在着代理问题。子公司可能会出于自身利益最大化的目的而损害集团整体利益,导致企业集团内部控制失效;此外,母子公司还存在着严重的信息不对称(包括财务信息、管理信息等),集团公司对那些尤其是异地甚至跨国的子公司往往监督不力,而子公司会利用信息"优势"损害集团利益。因此,企业集团内部控制体系的有效运行,需要监督控制所提供的强有力的保障。

12.5.1 监督控制的内涵

监督控制是企业集团内部控制体系中的最后一环,是企业集团内部控制体系有效运行的保证。监督控制通过对企业集团内部控制体系运行过程的监控,可以及时发现企业集团内部控制在实施中的问题,便于企业集团采取针对性的整改措施,从而促进企业集团内部控制体系的持续改进和不断完善。具体来讲,企业集团可以通过内部审计和内部控制评价这两种控制措施来完成对子公司的监督控制。

12.5.2 监督控制的主要风险

1. 内部审计机构不健全

企业集团应该建立专门内部审计机构对公司内部及下属子公司进行审计,公司内部审计机构不健全,组织架构不科学、不合理,或职责分工不清,可能导致内部审计缺乏独立性和客观性。

2. 内部审计未经适当授权

企业集团应该授权内部审计部门对子公司定期实施内部审计工作,以保证子公司的经营活动真实有效。如果内部审计未经适当授权,可能因得不到有效支持而导致内部审计失败。

3. 审计人员选择不当

企业集团应该选择具有专业胜任能力和独立性的内部审计人员,所选择的人员应该具备相关的审计知识、技能和经验,并且能够遵守审计的职业道德规范。如果企业选择的审计人员不能具备相应的能力,可能会造成内部审计质量和效率低下;如果审计人员不能遵守职业道德规范,会影响审计的独立性和客观公正性,还可能导致道德风险。

4. 内控评价制度失效

企业的内部控制评价制度能够帮助企业对子公司的内部控制进行评价,从而找到子公司内控中存在的问题,并进行修正。如果内部控制评价制度在实施过程中失效,或者相关人员在执行内部控制评价的过程中出现问题,可能会导致对子公司的内控评价失实,造成在此基础上对内控的修正措施无效。

5. 内控评价指标不科学

内部控制的评价最终会落实在内控评价指标上,因此企业在对内部控制进行评价的过程中,应重点关注相关的内部控制评价指标。如果企业选择的内控评价指标不科学或者对内控评价指标评分不合理,则会导致企业得到的内控评价不准确,无法准确地判断出子公司内部控制制度的有效性,从而影响企业集团对子公司的监督控制。

12.5.3 内部审计制度

内部审计是公司内部的一种独立客观的监督、评价和咨询活动,旨在增加企业的价值和改善企业的运营。它通过系统、规范的方法审查和评价企业经营活动及内部控制的适当性、合法性和有效性,促进企业目标的实现。

1. 内部审计的流程

审计工作程序包括准备、实施、报告、督察检查四个阶段,具体的内部审计实施步骤如下:

(1) 内部审计机构根据年度、月度工作计划或公司的临时决定,结合实际需要确定审计项目。

（2）审计项目确定以后，组织成立审计小组，初步了解被审计单位的情况，拟定审计方案，并在审计实施三日前向被审计单位送达《审计通知书》；遇有特殊情况，经公司主管领导或董事长批准，审计人员可以直接持《审计通知书》实施审计。被审计单位在接到《审计通知书》后，应当配合审计人员的工作，提供必要的工作条件，并在规定的期限内按通知要求准备齐全审计所需要的相关资料。

（3）在审计实施阶段，审计小组根据审计范围和重点，实施必要的审计程序、收集充分的审计证据，形成审计意见，出具审计报告初稿。

（4）在审计报告阶段，审计报告初稿应当征求被审计单位意见，然后出具正式审计报告，提交公司审计委员会审批。审计对象必须执行审计报告；对审计报告存在异议的，应在审计报告送达之日起七日内向公司审计委员会或董事长提出书面意见，逾期视为无异议。

（5）在督察检查阶段，针对审计报告述及的重大审计事项和审计建议及决定，内部审计机构将对被审计单位进行跟踪检查，必要时实施后续审计。

（6）审计完毕后，所有形成的与审计项目有关的资料经整理后纳入审计档案管理。

除此之外，内部审计还要求内部审计人员具有独立性，即独立于被审计部门或人员，直接向企业最高管理层负责并报告工作，只有这样，审计人员才能进行有效的监督，推动内部控制工作的执行。

2. 内部审计的内容

内部审计的内容涉及范围较广，总体来看，包含有以下六个方面：

（1）审查内部监督制度的健全性、完善性。企业集团子公司应该根据本行业适用的国家财务规定，制定相应的单位内部控制制度，从而有效地监督和服务于本单位的经济建设。集团总部的内部审计人员应根据本行业的特点和会计核算过程的关键控制点，以及单位或部门应当遵循的有关规定，判断子公司内控制度的重点内容应由几个方面组成，以及子公司是否在这些方面建立了监督管理制度，从而审查其内控制度的健全性、完善性。

（2）审查资金来源的正确性和收入的完整性。首先内部审计人员应厘清子公司资金的来源渠道，分清收入款项，审查其收入来源是否正确；其次，审查其是否区别经营性、非经营性、专项资金等资金性质，是否将各项收入全部纳入单位财务进行统一核算和管理，有无隐匿收入、设置账外账等违法行为；最后，审查有关收入的完税情况。

（3）审查各项支出的合规性和效益性。对于子公司的各项支出，应重点审查其支出结构是否合理，有关手续是否完备，支出项目是否真实，是否具有经济效益或社会效益；专项资金是否专款专用，资金使用效果如何，有无挤占、挪用或损失浪费等情况；其他支出中有无为了逃避监督的模糊项目，是否非法支出。审计子公司的效益性应从实际出发，特别要抓住子公司的大额资金支出项目和专项资金支出项目，必要时应对资金使用的全过程进行跟踪审计，审计资金的预算是否合理、是否按任务情况安排到位，资金物化结果如何等，通过审计避免经济损失。

（4）审查资产、财物管理的安全性。对子公司固定资产的购置、建设、处置等情况进行审查，主要查其账实、账账是否相符，有无非法处置资产情况，处置资金有无不按规定入账,而是转作"小金库"被随意挥霍等问题,以及资产处置手续是否完备,账务处理是否正确。

(5) 审查债权债务总体情况。主要审查子公司债权债务的明细项目是否清晰,有无责任人员或部门负责,债权债务形成的依据、原因、用途及形成过程有无呆账、死账,有无利用债权债务以权谋私,有无借债乱发钱物,随意改变借款用途等问题。

(6) 审查重大经济事项决策的制定和执行情况。主要审查子公司重大经济事项决策是否经集团总部和子公司领导班子集体决定,有无独断专行并造成重大损失的行为,有无重大遗留问题。

12.5.4　内部控制评价制度

根据《企业内部控制评价指引》和企业集团的实际情况,集团总部对子公司的内部控制评价主要是指企业集团内部审计部门人员通过对子公司内部控制制度的有效性进行评价,出具评价报告的过程。这一过程是企业集团对子公司实施监控手段的重要内容。

1. 内部控制评价的组织机构

(1) 内部控制评价的责任主体。根据《企业内部控制评价指引》,董事会是内部控制评价的责任主体;而在企业集团内部,内部控制评价主要是指集团公司对子公司的内部控制的有效性进行评价。因此,企业集团内部控制评价的责任主体是母公司董事会,对内部控制评价承担最终的责任,对子公司的内部控制评价报告的真实性负责。母公司董事会可以通过审计委员会来承担对内部控制评价的组织、领导和监督职责。

(2) 内部控制评价的实施主体。内部控制评价工作的具体组织实施主体一般为内部审计机构或专门的内部控制评价机构。需要说明的是,企业集团可以设立专门的内部审计部门,负责子公司的内部控制评价工作;此外,企业集团也可以委托会计师事务所等中介机构实施对子公司的内部控制评价工作。需要注意的是,根据《企业内部控制评价指引》,为保证审计的独立性,为企业提供内部控制审计的会计师事务所,不得同时为同一家企业提供内部控制评价服务。

(3) 其他相关主体。其他相关主体主要包括母公司经理层、各子公司、母公司监事会等。经理层负责组织实施内部控制评价,授权内部控制评价机构具体组织实施;同时,积极支持和配合内部控制评价的开展,为评价工作创造良好的环境和条件。各子公司应建立日常监控机制,开展内控自查、测试和定期检查评价;发现问题并认定内部控制缺陷后需拟订整改方案和计划,报本级管理层审定后督促整改;编制内部控制评价报告,对内部控制的执行和整改情况进行考核。母公司监事会负责审议内部控制评价报告,并对母公司董事会建立与实施内部控制的情况进行监督。

2. 内部控制评价的内容和范围界定

根据《企业内部控制基本规范》,内部控制包括内部环境、风险评估、控制活动、信息与沟通、内部监督等要素,企业集团在对子公司进行内部控制的评价时,应围绕以上五要素为核心,以此来确定内部控制评价的具体内容,对内部控制设计与运行情况进行全面评价;以内部控制各项应用指引对于主要风险点的阐述为依据,结合企业集团的内部控制制度,确定具体的评价指标和评价标准,对各要素和控制活动的设计及实际运行进行认定和评价。

企业集团在确定内部控制评价范围时,应兼顾全面性和重要性原则,坚持风险导向,在对集团总部及下属不同业务类型、不同规模的企业进行全面、客观评价的基础上,重点关注重要业务单位、重大事项和高风险业务。关于"两重一高"的界定,财政部等五部委印发的《企业内部控制规范体系实施中相关问题解释第2号》给出了介绍:

(1) 重要业务单位一般以资产、收入、利润等作为判定标准。包括集团总部,资产占合并资产总额比例较高的分公司和子公司,营业收入占合并营业收入比例较高的分公司和子公司,以及利润占合并利润比例较高的分公司和子公司等。

(2) 重大事项一般是指重大投资决策项目,兼并重组、资产调整、产权转让项目,期权、期货等金融衍生业务,融资、担保项目,重大的生产经营安排,重要设备和技术引进,采购大宗物资和购买服务,重大工程建设项目,年度预算内大额度资金调动和使用,以及其他大额度资金运作事项等。

(3) 高风险业务一般是指经过风险评估后确定为较高或高风险的业务,也包括特殊行业及特殊业务,国家法律、法规有特殊管制或监管要求的业务等。

3. 内部控制评价的程序

企业集团在对子公司的内部控制有效性进行评价的时候,应该建立科学的评价工作流程,以保证评价结果的准确可靠。具体的评价工作流程参见第13章的相关介绍。

【综合案例】

华润集团的母子公司管控[①]

华润(集团)有限公司(简称"华润")是一家在香港地区注册和运营的多元化控股企业集团,2003年归属国务院国有资产监督管理委员会直接管理,被列为国有重点骨干企业。华润集团下设7大战略业务单元、21家一级利润中心、1 200多家实体企业;华润在香港拥有5家上市公司,其中华润创业、华润电力、华润置地位列香港恒生指数成分股,是华润旗下的"蓝筹三杰"。华润集团的核心业务包括消费品(含零售、啤酒、食品、饮料等)、电力、地产、医药、水泥、燃气、金融业;华润的多元化业务具有良好的产业基础和市场竞争优势,其中零售、啤酒、电力、地产、燃气、医药已位居行业领先地位。

作为一家以多元化战略立足于市场的大型国有企业集团,华润曾因横扫内地各产业的疯狂并购而引起普遍质疑。同其他爆炸式并购扩张的企业一样,在拥有了繁杂的子公

---

① 本案例主要参考以下资料:(1) 池国华,"华润集团的6S管理体系",《经济管理》,2006(11);(2) 蒋伟、魏斌,"如何进行企业业绩评价与考核——华润集团6S管理体系的运行实践",《财务与会计》,2004(01);(3) 李娟娟,"华润集团平衡计分卡应用研究",《合作经济与科技》,2014(01);(4) 白万纲,"华润:母子公司纵横管控",《上海国资》,2007(04)。

司之后,华润曾一度陷入了治理困境:集团战略模糊、企业架构紊乱无序、财务管控乏力等成了华润亟待解决的难题。面对以上难题,华润导入了一套被称为"母子公司运行大平台"的6S管理体系,具体包括利润中心业务编码体系、利润中心管理报告体系、利润中心全面预算体系、利润中心业绩评价体系、利润中心审计体系、利润中心经理人考核体系六个部分,形成了"集团多元化、利润中心专业化"的投资控股型母子公司管控体系。华润通过6S管理体系,完成了对旗下繁杂的子公司的整合,在业务上进行同类项合并,在财务上进行集权,最终实现母子公司的管控。

对华润6S管理体系的介绍

6S管理体系是将华润多元化的业务及资产划分为责任单位并作为利润中心进行专业化管理的一种体系。它以管理会计理论为基础,以全面预算为切入点,以评价考核为落脚点,其目的不仅是解决会计管理方面的问题,更重要的是解决集团系统管理方面的问题。所谓6S,实际上是6个体系(System)的简称,具体内容包括:

1. 利润中心业务编码体系

在专业化分工的基础上,将集团及下属公司按管理会计的原则划分为多个业务相对统一的利润中心(被称为一级利润中心),每个利润中心再划分为更小的分支利润中心(被称为利润点),并逐一编制号码,使管理排列分类有序。

2. 利润中心全面预算体系

在利润中心分类的基础上,推行全面预算管理,将经营目标落实到每个利润中心,并层层分解,最终落实到每个责任人每个月的经营上。预算的方法由下而上、再由上而下,不断反复修正,最后汇总形成集团整体的全面预算报告。

3. 利润中心管理报告体系

在利润中心全面预算体系的基础上,每个利润中心按规定的格式和内容编制管理报告,格式和内容由集团财务部门统一制定并不断完善。管理报告每月编制一次,包括每个利润中心的营业额、损益、资产负债、现金流量、成本费用、盈利能力、不良资产等情况,并附有公司简评。

4. 利润中心内部审计体系

预算的完成度、管理报告的真实性,以及集团统一管理规章的执行情况,都需要通过审计进行再认定。集团内部审计是管理控制系统的再控制环节,集团通过审计来强化全面预算管理的推行,提高管理信息系统的质量。

5. 利润中心业绩评价体系

各利润中心均有根据自身业务特点度身定造的评价体系(KPI考核体系),主要对财务、顾客、运营、学习等方面进行评价。每一个维度下,再根据各行业的不同情况细分为能反映该利润中心经营业绩及总体要求的许多关键业绩指标,其中有些是量化指标,有些是非量化指标。

6. 利润中心经理人考核体系

利润中心经理人考核体系主要从业绩评价、经理人标准两方面对经理人进行考核,据此得出利润中心经理人目前的经营业绩、工作表现、发展潜力、能够胜任的职位和工作的建议。根据考核结果,进一步决定对经理人的奖惩和使用。

对华润 6S 管理体系的解读

1. 贯穿始终的战略导向

华润 6S 管理体系以战略为起点,涵盖战略制定、战略实施和战略检讨等整个战略管理的过程。一方面,业务战略体系负责构建和确定战略目标,全面预算体系负责落实和分解战略目标,管理报告体系和内部审计体系负责分析和监控战略实施,业绩评价体系和经理人考核体系负责引导和推进战略实施;另一方面,战略还要细化到关键成功因素,再进一步追溯到关键业绩评价指标。因而,关键业绩评价指标应紧扣战略导向,评价结果及检讨战略执行,同时决定整个战略业务单元的奖惩,通过有效奖惩推动战略的实施,促进战略目标的实现。

2. 整合导向的管理控制

华润 6S 管理体系强调管理控制的各项控制措施的整合并贯穿管控的全过程。全面预算体系主要是从财务方面确定了战略目标实现的控制目标;业务战略体系还包容了全面预算体系所无法涵盖的非财务目标;管理报告主要是为战略实施控制和业绩评价提供信息与数据,没有信息与数据的输入,战略实施可能会失去控制,管理者就会难以决策,业绩评价就会难以进行;对经理人的考核是为管理者实施战略和控制战略实施提供动力和压力,没有它就会影响管理者实施战略和控制战略实施的效率和效果,奖金计算及其分配也必须以业绩评价结果为依据和前提。

3. 集权式的财务管控

华润 6S 管理体系注重对子公司的财务活动进行集权化管控,实行资金集中管理。在财务方面,华润集团将原先在二级公司手上的资金使用权全部回收,不再进行传统的包干式资金管理,而是由集团统一审批,瞬间堵住了"出血点";在集团层面,则是从整个资源调配的角度来考虑问题,如整体资源是否可以承担,行业战略是否需要这些投资等。在被收回了"财权"以后,华润的二级公司还需要接受严格的不定期内部审计,以及每个月都要进行预算方面的监测,这一制度有效地防止了内部贪污和资金漏洞的产生。2004 年,华润物流存在的个别人违反财务纪律的情况,就是通过内部审计被及时发现的。

4. 内部审计的监督控制

华润 6S 管理体系通过内部审计体系为其他管控活动提供保证。内部审计体系的设立,主要是为了保证评价结果的客观性和真实性,对预算的完成度、管理报告的真实性,以及集团统一管理规章的执行情况进行再认定。在华润的多元化战略不断推进、集团层级和分支机构越来越繁杂的情况下,其内部审计体系成为了有效的监督机制,是整个内部控制体系中的重要一环。

思考题:

1. 华润集团加强对子公司的投资管控的动机是什么?
2. 结合本章内容分析华润集团是如何实现对子公司的控制的。
3. 请跟踪华润集团的 6S 管理体系的后续进展,并谈谈您的感受。

第 13 章　内部控制评价

【篇首语】

从动态的角度来看,内部控制可以被看作一个设计、实施、评价和完善的循环体系,而内部控制评价在其中扮演着枢纽的角色。内部控制从设计到执行的整个过程都离不开评价的参与,内部控制的合理性、可行性和有效性都需要依靠评价评断、查错补漏,为内部控制的持续循环提供保障。因此,内部控制评价机制的有效性直接影响着整个内部控制系统的实施效果。

本章首先介绍内部控制评价组织;其次,从内部控制评价的实施主体、职责划分、实施原则和实施程序四个方面对内部控制评价的组织实施进行详细的剖析,并且阐述了内部控制缺陷的类型及其认定方法;最后,探讨了内部控制评价指数的设计与运用。

【引导案例】

一份内部控制评价报告引发的思考[①]

2013年4月27日,万福生科农业开发股份有限公司(简称"万福生科")披露了其2012年的内部控制评价报告。该报告一经披露,万福生科又一次被推上了舆论的风口浪尖。报告的具体内容如下:"我们并未与万福生科签订协议针对内部控制发表鉴证意见,而是在开展财务报表审计工作的过程中,实施了了解、测试和评价相关内部控制设计的合理性和执行的有效性等我们认为必要的审计程序。内部控制评价虽然参照《中国注册会计师其他鉴证业务准则第3101号》等相关规定进行,但其提供的保证程度低于内部控制鉴证。在审计中我们发现,2012年10月26日公司发布了《万福生科(湖南)农业开发股份有限公司关于重要信息披露的补充和2012年中报更正的公告》。其中,2012年中报存在虚假记载和重大遗漏,公司初步自查发现,在2012年半年报中虚增营业收入1.9亿元左右、虚增营业成本1.5亿元左右、虚增净利润4023.1万元。2013年3月2日万福生科披露了《关于重大披露及股票复牌公告》,公司经过自查发现,2008—2011年累计虚增收入7.4亿元左右,虚增营业利润1.8亿元左右,虚增净利润1.6亿元左右;其中2011年虚增营业收入2.8亿元左右,虚增营业利润6541.36万元,虚增归属上市公司股东净利润5912.69万元。"

单从以往对万福生科财务造假的相关报道来看,万福生科财务造假的原因是错综复杂的,但是在对内部控制评价的基础上我们不难发现,万福生科财务造假案的核心问题正是内部控制的失效,这也是其他一系列原因的前提与根源。

这一事件之后,内部控制评价报告开始引起广大资本市场投资者的重视,那么我们不禁要问,什么是内部控制评价?内部控制评价报告又包括哪些方面的内容?

[①] 本案例由2013年万福生科披露的内部控制评价报告整理而得。

13.1 内部控制评价组织体系

为了内部控制工作能够高效、有序地开展,明确内部控制评价的组织体系是一项必要前提。

13.1.1 内部控制评价实施主体及其职责划分

1. 内部控制评价的实施主体

根据《企业内部控制评价指引》,内部控制评价是指企业董事会或类似权力机构对内部控制的有效性进行全面评价、形成评价结论并出具评价报告的过程。也就是说,由相对独立的专门机构或人员定期对企业内部控制的有效性进行评价。因此,内部控制评价工作的实施主体一般为内部审计机构或专门的内部控制评价机构。

除此之外,企业还可以委托会计师事务所等第三方专业机构对企业实施内部控制评价;但为了保障审计的独立性,不得由同一家会计师事务所为企业提供内部控制审计和内部控制评价业务;并且,由于第三方机构为企业实施内部控制评价是一种非保证服务,内部控制评价报告的责任仍然应由企业董事会承担。

另外,企业可根据自身的经营规模、机构设置、经营性质、制度状况等特点,决定是否单独设置专门的内部控制评价机构。当满足以下条件时,企业方可设置内部控制评价机构:(1) 具备独立性,即能够独立地行使对内部控制系统建立与运行过程及结果进行监督的权力;(2) 具备与监督和评价内部控制系统相适应的专业胜任能力和职业道德素质;(3) 与企业其他职能机构就监督与评价内部控制系统方面应当保持协调一致,在工作中相互配合、相互制约,在效率效果上满足企业对内部控制系统进行监督与评价所提出的有关要求;(4) 能够得到企业董事会和经理层的支持,有足够的权威性来保证内部控制评价工作的顺利开展。此外,还应保证内部控制设计部门和评价部门的适当分离。

2. 有关部门在内部控制评价中的职责划分

不同的企业组织形式,在内部控制评价工作的分工方面可能会存在一些差异,但无论企业属于哪种组织形式,各相关部门在内部控制评价中的职责划分都应该以分工合理、工作协调、提高效率为宗旨,企业各部门在内控评价中的职责分工如表13-1所示。董事会、经理层和内部控制评价机构在内部控制评价中的职能作用不会发生本质的变化。

企业所属各单位也要逐级落实内部控制评价责任,建立日常监控机制,开展内控自查、测试和定期检查评价;发现问题并认定内部控制缺陷,拟订整改方案和计划,报本级管理层审定后,督促整改;编制内部控制评价报告,对内部控制的执行和整改情况进行考核。

表 13-1　企业各部门在内部控制评价中的职责

企业层面	机构	职责
治理层	董事会	对内部控制评价负最终责任
	董事会下设审计委员会	组织、领导、监督内控评价工作
	监事会	审议内控评价报告
管理层	经理层	负责组织实施内控工作
	内部控制评价机构	负责内控评价工作的具体实施（企业层面）
	各专业部门	负责内控评价工作的具体实施（业务层面）

13.1.2　内部控制评价实施原则

《企业内部控制评价指引》第四条规定,企业应结合内部控制设计与运行的实际情况,制定具体的内部控制评价办法,规定评价的原则、内容、程序、方法和报告形式等,明确相关机构或岗位的职责权限,落实责任制,按照规定的办法、程序和要求,有序开展内部控制评价工作。企业在制订内部控制评价计划时,至少应遵循以下原则:

1. 全面性原则

全面性原则强调的是内部控制评价的涵盖范围应当全面。具体来说,是指内部控制评价工作应当包括内部控制的设计与运行,涵盖企业及其所属单位的各种业务和事项。

2. 重要性原则

重要性原则强调的是内部控制评价应当在全面性的基础上,着眼于风险,突出重点。具体来说,主要体现在制定和实施评价工作方案、分配评价资源的过程之中,它的核心要求包括两个方面:(1)要坚持风险导向的思路,着重关注那些影响内部控制目标实现的高风险领域和风险点;(2)要坚持重点突出的思路,着重关注那些重要的业务事项和关键的控制环节,以及重要的业务单位和高风险业务。

【案例 13-1】

中国民生银行股份有限公司 2013 年度内部控制评价报告[①]

中国民生银行股份有限公司全体股东:

根据《企业内部控制基本规范》及其配套指引的规定和其他内部控制监管要求(简称"企业内部控制规范体系"),结合本公司(简称"公司")内部控制制度和评价办法,在内部控制日常监督和专项监督的基础上,我们对公司 2013 年 12 月 31 日(内部控制评价报告基准日)的内部控制有效性进行了评价。

---

① 引自案例企业的 2013 年度报告。

一、重要声明

按照企业内部控制规范体系的规定,建立健全和有效实施内部控制,评价其有效性,并如实披露内部控制评价报告是公司董事会的责任。监事会对董事会建立和实施内部控制进行监督。经理层负责组织领导企业内部控制的日常运行。公司董事会、监事会及董事、监事、高级管理人员保证本报告内容不存在任何虚假记载、误导性陈述或重大遗漏,并对报告内容的真实性、准确性和完整性承担个别及连带法律责任。

公司内部控制的目标是合理保证经营管理合法合规、资产安全、财务报告及相关信息真实完整,提高经营效率和效果,促进实现发展战略。由于内部控制存在的固有局限性,故仅能为实现上述目标提供合理保证;此外,由于情况的变化可能导致内部控制变得不恰当,或对控制政策和程序遵循的程度降低,根据内部控制评价结果推测未来内部控制的有效性具有一定的风险。

二、内部控制评价结论

根据公司财务报告内部控制重大缺陷的认定情况,于内部控制评价报告基准日,不存在财务报告内部控制重大缺陷。董事会认为,公司已按照企业内部控制规范体系和相关规定的要求在所有重大方面保持了有效的财务报告内部控制。

根据公司非财务报告内部控制重大缺陷的认定情况,于内部控制评价报告基准日,公司未发现非财务报告内部控制重大缺陷。

自内部控制评价报告基准日至内部控制评价报告发出日之间,未发生影响内部控制有效性评价结论的因素。

三、内部控制评价工作情况

(一)内部控制评价范围

公司按照风险导向型原则确定了纳入评价范围的主要单位、业务和事项及高风险领域。

1. 纳入公司内部控制评价范围的单位

公司内部控制评价对象包括中国民生银行及其投资控股的附属机构。中国民生银行评价对象分为总行本级和经营机构两部分;总行本级是指承担营销推动、业务管理、综合保障职能的总行非经营性管理部门,以及董事会、监事会的办事机构;经营机构是指各分行及事业部。附属机构评价对象包括民生金融租赁有限责任公司、民生加银基金管理公司,以及投资控股的民生村镇银行。

内部控制评价工作贯穿年度始终,采用日常监督、专项监督和年终内部控制评价相结合的方式。报告期内,中国民生银行纳入专项评价范围的对象包括9家一级分行、4家事业部、17家二级分行,以及20个总行非经营性管理部室;附属机构中纳入评价范围的对象包括民生金融租赁有限责任公司、民生加银基金管理公司,以及10家投资控股的民生村镇银行。日常监督和年终内部控制评价工作中,纳入评价范围的对象为中国民生银行总行本级、各经营机构及各附属机构。

综上,纳入评价范围的单位的资产总额占公司合并财务报表资产总额的100%,营业收入合计占公司合并财务报表营业收入总额的100%。

2. 纳入评价范围的主要业务和事项

中国民生银行总行本级评价范围包括公司层面控制(组织架构、发展战略、人力资源、社会责任、企业文化、风险评估、信息与沟通、内部监督)、管理控制(合规管理环境、风险识别与评估、信息交流与反馈、监督评价与纠正)、信息系统控制(IT规划与业务需求管理、IT系统开发、IT运行维护)等三类控制活动。

中国民生银行经营机构评价范围包括公司经营发展战略的贯彻执行及经营管理活动的内部控制,具体涵盖公司层面、综合管理、对公授信、零售授信、零售非授信、私人银行、同业业务、运营管理、财务管理、电子银行等十类控制活动。

附属机构的内控评价工作围绕内部环境、风险评估、控制活动、信息与沟通、内部监督等要素展开,结合其组织架构、经营特点和实际情况确定内部控制评价范围。

3. 重点关注的高风险领域

公司内部控制评价中,重点关注的高风险领域主要包括经济下行期重点区域及行业的信用风险防控、业务结构多元化下的流动性风险管理、利率市场化及汇率改革逐步推进下的市场风险管理、经营管理日益信息系统化条件下的操作风险管理、中小企业及小微战略推进中的道德风险防控,等等。

上述纳入评价范围的单位、业务和事项及高风险领域涵盖了公司经营管理的主要方面,不存在重大遗漏。

(二)内部控制评价工作依据及内部控制缺陷认定标准

公司根据《企业内部控制基本规范》《企业内部控制评价指引》对重大缺陷、重要缺陷和一般缺陷的认定要求,结合公司规模、行业特征、风险水平等因素,区分财务报告内部控制和非财务报告内部控制,研究确定了适用公司的内部控制缺陷认定标准,并与以前年度保持了一致。公司确定的内部控制缺陷认定标准如下:

1. 与财务报告相关的内部控制缺陷认定

公司根据实际情况,采用定性标准与定量标准相结合的工作方法,对与财务报告相关的内部控制缺陷进行认定。

定性标准中,财务报告重大缺陷的事件和迹象包括董事、监事和高级管理人员舞弊,公司更正已公布的财务报告,注册会计师发现当期财务报告存在重大错报而内部控制在运行过程中未能发现该错报,审计委员会和内部审计机构对内部控制的监督无效,会计人员不具备应有素质以完成财务报表的编制工作;财务报告重要缺陷的事项和问题包括依照公认会计准则选择和应用会计政策的内部控制问题,反舞弊程序和控制问题,非常规或非系统性交易的内部控制问题,期末财务报告流程的内部控制问题。

定量标准中,财务报告重大缺陷包括内部控制缺陷导致错报的可能性大于等于5%,潜在错报金额大于等于本年度合并财务报表的重要性水平;财务报告重要缺陷包括内部控制缺陷导致错报的可能性大于等于5%,潜在错报金额小于等于本年度合并财务报表的重要性水平但大于20%重要性水平。

2. 与非财务报告相关的内部控制缺陷认定

公司非财务报告内部控制缺陷认定采用定性标准,主要依据缺陷涉及业务性质的严重程度、直接或潜在负面影响的性质、影响的范围等因素来确定。

非财务报告内部控制存在重大缺陷可能性的事件和迹象包括公司层级对于"三重一大"事项缺乏科学决策程序，本年度发生严重违反国家法律、法规的事项，关键岗位人员流失率过高、影响业务正常开展，在中央媒体或全国性媒体上负面新闻频现；非财务报告内部控制存在重要缺陷可能性的事件和迹象包括总行层级对于"三重一大"事项未执行规范的科学决策程序，本年度发生严重违反地方法规的事项，本年度关键岗位人员流失率大大高于平均水平，在地方媒体上负面新闻频现。

（三）内部控制缺陷认定及整改情况

根据上述财务报告及非财务报告内部控制缺陷的认定标准，报告期内公司不存在财务报告内部控制重大缺陷和重要缺陷，也不存在非财务报告内部控制重大缺陷和重要缺陷。

董事长（已经董事会授权）：董文标
公司签章
中国民生银行股份有限公司
2014 年 3 月 28 日

13.1.3　内部控制评价实施程序

《企业内部控制评价指引》第十二条规定，内部控制评价程序一般包括制订评价工作方案、组成评价工作组、实施现场测试、认定控制缺陷、汇总评价结果、编报评价报告等环节，如图13-1所示。

1. 准备阶段

（1）制订评价工作方案。内部控制评价机构应当以内部控制目标为依据，结合企业内部监督情况和管理要求，分析企业经营管理过程中的影响内部控制目标实现的高风险领域和重要业务事项，确定检查评价方法，制订科学合理的评价工作方案，经董事会批准后实施。评价工作方案应当明确评价主体范围、工作任务、人员组织、进度安排和费用预算等相关内容；评价工作方案应以全面评价为主，也可以根据需要采用重点评价的方式。

（2）组成评价工作组。首先，由企业授权内部审计部门或专门机构（简称"内部控制评价机构"）负责内部控制评价的具体组织实施工作；其次，由内部控制评价机构吸收并领导企业内部相关机构的、熟悉情况的业务骨干组成内部控制评价工作组，具体承担内部控制的检查评价任务；最后，由内部控制评价机构根据经批准的评价方案，挑选具备独立性、业务胜任能力和职业道德素养的评价人员实施评价。企业应根据自身条件，尽量建立内部控制评价培训的长效机制，确保评价工作组成员对本部门的内部控制评价工作实行回避，保证内部控制评价工作有序高效地开展。

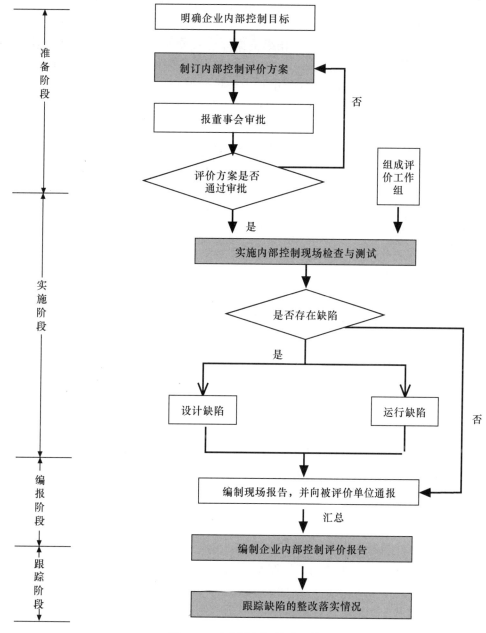

图 13-1 内部控制评价流程①

2. 实施阶段

(1) 了解被评价单位的基本情况。充分与企业沟通,了解企业文化及发展战略、组织机构设置及职责分工、领导层成员构成及分工等基本情况。

(2) 确定检查评价范围和重点。评价工作组根据掌握的情况进一步确定评价范围、

---

① 图中阴影部分代表内部控制评价流程中的关键步骤。

检查重点和抽样数量,并结合评价人员的专业背景进行合理分工(可根据实际需要适当调整检查重点和分工情况)。

(3) 开展现场检查测试。评价工作组根据评价人员分工,综合运用个别访谈、调查问卷、专题讨论、穿行测试、实地查验、抽样和比较分析等评价方法对内部控制设计与运行的有效性进行现场检查测试,充分收集其内部控制设计和运行是否有效的证据后,按要求填写工作底稿、记录相关测试结果,并对发现的内部控制缺陷进行初步认定。

3. 编制评价报告阶段

(1) 编制现场评价表。评价工作组汇总评价人员的工作底稿,初步认定内部控制缺陷,形成现场评价表。评价工作底稿应进行交叉复核签字,并由评价工作组负责人审核后签字确认。评价工作组将评价结果及现场评价的结果向被评价单位通报,由被评价单位相关责任人签字确认后,提交企业内部控制评价机构。

(2) 汇总评价结果,编制企业内控评价报告。内部控制评价机构汇总各评价工作组的评价结果,对工作组现场初步认定的内部控制缺陷进行全面复核、分类汇总,对缺陷的成因、表现形式及风险程度进行定量或定性的综合分析,按照其对控制目标的影响程度判定缺陷等级;内部控制评价机构以汇总的评价结果和认定的内部控制缺陷为基础,综合内部控制工作的整体情况,客观、公正、完整地编制内部控制评价报告,并报送企业经理层、董事会和监事会,由董事会最终审定后对外披露。

4. 报告反馈和跟踪阶段

对于认定的内部控制缺陷,内部控制评价机构应当结合董事会和审计委员会的要求,提出整改建议,要求责任单位及时整改,并跟踪其整改落实情况;已经造成损失或负面影响的,企业应当追究相关人员的责任。

13.2　内部控制缺陷认定

在企业内部控制的评价中,内部控制缺陷的认定是至关重要的一个环节,同时又是最薄弱的一个环节。把握厘清内部控制缺陷的实质,不断地对内部控制进行改进和完善,做到"与时俱进""与世俱进",才能真正发挥其风险管理、保障经营有效且合规的作用。本节将对内部控制缺陷的含义和种类、内部控制缺陷认定的程度和标准及其相应对策等内容进行介绍。

13.2.1　内部控制缺陷的类型

完美无瑕的、理想化的内部控制是不存在的,因而内部控制的缺陷是企业必须要面对的,也是内部控制评价存在的意义。内部控制缺陷的识别和分级是内部控制评价的核心,而对内部控制缺陷含义的掌握又是认定内部控制缺陷的基础,企业应正视内部控制中存在的缺陷,并积极进行相应的整改。

内部控制缺陷是指内部控制制度建立或执行未达到预期标准,不能及时地防范和控制影响企业控制目标实现的风险。也可以说,内部控制缺陷是控制过程中存在的缺点或不足,这种缺点或不足使得内部控制无法为控制目标的实现提供合理保证。内部控制评价正是要找出这种缺陷,不断提高为内部控制目标实现提供合理保证的程度。

内部控制缺陷按照不同的标准可以有不同的分类,一般来说,内部控制缺陷可按照以下标准分类:

1. 按照内部控制缺陷的来源划分

按照内部控制缺陷的来源划分,内部控制缺陷可以分为设计缺陷和运行缺陷。内部控制存在设计缺陷和运行缺陷,会影响内部控制的设计有效性和运行有效性。

(1) 设计缺陷。设计缺陷是指企业缺少为实现控制目标所必需的控制措施,或现存的控制设计不适当,即使正常运行也难以实现控制目标。

【案例 13-2】

南航颠簸——员工贪腐事件曝出内控短板[①]

2013 年 11 月 27 日,有媒体曝光,称南航包括市场营销管理委员会副主任余思友在内的多名南航员工因涉重大贪腐案件,在近一周之内陆续被公安部门带走。相关人士透露,余思友案件涉及金额或高达数千万元,涉案人员采用的主要手法是在机票销售过程中,通过一定的手段谋取利益,是典型的内部"窝案";随后,南航通过其官方微博证实,该公司有四名员工正式接受调查。

有分析人士向腾讯财经指出,近年来连续出现涉腐案件,凸显南航内部管理的混乱。这也在一定程度上折射出南航内控设计的短板所在,如对营销管理委员会缺乏监督机制,致使其在许多事务上既是执行者,又是监督者。

(2) 运行缺陷。运行缺陷是指设计有效(合理且适当)的内部控制,由于运行不当(包括由不恰当的人执行、未按设计的方式运行、运行的时间或频率不当、没有得到一贯有效运行等)而影响控制目标的实现所形成的内部控制缺陷。

2. 按照内部控制缺陷的性质划分

按照影响内部控制缺陷的性质,内部控制缺陷可以分为重大缺陷、重要缺陷和一般缺陷。内部控制缺陷的性质一般可以定义为影响企业内部控制目标实现的严重程度。

(1) 重大缺陷。重大缺陷是指一个或多个控制缺陷的组合,可能导致企业严重偏离控制目标。当存在任何一个或多个内部控制重大缺陷时,应当在内部控制评价报告中作出内部控制无效的结论。

---

① 引自卢肖红,"南航颠簸——员工贪腐事件曝出内控短板",腾讯财经网,2013 年 12 月 4 日。

(2) 重要缺陷。重要缺陷是指一个或多个控制缺陷的组合,其严重程度低于重大缺陷,但仍有可能导致企业偏离控制目标。重要缺陷的严重程度低于重大缺陷,不会严重危及内部控制的整体有效性,但也应当引起董事会、经理层的充分关注。

(3) 一般缺陷。一般缺陷是指除重大缺陷、重要缺陷以外的其他控制缺陷。

3. 按照影响内部控制目标的表现形式划分

按照影响内部控制目标的具体表现形式,还可以将内部控制缺陷分为财务报告内部控制缺陷和非财务报告内部控制缺陷。

(1) 财务报告内部控制缺陷。因为财务报告内部控制是针对财务报告目标而设计和实施的内部控制,而财务报告内部控制的目标集中体现为财务报告的可靠性,因而财务报告内部控制的缺陷主要是指不能合理保证财务报告可靠性的内部控制设计和运行缺陷。可以这样说,财务报告内部控制的缺陷,是指不能及时防止或发现并纠正财务报告错报的内部控制缺陷。

(2) 非财务报告内部控制缺陷。非财务报告内部控制缺陷是指影响除财务报告之外的内部控制目标(包括战略目标、经营目标、合规目标、资产安全目标)实现的内部控制设计和运行的缺陷。

【案例 13-3】

新华医药的内控失效[①]

2010 年 4 月 26 日,财政部、证监会、审计署、银监会和保监会联合发布《企业内部控制配套指引》。为确保顺利推进实施企业内控规范体系,财政部等五部委决定,企业内部控制规范体系自 2011 年 1 月 1 日起首先在境内外同时上市的公司施行。

按照要求,境内外同时上市的公司在 2011 年会计年度结束后,应随年度报告一同披露企业内部控制评价报告和内部控制审计报告。

截至 2012 年 4 月 30 日,67 家公司全部披露了 2011 年度财务报告、内控评价报告和内控审计报告。

67 份内控评价报告中,66 家公司对本公司的内控作出有效的结论;1 家公司对本公司的内控作出无效的结论(即新华制药)。新华制药在评价中发现,报告期内存在一项重大缺陷,即子公司山东新华医药贸易有限公司对客户授信额度过大,导致较大经济损失。

67 份内控审计报告中,66 家公司被出具标准无保留意见;新华制药被出具否定意见,其审计师在出具的内部控制审计报告中披露了新华制药内部控制存在的重大缺陷。新华制药下属子公司山东新华医药贸易有限公司(简称"医贸公司")内部控制制度对多头授信无明确规定,在实际执行中,医贸公司的鲁中分公司、工业销售部门、商业销售部门等三个部门分别向同一客户授信,发生多头授信的事项;医贸公司内部控制制度规定

[①] 财政部会计司,"基于 2011 年内部控制评价报告、内部控制审计报告的分析",2012 年 9 月 10 日。

对客户授信额度不大于客户的注册资本,但在实际执行中,医贸公司对部分客户的授信额度超出客户的注册资本,使得授信额度过大;同时医贸公司也存在未授信下的发货情况。

13.2.2 内部控制缺陷的认定——标准

内部控制缺陷的认定是评价内部控制是否有效的关键,根据《企业内部控制评价指引》,企业对内部控制缺陷的认定,应当以日常监督和专项监督为基础,结合年度内部控制评价,由内部控制评价部门进行综合分析后提出认定意见,按照规定的权限和程序进行审核后予以最终认定。

对内部控制缺陷的认定,就是确定哪些内部控制缺陷是重大缺陷、哪些应作为重要缺陷、哪些可作为一般缺陷,并以此为依据确定内部控制报告的意见类型和未来内控缺陷整改的重点、力度,以及整改资源的分配。因此,我们需要借助一套系统的、可行的认定标准,并在认定过程中充分运用职业判断。一般而言,如果一个企业存在的内部控制缺陷达到了重大缺陷的程度,我们就不能说该企业的内部控制是整体有效的。下面区分财务报告内部控制缺陷和非财务报告内部控制缺陷,分别阐述内部控制缺陷的认定标准。

1. 财务报告内部控制缺陷的认定标准

将财务报告内部控制的缺陷划分为重大缺陷、重要缺陷和一般缺陷,所采用的认定标准直接取决于由于该内部控制缺陷的存在可能导致的财务报告错报的重要程度,这种重要程度主要取决于两个方面的因素,如表13-2所示。一是该缺陷是否具备合理可能性而导致企业的内部控制不能及时防止或发现并纠正财务报告错报。其中,合理可能性是指大于微小可能性(几乎不可能发生)的可能性,确定是否具备合理可能性涉及评价人员的职业判断。二是该缺陷单独或连同其他缺陷可能导致的潜在错报金额的大小。

表13-2 财务报告内部控制缺陷类型和认定标准

类型	认定标准
重大缺陷	(1)具备合理可能性; (2)不能及时防止或发现并纠正财务报告中错报的金额≥重要性水平。
重要缺陷	(1)具备合理可能性; (2)不能及时防止或发现并纠正财务报告中错报的金额<重要性水平,但应引起董事会和管理层的重视。
一般缺陷	其他

(1)重大缺陷的认定。一般而言,如果一项内部控制缺陷单独或连同其他缺陷具备合理可能性而导致不能及时防止或发现并纠正财务报告中的重大错报,就应将该缺陷认定为重大缺陷。重大错报中的"重大",涉及企业管理层确定的财务报告的重要性水平。

一般企业可以采用绝对金额法(如规定金额超过 10 000 元的错报应当认定为重大错报)或相对比例法(如规定超过资产总额 1%的错报应当认定为重大错报)来确定重要性水平。另外,一些迹象通常表明财务报告内部控制可能存在重大缺陷。例如,董事、监事和高级管理人员舞弊,企业更正已公布的财务报告,注册会计师发现当期财务报告存在重大错报而内部控制在运行过程中未能发现该错报,企业审计委员会和内部审计机构对内部控制的监督无效,等等。

(2)重要缺陷的认定。如果一项内部控制缺陷单独或连同其他缺陷具备合理可能性而导致不能及时防止或发现并纠正财务报告中虽然未达到和超过重要性水平,但仍应引起董事会和管理层重视的错报,就应将该缺陷认定为重要缺陷。

(3)一般缺陷的认定。不构成重大缺陷和重要缺陷的内部控制缺陷,应认定为一般缺陷。

需要强调的是,内部控制缺陷的严重程度并不取决于是否实际发生了错报,而是取决于是否存在不能及时防止或发现并纠正潜在错报的可能性。换句话说,如果企业的财务报表存在错报,必然表明该企业的财务报告内部控制存在缺陷;但是,如果企业的财务报表不存在错报,也不一定表明该企业的财务报告内部控制就不存在缺陷。

2. 非财务报告内部控制缺陷的认定标准

非财务报告内部控制缺陷的认定具有涉及面广、认定难度大的特点。企业可以根据风险评估的各项工作,结合自身的实际情况、管理现状和发展要求加以细化,或按内部控制原理补充,参照财务报告内部控制缺陷的认定标准,合理确定定性认定标准和定量认定标准;根据其对内部控制目标实现的影响程度,将内部控制缺陷认定为重大缺陷、重要缺陷和一般缺陷。定量标准指的是涉及金额大小,既可以根据造成的直接财产损失的绝对金额制定,也可以根据其直接损失占本企业资产、销售收入及利润等的比率确定;定性标准指的是涉及业务性质的严重程度,可根据其直接或潜在负面影响的性质、影响的范围等因素确定。

此外,一些迹象通常表明非财务报告内部控制可能存在重大缺陷。例如,违反法律、法规较严重;除政策性亏损原因外,企业连年亏损,持续经营受到挑战;重要也不缺乏制度控制或制度系统性失效(如企业财务部门、销售部门控制点全部不能执行);并购重组失败,或新扩充的下属单位的经营难以为继;子公司缺乏内部控制建设,管理散乱;企业管理层人员纷纷离开或关键岗位人员流失严重;被媒体频频曝光负面新闻;内部控制评价的结果(特别是重大缺陷或重要缺陷)未得到整改;等等。

需要强调的是,在内部控制的非财务报告目标中,战略目标和经营目标的实现往往受到诸多不可控的外部因素的影响,企业的内部控制只能合理保证而非绝对保证董事会和管理层了解这些目标的实现程度。因而,在认定针对这些控制目标的内部控制缺陷时,我们不能只考虑最终的结果,而主要应该考虑企业制定战略、开展经营活动的机制和程序是否符合内部控制的要求,以及不适当的机制和程序对企业战略及经营目标的实现可能造成的影响,以便最大限度地弥补内部控制本身存在的缺陷。

【案例 13-4】

万科的自我评价[①]

在万科企业股份有限公司 2013 年度自我评价报告中,除披露了企业的内部控制评价范围等评价工作情况之外,还公布了企业使用的内部控制评价依据和内部控制缺陷认定标准,具体如下:

公司依据财政部、证监会等五部委联合发布的《企业内部控制基本规范》《企业内部控制应用指引》《企业内部控制评价指引》,以及深圳证券交易所的《上市公司内部控制指引》等相关规定,结合本公司的经营管理实际状况,组织开展内部控制评价工作,并对公司的内部控制体系进行持续的改进及优化,以适应不断变化的外部环境及内部管理的要求。

公司董事会根据企业内部控制规范体系对重大缺陷、重要缺陷和一般缺陷的认定要求,结合公司规模、行业特征、风险偏好和风险承受度等因素,区分财务报告内部控制和非财务报告内部控制,采用定量和定性相结合的方法研究,确定了适用于本公司的内部控制缺陷具体认定标准,并与以前年度保持一致。

公司确定的内部控制缺陷认定标准如下:

1. 财务报告内部控制缺陷认定标准

(1) 公司确定的财务报告内部控制缺陷评价的定量标准如表 13-3 所示(不同量化指标采用孰低原则确认缺陷)。

表 13-3 财务报告内部控制缺陷评价标准

定量标准	一般缺陷	重要缺陷	重大缺陷
经营收入潜在错报金额	潜在错报金额<合并会计报表经营收入的0.5%	合并会计报表经营收入的0.5%≤潜在错报金额<合并会计报表经营收入的1%	潜在错报金额≥合并会计报表经营收入的1%
利润总额潜在错报金额	潜在错报金额<合并会计报表利润总额的0.5%	合并会计报表利润总额的0.5%≤潜在错报金额<合并会计报表利润总额的3%	潜在错报金额≥合并会计报表利润总额的3%
资产总额潜在错报金额	潜在错报金额<合并会计报表资产总额的0.5%	合并会计报表资产总额的0.5%≤潜在错报金额<合并会计报表资产总额的1%	潜在错报金额≥合并会计报表资产总额的1%

(2) 公司确定的财务报告内部控制缺陷评价的定性标准如下:

① 一般缺陷。它是指未构成重大缺陷、重要缺陷标准的其他内部控制缺陷。

② 重要缺陷。它是指公司会计报表、财务报告编制不完全符合《企业会计准则》及其披露要求,导致财务报表出现重要错报;公司以前年度公告的财务报告出现重要错报,

---

[①] 改编自《万科企业股份有限公司 2013 年度内部控制评价报告》。

需要进行追溯调整。

③ 重大缺陷。它是指公司会计报表、财务报告及信息披露等方面发生重大违规事件;公司审计委员会和内部审计机构未能有效发挥监督职能;注册会计师对公司财务报表出具无保留意见之外的其他三种意见审计报告。

2. 非财务报告内部控制缺陷认定标准

(1) 公司非财务报告内部控制缺陷认定的标准主要依据业务性质的严重程度、直接或潜在负面影响、影响的范围等因素来确定,公司确定的非财务报告内部控制缺陷评价的定量标准如表 13-4 所示。

表 13-4 非财务报告内部控制缺陷评价的定量标准

缺陷类型	直接财产损失金额
一般缺陷	直接财产损失金额 < 合并会计报表资产总额的 1%
重要缺陷	合并会计报表资产总额的 1% ≤ 直接财产损失金额 < 合并会计报表资产总额的 3%
重大缺陷	直接财产损失金额 ≥ 合并会计报表资产总额的 3%

(2) 公司确定的非财务报告内部控制缺陷评价的定性标准如下:

① 一般缺陷。它是指未构成重大缺陷、重要缺陷标准的其他内部控制缺陷。

② 重要缺陷。它是指公司一般业务缺乏制度控制或制度体系失效;信息系统的安全存在隐患;内控评价重要缺陷未完成整改。

③ 重大缺陷。它是指公司重要业务缺乏制度控制或制度体系失效;信息系统的安全存在重大隐患;内控评价重大缺陷未完成整改。

报告中称,根据上述的财务报告及非财务报告内部控制缺陷的认定标准,报告期内公司不存在内部控制重大缺陷和重要缺陷。

13.2.3 内部控制缺陷的认定方法

对内部控制缺陷通常可采取定量、定性、或二者相结合的方法进行认定,值得注意的是,对于内部控制缺陷的认定标准在不同评价期间应保持一致,避免通过随意调整认定标准来回避重大缺陷的披露,给报告使用者造成误导及不良影响。

1. 定量分析法

对于内部控制缺陷可通过评估其可能导致财务报表错报的影响进行定量判断,即汇总发现的所有错报(包括已发现的错报、推断的错报,以及以前年度发现应调整而未调整的错报等),并将汇总错报对财务报表错报的影响进行判断。一般以资产总额、净资产、营业收入或净利润等为判断基础,将资产总额的 0.5%—1%、净资产的 1%、营业收入的 0.5%—1% 或净利润的 5%—10% 作为指标依据,将两者相乘后数值最小的作为重大缺陷的判断指标。当汇总错报超过确定的判断指标后,即应认定为重大缺陷,并应予以披露。

2. 定性分析法

对于某些非财务报告内部控制缺陷,通常不会直接造成财务报表错报,但却可能造成企业偏离战略目标、降低运行效率或损害社会形象等负面影响。根据《企业内部控制评价指引》,表明内部控制可能存在重大缺陷的迹象主要包括:董事、监事和高级管理人员舞弊;更正已经公布的财务报表;当期财务报表存在的重大错报,未通过内部控制在运行过程中发现;企业审计委员会和内部审计机构对内部控制的监督无效。

另外,《企业内部控制评价指引》第十八条和第十九条规定,企业内部控制评价工作组应当建立评价质量交叉复核制度,评价工作组负责人应当对评价工作底稿进行严格审核,并对所认定的评价结果签字确认后,提交企业内部控制评价机构。

企业内部控制评价机构结合日常监督和专项监督发现的内部控制缺陷及其持续改进情况编制内部控制缺陷认定汇总表,并对其成因、表现形式和影响程度进行综合分析和全面复核,提出认定意见,并以适当的形式向董事会、监事会或者经理层报告。重大缺陷应当由董事会予以最终认定。

企业对于认定的重大缺陷,应当及时采取应对策略,切实将风险控制在可承受范围之内,并追究有关部门或相关人员的责任。

【案例 13-5】

*ST 大地内部控制缺陷认定[①]

2009—2011 年,*ST 大地连续三年都对外披露了内部控制自我评价报告,并对其内部控制的基本情况和存在的部分缺陷进行了陈述,如表 13-5 所示。其中,内部控制缺陷的披露项目和内容都呈上升趋势,但均未提及任何重大缺陷和重要缺陷。

表 13-5 各类缺陷的披露数量

年份	内部环境	风险评估	控制活动	信息与沟通	内部监督
2009	0	1	0		0
2010	2	0	2	1	0
2011	4	2	3	1	

从 *ST 大地 2009—2011 年的内部控制自我评价报告中可以看到,在 2009 年的自我评价报告中对内部控制缺陷的性质作如下阐述:"评估结果表明,公司已对内部控制体系进行持续改进与完善,未发现公司存在内部控制设计或执行方面的重大缺陷,但公司控制活动中仍然存在一般缺陷。"*ST 大地 2010 年自我评价报告的总结为:"公司基本建

---

① 孔敏,"内部控制缺陷认定与陈述的问题分析——基于 *ST 大地案例的分析",《商业会计》,2012(24)。(有删改)

立了业务发展所需要的内部控制,但公司的内部控制与业务特性的相适应性和在经营管理活动中的有效性还存在一定的距离。"到了 2011 年,*ST 大地的自我评价报告则将缺陷笼统地定性为"存在的问题"。

从这三年*ST 大地对内部控制缺陷的定性可以看出,*ST 大地对内部控制缺陷的认定是不恰当的。也正是这种不恰当的缺陷定性,成为了*ST 大地"涉嫌欺诈发行股票"的有力帮凶。

13.3 内部控制评价指数

13.3.1 内部控制评价指数的价值

2014 年 1 月,证监会和财政部联合制定了《公开发行证券的公司信息披露编制规则第 21 号——年度内部控制评价报告的一般规定》。该规定明确了内部控制评价报告的构成要素,并针对核心构成要素(如重要声明、内部控制评价结论、内部控制评价工作情况、其他内部控制相关重大事项说明等),逐一说明了需要披露的主要内容及相关要求。虽然如此,中国上市公司在内部控制的建立与实施方面仍存在诸多问题,并未真正达到"有效"或"基本有效"的水平。越来越多的投资者在关注上市公司经营业绩评价的同时,还把目光聚焦到作为公司价值源泉和经营业绩保证的内部控制体系的质量上。投资者需要了解,上市公司的内部控制现状究竟如何?上市公司所建立的内部控制制度是否科学并得到有效实施?公司的风险因素是否得到有效控制?是否提高了公司的风险防范能力?公司经营目标的实现是否能够得到合理保证?公司应当如何完善内部控制建设?等等。为此,我们认为,可借鉴国际先进经验,结合中国资本市场环境和上市公司实际,参考上证公司治理指数(2008)的做法,以企业内部控制规范为依据,设置具有中国特色的上市公司内部控制评价指标体系,并采用科学的方法对上市公司的内部控制状况进行准确、客观的评价,最终得出中国上市公司内部控制指数。

通过编制与发布中国上市公司内部控制指数,可以量化企业内部控制体系的有效性,从而掌握上市公司内部控制现状,了解上市公司现有内部控制的有效性水平,为上市公司风险管控水平的整体提升提供帮助;与此同时,还可以一方面为资本市场的利益相关者的投资及信贷决策提供信息与依据,另一方面为政府监管提供便利,使上市公司监管部门得以及时掌握其监管对象的内部控制的运行状况,及时了解上市公司执行内部控制规范的具体情况,从而确保其监管措施及时且有针对性,最终促进资本市场的完善与发展;更重要的是,可以促使企业重视风险管理,建立良好的内部控制文化,并指导企业对内部控制体系的运行情况进行持续监督,及时发现内部控制漏洞,采取有针对性的改进措施,不断完善内部控制体系,从而实现对公司风险的有效控制,持续创造公司价值。

13.3.2 内部控制评价指数的构建思路

要编制出统一科学的中国上市公司内部控制指数,关键在于科学构建有效的上市公司内部控制评价系统,而系统的科学构建取决于对评价指标、评价标准与评价方法等要素的科学设计。

1. 评价指标的设计

评价指标是评价系统的核心,从已有的文献和实践的做法来看,对内部控制有效性的评价指标通常是按要素或者业务来进行设计。从我国目前的企业内部控制规范体系来看,既有基本规范,又有配套指引;配套指引又包括18项应用指引,而这些应用指引包括内控环境、业务活动、内控手段等方面。因此,鉴于内部控制的系统性与复杂性,企业应该以企业内部控制目标(即战略目标、经营目标、信息目标、资产目标和合法目标)为导向,评价指标应该与内部控制目标的合理保证相关。同时,企业应该分层次设立指标体系,至少应该考虑四个层面。第一层次应该考虑内部控制五要素,即内部环境、风险评估、控制活动、信息与沟通、内部监督等;第二层次应该考虑每一要素所对应的具体业务或具体步骤,如内部环境要素可进一步考虑组织架构、公司战略、人力资源、社会责任、企业文化等角度,信息与沟通要素可进一步考虑财务报告、内部信息传递、信息技术等方面;第三层次可考虑主要风险,比如在组织架构方面,我们可以关注公司治理机构与内部机构设置的主要风险;第四层次可考虑应对主要风险的关键控制措施,如确保公司治理机构有效的具体措施。

2. 评价标准的设计

评价标准是评价系统的基准,为确定内部控制有效性水平提供了依据,从这一角度看,内部控制评价标准的设计同样是个关键环节。我们认为,需要结合评价指标的类型和不同类型评价标准的优缺点来加以设计。对涉及制度执行有效性的评价指标,企业可以借鉴国资委的《中央企业综合绩效评价实施细则》(2006)所确定的定性评价指标评价标准的做法,将制度执行的程度划分为5级(即完全执行、基本执行、执行一般、执行较差、未执行等),并对执行的不同程度进行详细界定;对涉及制度设计有效性的评价指标,通常只能定性描述其标准,主要的依据是《企业内部控制基本规范》及其配套指引;如果规范中未明确规定,可考虑其他相关法规或者参考先进企业的有效经验。需要说明的是,考虑到评价系统的可操作性,对有些相对不重要的且很难获得较为准确信息的内部控制评价内容,可进行必要的删减。

3. 评价方法的设计

评价方法是评价系统的纽带,一个评价系统,除了评价指标和评价标准,还需要采用一定的评价方法,从而实施对评价指标和评价标准的对比分析和判断,实现从若干个单项指标实际值到综合性评价结果(即评价指数)的技术转换。由于内部控制评价既涉及定性指标,又涉及定量指标,因此可采用综合评分法、综合指数法、功效系数法、层次分析法等方法。要采用这些综合评价方法,需要解决指标权重设置的问题。鉴于内部控制评价指标体系多层次的特点,可引入分层处理的方法,并将主观赋值与客观赋值相结合。对前三个层次的指标采用主观赋值,具体可考虑采用层次分析法,该方法适用于多目标规划问题的评价;对第四层次的指标采用客观赋值,具体可考虑采用标志变异系数法,该方法将评价指标的权重与指标值的变动相结合,对于变动幅度较大的指标将赋予较大的权重。

13.3.3 内部控制评价指标体系与权重系数的设计

1. 内部控制评价指标体系的设计

根据《企业内部控制基本规范》及其配套指引,综合考虑《中华人民共和国公司法》《中华人民共和国证券法》《上市公司治理准则》《深圳证券交易所上市公司内部控制指引》等法律法规及相关文件,同时借鉴国外已有的内部控制评价研究,确定了内部环境、风险评估、控制活动、信息与沟通、内部监督等5个一级评价指标,24个二级评价指标,43个三级评价指标,139个四级评价指标的四级指标体系。2012年1月1日,我国主板上市公司开始分类分批实施内部控制规范体系;2014年1月,证监会和财政部联合制定了《公开发行证券的公司信息披露编制规则第21号——年度内部控制评价报告的一般规定》,进一步加强了上市公司内部控制评价信息披露的规范要求。

2. 内部控制评价权重系数的设计

内部控制评价指标体系具有系统化、层次化、递归性、定性定量兼顾的特点,适用于层次分析法(Analytic Hierarchy Process,AHP)分析。采用层次分析法的分析过程如下:

(1) 构造层次分析结构。内部控制评价指标体系分为五个层次,即总目标层、分目标层、准则层、子准则层和方案层。其中,总目标层是内部控制质量、分目标层是内部控制五要素,对应一级指标;准则层、子准则层和方案层为分目标层相关要素的进一步细化,分别对应二级指标、三级指标和四级指标。

(2) 建立判断矩阵群。从分目标层开始,对每个层次中隶属上层同一元素的元素进行两两比较,并按其重要程度评定等级赋值,建立判断矩阵。目前,广泛采用的两两比较标度方法是Satty提出的1—9标度法。我们采用德尔菲法来建立判断矩阵群,并按Satty1—9标度方法打分。这种方法可以提高判断的准确性,从而增强权重的可信度。

(3) 计算权重及一致性检验。层次分析法计算权重有很多方式,包括特征值法、对数最小二乘法和上三角元素法等。在此,采用特征值法评价内部控制体系。

内部控制评价指数是以各个指标观察值为基础,经过一致化和无量纲化后,按照以上方法确定的权重进行加权平均得到结果,计算方法如下①:

$$CICI^{XMU} = \omega_1 CICI_1^{XMU} + \omega_2 CICI_2^{XMU} + \omega_3 CICI_3^{XMU} + \omega_4 CICI_4^{XMU} + \omega_5 CICI_5^{XMU}$$

---

① 陈汉文,"建立适合我国国情的内部控制评价体系",《证券时报》,2010年6月11日。

$$\mathrm{CICI}_i^{\mathrm{XMU}} = \sum_{j=i}^n \omega_i \mathrm{CICI}_{ij}^{\mathrm{XMU}} \quad (i=1,2,3,4; j=1,2,\cdots,n)$$

其中：$\mathrm{CICI}^{\mathrm{XMU}}$ 代表内部控制评价指数，$\mathrm{CICI}_1^{\mathrm{XMU}}$ 代表内部环境评价指数，$\mathrm{CICI}_2^{\mathrm{XMU}}$ 代表风险评估评价指数，$\mathrm{CICI}_3^{\mathrm{XMU}}$ 代表控制活动评价指数，$\mathrm{CICI}_4^{\mathrm{XMU}}$ 代表信息与沟通评价指数，$\mathrm{CICI}_5^{\mathrm{XMU}}$ 代表内部监督评价指数，$\mathrm{CICI}_{ij}^{\mathrm{XMU}}$ 代表隶属于要素 i 的第 j 个要素，ω 代表评价要素的权重。

内部控制评价指数采用百分制，最高分为100，最低分为0，并将结果分成六个评价等级：

$\mathrm{CICI}^{\mathrm{XMU}}$ Ⅰ，内部控制评价指数 ≥90；

$\mathrm{CICI}^{\mathrm{XMU}}$ Ⅱ，80≤内部控制评价指数 <90；

$\mathrm{CICI}^{\mathrm{XMU}}$ Ⅲ，70≤内部控制评价指数为 <80；

$\mathrm{CICI}^{\mathrm{XMU}}$ Ⅳ，60≤内部控制评价指数为 <70；

$\mathrm{CICI}^{\mathrm{XMU}}$ Ⅴ，50≤内部控制评价指数为 <60；

$\mathrm{CICI}^{\mathrm{XMU}}$ Ⅵ，内部控制评价指数 <50。

13.3.4 2011—2013年内部控制评价指数分析

1. 我国上市公司内部控制总体状况

本节研究了2013年我国主板和中小板上市公司内部控制水平，收集了上市公司截至2014年4月30日的公开资料，包括公司年报、内部控制自我评价报告、社会责任报告等定期公告和临时公告，公司规章制度，以及处罚和重大事件等。

（1）我国上市公司内部控制总体状况

2013年，我国上市公司内部控制整体水平进一步提高，表13-6列示了我国上市公司内部控制等级分布状况。从内部控制指数来看，2013年没有一家公司进入Ⅰ级水平和Ⅱ级水平，进入Ⅲ级和Ⅳ级水平的数量与往年基本持平，但是由Ⅳ级进入Ⅴ级水平的公司明显增加，达到41家。从五要素指数来看，风险评估仍是上市公司内部控制的薄弱环节，共有1900家上市公司处于最低层次，但是总体来说，2013年较之前有了较大改善，进入Ⅱ级、Ⅳ级、Ⅴ级水平的公司数量有所增加；在控制活动方面，2013年上市公司取得瞩目成效，共有177家进入Ⅰ级水平，较上年增加107家，进入Ⅱ级和Ⅲ级的公司数量的增加也很明显，分别为418家和759家；在信息与沟通方面，进入Ⅰ级、Ⅱ级、Ⅲ级、Ⅳ级、Ⅴ级水平的公司数量增加明显；在内部环境方面，虽然总体内部环境指数有小幅提高，但处于Ⅰ级、Ⅱ级、Ⅲ级、Ⅳ级水平的公司数量均有所降低；在内部监督方面，有一大批公司由Ⅰ级、Ⅱ级、Ⅲ级、Ⅳ级降为Ⅴ级或Ⅵ级水平，表明2013年内部监督水平总体下降。

（2）我国各省份内部控制总体状况

表13-7反映了我国各个省份的内部控制水平，从2013年与2012年内部控制指数均值来看，我国31个省、自治区和直辖市的内部控制水平，除北京、青海、宁夏有所降低外，

表 13-6　内部控制总体情况分布表

指数项目	指数分值	$CICI^{xmu}$ I ≥90	$CICI^{xmu}$ II 80(含)~90	$CICI^{xmu}$ III 70(含)~80	$CICI^{xmu}$ IV 60(含)~70	$CICI^{xmu}$ V 50(含)~60	$CICI^{xmu}$ VI <50	总体
内部控制指数	2011年	0	0	15	98	296	1 627	2 036
	2012年	0	1	20	106	495	1 492	2 114
	2013年	0	0	12	99	552	1 447	2 110
内部环境指数	2011年	0	1	53	140	256	1 586	2 036
	2012年	0	1	10	62	184	1 857	2 114
	2013年	0	0	0	10	130	1 970	2 110
风险评估指数	2011年	0	8	12	37	50	1 929	2 036
	2012年	7	10	29	65	86	1 917	2 114
	2013年	0	12	24	73	101	1 900	2 110
控制活动指数	2011年	12	113	382	419	445	665	2 036
	2012年	70	286	665	454	320	319	2 114
	2013年	177	418	759	374	229	153	2 110
信息与沟通指数	2011年	18	56	184	190	630	958	2 036
	2012年	10	54	158	316	391	1 185	2 114
	2013年	12	74	190	360	467	1 007	2 110
内部监督指数	2011年	3	14	100	184	373	1 362	2 036
	2012年	8	103	253	374	307	1 069	2 114
	2013年	0	15	89	260	437	1 309	2 110

其他省份均有所提高。北京以 50.44 分蝉联第一位,贵州、云南、广东、福建与 2012 年一致仍居前五位,而青海、海南、宁夏分别以 40.79、40.74、40.37 分列后三位,中部省份山西和江西进入前十位。虽然我国上市公司内部控制东西部差距正在逐渐缩小,排名前十位中,省份的地区分布比较均匀,其中东部地区占 3 位、中部地区占 3 位、西部地区占 4 位,西部地区的省份超过东部;但是东西部差距仍较大,排名后十位中,西部地区占到了 7 位。

表 13-7　各省份内部控制总体状况

2013年排名	2012年排名	省份	2013年内部控制指数均值	2012年内部控制指数均值
1	1	北京	50.44	50.79
2	2	贵州	49.60	48.66
3	3	云南	48.72	47.99
4	5	广东	48.36	46.92
5	4	福建	48.18	47.94
6	9	新疆	46.98	45.26
7	10	山西	46.74	45.01
8	13	江西	46.33	44.24

(续表)

2013 年排名	2012 年排名	省份	2013 年内部控制指数均值	2012 年内部控制指数均值
9	6	河北	46.21	45.75
10	12	广西	46.20	44.48
11	8	安徽	46.20	45.33
12	16	天津	46.09	45.33
13	7	湖南	45.94	45.43
14	11	上海	45.38	44.61
15	15	河南	45.21	43.36
16	23	陕西	44.90	41.97
17	14	山东	44.81	44.17
18	18	辽宁	44.57	43.06
19	19	江苏	44.44	42.88
20	17	浙江	44.42	43.45
21	20	吉林	44.33	42.75
22	26	重庆	43.66	41.7
23	25	内蒙古	43.46	41.79
24	24	四川	43.39	41.97
25	21	湖北	43.31	42.51
26	31	西藏	43.06	40.41
27	28	甘肃	42.86	40.28
28	30	黑龙江	42.33	40.16
29	22	青海	40.79	41.99
30	29	海南	40.74	40.24
31	27	宁夏	40.37	40.45

(3) 我国各行业内部控制整体状况

从表 13-8 的内部控制指数行业均值来看,除金融保险业、建筑业、采掘业有小幅降低外,其他行业 2013 年的内部控制指数均有所提高。具体来看,受严厉监管的金融保险业仍居所有行业之首,并且远远高于第二位的建筑业;交通运输、仓储业以微弱优势超过采掘业,分别位列第三位和第四位;电力、煤气及水的生产与供应业和信息技术业,仍排名第五位和第六位;传播与文化产业的内部控制指数提高显著,由 2012 年的第十位上升至 2013 年的第七位;房地产业和制造业分列第八位和第九位;批发与零售贸易业由 2012 年的第九位退居到 2013 年的第十一位;综合类和农林牧渔业仍排名最后两位。

表 13-8　行业内部控制指数排行榜

2013年排名	2012年排名	行业	2013年内控指数均值	2012年内控指数均值	2011年内控指数均值
1	1	金融保险业	63.91	66.16	62.52
2	2	建筑业	48.97	49.00	47.08
3	4	交通运输业、仓储业	48.60	48.26	45.87
4	3	采掘业	48.14	48.94	44.99
5	5	电力、煤气及水的生产和供应业	46.98	46.01	42.48
6	6	信息技术业	46.58	45.32	42.92
7	10	传播与文化产业	45.56	45.32	42.92
8	7	房地产业	45.58	44.31	41.59
9	8	制造业	45.14	43.95	42.43
10	11	社会服务业	44.94	43.16	38.61
11	9	批发与零售贸易业	44.83	43.44	40.33
12	13	综合类	43.32	41.56	37.72
13	12	农林牧渔业	42.89	41.87	39.17

2. 我国上市公司内部控制分类数据分析

(1) 内部控制规范及试点公司分析

2011年有部分公司先行试点实施内部控制规范体系,2012年内部控制规范体系开始大规模在主板国有上市公司间实施,2013年实施范围进一步扩大。由于试点公司可以发挥示范作用,同时也具有先发优势,因此我们统计了试点公司与非试点公司的内部控制水平并进行比较。表13-9的结果显示,试点公司的内部控制水平明显高于非试点公司的内部控制水平。

表 13-9　内部控制规范实施及试点公司与非试点公司的内部控制水平均值比较

类别	年份	内控指数	内部环境	风险评估	控制活动	信息与沟通	内部监督
试点公司	2013	52.97	41.56	37.53	76.26	59.52	54.18
	2012	52.95	43.01	36.73	68.77	57.80	63.11
非试点公司	2013	44.78	34.10	25.59	70.88	52.36	43.93
	2012	43.52	33.28	25.37	66.67	49.71	47.05

(2) "最佳董事会"与内部控制分析

高质量的董事会有助于内部控制的建设与实施,我们采用《理财周刊》评选的"第六届中国上市公司最佳董事会榜单"来分析董事会与内部控制水平,分析样本未包括其中的创业板公司,获"最佳董事会"奖的公司有48家。分析结果(见表13-10)显示,获"最佳董事会"奖的公司与未获奖的公司相比,2013年内部控制指数均值高出5.58分,表明好的董事会有助于内部控制水平的提高;此外,获奖公司的内部环境指数均值更是高出未获奖公司6.21分,表明高质量的董事会对内部环境有突出的提升作用。

表 13-10 最佳董事会公司与非最佳董事会公司的内部控制水平均值比较

类别	年份	内控指数	内部环境	风险评估	控制活动	信息与沟通	内部监督
最佳董事会公司	2011	55.87	56.42	37.50	67.13	65.43	49.88
	2012	57.21	51.46	44.92	72.00	60.94	58.13
	2013	51.32	41.17	32.65	75.70	60.07	49.93
非最佳董事会公司	2011	42.18	38.92	20.24	57.29	52.15	41.63
	2012	44.35	34.00	26.26	65.88	50.44	48.89
	2013	45.74	34.96	27.05	71.50	53.15	45.18

（3）风险管理部门设置与内部控制分析

风险管理是公司治理的重中之重,在我们收集的 2 110 家样本公司中,有 252 家公司成立了专门负责风险管理的机构和部门,较 2012 年增加了 70 家,占总体样本的 15.26%。表 13-11 表明,设置风险管理部门的公司的 2013 年内部控制指数均值高出未设置风险管理部门的公司 8.82 分,且前者的风险评估指数均值高出后者 22.21 分,表明设置风险管理部门有助于提高公司内部控制的质量。

表 13-11 设置风险管理部门公司与未设置风险管理部门公司的内部控制水平均值比较

类别	年份	内控指数	内部环境	风险评估	控制活动	信息与沟通	内部监督
设置风险管理部门	2011	52.86	49.20	44.37	63.37	59.32	48.69
	2012	53.83	41.38	48.14	69.54	57.37	59.42
	2013	53.34	39.94	46.00	75.56	59.20	52.06
未设置风险管理部门	2011	41.53	38.46	18.26	57.00	51.87	41.18
	2012	43.55	33.66	24.00	65.62	49.89	47.81
	2013	44.52	34.23	23.79	70.88	52.25	44.07

（4）社会责任与内部控制分析

2013 年,主板和中小板上市公司中共有 678 家披露了社会责任报告,比 2012 年的 601 家增加 77 家,占总体样本的 32.13%。表 13-12 显示,披露社会责任报告的公司内部控制水平高于未披露社会责任报告的公司,内部控制指数均值高出 8.98 分,表明较好履行社会责任有助于内部控制质量的提高。

表 13-12 披露社会责任报告公司与未披露社会责任报告公司的内部控制水平均值比较

类别	年份	内控指数	内部环境	风险评估	控制活动	信息与沟通	内部监督
披露社会责任报告	2011	51.85	55.46	27.96	64.28	57.15	48.66
	2012	52.58	45.53	33.76	70.78	56.24	58.30
	2013	51.96	43.66	32.91	76.09	57.97	50.63
未披露社会责任报告	2011	39.15	33.45	18.12	55.10	50.87	39.35
	2012	41.68	30.23	24.15	64.22	48.62	45.58
	2013	42.98	31.04	24.46	69.47	51.10	42.77

（5）处罚与内部控制分析

公司董事、监事和高级管理人员的价值观和行为直接影响整个公司的文化氛围和行为准则。2013年，共有103家上市公司及其董事、监事和高级管理人员受到处罚。表13-13显示，这类公司的内部控制水平低于未受到处罚的公司，表明董事、监事和高级管理人员的行为对公司内部控制具有重要影响。

表 13-13　受到处罚公司与未受到处罚公司的内部控制水平均值比较

类别	年份	内控指数	内部环境	风险评估	控制活动	信息与沟通	内部监督
未受到处罚	2011	43.17	40.84	20.94	58.03	52.75	41.92
	2012	45.67	36.88	26.96	66.46	51.00	49.65
	2013	46.30	36.04	27.33	71.95	53.55	45.36
受到处罚	2011	32.97	15.00	18.86	50.10	49.88	41.97
	2012	38.66	18.82	26.35	63.53	49.31	46.08
	2013	37.48	16.79	24.25	64.67	48.67	43.96

（6）财务报告审计意见与内部控制分析

2013年，68家上市公司年报被出具了非标准审计意见。表13-14显示，被出具标准审计意见的公司的内部控制水平高出被出具非标准审计意见的公司10.12分，表明内部控制差的公司更容易被出具非标准审计意见，两类公司在内部环境、风险评估、控制活动、信息与沟通和内部监督五个方面皆有较大差异。

表 13-14　被出具标准审计意见公司与被出具非标准审计意见公司的内部控制水平均值比较

类别	年份	内控指数	内部环境	风险评估	控制活动	信息与沟通	内部监督
标准审计意见	2011	43.31	40.28	21.28	58.62	53.15	42.30
	2012	45.24	35.03	27.16	66.74	51.27	49.61
	2013	46.19	35.42	27.39	72.03	53.73	45.51
非标准审计意见	2011	31.36	26.47	13.27	40.59	43.11	35.30
	2012	33.28	23.35	20.08	49.83	38.83	38.78
	2013	36.07	25.39	20.68	58.56	40.78	38.72

（7）财务报表重述与内部控制分析

2013年，201家上市公司进行了财务报表重述，占整个样本的9.53%，该比例较2011年的15.18%有所降低。表13-15所示，发生财务报表重述公司的内部控制指数平均比未发生财务报表重述公司低2.86分，2013年发生财务报表重述和未发生财务报表重述的公司的内部控制指数均较2012年有所上升。

表 13-15　财务报表重述公司与未财务报表重述公司的内部控制水平均值比较

类别	年份	内控指数	内部环境	风险评估	控制活动	信息与沟通	内部监督
未财务重述	2011	42.90	39.60	21.00	57.71	54.01	41.63
	2012	45.55	35.14	27.29	66.72	52.75	49.71
	2013	46.14	36.28	27.04	71.80	54.52	45.28

（续表）

类别	年份	内控指数	内部环境	风险评估	控制活动	信息与沟通	内部监督
财务重述	2011	40.75	38.93	19.62	56.99	41.96	44.12
	2012	40.45	31.44	24.61	62.56	39.80	46.33
	2013	43.28	33.34	28.49	69.70	41.78	45.42

（8）自我评价报告与内部控制分析

在我们选取的样本中，2013年共1 933家上市公司进行了内部控制自我评价，并披露了内部控制自我评价报告，占总样本的91.61%。从表13-16可以看出，出具内部控制自我评价报告的公司的内部控制指数比未出具内部控制自我评价报告的公司高出14.59分；内部控制自我评价反映了内部监督的强弱，在五要素指数中，出具自评报告与未出具自评报告的公司在内部监督指数上的差异最大，前者约为后者的两倍；从时间上看，2013年出具自评报告的公司和未出具自评报告的公司的内部控制水平均较2012年有所提升。

表13-16　出具自评报告公司与未出具自评报告公司的内部控制水平均值比较

类别	年份	内控指数	内部环境	风险评估	控制活动	信息与沟通	内部监督
出具自评报告	2011	45.69	41.90	22.74	60.80	53.72	49.02
	2012	46.79	36.02	28.03	68.52	51.80	53.59
	2013	47.09	35.95	28.11	73.34	53.98	47.41
未出具自评报告	2011	33.28	32.17	14.96	47.82	49.15	20.00
	2012	29.21	23.40	18.03	47.25	42.94	15.20
	2013	32.50	25.82	17.03	52.50	46.02	22.15

（9）内部控制审计报告与内部控制分析

2013年，样本中共有1 544家公司出具了内部控制审计报告或鉴证报告，较2012年增加268家，占总样本的73.18%，其中25份审计报告或鉴证报告发表的是非标准意见。我们对出具内部控制审计或鉴证报告与否的公司的内部控制指数均值进行了统计分析，结果（见表13-17）表明，出具了内部控制审计或鉴证报告的公司的内部控制指数均值高于未出具相应报告的公司，两者指数均值的差异为7.50分，两者内部监督指数均值的差异为15.51分。

表13-17　出具内控审计或鉴证报告公司与未出具内控审计
或鉴证报告公司的内部控制水平均值比较

类别	年份	内控指数	内部环境	风险评估	控制活动	信息与沟通	内部监督
审计或鉴证报告	2011	48.06	44.33	24.58	64.89	55.03	50.78
	2012	48.52	36.87	29.93	69.13	52.50	59.17
	2013	47.88	36.55	28.88	73.84	54.22	49.45
无审计或鉴证报告	2011	38.81	36.09	18.17	52.46	50.88	35.62
	2012	39.19	31.16	22.34	61.54	48.23	34.30
	2013	40.38	31.14	22.53	66.47	50.83	33.94

(10) 内部控制百强企业分析

我们根据内部控制指数,对2 110家上市公司的内部控制水平进行排名,得出内部控制百强企业。表13-18显示,非百强企业的2013年内部控制指数均值较2012年有所提高,而百强企业的2013年内部控制指数均值较2012年有所降低,2013年百强企业内部控制指数均值高出非百强企业19.69分。

表13-18 内部控制百强企业内部控制水平均值分析

类别	年份	内控指数	内部环境	风险评估	控制活动	信息与沟通	内部监督
百强企业	2011	65.67	65.46	52.51	75.01	73.59	59.87
	2012	66.57	56.34	59.38	79.72	72.24	70.61
	2013	64.62	51.88	59.06	84.02	74.91	59.34
非百强企业	2011	41.46	38.18	19.20	56.73	51.52	40.99
	2012	43.70	33.50	25.27	65.41	49.72	48.13
	2013	44.93	34.26	25.59	70.90	52.23	44.59

我们进一步对百强企业的分布状况进行分析,如表13-19所示。从行业分布来看,63%的百强企业分布在制造业(34家)和金融保险业(29家);从地区分布来看,广东、北京、江苏和上海进入百强的企业最多,共60家,东部省份百强企业的比例为76%,而中西部省份的比例分别为14%和10%,可见百强企业的地区分布并不均衡。

表13-19 内部控制百强企业分布状况

行业	分布数量	比例(%)	省份	分布数量	比例(%)
制造业	34	34	广东	25	25
金融保险业	29	29	北京	19	19
批发与零售贸易业	8	8	江苏	8	8
采掘业	7	7	上海	8	8
建筑业	5	5	福建	6	6
房地产业	5	5	山东	3	3
信息技术业	4	4	浙江	3	3
交通运输业、仓储业	4	4	湖北	3	3
电力、煤气、水的生产和供应业	1	1	山西	3	3
社会服务业	1	1	四川	2	2
综合类	1	1	云南	2	2
传播与文化产业	1	1	安徽	2	2
			河南	2	2
			湖南	2	2
			吉林	2	2
			海南	1	1
			河北	1	1

(续表)

行业	分布数量	比例(%)	省份	分布数量	比例(%)
			辽宁	1	1
			天津	1	1
			广西	1	1
			内蒙古	1	1
			陕西	1	1
			西藏	1	1
			新疆	1	1
			重庆	1	1
合计	100	100		100	100

13.4 内部控制评价报告

内部控制评价报告是内部控制评价的最终体现,从广义上讲,按照编制主体、报送对象和时间,内部控制评价报告可分为对内报告和对外报告。对外报告是为了满足外部信息使用者的需求,需要对外披露、在时间上具有强制性、披露内容和格式强调符合披露要求,是狭义的内部控制评价报告;对内报告主要是为了满足管理层或治理层改善管控水平的需要,不具有强制性,内容、格式和披露时间由企业自行决定。如不作特殊说明,本书所指的内部控制评价报告特指狭义的内部控制评价报告,因此本章主要介绍狭义的内部控制评价报告的编制、使用、披露与报送。

13.4.1 内部控制评价报告的编制

企业应当根据年度内部控制评价结果,结合内部控制评价工作底稿和内部控制缺陷汇总表等资料,按照规定的程序和要求,及时编制内部控制评价报告。

1. 内部控制评价报告的编制主体

广义的内部控制评价报告的编制主体包括单个企业和企业集团的母公司。单个企业内部控制评价报告,是指某企业以自身的经营业务和管理活动为辐射范围而编制的内部控制评价报告,属于对内报告;企业集团母公司内部控制评价报告,是指企业集团的母公司在汇总、复核、评价、分析后,以母公司及下属(或控股子公司)的经营业务和管理活动为辐射范围而编制的内部控制评价报告,是对企业集团内部控制设计有效性和运行有效性的总体评价,可以是对内报告或对外报告。

狭义的内部控制评价报告的编制主体是企业集团的母公司。

2. 内部控制评价报告的编制时间

企业因外部环境和内部条件的变化,其内部控制系统不可能是固定的、一成不变的,而是一个不断更新和自我完善的动态体系,因此对内部控制需要经常进行评价,在实际工作可以采用定期与不定期相结合的方式。

企业至少应该每年进行一次内部控制评价并由董事会对外发布内部控制评价报告,这样形成的报告可称为定期的内部控制评价报告。年度内部控制评价报告应当以当年12月31日为基准日。

如果企业在内部控制评价报告年度内发生了特殊的事项且具有重要性,或具有某种特殊原因(如企业因目标变化或提升),企业需要针对这种特殊事项或原因及时编制内部控制评价报告并对外发布。这种类型的内部控制评价报告也称为非定期的内部控制评价报告。从广义上讲,企业针对发现的重大缺陷等向董事会、审计委员会或经理层报送的内部报告(如内部控制缺陷报告)也属于非定期的报告。

3. 内部控制评价报告的编制内容

《企业内部控制评价指引》第二十一条和第二十二条规定,内部控制评价对外报告一般包括以下内容:

(1) 董事会声明。声明董事会及全体董事对报告内容的真实性、准确性、完整性承担个别及连带责任,保证报告内容不存在任何虚假记载、误导性陈述或重大遗漏。

(2) 内部控制评价工作的总体情况。明确企业内部控制评价工作的组织、领导体制、进度安排,是否聘请会计师事务所对内部控制有效性进行独立审计。

(3) 内部控制评价的依据。说明企业开展内部控制评价工作所依据的法律法规和规章制度。

(4) 内部控制评价的范围。描述内部控制评价所涵盖的被评价单位、纳入评价范围的业务事项,以及重点关注的高风险领域,内部控制评价的范围如有所遗漏的,应说明原因及其对内部控制评价报告真实完整性产生的重大影响等。

(5) 内部控制评价的程序和方法。描述内部控制评价工作所遵循的基本流程,以及评价过程中所采用的主要方法。

(6) 内部控制缺陷及其认定。描述适用本企业的内部控制缺陷具体认定标准,并声明与以前年度保持一致或作出的调整及相应原因;根据内部控制缺陷认定标准,确定评价期末存在的重大缺陷、重要缺陷和一般缺陷。

(7) 内部控制缺陷的整改情况。对于评价期间发现、期末已完成整改的重大缺陷,说明企业有足够的证据显示,与该重大缺陷相关的内部控制设计和运行是有效的;对于评价期末存在的内部控制缺陷,公司拟采取的整改措施及预期效果。

(8) 内部控制有效性的结论。对不存在重大缺陷的情形,出具评价期末内部控制有效结论;对存在重大缺陷的情形,不得作出内部控制有效的结论,并需描述该重大缺陷的性质及其对实现相关控制目标的影响程度、可能给公司未来生产经营带来的相关风险;自内部控制评价报告基准日至内部控制评价报告发出日发生重大缺陷的,企业须责成内部控制评价机构予以核实,并根据核查结果对评价结论进行相应调整,说明董事会拟采取的措施。

4. 内部控制评价报告的格式

企业应尽量按照统一的格式编制内部控制评价报告,以满足外部信息使用者对内控信息可比的要求。2013年披露的内部控制评价报告,尽管监管机构对上市公司内部控制信息披露提出了新的要求,但仍有大约1/4的上市公司沿用《关于印发企业内部控制规范体系实施中相关问题解释第1号》等其他格式。由于采用不同的披露格式,导致企业内部控制评价信息的可比性较差,也给投资者、监管机构、研究者等报告使用人带来阻碍。在内部控制审计方面,上市公司披露的内部控制审计报告类型也各不统一,包括规范的内控审计报告、中小板内控审计报告、内控鉴证报告、内控专项报告、内控审核报告,以及其他报告形式。由于不同类型报告的审计依据和保证程度都存在差异,一些审计报告类型不仅无法为企业内部控制提供合理保证,反而浪费企业资源,误导投资者。

5. 内部控制评价工作底稿

内部控制评价工作底稿是内部控制工作的载体,也是内部控制评价报告形成的基础。在实际工作中,评价底稿一般是通过一系列的评价表格来实现的。一般来说,评价底稿应至少包括以下几类评价表,详见图13-2。

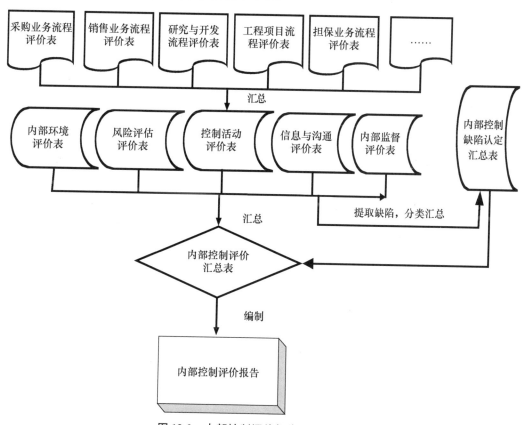

图13-2 内部控制评价报告形成示意图

(1) 各类业务流程评价表。内部控制的控制活动涉及多个业务流程,包括采购业务流程、销售业务流程、研究与开发流程、工程项目流程、担保业务流程等。企业应根据其自身业务特点,设计合理的业务流程模块,由相对独立的评价小组对每个业务流程进行测试与评价,形成业务流程评价表。各类业务流程评价应包括设计有效性和运行有效性;各业务流程评价表应包括评价指标(对控制点的描述)、评价标准(检查是否符合控要求)、评价证据(如××规定或实施办法或抽取的样本对应的凭证号等)、评价结果(评价得分)、未有效执行的原因等。

(2) 内部控制要素评价表。内部控制要素评价表包括内部环境评价表、风险评估评价表、控制活动评价表、信息与沟通评价表、内部监督评价表等。其中,内部环境评价表、风险评估评价表、信息与沟通评价表、内部监督评价表都是根据现场评价结果直接形成的,而控制活动评价表是在对各业务流程评价表的基础上汇总而成的。内部控制要素评价表的内容包括评价指标、评价标准、评价结果、评价得分等。

(3) 内部控制评价汇总表。内部控制评价汇总表包括以下几个部分:内部环境评价及其评分,风险评估评价及其评分,控制活动评价及其评分,信息与沟通评价及其评分,内部监督评价及其评分,缺陷的认定,综合评价得分。内部控制评价汇总表是在内部控制五大要素评价表的基础上汇总形成的,并将缺陷的认定单列项目,作为最后评价得分的减项。为了更清楚地了解缺陷的基本情况,应分类反映缺陷数量、缺陷等级等项目。

对内报告的内容应该在符合以上要求的基础上,进一步详尽地设计和表达。

企业应尽量按照大众化、统一的格式编制内部控制评价报告,具体编制时,可参照《企业内部控制规范体系实施中相关问题解释第1号》的内部控制评价报告的格式。

6. 内部控制评价报告的编制程序

首先,内部控制评价机构对工作底稿进行复核,根据认定并按照规定的权限和程序审批确定的内部控制缺陷,判断内部控制的有效性。

其次,内部控制评价机构搜索整理编制内部控制评价报告所需的相关资料。

再次,内部控制评价机构根据有关资料撰写内部控制评价报告。

最后,内部控制评价报告上报经理层审核、董事会审批后确定,下属单位内部控制评价报告还需上报母公司。

13.4.2　内部控制评价报告的使用

企业内部控制评价对外报告的使用者包括政府有关监管部门、投资者及其他利益相关者、中介机构和研究机构等;对内报告的使用者主要是企业董事会(审计委员会)、各层级管理者及有关监管部门。

(1) 政府监管部门根据内部控制评价报告,可以了解《企业内部控制基本规范》及其配套指引的实施情况;通过不同企业、不同行业内部控制评价报告的分析比较,可以发现内部控制相关法律法规实施中存在的问题,作为进一步健全内部控制法律法规体系、优化内部控制执行机制的重要依据。

(2) 投资者及其他利益相关者根据内部控制评价报告,可以了解企业内部控制水平,评估企业抗风险能力和持续经营实力,从而为投资决策和正确行使相关权利奠定基础;必要时,投资者及其他利益相关者还可依据内部控制评价报告,有的放矢地进行调查研究和实地考察,促进企业持续完善内部控制系统。

(3) 中介机构和研究机构可以通过研究分析内部控制评价报告,知悉企业内部控制发展现状,在综合运用比较分析、趋势分析等方法的基础上形成并发布内部控制研究报告,服务于监管部门、投资者和社会公众。

内部控制评价报告是企业董事会对本企业内部控制有效性的自我评价,具有一定的主观性。因此,在此基础上形成的内部控制评价报告也只能作为有关方面了解企业内部控制设计与运行情况的途径之一。在使用内部控制评价报告时,还应注意与内部控制注册会计师审计报告、内部控制监管信息、财务报告信息等相关信息结合使用,以起到全面分析、综合判断、相互验证的效果。

13.4.3 内部控制评价报告的披露与报送

公司的价值创造能力不仅取决于现有的经营基础和目前的盈利水平,更主要取决于公司的管控能力和科学决策水平。公众公司通过向社会披露内部控制评价报告,可以让投资者及其他利益相关者了解自己的公司治理水平、规范化管理水平和风险防御能力,从而有助于他们作出有益于公司发展的决策,最终服务于公司价值创造能力的提升。

在我国,随着《企业内部控制基本规范》及其配套指引的陆续推出,内部控制信息披露已经逐渐步入强制性阶段。《企业内部控制评价指引》规定,企业编制的内部控制评价报告应当报经董事会或类似权力机构批准后对外披露或报送相关部门;企业应以每年的12月31日为年度内部控制评价报告的基准日,于基准日后4个月内报出内部控制评价报告;对于委托注册会计师对内部控制的有效性进行审计的公司,应同时将内部审计报告对外报出;对于自内部控制评价报告基准日至内部控制评价报告报出日发生的影响内部控制有效性的因素,内部控制评价部门应予以关注,并根据其性质和影响程度对评价结论进行相应调整。企业内部控制评价报告应按规定报送有关监管部门,对于国有控股企业,应按要求报送国有资产监督管理部门和财政部门;对于金融企业,应按规定报送银行业监督管理部门和保险业监督管理部门;对于公开发行证券的企业,应报送证券监督管理部门。

这些强制性披露的规定,迫切要求管理者转变以往对内部控制评价和披露的认识,真正地认识到内部控制对企业提高经营管理水平和风险防范能力的作用,将内部控制评价作为发现管控漏洞和提高经营管理水平的关键步骤,使内部控制信息披露成为主动接受外界监督的有效手段。

【综合案例】

泰达股份的内部控制审计与内部控制评价[①]

2014年4月16日,泰达股份同时公布了内部控制审计报告和内部控制评价报告,但

---

① 改编自《泰达股份2014年内部控制评价报告和内部控制审计报告》。

是令人迷惑的是，其内部控制审计报告被出具了否定意见，但内部控制评价报告却显示内部控制基本有效。

其中，内部控制审计报告被出具否定意见的原因如下：

贵公司下属子公司扬州昌和工程开发有限公司在2013年存在为贵公司其他下属子公司及外部单位提供担保；贵公司下属子公司扬州声谷信息产业发展有限公司在2013年存在为贵公司其他下属子公司提供担保；贵公司下属子公司扬州广硕信息产业发展有限公司在2013年存在为外部单位提供担保。上述担保均未按照公司内部控制制度的规定履行授权审批、信息披露等程序，与之相关的财务报告内部控制执行失效，该重大缺陷可能导致贵公司因履行担保责任而承担损失的风险。

贵公司尚未在2013年度完成对上述重大缺陷的内部控制整改工作，但在编制2013年度财务报表时已对上述内控失效可能导致的会计差错予以关注、避免和纠正。

有效的内部控制能够为财务报告及相关信息的真实完整提供合理保证，而上述重大缺陷使贵公司的内部控制失去这一功能。

公司管理层已识别出上述重大缺陷，并将其包含在企业内部控制评价报告中，但未在所有重大方面得到公允反映。在公司2013年财务报表审计中，我们已经考虑了上述重大缺陷对审计程序的性质、时间安排和范围的影响。本报告并未对我们在2013年12月31日对贵公司2013年财务报表出具的审计报告产生影响。

但是在内部控制评价报告中该公司认为，由于所属子公司对担保审批程序的理解差异及惯性思维，加之内部信息沟通不充分，导致决策程序缺失，没有履行上报程序，造成上述内控缺陷。扬州子公司的这七笔担保，其中三笔性质是为自身融资，所借款项也为扬州子公司使用，不构成担保风险；另三笔担保已归还或股权已出让，担保实质已解除；剩下一笔5 500万元的担保，将在一个月内督促其解除担保。因此，上述七笔担保尚没有造成风险及损失。

同时，公司也采取了一些相关的措施来解决这一问题，因此该公司董事会认为，公司已构建完整的内控体系、运转正常；经自查发现缺陷，缺陷原因为担保制度设计和执行的疏忽，缺陷等级为一般缺陷，该缺陷未造成经济损失。

思考题：

1. 请分析为什么泰达股份的内部控制评价报告与会计师事务所出具的企业内部控制审计报告存在分歧？
2. 应该如何看待案例中所暴露的上市公司与会计师事务所在内控缺陷认定中出现的分歧。

参考书目

1. 〔美〕COSO 著,方红星、王宏译,《企业风险管理——整合框架》,大连:东北财经大学出版社,2005 年版。
2. 〔美〕COSO 著,方红星译,《内部控制——整合框架》,大连:东北财经大学出版社,2008 年版。
3. 〔美〕COSO 著,张翌轩、陈汉文译,《内部控制体系监督指南》,大连:东北财经大学出版社,2010 年版。
4. 陈汉文,《审计理论》,北京:机械工业出版社,2009 年版。
5. 陈丽洁、叶小忠,《企业合同管理操作实务》,北京:法律出版社,2010 年版。
6. 程新生,《内部控制理论与实务》,北京:清华大学出版社,2008 年版。
7. 池国华,《内部控制学》,北京:北京大学出版社,2013 年版。
8. 池国华,《企业内部控制规范实施机制研究》,大连:东北财经大学出版社,2011 年版。
9. 方红星等,《内部控制》(第 2 版),大连:东北财经大学出版社,2014 年版。
10. 龚杰、方时雄,《企业内部控制:理论、方法与案例》,杭州:浙江大学出版社,2006 年版。
11. 国际内部控制协会著,邱健庭、徐莉莉译,《国际注册内部控制师通用知识与技能指南》,北京:中国财政经济出版社,2009 年版。
12. 国有企业内部控制课题组,《国有企业内部控制框架》,北京:机械工业出版社,2009 年版。
13. 黄益建,《企业风险管理:制度与流程设计》,北京:机械工业出版社,2011 年版。
14. 李连华,《内部控制理论结构:控制效率的思想基础与政策建议》,厦门:厦门大学出版社,2007 年版。
15. 李三喜、徐荣才,《企业内部控制基本规范的超越与应用》,北京:经济科学出版社,2008 年版。
16. 李心合,《企业内部控制基本规范导读》,大连:大连出版社,2008 年版。
17. 〔美〕罗伯特·安东尼等著,赵玉涛等译,《管理控制系统》,北京:机械工业出版社,2004 年版。
18. 〔美〕罗伯特·西蒙斯著,张文贤等译,《战略实施中的绩效评估和控制系统》,大连:东北财经大学出版社,2002 年版。
19. 〔美〕美国管理会计师协会(IMA)发布,张先治等译,《财务报告内部控制与风险管理》,大连:东北财经大学出版社,2008 年版。
20. 潘琰,《内部控制》,北京:高等教育出版社,2008 年版。
21. 企业内部控制标准委员会秘书处,《内部控制理论研究与实践》,北京:中国财政经济出版社,2007 年版。
22. 宋德亮,《企业内部控制规范:实施技术与案例研究》,北京:经济科学出版社,2012 年版。
23. 孙永尧,《企业内部控制:设计与应用》,北京:经济管理出版社,2012 年版。
24. 汤谷良等,《CEO 计划与预算系统》,北京:北京大学出版社,2010 年版。
25. 王保平等,《企业内部控制操作实务与案例分析》,北京:中国财政经济出版社,2010 年版。
26. 王化成等,《全面预算管理》,北京:中国人民大学出版社,2004 年版。
27. 吴辉等,《企业集团管理控制系统研究》,北京:经济科学出版社,2011 年版。
28. 杨雄胜等,《内部控制评价:理论 实务 案例》,大连:大连出版社,2009 年版。
29. 杨有红,《企业内部控制框架:构建与运行》,杭州:浙江人民出版社,2001 年版。
30. 〔德〕于尔根·韦贝尔、乌茨·舍费尔著,王煦逸、史雯婷译,《管理控制引论:计划、监控和信息管理》,上海:格致出版社、上海人民出版社,2011 年版。
31. 袁淳、崔学刚、袁树民,《投资与合同协议内部控制:操作指引与典型案例研究》,大连:大连出版社,2010 年版。
32. 张俊民,《内部控制理论与实务》,大连:东北财经大学出版社,2012 年版。
33. 张庆龙、聂兴凯,《企业内部控制建设与评价》,北京:经济科学出版社,2011 年版。

34. 中华人民共和国财政部等,《关于印发企业内部控制规范体系实施中相关问题解释第 2 号的通知》,2012 年版。
35. 中华人民共和国财政部等,《关于印发企业内部控制规范体系实施中相关问题解释第 1 号的通知》,2012 年版。
36. 中华人民共和国财政部等,《企业内部控制规范 2010》,北京:中国财政经济出版社,2010 年版。
37. 中华人民共和国财政部会计司,《企业内部控制规范讲解 2010》,北京:经济科学出版社,2010 年版。
38. 朱荣恩,《企业内部控制规范与案例》,北京:中国时代经济出版社,2009 年版。

教辅申请说明

北京大学出版社本着"教材优先、学术为本"的出版宗旨，竭诚为广大高等院校师生服务。为更有针对性地提供服务，请您按照以下步骤在微信后台提交教辅申请，我们会在 1~2 个工作日内将配套教辅资料，发送到您的邮箱。

◎ 手机扫描下方二维码，或直接微信搜索公众号"北京大学经管书苑"，进行关注；

◎ 点击菜单栏"在线申请"—"教辅申请"，出现如右下界面：

◎ 将表格上的信息填写准确、完整后，点击提交；

◎ 信息核对无误后，教辅资源会及时发送给您；如果填写有问题，工作人员会同您联系。

温馨提示：如果您不使用微信，您可以通过下方的联系方式（任选其一），将您的姓名、院校、邮箱及教材使用信息反馈给我们，工作人员会同您进一步联系。

我们的联系方式：

北京大学出版社经济与管理图书事业部
北京市海淀区成府路 205 号，100871
联 系 人： 周莹
电　　话： 010-62767312 /62757146
电子邮件： em@pup.cn
Q Q：5520 63295（推荐使用）
微信：北京大学经管书苑（pupembook）
网址：www.pup.cn